Es gibt unzählige Sach- und Fachbücher, die sich jeweils auf spezifische Bereiche konzentrieren. Dies sind z. B. Bücher über die Liebe und die Vergebung, über die Menschlichkeit und die Unmenschlichkeit, über Menschenwürde und Menschenrechte, über Religion und Atheismus, über Krieg, Frieden und Freiheit, über die Raffgier und die Verteilungsungerechtigkeit, über den Klimawandel und die energetische Erneuerung oder über das Bedürfnis nach bzw. das Recht auf Bildung, über den Unterschied zwischen Mensch und Tier und die Bedeutung des menschlichen Eingriffs in die Natur.

Was uns bisher fehlte, ist eine alles umfassende globale und weniger wissenschaftliche Bestandsaufnahme, die *jeder* versteht, und in der gezeigt wird, wie stark die Bereiche miteinander vernetzt oder voneinander abhängig sind.

Aus diesem Grund haben wir einmal alles Gute und alles Schlechte, dass wir auf der Welt in den jeweiligen Bereichen sehen, auf zehn Spielfelder verteilt und in einen Lostopf geworfen.

Im Jahr 2016 werden die Lose gezogen und das Spiel wird eröffnet. Wir haben die Wahl, ob *Homo progressivus* mit den Hauptgewinnen global erfolgreich ist oder ob *Homo sapiens* mit den Nieten im Spiel des Lebens mit Schimpf und Schande untergeht.

Unser Weltraumteleskop Hubble würde sagen:

„Wenn ihr Menschen sehen könntet, was ich sehe, dann wüsstet ihr wieviel Glück ihr habt auf eurem Staubkorn. Seit 25 Jahren schaue ich fasziniert in die Weiten des Weltraums und lasse euch daran teilhaben. Bei allem, was ich gesehen habe – einen schöneren für euch erreichbaren Ort als Planet Erde werdet ihr nicht finden."

Die Welt ist aus den Fugen geraten. Das zeigen die auf der nachstehenden Seite beschriebenen zehn Szenarien und Entwicklungen in eindringlicher Weise. Die dort genannten Zahlen, Daten und Fakten verdeutlichen, welche epochalen Wandel wir nun dringend benötigen – vor allem in politischer, wirtschaftlicher, religiöser und humanitärer Hinsicht. Es muss ein Ruck durch die ganze Welt gehen – mit dem der Fortbestand der Menschheit und der mit uns lebenden Arten gesichert werden kann.

Diese Fibel ist keine Zitatensammlung, sondern die eigene Idee der Autoren zur Verbesserung der Welt. Die von den Autoren ausgewählten zitierten Menschen und Organisationen helfen an den richtigen Stellen, die Botschaften der Fibel noch plakativer und erstrebenswerter zu machen. Die Zitate aus dem deutschsprachigen Raum sind extra für diese Fibel freigegeben, aktualisiert oder neu geschrieben worden. Die zitierten 196 Menschen und Organisationen sind am Ende dieser Fibel aufgelistet.

Am 30. April 2016 haben wir unsere Fibel inhaltlich abgeschlossen. Seit dem 30. April 2016 arbeiten wir an der 2. Auflage. Die Fibel ist für uns ein Tagebuch, das wir führen. Und sie ist unser Sprachrohr, mit dem wir über die Geschehnisse auf der Welt berichten und diese bewerten – im Guten wie im Schlechten. Wir werden die Leser weiter informieren und wachhalten gemeinsam mit Weggefährten, die die Leser überraschen werden.

Es wird eng, wenn wir so weitermachen:

- 1850 lebten 1,25 Milliarden Menschen auf der Erde. 1950 hatte sich die Menschheit auf 2,5 Milliarden verdoppelt. 2015 bevölkerten 7,3 Milliarden Menschen unseren Planeten. 2050 werden 10 Milliarden Menschen die Erde beim derzeitigen Lebensstil übervölkern. Die Prognosen für 2100 liegen zwischen 11,2 und 26 Milliarden Menschen – in Abhängigkeit von der zukünftigen globalen Geburtenentwicklung (Geburtenrate).
- Im Vergleich zu 1950 verbrauchen wir heute sechs Mal mehr Energie. Bis 2050 wird sich der Energiebedarf innerhalb von 100 Jahren weltweit mindestens verzehnfachen.
- Im Jahr 2015 werden Öl, Kohle und Gas global mit über 500 Milliarden US-Dollar direkt subventioniert. Die Subventionen liegen 2015 über 5 Billionen US-Dollar wenn man die Schäden, die aus der Verbrennung fossiler Energieträger resultieren, mit einschließt.
- Die Subventionen für erneuerbare Energien lagen 2015 unter 100 Milliarden US-Dollar.
- Ohne 180-Grad-Kehrtwende im Energiesektor werden bis 2050 bis zu eine Milliarde Klimaflüchtlinge die Grenzen der Industriestaaten überrennen, die den Klimawandel verursachen. Hinzu kommen Kriege zur Beschaffung von Trinkwasser und Nahrung.
- Im Jahr 2015 besitzen 62 Menschen so viel wie die ärmere Hälfte der Menschheit von 3,65 Milliarden Menschen. Die Verteilungsungerechtigkeit nimmt dramatisch zu.
- Im Jahr 2015 leben 50 Prozent der Menschen in Städten. 2050 sollen es 70 Prozent also sieben Milliarden Menschen sein. Die Landflucht (Migration) wird zum Problem für die Dagebliebenen und riesige Slums trennen Arm und Reich in den großen Städten.
- Die Nachteile der Globalisierung zwingen uns zu internationalen Lösungen (Arbeitsplatzverluste in Industriestaaten und schlechte Arbeitsbedingungen in Schwellenländern, weltweite Risiken durch unkontrollierte Finanzströme, Verschärfung des Wettbewerbs auf dem Weltmarkt, die Kluft zwischen armen und reichen Ländern wächst).
- Die Digitalisierung ist Segen und Fluch zugleich. Das Internet bietet uns Wissen, Bildung und politische Aufklärung. Gleichzeitig torpedieren Datenkraken unsere Sicherheit im Netz. Ein Alptraum beim Verlust demokratischer Verhältnisse im Überwachungsstaat.
- Wir leben in einer egoistischen und zutiefst zerstrittenen Gesellschaft in den „Gespaltenen Staaten und Religionen der Welt" mit ungezügelter Rohheit und Gewalt.

Mensch, wach auf – es ist noch nicht zu spät!

Eckhard Fahlbusch und Silke Koglin

Homo Progressivus – Der energische Aufstand

oder: /*Wie sich Planet Erde vom ärgsten Virus befreit*/

Liteareon

Bibliografische Information der Deutschen Nationalbibliothek:
Die Deutsche Nationalbibliothek verzeichnet diese Publikation in der Deutschen Nationalbibliografie.
Detaillierte bibliografische Daten sind im Internet über http://dnb.d-nb.de abrufbar.

Umschlagabbildungen: titoOnz (www.shutterstock.com), Vadim Sadovski (www.shutterstock.com)

© 2016 Eckhard Fahlbusch, Silke Koglin

Printed in EU
Eckhard Fahlbusch Verlag
Tel. +49 (0) 67 27 / 897 19 77

ISBN 978-3-00-054008-0

Für unsere Eltern und
alle, die mit uns sind und
alle, die nach uns kommen

Eckhard Fahlbusch und Silke Koglin

Homo progressivus – Der energische Aufstand

oder: /Wie sich Planet Erde vom ärgsten Virus befreit/

Ein Weckruf, ein Wegweiser und eine Aufforderung zum Mitmachen – damit ein Ruck durch die Welt geht – mit dem wir unsere Gleichgültigkeit besiegen und die Hölle zufrieren lassen!

Eine visionäre Story, mit Phantasie anregenden Gestalten und großen Vorbildern, die die Geschichte der Menschheit geprägt haben sowie realen Figuren in einem Spiel, in dem alle als Sieger vom Feld gehen können.

Mit Illustrationen von Heike Rupprecht

Eine Fibel mit 10 Botschaften

Mahatma Gandhi sagte:

„*Als Menschen liegt unsere Größe nicht in dem,*
wie wir die Welt erneuern können,
sondern in dem, wie wir uns selbst erneuern.
Du musst die Veränderung sein,
die du in der Welt sehen willst."

Es ist uns ein Vergnügen, nach diesem Vorbild zu leben!

Inhaltsverzeichnis

I.	Das Spiel des Lebens – es ist Zeit zu handeln	13
II.	Spielbeginn – mit dem Zauber der Veränderung	17
III.	Spielanleitung – der Zweck des Ganzen mit guten Vorsätzen	31
IV.	Spielfelder – mit der Aufsicht von oben und zehn Botschaften	41
	1. Für das Leben auf unserer Erde in den Vereinten Völkern der Welt	46
	2. Für die Liebe, die Vergebung, das Teilen, den Frieden und die Freiheit	69
	3. Für einen Glauben	189
	4. Für ein Grundrecht auf Bildung	205
	5. Für erneuerbare Energie	223
	6. Gegen fossile Energie	251
	7. Gegen Hunger und Durst	318
	8. Gegen den Missbrauch der Religionen	350
	9. Gegen die Raffgier	370
	10. Gegen den Krieg	395
V.	Spielbeteiligte – Vorbilder, Botschafter und Vermittler sowie eine neue Verfassung und Entscheidungsträger in der Regierung der „Vereinten Völker der Welt"	427
VI.	Spiel ohne Grenzen – mit der Macht der Verbraucher	479
VII.	Spielverlauf – mit der Aussicht nach oben	484

VIII.	Die besondere Spielkarte – der Joker mit einem vorbildlichen Nachsatz	489
IX.	Spielende mit Fazit und Ausblick	492
X.	Spielgewinner, Spielgewinne und Spielregeln, die nicht immer eingehalten werden	502

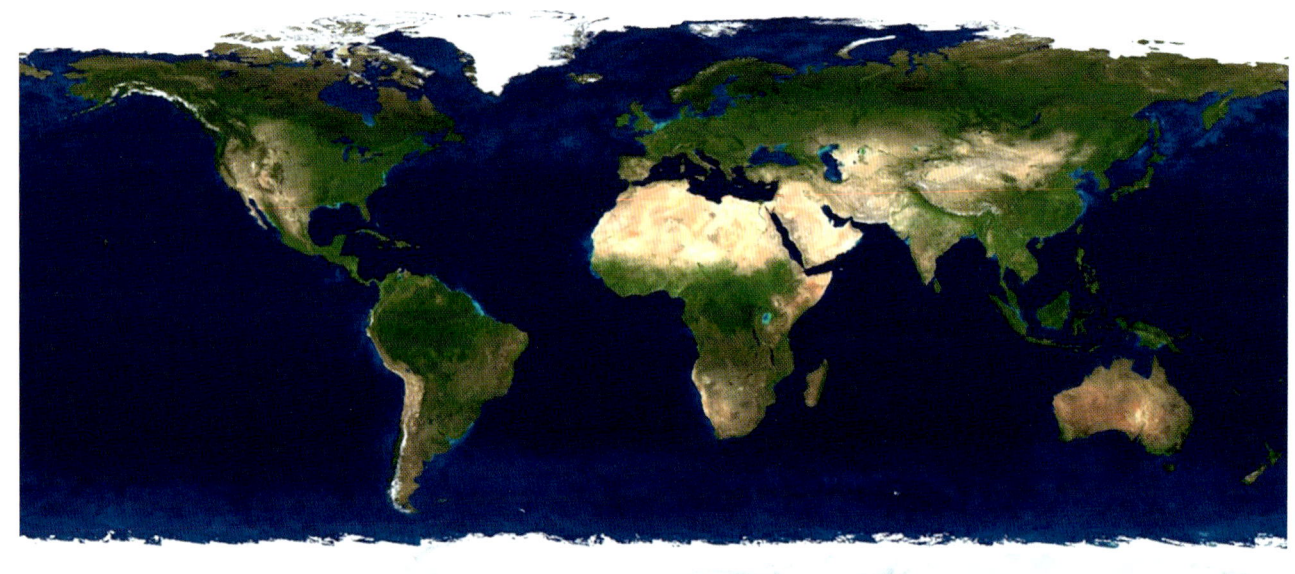

Das Spiel des Lebens

I. Das Spiel des Lebens – es ist Zeit zu handeln

Wer, wie, was: Jeder kann mitspielen. Das Spiel ist neu. Es wird gezockt, gepokert, gekegelt und Roulette gespielt – auch in der russischen Variante. Es gibt gefallene Figuren und gestandene Persönlichkeiten, die real sind. **Es geht um das Leben von *Homo sapiens*.** Die zehn Botschaften sind an alle gerichtet. Die ersten Adressaten sind die Hauptfiguren

- der 196 Nationen dieser Welt, die im Dezember 2015 in Paris einem neuen Weltklima-Vertrag zugestimmt haben und diesen Vertrag in ihren Parlamenten so schnell wie möglich ratifizieren lassen müssen, damit der Vertrag mit zielführenden und messbaren nationalen Maßnahmen in Kraft treten kann,
- des G7/G8-Gipfeltreffens am 26. und 27. Mai 2016 in Japan,
- des nächsten Gipfeltreffens der G20-Staaten am 4. und 5. September 2016 in China,
- der nächsten UNO-Vollversammlung ab 20. September 2016 in New York,
- des Weltwirtschaftsforums vom 17.–20. Januar 2017 in Davos,
- eines längst überfälligen Treffens der Religionsführer (Christen, Muslime, Hindus, Buddhisten und Juden) und last but not least
- die 62 reichsten Menschen der Erde, die so viel besitzen wie die ärmere Hälfte der Menschheit von derzeit 3,65 Milliarden Menschen.

Parallel dazu können die in dieser Fibel zitierten noch lebenden Personen **gemeinsam** voranschreiten, bevor die vielen hier vorgeschlagenen Botschafter und Vermittler die Reihen schließen. Jeder für sich ist klein und kann wenig ausrichten. **Gemeinsam** können wir für das **große Ganze** viel mehr erreichen. Dies wird umso deutlicher, wenn wir die **Zitate und die Zitierten** aneinander reihen. **Die Zitate wurden von den Zitierten aus dem deutschsprachigen Raum speziell für diese Fibel freigegeben, aktualisiert oder neu geschrieben.**

Stellen wir uns vor, die in dieser Fibel genannten bereits verstorbenen Vorbilder kämen noch einmal alle zusammen auf die Erde zurück. Sie würden uns gründlich die Leviten lesen, unseren Körper und Geist vom Unrat befreien – und danach die Weltrevolution ausrufen. Vor allem weil wir besonders in den letzten 100 Jahren so verschwenderisch mit den Ressourcen und so grausam mit dem Leben auf der Welt umgegangen sind.

Komprimieren wir einmal das Alter unserer Erde von 4,6 Milliarden Jahren auf ein Kalenderjahr. Dann hat *Homo sapiens* erst am Silvestertag nach 23 Uhr das Licht der Welt erblickt. Unsere Welt ist wunderschön und gleichzeitig zum Haare raufen, weil *Homo sapiens* seit einer halben Stunde im Nebel der Evolution feststeckt und Gefahr läuft, in einer evolutionären Sackgasse zu verschwinden.

Lebenswichtige Organe von *Homo sapiens* sind dabei, ihre Funktion einzustellen. Die Gattung Mensch liegt auf der Intensivstation, zusammen mit vielen anderen Arten, die im Sog dieses Systems mitgerissen werden. Die Überlebenschancen sind gering – wenn wir uns nicht endlich **gemeinsam** aufbäumen und kämpfen.

Wieso, weshalb, warum: Wissenschaftler und Atomexperten haben die „Weltuntergangsuhr" vorgerückt von fünf auf drei Minuten vor zwölf. In diesem Wissenschaftler-Gremium sitzen keine versponnenen Apokalyptiker oder weichgespülte Friedensengel, sondern seriöse und weltweit anerkannte Experten – darunter nicht weniger als **17 Nobelpreisträger**. Hauptgrund für diese Maßnahme sind Kriege und der unkontrolliert voranschreitende Klimawandel. Insgesamt sehen die Experten: **„eine außergewöhnliche und unleugbare Belastung für das Fortbestehen der Menschheit."** Wir haben noch drei brisante Gründe hinzugefügt. Auf dem für uns endzeitlichen Zifferblatt steuern wir die Zukunft der Menschheit in Richtung Abgrund. Vor allem mit atomaren und fossilen Störfeuern haben wir unseren Uhrmacher in die Flucht geschlagen – ohne seine Verbindung zum großen Zeiger zu kappen, der auf Mitternacht zuläuft. Die Leser dieser Fibel erfahren, wie wir den Uhrmacher zurückgewinnen und den Zeiger zurückdrehen können.

Sprichwort:
„Wem das Wasser bis zum Hals steht, der sollte den Kopf nicht hängen lassen."

Am Anfang dieser Fibel stehen fünf großartige und wunderbare Chancen. Wenn wir diese **gemeinsam** nutzen, können wir das Spiel des Lebens noch gewinnen.

Die Übel dieser Welt haben alle eine Wurzel: die **Fehlentwicklung von *Homo sapiens***. Reißen wir sie **gemeinsam** heraus und befreien uns von diesen Übeln **auf einen Streich**. Wenn nötig, schlagen wir der Evolution ein Schnippchen, und *mutieren* schlagartig. Schließlich ist die Mutation einer der wichtigsten Evolutionsfaktoren, denn dadurch können neue gute Merkmale in den Genpool unserer Spezies gelangen. Das wäre das Ende von *Homo sapiens* und der Anfang des fortentwickelten Menschen:

„Homo progressivus" der mit dem „Globus" einkauft.

Weltwährung!   Damit die Kraft von oben mal wieder lachen kann!

You see things; and you say, 'Why?'
But I dream things that never were;
and I say, 'Why not?'

- George Bernard Shaw

Spielbeginn

II. Spielbeginn – mit dem Zauber der Veränderung

Wir begeben uns nun auf einen abenteuerlichen und geheimnisvollen Trip nicht nur durch die Geschichte unserer Erde. Es ist eine Reise durch Raum und Zeit durch Himmel und Hölle mit Licht und Schatten, in dem sich die Kontrahenten duellieren. Die Leser werden staunen über die absurd klingende Idee sowie deren scheinbar unmögliche Realisierbarkeit und sich am Ende wundern, wie einfach die Lösung sein kann, und welches Geheimnis dahinter steckt.

Bertold Brecht sagte:

„Man kann die Wahrheit nur mit List verbreiten."

„Will man Schweres bewältigen, muss man es sich leicht machen."

Sean Connery sagt:

Nichts ist hilfreicher als eine Herausforderung,

um das Beste in einem Menschen hervorzubringen.

Die Leser werden in dieser Fibel enorm herausgefordert!

Viele Leser werden ihr Wissen und Wirken erkennen. Die meisten Leser können neue Erkenntnisse gewinnen. Wenn wir daraus gemeinsam Lehren ziehen, kommen wir ein gutes Stück voran:

Botschaft 1: Für das Leben auf unserer Erde in den Vereinten Völkern der Welt

Botschaft 2: Für die Liebe, die Vergebung, das Teilen, den Frieden und die Freiheit

Botschaft 3: Für einen Glauben

Botschaft 4: Für ein Grundrecht auf Bildung

Botschaft 5: Für erneuerbare Energie

Botschaft 6: Gegen fossile Energie

Botschaft 7: Gegen Hunger und Durst

Botschaft 8: Gegen den Missbrauch der Religionen

Botschaft 9: Gegen die Raffgier

Botschaft 10: Gegen den Krieg

Erich Kästner sagte:
*„An allem Unfug, der passiert, sind nicht etwa nur die schuld, die ihn tun,
sondern auch die, die ihn nicht verhindern."*

Mahatma Gandhi sagte:

„Über die Welt von morgen:

Die Welt von morgen wird, ja muss eine Gesellschaft sein, die sich auf Gewaltfreiheit gründet. Das ist das erste Gesetz; aus diesem werden alle anderen guten Taten hervorgehen. Dies mag ein entferntes Ziel sein, ein nicht praktikables Utopia. Aber es ist nicht im Geringsten unerreichbar, da man dafür hier und jetzt arbeiten kann. Ein Einzelner kann den Lebensstil der Zukunft – den gewaltfreien Weg – praktizieren, ohne auf andere warten zu müssen. Und wenn es ein Einzelner kann, können es nicht auch Gruppen, ganze Nationen? Die Menschen zögern oft, einen Anfang zu machen, weil sie glauben, das Ziel nicht vollständig erreichen zu können. Genau diese Geisteshaltung ist unser größtes Hindernis auf dem Weg zum Fortschritt, ein Hindernis, das jeder Mensch, sofern er nur will, aus dem Weg räumen kann."

Queen Elizabeth II. sagt:

„*Ich erkläre vor euch allen, dass mein ganzes Leben, ob es lang währt oder kurz, dem Dienst an euch und der großen Weltreich-Familie, der wir alle angehören, gewidmet sein soll. Aber ich werde nicht die Kraft haben, allein diesen Vorsatz auszuführen, wenn ihr nicht hinzu tretet, wozu ich euch hiermit einlade.*"

Oscar Wilde sagte:

*„Es ist wichtig, Träume zu haben, die groß genug sind,
dass man sie nicht aus den Augen verliert, während man sie verfolgt."*

Anselm Grün sagt:

„Jeder Aufbruch macht zuerst einmal Angst. Denn Altes, Vertrautes muss abgebrochen werden. Und während ich abbreche, weiß ich noch nicht, was auf mich zukommt. Das Unbekannte erzeugt in mir ein Gefühl von Angst. Zugleich steckt im Aufbruch eine Verheißung, die Verheißung von etwas Neuem, nie Dagewesenem, nie Gesehenem. Wer nicht immer wieder aufbricht, dessen Leben erstarrt. Was sich nicht wandelt, wird alt und stickig. Neue Lebensmöglichkeiten wollen in uns aufbrechen. Viele haben den Anspruch, das Leben müsse ohne Gefahr verlaufen. Man müsse sich gegen alle Gefahren versichern, damit einem ja nichts passieren könne. Aber je mehr man sich absichert, desto unsicherer wird man. Und allmählich traut man sich nichts mehr zu. Alles muss versichert sein. Ohne ausreichende Sicherheit kein Wagnis. Das führt immer mehr zur Erstarrung, wie es die politische und wirtschaftliche Situation heute deutlich genug zeigt. Wir kommen aus dieser Sackgasse nur heraus, wenn wir etwas wagen, wenn wir auch einen Fehler riskieren."

Hugh Jackman sagt:

„Ich möchte niemals zu etwas 'Nein' sagen und später irgendwo sitzen und denken: Ich wünschte ich hätte damals den Mut dafür gehabt."

Billy Joe Armstrong (Green Day) sagt:

„It's better to regret something you have done than to regret something you haven't done."

Norbert Lammert sagt:

„Es ist nicht leicht, die Welt zu verändern, aber der Versuch lohnt, und manchmal ist er überfällig."

Die Schreie aus unzähligen Kehlen nach Frieden, Freiheit und Gerechtigkeit zeigen die Notwendigkeit neuer Werte und neuer Regeln. Sie fordern uns auf, Widerspruch zu erheben, gegen verstaubtes, engstirniges und eigennütziges Verhalten. Sie sind uns ein gewaltiger Antrieb und ein großer Ansporn für die Zukunft, die heute beginnt!

Nachdrückliche Forderung an alle und insbesondere:

*An die 196 Nationen dieser Welt, die am 12. Dezember 2015 in Paris einem neuen
Weltklimavertrag zugestimmt haben und diesen Vertrag in ihren Parlamenten
so schnell wie möglich ratifizieren lassen müssen, damit der globale Vertrag mit
zielführenden und messbaren nationalen Maßnahmen in Kraft treten kann*

Vereinbarung vom 12. Dezember 2015   *Unterzeichnung am 22. April 2016*

*Verpflichtung zur Dekarbonisierung unserer Erde durch das Verbot fossiler
Treibhausgasemissionen bis spätestens 2050 – analog Asbest und FCKW!*
*Am „Tag der Erde", am 22. April 2016, haben Vertreter von 175 Staaten den Weltklimavertrag bei einer
Sitzung der Vereinten Nationen in New York unterzeichnet. Der Vertrag tritt in Kraft, wenn „mindestens
55 Staaten mit insgesamt mehr als 55 Prozent der weltweiten Emissionen" das Pariser Abkommen in ihren
Parlamenten bestätigen. Diese Ratifizierung hatten am 22. April 2016 erst 15 Staaten realisiert. Darunter
vor allem Inselstaaten wie die Marshallinseln, Granada, Nauru, Palau und Fidschi sowie Palästina und
Somalia. Der Weltklimavertrag von Paris darf nicht erst in fünf Jahren in Kraft treten, nachdem das Kyoto-
Protokoll Ende 2020 ausgelaufen ist. Wir dürfen die Zeit bis dahin nicht verstreichen lassen. Schließlich
gibt es eine große Diskrepanz zwischen dem Ziel die Erderwärmung auf 1,5 bis 2 Grad zu begrenzen und
der tatsächlichen Klimaschutzpolitik der einzelnen Staaten, die auf <u>freiwilligen</u> Maßnahmen beruht.
Es muss Schluss sein mit Lippenbekenntnissen und Appellen an die Moral. Spätestens ab 2050 dürfen
weder Kohle noch Gas oder Öl verfeuert werden, um die Ziele zu erreichen. Länder wie Deutschland*

können zeigen, dass die Energiewende funktioniert, einschließlich Speichertechnologien für mobile und stationäre Anwendungen. Die Industrieländer müssen den Entwicklungs- und Schwellenländern alternative Lösungen anbieten, damit die im Nachhinein erkannten Fehler von diesen nicht wiederholt werden.

An den nächsten G7/G8-Gipfel am 26. und 27. Mai 2016 in Japan

„Die Welt kann sich bis 2016 komplett ändern", hieß es während des G7-Gipfels 2015 aus der japanischen Delegation. Für das Jahr 2016 wünschen wir uns die dringend notwendige Rückkehr zum G8-Gipfel. Hoffentlich können die Regierungschefs bis dahin das Rettungsboot verlassen und die Abschlüsse aus dem Jahr 2015 weiter verbessern!

An die Teilnehmer des nächsten Gipfeltreffens der 20 wichtigsten Industrie- und Schwellenländer am 4. und 5. September 2016 in China (G20: Argentinien, Australien, Brasilien, China, Deutschland, Frankreich, Großbritannien, Indien, Indonesien, Italien, Japan, Kanada, Mexiko, Russland, Saudi Arabien, Südafrika, Südkorea, Türkei, die Vereinigten Staaten von Amerika und die Europäische Union sowie den ständigen Gästen: Internationaler Währungsfonds (IWF), Weltbank (WB), Finanzstabilitätsrat (FSB), Organisation für Wirtschaftliche Zusammenarbeit und Entwicklung (OECD), Welthandelsorganisation (WTO), Internationale Arbeitsorganisation (ILO) und Vereinte Nationen (UN) sowie Spanien, die Vorsitzenden der Afrikanischen Union, NEPAD (Neue Partnerschaft für Afrikas Entwicklung) und ASEAN (Verband Südostasiatischer Nationen)

Auch ihr tragt eine große Verantwortung für den Frieden – in einer grenzenlosen freien Welt! Erfüllung der Botschaften 1, 5 und 6: Schaffung einer neuen Weltordnung unter dem Dach der „Vereinten Völker der Welt" sowie Dekarbonisierung der Welt bis spätestens 2050! Wir bitten dringend darum, dass der Weltklimavertrag von Paris in den Parlamenten der G20 vor dem G20-Gipfel 2016 ratifiziert wird, damit der globale Vertrag mit zielführenden und messbaren nationalen Maßnahmen in Kraft treten kann.

An die UNO-Vollversammlung bei ihrer nächsten Sitzung
ab 20. September 2016 in New York

Erfüllung der Botschaften 2, 4, 5, 6, 7 und 10: Die UNO sollte – bei Erhaltung ihrer positiven Werte – von einer durchsetzungsstärkeren und entscheidungsfähigeren Regierung der „Vereinten Völker der Welt" abgelöst werden! Das wäre ein wunderbares Geschenk für den Weltkindertag am 20. November 2016. Am 21. September 2016 wird der internationale Tag des Friedens in der Welt gefeiert!

An die Teilnehmer des nächsten *Weltwirtschaftsforums*
vom 17.–20. Januar 2017 in Davos
(über 2500 hochrangige Vertreter aus der Wirtschaft, der Politik und der Gesellschaft)

Verpflichtung, für eine nachhaltige Wirtschaft zu sorgen!
Erfüllung der Botschaften 5, 6 und 9: Dekarbonisierung der Welt bis spätestens 2050 sowie Festlegung
eines neuen Wertesystems für die globale Wirtschafts- und Finanzwelt mit verantwortungsvollen
Unternehmern, die langfristig planen und Gründergeist zeigen, anstelle von Managern,
die nur die Quartalszahlen, die Aktionäre und ihren eigenen Vorteil im Kopf haben!

An die Teilnehmer eines längst überfälligen Treffens der Religionsführer
(Christen, Muslime, Hindus, Buddhisten, Juden etc.)

Schade, dass wir kein gemeinsames Bild der Religionsführer
finden konnten. Deshalb erinnern wir an Yoda,
der weiß, wie man sich findet und vereint!
Erfüllung der 3. und 8. Botschaft: Die positiven und gemeinsamen Werte der verschiedenen
Religionen sollten zusammengefasst werden, um daraus einen einzigen Glauben für
die Menschen zu empfehlen und danach zu leben – mit Güte und Mitgefühl gegen
die Unmenschlichkeit in einer offenen zivilisierten Welt-Gesellschaft.
Danach bleibt es jedem überlassen, dem Glauben oder dem Zufallsprinzip zu folgen!

An die 62 reichsten Menschen der Erde, die so viel besitzen wie die ärmere
Hälfte der Menschheit von derzeit 3,65 Milliarden Menschen

Bitte geht voran und reißt zumindest die anderen 59 mit!
Erfüllung der 2. und 9. Botschaft: Wir Menschen müssen lernen gütlich und gerecht zu teilen. Die, die viel haben müssen an die abgeben, die wenig haben. Es sollten konkrete Abgabe- und Teilungsregeln in der noch zu gründenden Ethikkommission der „Vereinten Völker der Welt" entwickelt und von diesen verbindlich festlegt werden. Angelina Jolie sagt: „Es fühlt sich wundervoll an, großzügig zu sein und jenen Geld zu geben, die es viel dringender brauchen als ein Jaguarhändler."

Mit der Bitte um Kenntnisnahme
und in der Hoffnung auf Berücksichtigung für eine bessere Welt.

Die Macht der Verbraucher!

Und was kann ich tun, fragt sich der einzelne Leser, der sich oft allein und ohnmächtig fühlt. Hierzu enthält die Fibel in Abschnitt VI einen Leitfaden: **„Spiel ohne Grenzen – mit der Macht der Verbraucher. 10 Tipps zum Selber- und Mitmachen."** Die Macht der Verbraucher kann auch durch die Kanäle des World Wide Web weiter auf- und ausgebaut werden. Als Multiplikator des Guten!

Den Lesern wird auffallen, dass Botschaft 2 „Für die Liebe, die Vergebung, das Teilen, den Frieden und die Freiheit" die zentrale Botschaft ist. Durch deren Umsetzung lassen sich Kriege und Habgier sowie Hunger und Durst mit erneuerbarer Energie besiegen – mit gebildeten Menschen und einem Glauben – unter dem Dach der „Vereinten Völker der Welt" – unter Beibehaltung der jeweiligen lebens- und liebenswerten Kulturen, Sitten und Gebräuche. Mit dieser Erkenntnis kann es nur einen gemeinsamen Weg geben.

Johann Wolfgang von Goethe sagte:
„Was heute nicht geschieht, ist morgen nicht getan."

Spielanleitung

III. Spielanleitung – der Zweck des Ganzen mit guten Vorsätzen

Die Idee dieser Fibel: Wir leben bestimmt auf einem der schönsten Staubkörner im Universum. Gleichzeitig ist dieses Staubkorn für so viele Lebewesen die Hölle. Das müssen und können wir ändern. Lebenswürdige Eigenschaften, Einstellungen und Werte werden am besten durch positive Botschaften weitergereicht. Damit diese bei den Menschen ankommen, sind anerkannte Persönlichkeiten als Botschafter und Vermittler vonnöten. Die wiederum orientieren sich an Vorbildern der Gegenwart und der Vergangenheit, auch wenn letztere leider nicht zur gleichen Zeit gelebt haben und damit auch nicht gemeinsam wirken konnten.

Zur Vermittlung dieser Idee sind Botschafter willkommen, die alle in unserer Zeit leben und sich für das Gemeinwohl einsetzen. Mit dem heute verfügbaren Wissen in unserer zunehmend digitalen Welt können wir einen gemeinsamen Weg einschlagen und für alle ebnen – **mit einem Regelwerk, das unserer heutigen Zeit entspricht und gerecht wird**. Die vorgeschlagenen Botschafter und Vermittler sowie alle Leser können – wenn sie wollen – dieser Idee Flügel verleihen, damit sie weit und lange getragen wird.

Richard Dehmel sagte:
„Alles Leid ist Einsamkeit, alles Glück Gemeinsamkeit."

Albert Einstein sagte:

*„Wenn eine Idee am Anfang nicht absurd klingt,
dann gibt es keine Hoffnung für sie."*

Wir sind absurd und mutig genug zu glauben, dass wir die Konflikt- und Krisenherde der Welt auflösen können. Voraussetzung ist, dass wir die zugrunde liegenden Probleme **jetzt alle auf einmal anpacken und zwar gemeinsam.** Dies kann gelingen, wenn alle, die es mit unserem Planeten und seinen Lebewesen gut meinen, jetzt zusammenfinden und zusammenhalten. Ein Mitmachen kann vielleicht auch denen helfen, die in Depressionen feststecken und leiden.

Roman Herzog sagt:

*„Visionen sind Strategien des Handelns.
Das unterscheidet sie von Utopien."*

Bobby Dekeyser sagt zu Politikern in einer Talkrunde:

*„Wenn ich meine Firma so führen würde wie Sie das Land, könnte ich zumachen.
Sie reden nicht einmal von Vision, Vertrauen, gemeinsamen Zielen,
sondern fallen ständig nur übereinander her."*

Es wird Zeit, das zu ändern – gemeinsam!

Unsere Vision ist, dass ein Ruck durch die ganze Welt geht!
„Homo progressivus – Der energische Aufstand"

Helmut Markwort sagt:

*„Der Aschermittwoch wird immer mehr ins Gegenteil verkehrt.
Die politische Klasse hat sich darauf geeinigt, den jeweils anderen die Leviten
zu lesen, anstatt bußfertig Asche aufs eigene Haupt zu streuen."*

Die Inhalte dieser Fibel: Diese Fibel enthält zu jeder Botschaft Zahlen, Daten und Fakten, beschreibt deren Zusammenhänge und zeigt die Erkenntnisse, die daraus abgeleitet werden können.

Lucius Annaeus Seneca sagte:

*„Nicht weil es schwer ist, wagen wir es nicht,
sondern weil wir es nicht wagen, ist es schwer."*

Die Verbreitung dieser Fibel: Die Idee und die Inhalte dieser Fibel sollten mit Leben gefüllt werden. Das kann geschehen durch Gespräche von Angesicht zu Angesicht, von Ohr zu Ohr oder auf dem Postweg und via Internet, YouTube, Google, Facebook, Instagram, Twitter etc. Hierdurch kann bei allen Beteiligten eine große Neugier geweckt und bei vielen Menschen eine Aufbruchsstimmung ausgelöst werden.

Am Ende der zehn Botschaften stehen Listen mit vorgeschlagenen Botschaftern und Vermittlern. Diese zehn Listen sind nach oben offen für Menschen, die etwas zu sagen haben und es gut meinen.

Nena sagt:

„Jedes Hindernis ist ein Sprungbrett."

Foto: Kristian Schuller

Das Geheimnis dieser Fibel wird gelüftet, wenn sich eine große Anzahl der hier zitierten Menschen sowie der vorgeschlagenen Botschafter und Vermittler zusammenfindet und gemeinsam verkündet:

„Wir stehen für die „Vereinten Völker der Welt",
vereint in einem Glauben,
in Frieden und Freiheit."

Wer fängt an? Die in dieser Fibel *„zitierten"* Personen aus der Vergangenheit stehen uns bei mit dem, was sie uns hinterlassen haben. Und die hier *„zitierten"* lebenden Personen und Organisationen können deren Vermächtnis bewahren, indem sie diese Idee mit ihren eigenen Zitaten tragen und lebendig werden lassen – am besten **wenn sie sich gemeinsam davor und dahinter stellen.**

Dies wäre eine wohltuende Gemeinschaftsaktion mit Signalwirkung.

Dante Alighieri sagte:
„Der eine wartet, dass die Zeit sich wandelt,
der andere packt sie kräftig an und handelt."

Harry Potter, der *Herr der Ringe,* die *Matrix* und *Schneewittchen* haben uns verzaubert. Das Lied *Lobe den Herren* und die Vision eines Präsidenten von einer Welt ohne Atomwaffen haben uns inspiriert. Dazu kommt eine Kraft in uns und um uns herum. Wir fühlen, dass diese Kraft gut ist. Wir wissen nicht, woher sie kommt und warum sie uns ausgesucht hat. Wir wissen nicht genau, wie wir auf diese Idee gekommen sind, und wie wir diese Fibel schreiben konnten. Wir sind nicht so schlau, dass wir alles beantworten können. Doch wenn die Leser dieser Fibel mithelfen, werden wir uns am Ende noch klüger und noch besser fühlen.

Wir wollen nicht erschrecken oder die Laune verderben, sondern Mut machen und Zuversicht geben. Wir wollen so viele Menschen wie möglich wachrütteln. Wir wollen eine Revolution des Guten anzetteln.

Dieses gemeinsame Projekt könnte viel mehr erreichen, als die vielen gut gemeinten Einzelaktionen – wie ein Blick in die Vergangenheit zeigt – und die gegenwärtigen Probleme verdeutlichen.

Edmund Burke (1729–1797) sagte:
„Alles, was nötig ist, damit das Schlechte in der Welt siegt,
sind genügend gute Menschen, die nichts tun."

Es wird Zeit, den Spieß umzudrehen!

Die täglichen Informationen zeigen uns eine Welt, in der das Negative viel zu oft das Positive überlagert. Werfen wir einen realistischen Blick in den Weltspiegel. Dann sehen wir auf der einen Seite das Gute und Schöne und auf der anderen Seite die vielen Grausamkeiten und Hässlichkeiten, die wir Menschen begehen und uns gegenseitig antun.

In einem Moment der Besinnung wurde uns folgendes klar: Entweder

wir ändern die Welt im Ganzen *gemeinsam* auf einen Schlag …

oder wir lassen – jeder für sich – den Dingen ihren Lauf, und schieben eine ruhige Kugel. Für uns allerdings, mit all unserem Wissen und der damit verbundenen Lebenseinstellung, ist die ruhige Kugel ein faules Ei.

Wir wollen informieren und provozieren. Wir fördern Diskussionen und Dialoge – auch auf emotionaler Ebene – die nach gemeinsamer Arbeit am Ende für alle Gewinn bringend sein können.

Die Idee funktioniert, wenn Sie in die Tat umgesetzt wird. Die Idee zündet, wenn sie wie eine Fackel angesteckt und weitergereicht wird, wenn sie die Leser begeistert und süchtig macht. Die Idee soll die Leser elektrisieren, damit sie wie ein wohlig wärmendes Lauffeuer rund um den Globus fliegt. Der Start ist gelungen. Wir hoffen, dass wir unser Ziel bald gemeinsam erreichen. Wenn die Idee lebt, kann sie auch zum Schutzmantel für unsere Erde werden.

Isaac Newton (1642–1727) sagte:

„Was wir wissen, ist ein Tropfen, was wir nicht wissen, ein Ozean."

Wir sind der Meinung, dass wir inzwischen ein paar Tropfen klüger geworden sind. Wir glauben fest daran, dass jeder Akt der Güte uns einen Tropfen schenkt. Filmzitat aus *Cloud Atlas:* **„Was ist ein Ozean, wenn nicht eine Vielzahl von Tropfen?"**

Dies ist keine Parabel und auch keine Geschichte.
Dies ist eine Aufforderung, ein Weckruf und ein Wegweiser.
Die Zeit ist reif, für den Aufbruch in eine bessere Welt,
in der *Homo progressivus* mit dem *Globus* einkauft!

Wieder am Anfang, aber nicht am Ende der guten Vorsätze: Wir **wissen,** dass unsere Erde mehr ist als ein erträglicher Ort. Sie ist eine Perle in dem für uns so unendlichen Weltraum, die es zu erhalten lohnt – solange wie unsere Sonne scheint und uns ihre Kraft schenkt.

Der komplette Netto-Verlagsgewinn aus dem Verkauf dieser Fibel wird in voller Höhe und im Wechsel bestehenden Stiftungen und Organisationen zugeführt, die ausschließlich wohltätigen Zwecken dienen.

Spielfelder – mit der Aufsicht von oben

IV. Spielfelder – mit der Aufsicht von oben und zehn Botschaften

Es gibt unzählige Sach- und Fachbücher, die sich jeweils auf spezifische Bereiche konzentrieren. Dies sind z. B. Bücher über die Liebe und die Vergebung, über die Menschlichkeit und die Unmenschlichkeit, über Menschenwürde und Menschenrechte, über Religion und Atheismus, über Krieg, Frieden und Freiheit, über die Raffgier und die Verteilungsungerechtigkeit, über den Klimawandel und die energetische Erneuerung oder über das Bedürfnis nach bzw. das Recht auf Bildung, über den Unterschied zwischen Mensch und Tier und die Bedeutung des menschlichen Eingriffs in die Natur.

Was uns bisher fehlte, ist eine alles umfassende globale und weniger wissenschaftliche Bestandsaufnahme, die *jeder* versteht und in der gezeigt wird, wie stark die Bereiche miteinander vernetzt oder voneinander abhängig sind. Zu einer derartigen Bestandsaufnahme gehören auch Handlungsempfehlungen, wenn dabei Missstände festgestellt werden.

Aus diesem Grund haben wir einmal alles Gute und alles Schlechte, das wir auf der Welt in den jeweilgen Bereichen sehen, auf zehn Spielfelder verteilt und in einen Lostopf geworfen. In den folgenden zehn Kapiteln präsentieren wir positive Eigenschaften, Merkmale und Bestände, Missstände und Verbesserungsmöglichkeiten, sowie Menschen, die Verantwortung tragen und als Vorbilder dienen. Auf spielerische Weise wollen wir alle Menschen zum Mitmachen bewegen, und zwar mit Spielregeln, die für *jeden* verständlich sind. In diesem Spiel stehen fünf Hauptgewinne für das Gute und fünf Nieten für das Schlechte. Im Jahr 2016 werden die Lose gezogen und das Spiel wird eröffnet. Wir haben die Wahl, ob *Homo progressivus* mit den Hauptgewinnen global erfolgreich ist oder ob *Homo sapiens* mit den Nieten im Spiel des Lebens mit Schimpf und Schande untergeht.

Die Sonne scheint von oben

auf uns herab

in uns hinein und

lacht aus unseren Herzen wieder heraus.

Ihre Energie ermöglicht und begleitet unser aller Leben

und führt uns am Ende vielleicht wieder nach oben.

Sokrates (469–399 v. Chr.) und Platon (427–347 v. Chr.) waren sich einig:
Die Sonne ist die Quelle allen Seins und aller Wahrheit,
die Quelle allen Lebens und aller Erkenntnis. In jedem Menschen
ist Sonne – man muss sie nur zum Leuchten bringen.

Trotz dieser positiven Kraft verkommt unsere Welt zunehmend
zu einer verseuchten Müllhalde,
auf der sich die Menschen wie Ungeziefer ausbreiten,
mit Krankheiten anstecken,
prügeln und töten wie ein gewalttätiger Mob
und immer weniger miteinander auskommen.
Wir können und müssen das ändern!

Harald Lesch sagt:
„Fortschritt ist das Werk der Unzufriedenen."

Wir müssen unseren Planeten behandeln wie ein rohes Ei
und dürfen ihn nicht mit der Abrissbirne beschädigen.

Wir können die Welt verbessern, wenn wir die Ursachen
für Krieg, Hass und Habgier, für Kummer und Schmerz
gewissenhaft ergründen und durch Liebe, Mitgefühl, Toleranz und Weltoffenheit
friedlich, grenzüberschreitend und vor allem gemeinsam beseitigen. Die hier
zitierten Menschen und die vorgeschlagenen Botschafter und Vermittler sowie alle,
die sich hier angesprochen fühlen, können mithelfen und mitentscheiden, ob die
Botschaften dieser Fibel verbreitet werden und nach ihnen gelebt wird.

1. Für das Leben auf unserer Erde in den „Vereinten Völkern der Welt"

Wir glauben nicht, dass unsere Nachkommen auf dem Mars leben wollen, sondern auf dem für uns wohl einzigartigen Planeten Erde. Wir sind verpflichtet dafür zu sorgen, dass unser Globus ein erträglicher, ein lebenswerter Ort bleibt.

Reinhard Mey singt:

„Menschenjunges, dies ist dein Planet.
Hier ist dein Bestimmungsort, kleines Paket.
Freundliches Bündel, willkommen herein.
Möge das Leben hier gut zu dir sein!"

(Quelle: Liedtext aus „Menschenjunges")

Wolfgang Niedecken sagt:

„Wenn wir die Welt schon nicht zum Paradies machen können,
sollten wir sie wenigstens nicht zur Hölle werden lassen."

Bruce Springsteen sagt:

„Sprich über deine Träume und versuche, sie wahr zu machen."

Wieviel „wissen" wir tatsächlich vom Leben im Diesseits oder von einer Existenz im Jenseits? Was und wo ist Diesseits und Jenseits?

Isaak Newton sagte: *„Was wir wissen, ist ein Tropfen, was wir nicht wissen, ein Ozean."*
Albert Einstein sagte: *„Phantasie ist wichtiger als Wissen. Wissen ist begrenzt, Phantasie aber umfasst die ganze Welt."*
Wir sagen: Mit Wissen, Phantasie, Kreativität und Neugier sind wir heute in der Lage tief in die Ozeane hinein- und über die uns bekannte Welt hinauszublicken. Bestehende und kommende Bedrohungen – von wo und von wem auch immer – können wir erkennen und mit Intelligenz meistern.

Die Menschen haben aufgrund ihres zu erwartenden Lebensalters von meist weniger als 100 Jahren kein besonders gutes Gefühl für Zeit noch für Entfernung und Raum, wie die nachfolgenden Beispiele zeigen. **Zehn Beispiele verknüpft mit zehn Botschaften in zehn Kapiteln.** Das verspricht Spannung auf einer abenteuerlichen Reise durch die Geschichte, in die unendlichen Weiten des Weltalls und bis tief in das Innerste unseres Körpers hinein.

Beispiel 1: China und Indien hatten im Jahr 1815 einen Anteil am globalen Brutto-Inlandsprodukt (BIP) von 50 Prozent. Die damals noch jungen Vereinigten Staaten von Amerika spielten – da im Promillebereich – keine Rolle. Die Ursachen von Wohlstandsverschiebungen stehen in den **Botschaften 2 und 9**.

Beispiel 2: Um die zeitliche Entwicklung der Erde besser zu veranschaulichen, komprimieren wir die Zeitspanne seit ihrer Entstehung vor ungefähr 4,6 Milliarden Jahren – **in Erinnerung an Hoimar von Ditfurth** – auf ein Kalenderjahr. Somit entsteht die Erde am 1. Januar. Kern, Mantel und Kruste bilden sich in den ersten sieben Wochen des Jahres.

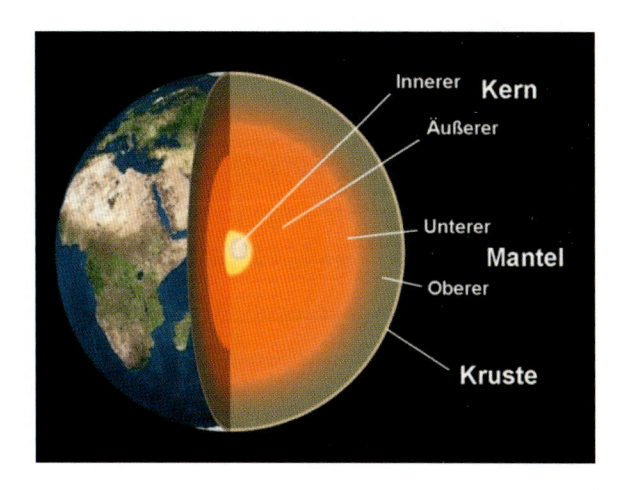

Ende Februar entstehen die ersten primitiven Lebensformen im Wasser. Im Herbst bilden sich auf der Erde die Kontinente und Ozeane. Am 7. Dezember entwickeln sich die ersten Reptilien, die im Wasser und auf dem Land leben. An den Weihnachtsfeiertagen sterben die Dinosaurier aus.

Jesus Christus wird wenige Sekunden vor Neujahr geboren. So vergehen über zweitausend Jahre in Sekundenschnelle. Was seitdem geschehen ist, steht in den **Botschaften 3 und 8.**

Beispiel 3: Weniger als 0,1 Sekunden später – also gegen Ende des 4. Jahrhunderts nach Christus – sank der Stern des Römischen Weltreichs. Bis dahin gab es in dem riesigen Imperium überwiegend blühende Landschaften, die durch Offenheit und Wohlstand in der Gesellschaft geprägt waren. Der Untergang Roms wurde beschleunigt durch die Völkerwanderung vor allem der Germanen und Goten sowie die schwindende Bereitschaft zur Integration der so genannten Barbaren ins Römische Reich. Es gab keinerlei Kriegserklärungen oder kriegerische Absichten, sondern germanische und gotische Flüchtlinge, die plötzlich vor den Toren Roms standen. Sie waren geflohen vor Krieg, Hunger und Elend in der alten Heimat. Sie wollten teilhaben am römischen Wohlstand. Statt die Flüchtlinge zu versorgen, reagierten die Römer panisch und abweisend. Die „Willkommenskultur" wurde beerdigt. Die Flüchtlinge verstanden nicht, dass die Grenzen offen aber die Stadttore verschlossen waren. Die Römer wiederum hielten die bloße Aufnahme der Flüchtlinge für ausreichend. Im Grunde hatten alle Beteiligten den gleichen Wunsch, nämlich am Wohlstand teilzuhaben. Mit politischer Weitsicht und Offenheit hätte dies gelingen können. Stattdessen gab es Ausgrenzung und kulturelle Missverständnisse, was zu Unruhen, Ängsten und beiderseitigen Übergriffen führte. Hass- und Gewaltprediger übernahmen das Kommando, und die anfänglichen Integrationsbemühungen blieben auf der Strecke. Am Ende gab es nur Verlierer. Die Lebensqualität ging zurück und die bunten Lebensformen verschwanden.

Die Einheit des Römischen Imperiums zerbröckelte, und es entstanden neue Grenzen. Die Vielfalt der Völker und der damit verbundene Reichtum waren durch verschwenderische Herrschaftssysteme verdrängt worden, die ebenfalls zum Untergang Roms beitrugen.

Das Römische Reich entstand durch Eroberungsfeldzüge und eine kontinuierliche Expansionspolitik aufgrund seines großen militärischen und kulturellen Vorsprungs. In seiner größten Ausdehnung erstreckte sich das Reich über den gesamten Mittelmeerraum bis zum Persischen Golf und nach Britannien. Untergegangen ist es trotzdem. Dekadenz, Korruption, Aufstände, Einwirkungen von außen und mangelnde Integrationskraft sowie das aufkommende Christentum waren die Ursachen.

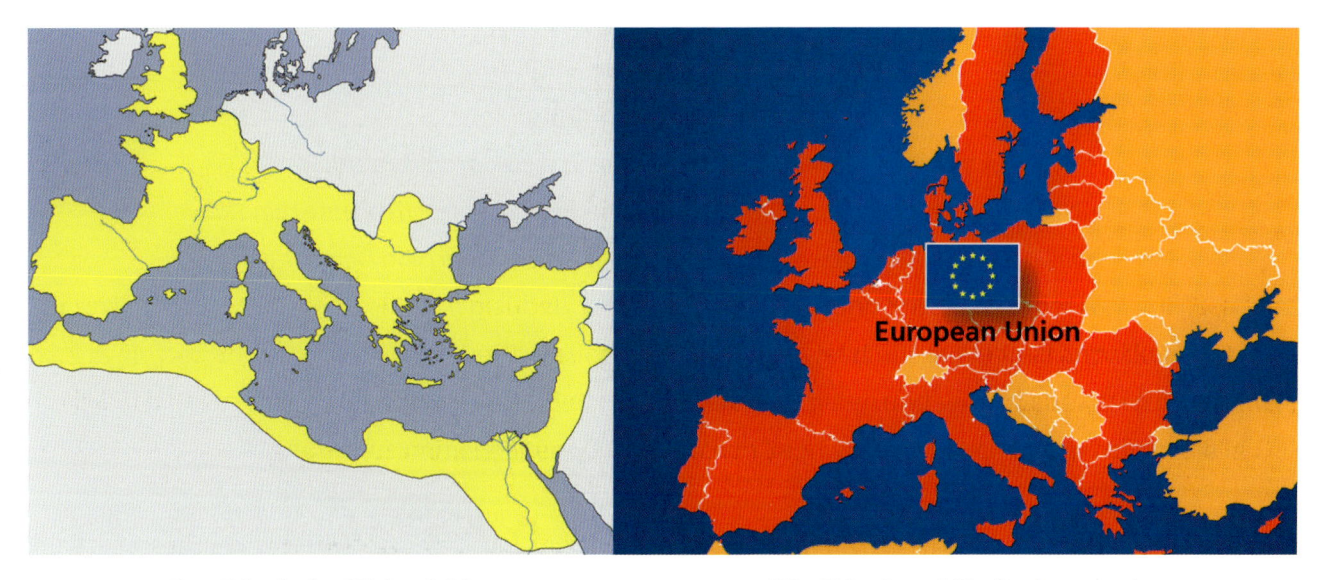

Das Römische Weltreich!   Die EU mit 28 Mitgliedstaaten!

Und was hat das alles mit uns zu tun? Heute, mehr als 1500 Jahre später, nennen wir Flüchtlingsströme auch Migrationsbewegungen. Die Europäische Union (EU) wurde in Etappen gegründet als zwangsläufiges Ergebnis von zwei verheerenden Weltkriegen im 20. Jahrhundert. Aus der Europäischen Wirtschaftsgemeinschaft (EWG) entwickelte sich ein Staatenbund mit heute 28 Mitgliedern und einer gemeinsamen Währung, der im Jahr 2012 mit dem Friedensnobelpreis ausgezeichnet wurde. Derzeit kämpft die EU vor allem aufgrund der aktuellen Flüchtlingskrise um ihre Existenz. **Bewährt sie sich als vereinigte Solidargemeinschaft, oder wird sie zerrissen als egoistische Zugewinngesellschaft – wie das Römische Reich? Die Antworten und Lösungsmöglichkeiten stehen in den Botschaften 2 und 10.**

Beispiel 4: Vor 150 Jahren – also vor Sekundenbruchteilen im komprimierten Kalenderjahr – wurde durch den 13. Zusatzartikel in der Verfassung der Vereinigten Staaten von Amerika im Jahr 1865 die Sklaverei abgeschafft. Der Wegbereiter war **Abraham Lincoln. Der Mann mit dem inneren Kompass, der für die Zeit in die er hinein geboren wurde, gerüstet war.** Seine Präsidentschaft gilt als eine der bedeutendsten in der Geschichte der USA. Unter seiner Regierung schlugen die USA den Weg zum zentral regierten, modernen Industriestaat ein und schufen so die Basis für ihren Aufstieg zur Weltmacht im 20. Jahrhundert. Nach gewonnenem Bürgerkrieg und Abschaffung der Sklaverei wollte er in Jerusalem auf den Pfaden Davids und Salomons wandern. Daraus wurde nichts. Abraham Lincoln wurde am 14. April 1865 ermordet. Er kämpfte für die Gleichheit aller Rassen nicht nur vor dem Gesetz. **Er hat das Schicksal der Menschenwürde in unsere Hände gelegt. In Botschaft 10 erfahren wir, ob auch wir gerüstet sind für die Zeit, in die wir hinein geboren wurden.**

Abraham Lincoln sagte:
„Immer wenn ich höre, dass jemand für die Sklaverei eintritt,
fühle ich das starke Bedürfnis, sie an ihm selbst auszuprobieren. Ich möchte kein Sklave
sein, aber auch nicht dessen Herr. Das ist meine Vorstellung von Demokratie."

Beispiel 5: Das Jahr 2014 war in Deutschland stark geprägt von Jahrestagen. 100 Jahre nach Ausbruch des 1. Weltkriegs, 75 Jahre nach Ausbruch des 2. Weltkriegs und 25 Jahre nach dem Fall der Berliner Mauer können wir in Deutschland und von Deutschland aus vorbildliches leisten und auf den Weg bringen. Auch weil wir aufgrund der Ereignisse im 20. Jahrhundert noch etwas gut zu machen haben. In den **Botschaften 2, 5 und 6 sowie im Kapitel V** dieser Fibel wird dargelegt, welche positiven Impulse für die Welt von deutscher Seite ausgehen können.

Beispiel 6: Es lohnt sich ein weiterer Blick auf unser komprimiertes Kalenderjahr. Etwa Mitte Dezember – also vor ungefähr 250 Millionen Jahren – fand das größte Artenaussterben auf unserem Planeten statt, und das Leben wurde „schlagartig" in seine tiefste Krise gestürzt. Von allen bekannten Arten verschwanden in den Meeren 95 Prozent, 70 Prozent an Land. „Schlagartig" bedeutet erdgeschichtlich, dass dieses Aussterben – so viel wir heute wissen – über 100 000 Jahre gedauert hat. Ursache waren riesige Mengen an Treibhausgasen (Methan und Kohlendioxid) aus Vulkanen und dem Meeresboden, die in unterschiedlichen Etappen freigesetzt wurden.

Im Laufe der über 100 000 Jahre stieg die mittlere Erdtemperatur um ca. 10 °C. In unserem erdgeschichtlich komprimierten Kalenderjahr sind 100 000 Jahre wenige Minuten. Es war „langsam" aber stetig wärmer geworden, und dann mutierte die Welt plötzlich von einem üppigen Paradies zu einem Wüstenplaneten.

Dieses Massenaussterben hat eine existentielle Bedeutung für das, was heute bei der globalen Erwärmung passiert. Wir haben hier einen für uns spannenden aber auch erschreckenden Zahlenvergleich, den uns die Natur vor Augen geführt hat. **Daran können wir ablesen, was schlimmstenfalls passiert, wenn der Klimawandel ungebremst – in nie da gewesenem Tempo – fortschreitet, und wir in weniger als 200 fossilen Jahren – also Zehntelsekunden – die mittlere Erdtemperatur um 4–5 °C erhöhen.**

Gott bewahre uns vor einem neuen Ölverbrennungszeitalter!

Dies können wir vermeiden, wenn wir die Energiewende ganzheitlich forcieren. Hierbei müssen dezentrale Lösungen vor Ort zur Erzeugung, Speicherung und Nutzung erneuerbarer Energien den Vorzug erhalten vor der zentralen Macht in den gierigen Händen von Konzernen, Kartellen und Staaten. Unsere detaillierten Empfehlungen stehen in den **Botschaften 5 und 6** dieser Fibel.

Beispiel 7: Zweitausend Lichtjahre bedeutet, dass das Licht eines Sterns mit einer Geschwindigkeit von **300 000 km/s** 2000 Jahre benötigt, bis es bei uns ankommt, und wir es sehen können. Das heißt, wenn wir dieses Licht sehen, sind auf dem Stern bereits zweitausend Jahre vergangen oder der Stern existiert vielleicht gar nicht mehr.

„Kepler-452b"

Im Jahr 2015 hat die NASA 1400 Lichtjahre von uns entfernt einen Planeten entdeckt. Seitdem heißt er „Kepler-452b". Er ist wohl der bisher erdähnlichste Planet. Aber wie kommen wir da bloß hin, wenn es bei uns zu ungemütlich wird? Ein bemannter Flug zum Mars soll etwa 250 Tage dauern. Der Mars ist 225 Millionen Kilometer weit entfernt. Zum Vergleich: Zu Kepler-452b sind es rund 13 Billiarden Kilometer. Selbst wenn wir mit Lichtgeschwindigkeit reisen könnten, würde bis zur Ankunft etwa so viel Zeit vergehen, wie seit dem Untergang des Römischen Reiches vergangen ist. Daraus folgt: Wir sollten also sehr sorgsam mit unserem Heimatplaneten umgehen, bevor wir als *Homo sapiens* Unheil auf anderen Planeten anrichten. Wie uns dies gelingen kann, steht in den **zehn Botschaften und zehn Kapiteln** dieser Fibel.

Beispiel 8: So viel wir wissen, ist das Universum vor ca. 13,5 Milliarden Jahren durch den Urknall entstanden. Seine Ausdehnung beträgt inzwischen ca. **13 Milliarden Lichtjahre.** Wir gehen davon aus, dass sich in unserem Universum mehr als **100 Milliarden Galaxien** mit insgesamt **10 Trilliarden** Sternen befinden. Am 11. Februar 2016 wurde verkündet, dass Gravitationswellen im Universum tatsächlich existieren und sich mit Lichtgeschwindigkeit ausbreiten. Das hatte Albert Einstein bereits 1915 vorausgesagt. Mit diesem Beweis ist auch die Existenz von schwarzen Löchern und deren Verschmelzen nachgewiesen. Nur ein winziger Teil der Energie, die dabei freigesetzt wird, würde ausreichen, um die Energieversorgung auf der Erde sicherzustellen.

Die Ausdehnung unserer Heimatgalaxie, der Milchstraße beträgt etwa 100 000 Lichtjahre. In unserer Milchstraße existieren mehr als **100 Milliarden Sonnen.**

Gut, dass wir mit einer Sonne auskommen, und dass es Botschafter und Vermittler unter uns gibt, die uns alles andere und die dahinter steckenden Geheimnisse sowie deren Logik anschaulich erklären können – z. B. in den **Botschaften 1, 4 und 7.**

Beispiel 9: Der Mond ist unser Himmelsnachbar und der erste Planet auf den wir unseren Fuß gesetzt haben. Doch wie ist er entstanden, und welche Bedeutung hat er für uns? Der Mond entstand wahrscheinlich durch die Kollision eines Himmelskörpers von der Größe und Masse des Mars mit der Erde vor rund 4,5 Milliarden Jahren. Dieser Himmelskörper wird auch „Theia" genannt. Bei dem Einschlag gerieten gewaltige Mengen glühenden Gesteins und Gesteinsdampfs ins All, die in der Folge eine Scheibe um die Erde bildeten. Aus diesem Material, dass überwiegend von Theia stammte, bildete sich der Mond. Der Eisenkern von Theia sank dagegen innerhalb weniger Stunden ins Zentrum der Erde ab und vereinigte sich dort mit dem Erdkern.

| Erde und Theia | Erde und Mond |

Der Mond ist 81-mal leichter als die Erde und rund 4-mal kleiner. Doch seine Bedeutung und sein Einfluss sind riesig für die Erde und seine Lebewesen. Ohne den Mond würde sich die Erde dreimal schneller um ihre eigene Achse drehen, denn der Mond bremst mit seiner Anziehungskraft die Erdrotation. Das heißt, ohne ihn wäre der Tag auf der Erde acht Stunden kurz. Auf einem Planeten, der so schnell rotiert, würden Orkane mit 300 bis 500 Kilometern je Stunde über die Erde hinwegfegen. Ohne Mond lägen die Temperaturen in Mitteleuropa im Sommer bei etwa 60 Grad Celsius, im Winter bei minus 50 Grad. Durch die Anziehungskraft des Mondes – und die daraus entstehenden Gezeiten – ist das Leben vor ca. 500 Millionen Jahren an Land gekrochen. Damit ist der Mond auch für die Entstehung des Menschen ausschlaggebend. Vor etwa 30 000 Jahren erschuf der Mensch den Mondkalender. Aus Monden wurden Monate. Und der Mensch verstand die Zyklen der Jahreszeiten und stellte sich darauf ein. Ohne den Mond würde die Erdachse in lebensfeindliche Positionen geraten, da die Anziehungskräfte von Sonne, Saturn und Jupiter dominieren würden. **Unser Mond zeigt uns, was ein guter Gefährte wert ist, wie man miteinander auskommt und sich beschützt. Das sollte uns ein Vorbild sein!**

Beispiel 10: Genauso spannend wie der Blick in den Weltraum ist die Reise in unseren eigenen Körper. Pausenlos ist das Blut unterwegs in den Blutbahnen, die sich wie ein riesiges Straßennetz im ganzen Körper ausbreiten. Alle menschlichen Blutgefäße zusammen sind über **100 000 Kilometer** lang. Das Blut fließt – angetrieben vom Herzen – durch alle Organe und Körperzellen.

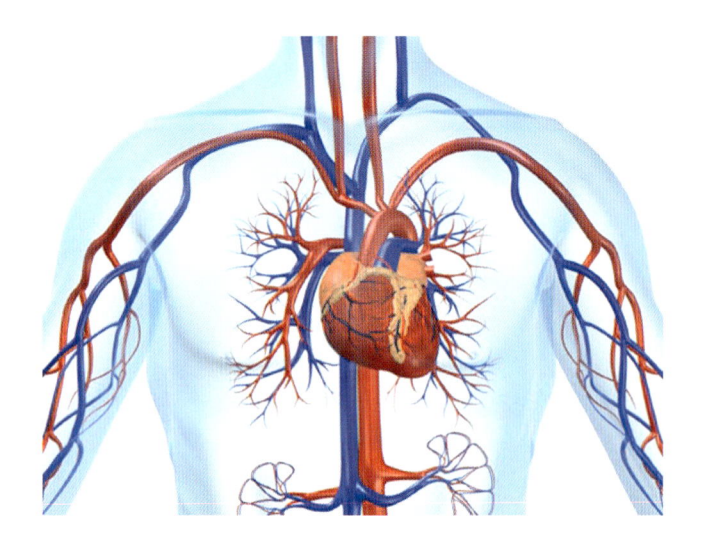

Unser Gehirn verfügt über 100 Milliarden Nervenzellen (Neuronen) und über 100 Billionen Verbindungsstellen (Synapsen). Das Gehirn ist das wichtigste Organ des Menschen. Es ist nicht nur unersetzlich als Steuerzentrum für den menschlichen Körper, sondern auch Träger der menschlichen Persönlichkeit. Mit einem besseren Verständnis der Funktionsweise des Gehirns können wir auch die Hirntätigkeit mit unserer Wahrnehmung, unseren Gefühlen und Denkprozessen verknüpfen.

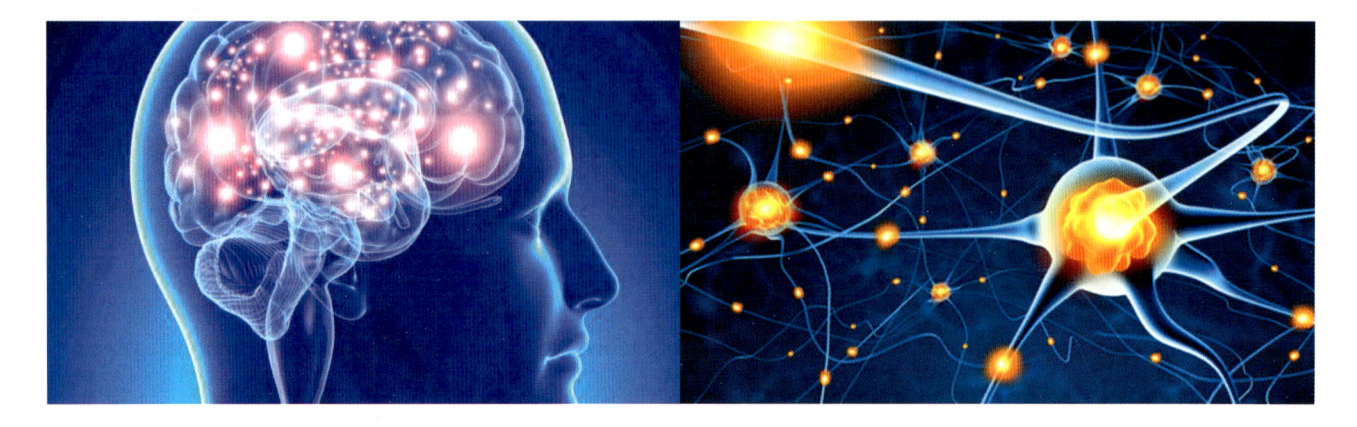

Wenn Großhirn, Zwischenhirn, Kleinhirn und Stammhirn noch besser kommunizieren, werden wir den Code des Gehirns entschlüsseln und verstehen. Was den Grippe-Viren des Typs A (H3N2) durch Mutation gelungen ist, sollten wir doch auch schaffen – mit der Anzahl der oben genannten Verbindungsstellen.

Zitat aus *Man in Black* – Tommy Lee Jones sagt zu Will Smith:

„Vor 1500 Jahren wussten alle, dass die Erde der Mittelpunkt des Universums ist.
Vor 500 Jahren wussten alle, dass die Erde flach ist und vor 15 Minuten wussten alle,
dass die Menschen auf diesem Planeten unter sich sind.
Stellen Sie sich nur mal vor, was sie noch alles wissen – morgen."

Wir müssen uns entscheiden, was wir mit dem Leben machen, das uns geschenkt wurde. Jeder sollte sich bemühen, die Welt ein kleines bisschen besser zu machen. Über sieben Milliarden Menschen könnten damit die Welt – in der Summe – schöner und vor allem gerechter machen.

Ein Sprichwort aus Afrika:

„Viele kleine Leute an vielen kleinen Orten, die viele kleine Dinge tun,
werden das Antlitz dieser Welt verändern."

Bob Geldof sagt:

„Alles, was man tut, das Kleinste, jede Geste, ist gut. Täglich, millionenfach. Immer
wieder. Von Anbeginn an. Wir sind nicht gerade großartig, wir Menschen. Wir sind
seltsame Wesen. Wir könnten so viel tun. Warum tun wir es dann nicht?"

Karl-Heinz Böhm sagte:

„Es gibt keine erste, zweite oder dritte Welt! Wir leben alle auf ein und demselben Planeten, für den wir gemeinsam Verantwortung tragen."

„Es gibt nicht fünf Milliarden Menschen, sondern fünf Milliarden Mal einen Menschen."

„Ich kann die Welt nicht verändern, aber einen einzelnen Menschen, mich selber."

In den globalen Strukturen von heute benötigen wir alle ein gesundes Maß an Weltoffenheit, Toleranz, Solidarität, kreativer Neugier sowie die Gleichstellung der Geschlechter überall auf der Welt. Das schützt vor sexueller Gewalt, Kinderpornographie, genitaler Verstümmelung, Rassismus, Fremdenangst und Fremdenfeindlichkeit.

Dies alles setzt eine ernst zu nehmende Wehrhaftigkeit voraus!

Nicht schwarz-weiß malen – das Gute soll das Schlechte besiegen!

Die Vielfalt und Verschiedenheit der Staaten, der Menschen, der Kulturen, der Religionen und der Werte ist – in der Summe ihrer positiven Eigenschaften – **eine enorme Bereicherung und keine Bedrohung.** Das zuverlässig und glaubwürdig zu vermitteln, ist die Aufgabe der in dieser Fibel vorgeschlagenen Botschafter und Vermittler.

Eminem sagt:

„Mir ist egal, ob du schwarz, weiß, hetero, bisexuell, schwul, lesbisch, klein, groß, fett, dünn, reich oder arm bist. Wenn du nett zu mir bist, werde ich auch nett zu dir sein. Ganz einfach."

Michail Gorbatschow sagt:

„Es gilt, die Sorgen und Interessen anderer Völker zu begreifen und die eigene Sicherheit nicht von der Sicherheit des Nachbarn zu trennen." „Sozialistische, liberale, christliche oder konservative Werte sind in jedem Land, in jeder Gesellschaft vorhanden. Je nach Epoche werden die einen oder anderen Werte akzentuiert. Für die Zukunft besteht die Wahl nicht zwischen Kapitalismus und Sozialismus, sondern es geht um eine Synthese der Erfahrungen, die wir gesammelt haben."

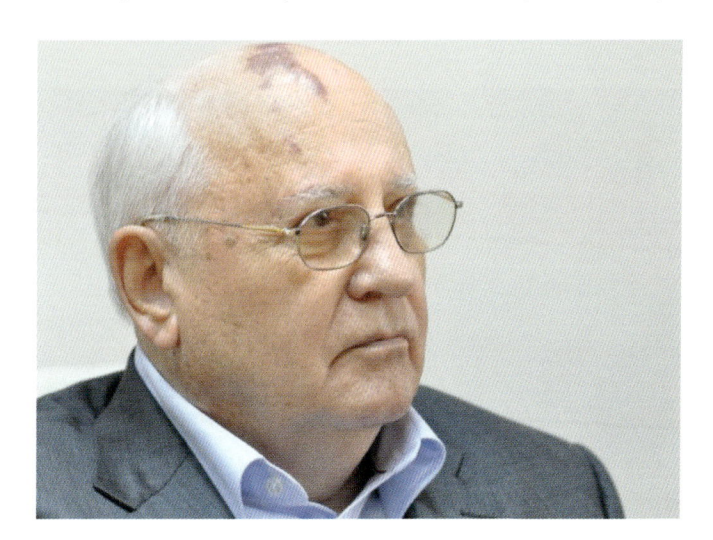

Wir finden es sehr schade, dass er nicht die Zeit hatte, seine Ziele zu verwirklichen. Wie bei den Religionen sollten wir auch bei den politischen und wirtschaftlichen Systemen den Grundsatz anwenden: „Prüfet alles, und dann behaltet das Gute." Unsere Vorschläge stehen in Kapitel IV, Botschaft 9 und Kapitel V dieser Fibel!

Diskussionen, Debatten und Streitigkeiten über Freihandelszonen und Freihandelsabkommen – wie aktuell über TTIP – sind in einer Welt ohne Grenzen auch ohne Geheimdienste und Spione entbehrlich.

Darüber hinaus können wir von den Fähigkeiten der Natur lernen, die in Milliarden von Jahren das Leben immer wieder erneuert, verändert und angepasst hat. Auch hier können wir Natur und Technik in Einklang bringen (Bionik = die Intelligenz der „Schöpfung" oder des „Zufalls" mit der Kreativität der Natur).

Wir haben uns schon viel abgeguckt von der Natur – z. B. in der Architektur. Denken wir an den Bau der Pyramiden sowie an die römischen und griechischen Tempel und die kirchlichen Prachtbauten aller Religionen.

Vor allem beim Flugzeugbau haben wir genau hingeschaut. So konnten wir vor über 100 Jahren in die Lüfte steigen.

Otto Lilienthal 1895

Der E-Fan 2015

Detlef Müller-Wiesner sagt:

„Wir denken Fliegen neu. Wir wollen das Design, den Antrieb
aber auch die Herstellung und das ganze Geschäftsmodell verändern.
Der E-Fan ist ein Einstieg in die Welt des elektrischen Fliegens."

Jean Botti sagt:

„Unser wirkliches Ziel ist es, ein Flugzeug mit 70 bis 80 Plätzen für regionale Strecken zu entwickeln. Beim Regionaljet wird ein Drittel der Energie aus Batterien kommen, zwei Drittel aus einem kraftstoffbetriebenen Range Extender. Unser Hybridflieger soll in 15 bis 20 Jahren bei Start und Landung rein elektrisch fliegen. Wir sind noch lange nicht am Ende, und der nächste Durchbruch kommt bestimmt: Starten und Landen rund um die Uhr mit unserem Flüsterflugzeug ohne Lärmbelästigung. Wenn Monsieur Blériot heute die Luftfahrt sehen würde, könnte er sicher nicht glauben, wie sie sich in gerade mal 100 Jahren entwickelt hat."

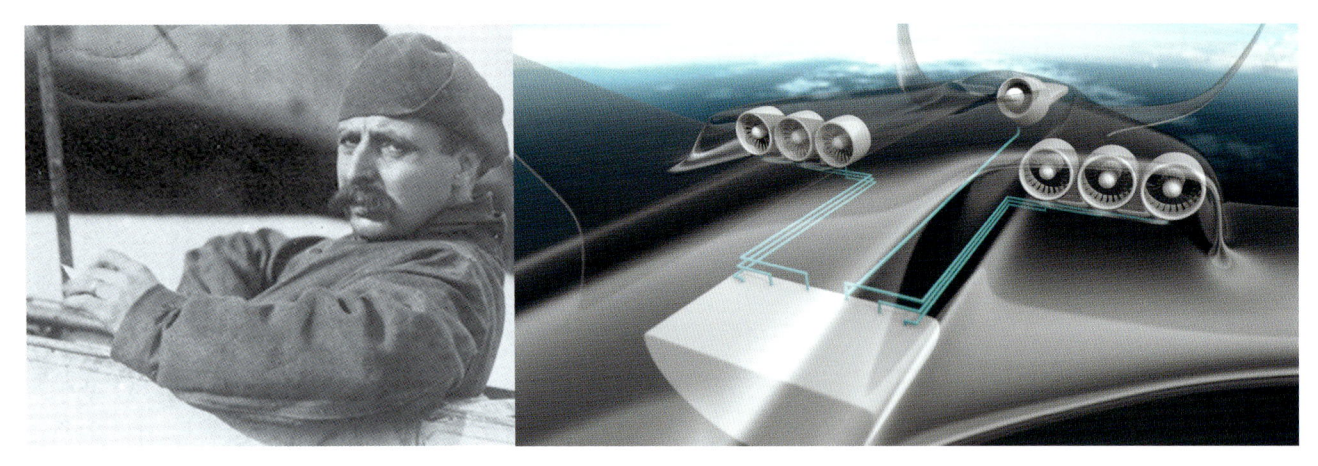

Louis Blériot 1909   E-Thrust-Konzept

Faszination Bionik!

Wir Menschen der Gattung *Homo sapiens* streiten seit geraumer Zeit darüber, ob wir uns mit unseren technischen Erfindungen immer weiter von der Natur entfernen. Dabei sind wir doch ein integrierter Bestandteil der Natur, der seine Existenzberechtigung unter Beweis zu stellen hat. Wie wir in diesem Kapitel erfahren haben, sind wir im komprimierten Kalenderjahr seit einer knappen Stunde am Experimentieren. Die Evolution hat uns mit kognitiven Fähigkeiten ausgestattet, die wir mal mehr und mal weniger gut ausschöpfen. Im Zeitalter der Industrialisierung sind wir zunehmend überheblich geworden und haben uns immer weiter von der Natur entfernt, anstatt von ihr zu lernen. Wir sind schon viel zu lange der Meinung, Tiere und Pflanzen seien primitiv und wir ihnen mit unserem Verstand haushoch überlegen. Entscheidend für unseren Fortbestand ist, die Bodenständigkeit zu bewahren oder zu ihr zurückzukehren, und die Notwendigkeit der Nähe zur Natur neu zu begreifen. **Ohne diese überlebensnotwendige Einsicht heben wir ab und verschwinden als kurze Fehlentwicklung in der Geschäftsbilanz der Natur, die seit über vier Milliarden Jahren erfolgreich geschrieben wird.** Diese Geschäftsbilanz ist eine Schatztruhe, aus der wir als Grenzgänger zwischen Biologie und Technik – im Einklang mit der Natur – schöpfen können. Nutzen wir den Vorsprung der Natur, die über Jahrmillionen ihre Meisterstücke perfektioniert hat, und werden zu Bionikern. Die Bionik beschäftigt sich mit der technischen Realisierung von Konstruktionen, Verfahren und Entwicklungsprozessen aus der Biologie. Erst wenn wir die Biologie technisch verstanden haben, können wir sie auch auf die Technik übertragen. Einfach ausgedrückt: Technik lernt von der Natur und führt zur Verschmelzung der Begriffe Biologie und Technik = Bionik. Durch die Bionik dringen wir vor zu den Wurzeln der evolutionären Entwicklung und kehren reich beschenkt in die Gegenwart zurück. Wenn wir es jetzt richtig machen, stehen wir vor dem Zeitalter der bionischen Revolution. Insbesondere die derzeitigen Energie- und Rohstoffsorgen, die lebensbedrohlichen Umweltbelastungen sowie Hunger, Überbevölkerung und Kriege fordern uns eindringlich auf, gemeinsam neue Lösungen zu finden und sie anzuwenden.

Werner Nachtigall sagt:

„So clever unsere momentane Technologie aussieht: In vielen, jedenfalls in allen grundlegend wesentlichen Aspekten, ist sie unausgereift, ja steinzeitartig unangemessen dem Potential, das in unseren Hirnen steckt. Ich spreche deshalb gerne von einer 'Steinzeittechnologie', einem 'technologischen Tal', aus dem man herauskommen muss. Dies geht aber nur dadurch, dass man diese Technologien (so komplex sie sein mögen und so stolz die heutigen Techniker darauf sind) durch noch bessere, noch intelligentere Techniken ersetzt: Der Weg aus dem Technologietal führt nur über Höchsttechnologien, und dazu gehört auch die Biostrategie! (Das schließt 'low tech' dort, wo sie sinnvoll ist, natürlich nicht aus.) Höchsttechnologien bedürfen aber dreierlei Basen: Der Ideenreichtum und das Forschungspotential unserer Gehirne muss gekoppelt werden mit den Möglichkeiten einer hoch entwickelten Industrie; der gemeinsame Kitt muss politischer Wille sein. Gegen die Industrie kommen wir überhaupt nicht weiter und damit auch aus dem momentanen Engpass nicht heraus, wohl aber mit einer Industrie, die ihr gesamtes Potential in eine Technologie der Umweltverträglichkeit und der Menschlichkeit steckt. Auch und gerade damit ist viel umzusetzen und viel zu verdienen, wie die steigenden Umsatzzahlen der sich entwickelten Umwelttechniken zeigen. Wo aber politischer Wille nicht die Zielrichtungen und Maßstäbe setzt, wird kein Umdenken möglich sein, die Zwangsläufigkeiten des Eingefahrenen sind zu stark."

Frei nach Charles Darwin: Die Überlebenden einer Art sind diejenigen, die am besten an ihre Umwelt angepasst sind. Da sich die Umwelt allmählich ändert, ändert sich auch der Typ der Überlebenden – das führt zur Evolution.

Thomas Reiter sagt:

„Ich wünsche mir, dass in nicht allzu ferner Zukunft möglichst viele Menschen unseren wunderschönen Planeten mit eigenen Augen aus dieser Perspektive betrachten können. Denn bei all den Problemen, die wir Menschen hauptsächlich miteinander haben, wird dieser Anblick zur Einsicht führen, dass wir im wahrsten Sinne des Wortes alle in einem Boot sitzen. Ich bin fest davon überzeugt, dass dann jedem klar wird: Unsere Probleme hier unten können wir nur gemeinsam lösen."

Selbst Stephen Hawking fragt:

„Wie kann sich die Menschheit in einer Welt, die sich politisch, sozial und ökologisch im Chaos befindet, weitere hundert Jahre halten?"

Tom Vierus sagt:

„Ich wünsche mir eine Gesellschaft, die wieder näher zur Natur rückt. Eine Gesellschaft, in der Tiere wie Lebewesen und nicht wie Objekte behandelt werden und die Nachhaltigkeit weit über dem Profitertrag steht. Mit der heutigen Technologie ist quasi nichts mehr unmöglich, ob Ölförderung in der Arktis, Tiefseefischerei oder Fracking – Grenzen existieren kaum noch. An unserem Planeten wird buchstäblich Raubbau betrieben, ohne dass es die meisten merken. Ich möchte Probleme aufzeigen und die Natur wieder mehr in unser aller Fokus rücken. Besonders die Ozeane liegen mir persönlich am Herzen – denn sterben unsere Meere, dann sterben auch wir Menschen."

Blauer Planet
MEERESSCHUTZ
Von der Quelle bis zum Ozean – Meeresschutz beginnt vor der Haustür

LIVINGDREAMS.TV

MARINE ECOLOGY - PHOTOGRAPHY - CONSERVATION

Jürgen Fricke sagt:

„Unsere Erde ist nur ein winziges Sandkorn im Weltall. Beide sind fortlaufend von Veränderungen betroffen. Diese können wir weder vollständig verstehen noch aufhalten. Doch haben wir nicht das Recht, unseren wunderbaren blauen Planeten durch unser Handeln zu Grunde zu richten, sondern vielmehr die Pflicht, ihn so zu erhalten, dass das Leben auf unserem Erdball nachhaltig lebenswert bleibt. Dazu muss sich jeder von uns einbringen. Eine der Voraussetzungen dazu ist der schonende Umgang mit den verfügbaren endlichen Ressourcen auf der jetzt schon überbevölkerten Erde. Das gilt vor allem für die Gewinnung und die Nutzung von Energie und den Verbrauch von Rohstoffen. Wir dürfen nicht allein darauf warten, was Politik und Wirtschaft tun, oder nicht tun. Vielmehr muss jeder Einzelne handeln, sonst kann das Leben auf unserem wunderschönen Globus bald unerträglich werden oder gar ganz in den uns bekannten Formen erlöschen."

Erfüllung der Botschaft: Im Rahmen einer neuen Weltordnung unter dem Dach der „Vereinten Völker der Welt" müssen wir lernen, wie wir die Schätze der Natur auf unserem Planeten – gemeinsam und gerecht verteilt – gebrauchen, aber nicht verbrauchen. So können wir diese Schätze erneuern und weiterentwickeln. Hierbei gilt es, eine Balance zwischen den strukturschwachen und den strukturstarken Regionen der Welt zu schaffen. Ziel muss es sein, dass Menschen in ihrer angestammten Heimat eine Perspektive mit Chancen und Herausforderungen für die Zukunft erhalten. Die Umsetzung sollte von den noch zu gründenden sechs Kommissionen der „Vereinten Völker der Welt" vorbereitet und von letzteren verabschiedet werden.

Alle Menschen, die sich an den Entscheidungsprozessen beteiligen, müssen sich unbedingt die beiden Dokumentationsfilme „Home" und „Unsere Erde" anschauen. **Danach werden sie wissen, was zu tun ist – jetzt, gemeinsam und überall auf der Welt.**

Botschafter und Vermittler: z. B. Stephen Hawking, Alexander Gerst, Thomas Reiter, Ulf Merbold (auch weil sie wissen wie unser Staubkorn von oben aussieht), Klaus Schwab (auch um die Mächtigen zu vereinen), Andreas Kieling (auch weil er den Preis kennt, den er für sein privilegiertes Leben in der Natur zahlt) sowie Sean Connery, George Lazenby, Roger Moore, Timothy Dalton, Pierce Brosnan, Daniel Craig (auch weil sie die Welt im Film schon so oft gerettet haben), Halle Berry, Sophie Marceau, Grace Jones, Kim Basinger, Jane Seymour, Diana Rigg, Claudine Auger, Ursula Andress (auch weil sie James Bond bei der Rettung der Welt geholfen haben), Klaus Maria Brandauer (auch weil er so gut war – im Bond und im Mephisto jenseits von Afrika), Mat Damon, Ralf Fiennes, Holly Hunter, Harvey Keitel, Sam Neill, Meg Ryan, Richard Gere, Julia Roberts, Sean Penn, Judi Dench, Clint Eastwood (auch für „INVICTUS" und weil er gegen den letzten Krieg gegen den Irak war), Denzel Washington sowie Andy und Lana Wachowski, Keanu Reeves, Carrie-Anne Moss, Laurence Fishburne und Hugo Weaving (die in „MATRIX" gezeigt haben, dass es sich lohnt, die Welt zu retten, und wie stark der Mensch sein kann – mit einem guten Anführer), Malu Dreyer, Ranga Yogeshwar, Karl-Rudolf Korte, Joachim Gauck, Christian Wulff, Horst Köhler, Roman Herzog, Walter Scheel, Rita Süssmuth, Christian Lindner, Wolfgang Schäuble, Horst Seehofer, Claudia Roth, Fritz Kuhn, Jürgen Habermas, Richard David Precht, Gerhard Ehninger (auch wegen seines Einsatzes gegen PEGIDA), Ole von Beust, Henning Scherf, Gregor Gysi, Alfred Biolek, Reinhold Beckmann, Ai Weiwei, Jutta von Ditfurth (auch als Bewahrerin des Vermächtnisses ihres Vaters) u. v. a. m.

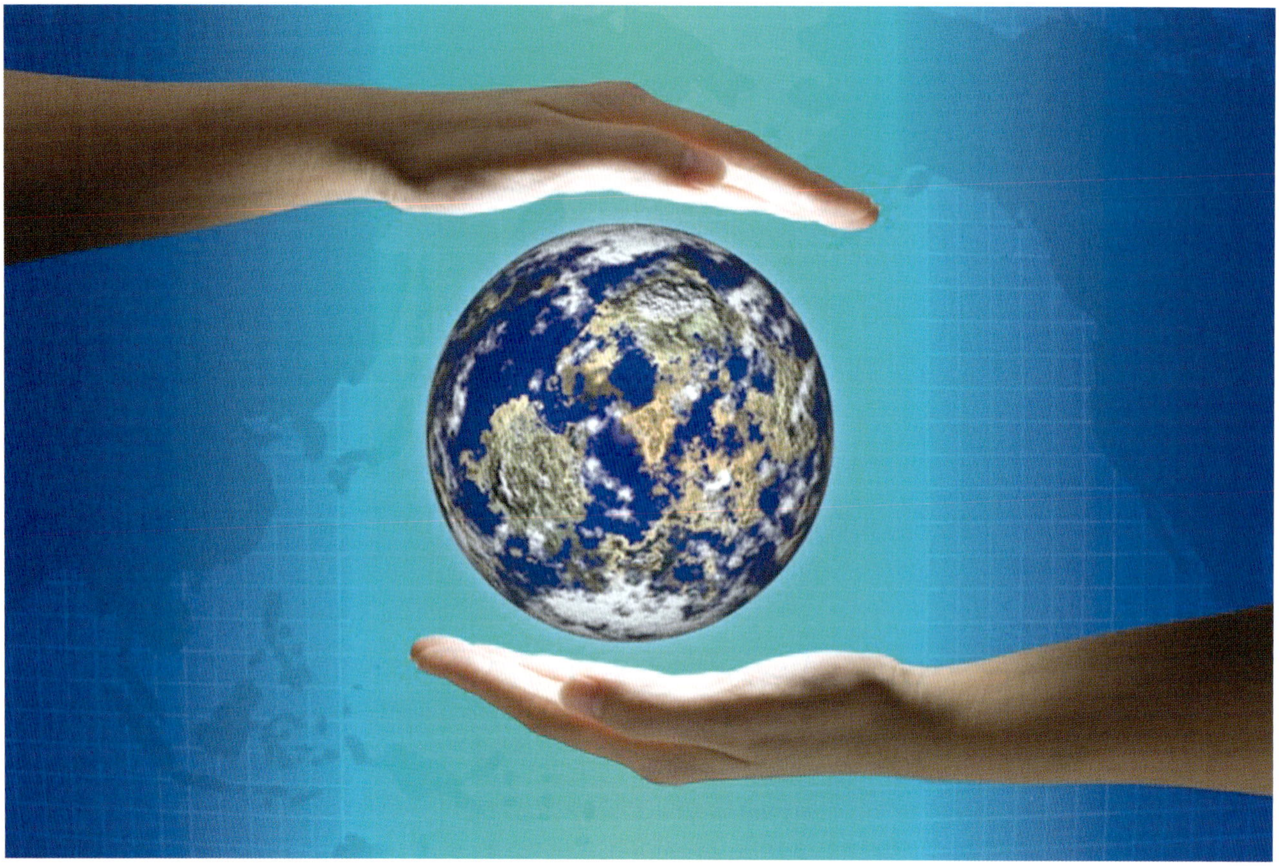

2. Für die Liebe, die Vergebung, das Teilen, den Frieden und die Freiheit

Zu allererst müssen wir uns wohlfühlen, in dem Körper, der uns geschenkt wurde. Im Vordergrund darf das eigene Glück stehen. Denn nur wenn wir selbst glücklich sind, können wir dieses Glück mit anderen gemeinsam erleben und teilen. Wenn wir in der Lage sind unser eigenes Leben zu genießen und zu lieben, dann fällt es uns leicht, auch andere zu lieben und unsere Liebe im richtigen Körper auszuleben – egal ob homosexuell, bisexuell oder heterosexuell.

Julia Roberts sagt:
„Wahre Liebe kommt nicht zu dir, sie muss in dir sein."

Eminem sagt:
„Liebe ist nur ein Wort, aber du selbst definierst es."

Avicii schreibt in „Wake me up":

„Wish that I could stay forever this young.

Not afraid to close my eyes.

Life's a game made for everyone.

And love is the prize."

„ … und liebe deinen Nächsten wie dich selbst".

Mit viel Mut und großem Vertrauen!

Die Form der Nächstenliebe ist wohl die humanitärste Art, unsere Liebe zu „teilen". Diese gehört dann den engsten Angehörigen, Freunden sowie Bekannten und auch Hilfsbedürftigen.

Walter Sittler sagt:

„Niemand ist wichtiger als der Andere."

Rita Süssmuth sagt:

*"Wir brauchen einen Umgang miteinander, wo sich der Einzelne
der persönlichen Zuwendung durch den anderen sicher sein kann."*

Quelle: http://www.aphorismen.de/zitat/143469

Die meisten Menschen finden einmal oder mehrmals im Leben die Liebe im privaten oder beruflichen Umfeld vor allem in der Familie. Die allermeisten Menschen lieben ihre Kinder. Das heißt, sie werden auch ihre Enkelkinder lieben, auch wenn sie noch gar nicht geboren sind. Das wiederum bedeutet, dass die Erhaltung einer lebens- und liebenswerten Welt für eine große Mehrheit von existentieller Bedeutung ist. Die Liebe ist in all ihren Facetten die stärkste und die positivste Kraft.

Henning Scherf sagt:

*"Auf das zu schauen, was noch möglich ist; sich einzubringen und vor allen Dingen, Jung und
Alt zusammen zu bringen, um sich gegenseitig zu beleben, zu entlasten, zu bereichern."*

Madonna sagt:

"Wir sind auf dieser Erde, um zu lieben und zu teilen."

Stevie Wonder sagt:

"Viele Dinge, die gerade passieren, zeigen uns, dass jetzt die richtige Zeit ist zu lieben."

Rosi Mittermaier sagt:

"Siegen war mir nicht so wichtig, wichtig war mir ein gutes Verhältnis im Team und zu den Konkurrentinnen. Ehrgeiz kenne ich nicht, den hatte ich nicht einmal als Leistungssportlerin. Ich werde aber zur starken Kämpferin, wenn es um das Glück und Wohl meiner Familie geht."

Sean Penn sagt:

"Ich glaube, es ist ein gesegneter Zustand glücklich zu sein. Und was ein Mensch in sich trägt, kann einen anderen inspirieren, es anzustreben. Man kann sein Glück nicht aufgeben, weil man Schuld empfindet. Das hilft nicht. Aber wir sind es uns selbst schuldig anzuerkennen, dass wir das Beste aller möglichen Leben führen. Denn wenn das Glück einen blind macht, hat man nichts davon. Was bleibt vom Glück, wenn das eigene Kind in zwei, drei Jahren in einem Café in die Luft gesprengt wird? Deshalb müssen wir jetzt etwas unternehmen. Jeder. Ich bereue nichts von dem, was ich getan habe, auch nicht das Schlechte. Ich versuche nur, mich für die Zukunft nicht zu schämen."

Tom Hanks sagt:

"Die Menschen werden nur noch getrieben von der ständigen Sorge vor Verlust. Träume verschleißen sich, in dem die Welt sich mit ihren Versionen von Wirklichkeit über die Träume lustig macht. Was unsere Mitmenschen von uns denken, wie sie uns einschätzen – das können wir beeinflussen, indem wir stets aufrichtig sind. Am Ende des Tages geht es im Leben darum, die Welt zu verbessern."

Christian Bale sagt:

„Ich wünsche meinen Kindern die Einstellung 'Liebe alle Liebe und hasse allen Hass'. Am meisten wünsche ich meinen Kindern nicht so sehr, gute Kinder zu sein, als gute Menschen zu werden. Viele Eltern setzen ihre Kinder unter Druck, gute Kinder zu sein, und das zwingt sie eigentlich, ihr Leben für ihre Eltern zu leben, die womöglich total kaputte Typen sind. Ein guter Mensch zu sein ist dagegen ihre eigene Wahl, ungeachtet dessen was die Eltern gerne hätten."

Brad Pitt sagt:

„Unser Leben wird durch Möglichkeiten bestimmt. Auch durch die, die wir versäumen. Ich will meine Zeit nicht länger verschwenden, sondern sie mit den Leuten verbringen, die ich liebe. Meine Familie ist die Heimat, die ich mir immer gewünscht habe."

„… und vergib deinen Peinigern."

„… liebet eure Feinde, und betet für die, die euch verfolgen."

Es gibt seit so langer Zeit so viel Hass und Rachsucht zwischen Religionen und Nationen. Nur durch Vergebung werden wir eine neue Weltordnung erschaffen können.

Nelson Mandela sagte:
*„Vergebung befreit die Seele, sie nimmt die Furcht,
deshalb ist sie eine derart mächtige Waffe."*

**Er hat bestimmt nicht nur die eigene Furcht gemeint,
sondern auch die Furcht derer, denen vergeben wird!**

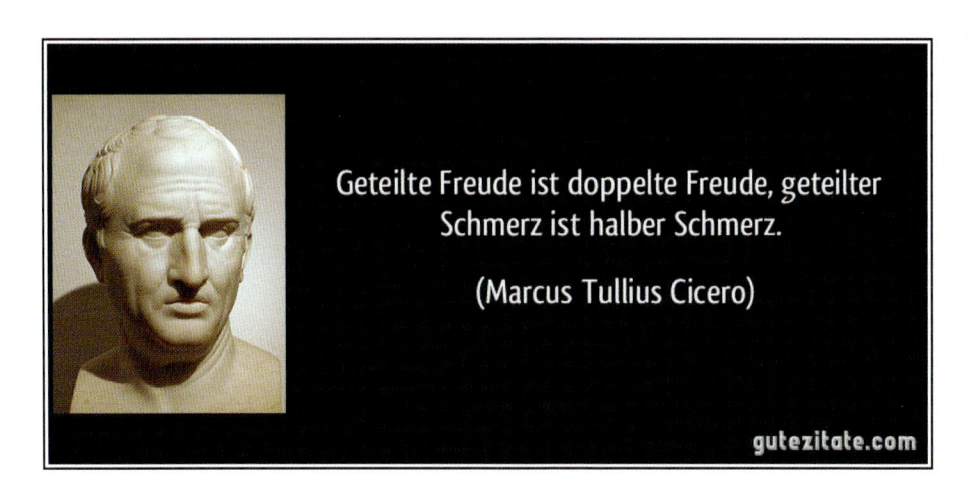

Geteilte Freude ist doppelte Freude, geteilter Schmerz ist halber Schmerz.

(Marcus Tullius Cicero)

gutezitate.com

Das sind keine Binsenweisheiten, sondern täglich erlebte Realität und Wahrheit. Die Welt ist nicht vollständig, wenn wir ihre Geschenke nicht unter uns teilen und erhalten können. **So wird das Teilen zu einer neuen Form von Guthaben für alle Beteiligten!**

Andreas Petzold sagt:

„Es geht den Deutschen nicht nur darum, ihr Gewissen zu erleichtern, indem sie Spendenaktionen reichlich bedienen. Der Vergleich der eigenen Lebenswelt mit den Bildern aus verwüsteten Regionen führt bei vielen Bürgern schockartig zu der Erkenntnis, dass wir nach wie vor in einem enorm reichen Land leben. Einem Land, das wirkliche Not zuletzt vor 70 Jahren erleiden musste. Einem Land, das sich vor Tsunamis, Erdbeben, Dürre und Vulkanausbrüchen nicht zu fürchten braucht. Seit Jahrzehnten hat sich der stern immer wieder mit großen Hilfsaktionen für Menschen in Not engagiert: Es begann mit dem Kampf gegen die Hungersnöte in Äthiopien 1973 und 1984, es folgte ein mehrjähriges Projekt für krebskranke Kinder, 1990 sammelte der stern 138 Millionen Mark für das frierende Russland im Umbruch. Ob es um das Elend in Bosnien ging oder um das Jahrhundert-Hochwasser an der Elbe vor knapp drei Jahren – stets spendeten stern-Leser Millionen, um zu helfen. Als seinerzeit die ersten Fotos von ausgemergelten äthiopischen Kindern im Heft erschienen, sagte stern-Gründer Henri Nannen: 'Es gibt Situationen, in denen der Journalist nicht nur über etwas berichten, sondern in denen er selber etwas tun muss.' Zu diesem Wort stehen wir."

Pelé sagt:

„In meinem Leben habe ich immer alle Menschen mit dem gleichen Respekt behandelt. Diesen Respekt bekomme ich zurück. Wir sind alle hier auf der Welt, um uns schöne Erlebnisse zu schenken! Im Grunde reise ich um die Welt, um neue Freundschaften zu schließen."

Das Leben sollte nicht am rechten oder linken Rand und auch nicht oben oder unten stattfinden, sondern viel besser in der Mitte unserer Gesellschaft. Das ist der Platz, auf dem wir uns alle wohl fühlen können.

Bei allem Humor, aller Satire und allen Karikaturen sollten wir eins bedenken: Wir sollten niemanden zutiefst beleidigen oder verletzen. Kunst und Meinung sind frei, und sind zu tolerieren. Wir meinen aber auch, dass die Humoristen, Kabarettisten, Satiriker und Karikaturisten nicht unter die Gürtellinie zielen sollten. Ein wenig Mitgefühl kann helfen, dass die Betroffenen ihr Gesicht nicht verlieren.

Sehr nachdenklich stimmt uns zuweilen auch die Berichterstattung durch die Medien. Sensationslüstern und gierig auf die Erstberichterstattung stürzen sich deren Vertreter auf alles, was nach Skandal riecht und als Katstrophe erscheint – zu Lasten der Wertigkeit und der Vernunft. Hieraus folgt, dass auf der Mattscheibe und in den Printmedien die negativen Schlagzeilen im Vordergrund stehen und eine Berichterstattung über das Gute in der Welt viel zu häufig auf der Strecke bleibt. Zu verachten ist auch der Klatsch und Tratsch über Prominente durch zügel- und skrupellose Reporter. Die hierbei ins Visier genommenen Menschen werden in einem oft nicht zu ertragendem Maße erniedrigt und ihrer Privatsphäre beraubt. Für die Medien, die nur nach Neuem fiebern und ihre Quoten und Auflagen steigern wollen, ist am Morgen danach alles Schnee von gestern. An den Betroffenen und den Opfern jedoch haftet der scheinbare Makel oft ein Leben lang. Wir glauben nicht, dass die Mehrheit der Konsumenten auf diese Art der Berichterstattung scharf ist.

Wir glauben vielmehr, dass am Ende die Qualität der Berichterstattung die Quoten nach oben treibt. Die Medien haben es in der Hand, das Henne-Ei-Prinzip außer Kraft zu setzen.

Michael van Almsick sagt:

„Wir leben in einer Zeit, in der die meisten Journalisten dazu gezwungen sind, auch Nachrichtenhändler oder Vermarkter zu sein. Es geht darum, eine Nachricht zu produzieren, die möglichst häufig nachgefragt und zitiert, also gekauft wird. Das führt dazu, dass Nachrichten entstehen, die auf Kosten von einzelnen Personen überhöht werden. Der Umgang mit der Geschichte mit dem Ziel maximaler Präsenz in den Medien, stimmt mich sehr bedenklich."

Maren Urner und die Autoren von *Perspective Daily* **sagen:**

"Wir sind der Überzeugung, dass Medien mehr tun sollten als Skandale zu produzieren, zusammenhangslos über Einzelereignisse zu berichten und mit reißerischen Schlagzeilen um Aufmerksamkeit zu buhlen. Wir stehen für einen Journalismus, der nicht nur Probleme beschreibt, sondern auch Lösungen diskutiert. Wir stehen für einen Journalismus, der sowohl negative als auch positive Entwicklungen aufzeigt und so ein ausgewogenes und realistisches Weltbild vermittelt. Und wir stehen für einen Journalismus, der Hintergründe und Zusammenhänge vermittelt und seine Leser befähigt, zu verstehen, warum die Dinge so sind, wie sie sind – und wie man sie vielleicht verbessern kann. Darum gründen wir jetzt Perspective Daily. Perspective Daily wird das erste konstruktive, lösungsorientierte Online-Medium in Deutschland, das sich durch seine Mitglieder und damit unabhängig von Werbekunden, politischen Parteien oder Organisationen finanziert."

Nora Tschirner sagt:

"Perspective Daily ist ein Projekt, das bei uns anfängt und davon ausgeht, dass nicht irgendwelche Leute in irgendwelchen Eliten dafür verantwortlich sind, dass irgendwas irgendwie besser wird. Gemeinsam haben wir die Möglichkeit, diese Mechanismen aufzubrechen. Diese Einsicht ist die Grundlage für zukunftsgewandte gesellschaftliche Veränderungen mit Blick nach vorn. Das finde ich wahnsinnig inspirierend und es gibt mir Hoffnung. Ich ziehe daraus eine Riesenkraft, weiter an sozialen Projekten zu arbeiten."

In den vergangenen Jahrhunderten ist es in vielen Teilen der Erde gelungen, die oft kriegerische Kleinstaaterei zugunsten größerer und friedfertiger Gebilde abzuschaffen. Ein Beispiel dafür ist die Europäische Union. Nach zwei Weltkriegen hat man sich friedlich zusammengerauft. Aber:

Heinrich August Winkler sagt:

„Europa braucht ein Wirgefühl. Die Europäer müssen wissen, was sie verbindet. Das sind in erster Linie die westlichen Werte. Die Menschenrechte sind in Nordamerika 1776 zuerst formuliert worden. Wir leben eine europäische Variante dessen, was ich das normative Projekt des Westens nenne: unveräußerliche Menschenrechte, Herrschaft des Rechts, Gewaltenteilung, Volkssouveränität, repräsentative Demokratie – das hält Europa zusammen. An diesem Maßstab müssen sich alle Mitglieder der EU messen lassen. Und die EU muss ihrerseits ihre Mitglieder daran messen."

Udo van Kampen sagt:

„Im Moment stehen wir zwar vor einer Zerreißprobe, die die EU und die politisch Verantwortlichen ertragen müssen, um das europäische Einigungswerk zu erhalten. Aber wir dürfen auch nicht vergessen, dass der Blick von außen auf Europa ein sehr guter ist. Europa gilt als Hort von Wohlstand und Sicherheit, der auch Krisen standhält."

Heute leben wir in einer globalisierten Welt, in der Informationen über positive und negative Geschehnisse in Windeseile verbreitet werden. Gnade uns Gott, wenn der drohende Verlust von demokratischen Verhältnissen über uns kommt. Die daraus resultierende Macht in der Hand von Demagogen birgt im Hinblick auf den Datenschutz in unserer digitalisierten Welt eine große Bedrohung der Persönlichkeitsrechte und der Freiheit insgesamt.

Wer die Daten hat, hat die Macht. Auf dem eingeschlagenen Weg in die globale Digitalisierung brauchen wir daher nicht nur ein schnelles sondern vor allem ein sicheres Netz in den richtigen Händen und nicht in den Händen von Organisationen wie der NSA. **Dies ist auch die Aufgabe der Netzbetreiber, der Suchmaschinen wie Google oder der sozialen Netzwerke wie Facebook und Twitter beim Ausrollen des Internet 3.0 rund um die Welt. Die Politik muss hier klare Grenzen ziehen, die die Macht einschränken und eine wirksame Kontrolle der Datenkraken ermöglichen.**

Tim Cook sagt:
„Keiner von uns sollte akzeptieren, dass die Regierung oder ein Unternehmen
Zugang zu allen unseren privaten Informationen erhält."

Stefan Aust sagt:

„Wenn Sie sich vorstellen, was heute möglich ist – und wir leben ja nicht in jedem Land in einer Demokratie – dann haben Sie einen perfekten Überwachungsstaat, den sich George Orwell kaum hätte besser ausdenken können. Wir setzen uns nicht damit auseinander, was wir alles an Daten weggeben, wenn wir diese ja sehr praktischen, modernen, wunderbaren, das Leben bereichernden und die Arbeit erleichternden Dienste nutzen. Aber wir machen uns keinen Begriff davon, welche Überwachungsmöglichkeiten wir damit schaffen. Ich habe mich im Laufe meines Lebens sehr viel mit Politik, mit Terrorismus, mit Geheimdiensten beschäftigt, und ich kann mich entsinnen, was für eine große Diskussion es damals um die Volkszählung gegeben hat. Da waren viele Leute der Meinung, dass jetzt die Bevölkerung überwacht wird. Sie haben beim Verfassungsgericht sogar gewonnen. Und wenn man heute zurückblickt auf die Zeit, auf die Daten, die damals gesammelt worden sind, war das ein Witz. Das war ein absoluter Witz im Vergleich zu dem, was heute jeden Tag passiert, ohne dass wir das wirklich wissen. Ich glaube, das ist ein ganz großer Schritt in die Diktatur. Die Überwachung, die Totalüberwachung menschlicher Verhaltensweisen ist die Basis jeder Diktatur. Wir dürfen doch nicht denken, dass die Demokratie, in der wir im Augenblick leben, bei uns oder in anderen Ländern unbedingt auf Ewigkeit so sein muss. Das haben wir in unserer Vergangenheit wirklich lernen müssen. Ich glaube, das Erste und Wichtigste überhaupt ist, dass die Leute wissen, wenn sie eine bestimmte Dienstleistung, eine technische Dienstleistung annehmen und nutzen, welchen Preis sie dafür zahlen. Und wenn es umsonst ist, ist der Preis manchmal besonders hoch. Vielleicht wäre es besser, für manche Dinge ein bisschen mehr zu zahlen. Das ist ja wie beim Bio-Essen. Und ich kann mir vorstellen, dass, wenn das Bewusstsein dafür wächst, Leute, wenn sie technische Dienstleistungen in Anspruch nehmen, sich vorher überlegen, welche sie nehmen. Und vielleicht entsteht da auch ein ganz neuer Markt für digitale Bioprodukte."

Gerhart Baum sagt:

"Es ist für die Zukunft eines der wichtigsten Themen überhaupt, wie der Staat die Daten seiner Bürger vor den Interessen von Unternehmen und fremden Staaten schützen kann. Hier geht es um Bändigung von Marktmacht und um den Schutz der Menschenwürde." „Freiheitsrechte sind Ausdruck der unantastbaren Menschenwürde und nicht vom Staat gnädig gewährte Privilegien, die zur beliebigen Disposition stehen."

Die Freiheit in all ihren Facetten ist ein kostbares Gut. **Vor allem die, denen sie genommen wurde wissen, was Freiheit wirklich bedeutet.** Freiheit kann auch Unabhängigkeit heißen, die den Geist frei und die Menschen kreativ macht. Frei fühlen sich auch diejenigen, die keine Sorgen, keinen Hunger und keinen Durst haben. In Freiheit leben auch jene, die lieben, vergeben und teilen können, die nicht von der eigenen Raffgier verfolgt und gepeinigt werden und in Frieden leben dürfen.

Konstantin Wecker sagt:

"Freiheit heißt, keine Angst zu haben vor nichts und niemand."

Foto: Thomas Karsten

Xavier Naidhoo und Die Söhne Mannheims singen:

„Freiheit ist Frieden, ist Leben. Freiheit heißt Liebe, Freiheit heißt 'Gib mir Raum',
Freiheit heißt Treue, Freiheit ist ein Menschheitstraum, Freiheit heißt Rücksicht,
Freiheit heißt Toleranz, Freiheit heißt 'Hilf Mir'.
Was wir alleine nicht schaffen, das schaffen wir dann zusammen.
Dazu brauchen wir keinerlei Waffen, unsere Waffe nennt sich unser Verstand.
Man kann so vieles ändern, wenn man zu kämpfen bereit ist.
Ich wär bereit, bin austrainiert, haben wir nicht bald alle Staatsformen ausprobiert?
Wir müssen was bewegen, sonst bewegt sich nichts.
Es geht nicht nur um dein Leben, sondern ob es ein Leben ist.
Bitte hört nicht auf zu träumen von einer besseren Welt.
Fangen wir an aufzuräumen. Bauen wir sie auf, wie sie uns gefällt."

Julius Jamal und Die Freiheitsliebe sagen:

„Wir haben 2009 die Freiheitsliebe gegründet aus dem Wunsch, einen Ort zu schaffen, wo es keine Grenzen gibt zwischen Menschen. Einen Ort an dem man sich mitteilen kann, unabhängig von Religion, Herkunft, sexueller Orientierung und Geschlecht. Freiheit heißt für uns nicht nur das Recht sein Leben ohne Diskriminierung auszuleben, sondern auch Freiheit von Ausbeutung. Als Autor dieser Webseite streite ich für eine Gesellschaft, in der nicht mehr die Mehrheit der Menschen das Umsetzen muss, was nur dem Wohlstand einiger weniger dient."

Flüchtlingssituation 2015 und 2016: Ursachen (Krieg, Terror, Unterdrückung, …) und Auswirkungen (Not, Vertreibung, Flucht, Schleusung, Menschenhandel, Tod, Konflikte, Hass, Scham …) sowie notwendige Maßnahmen in den Verursacher-, Transit- und Ankunftsländern (für Frieden, Freiheit und Gerechtigkeit, …)

Zur Bewahrung unserer Freiheit gehört auch, sie mit denen zu teilen, die sie verloren haben, und die sie auf der Flucht vor allem vor Krieg, Terror und religiösem Fanatismus – oft unter Einsatz ihres Lebens – so verzweifelt suchen. Die „Bremer Stadtmusikanten" sagen im gleichnamigen Märchen: *„Etwas Besseres als den Tod finden wir überall."* Für die Flüchtlinge ist dieses Gefühl der Ohnmacht und der Ausweglosigkeit in ihrer Heimat zur bitteren und beklemmenden Realität geworden. Die Ursachen für die aktuellen Flüchtlingsströme insbesondere aus Afrika und dem Nahen Osten in Richtung Europa, das Hin- und Hergeschiebe von hilflosen Menschen sowie das Schachern um Aufnahmequoten seitens der Mitgliedstaaten der Europäischen Union sind beschämend und skandalös. Anstatt ihre Schuld aus der Kolonialzeit anzuerkennen und Verantwortung zu übernehmen, verbarrikadieren sich die meisten EU-Mitgliedstaaten hinter sichtbaren und unsichtbaren Mauern, wie zu Zeiten des Kalten Krieges. Die Botschaft der Sperranlagen, Stacheldrahtzäune und politischen Hürden ist in den meisten Fällen unmissverständlich: **Wir wollen Euch hier nicht haben!**

Auch in Deutschland werden die Stimmen lauter, die da behaupten, dass die Aufnahme von über einer Million Flüchtlinge im Jahr 2015 die vorhandenen Kapazitäten übersteige. Vor dem Hintergrund des folgenden Beispiels ist diese Aussage – auch von offiziellen Stellen – ein Armutszeugnis. Erinnern wir uns: Ab 1945 flohen etwa 12–14 Millionen Ost- und Volksdeutsche aus den ehemaligen deutschen Ostgebieten sowie aus Polen, der Tschechoslowakei und Ungarn oder wurden von dort vertrieben (2 Millionen Menschen verloren dabei ihr Leben). Über zehn Millionen Ostflüchtlinge und Vertriebene wurden im zerstörten und verstörten Nachkriegsdeutschland angesiedelt. 25 Jahre nach der Wiedervereinigung gehört Deutschland zu den reichsten Ländern der Erde und steht auf der Beliebtheitsskala ganz oben. **Wir können und wir müssen es uns erlauben, den Menschen in akuter Not die Hand zu reichen und in unserer Mitte zu integrieren, anstatt sie in Gettos zu isolieren!**

Johannes Rau sagte:
"Lassen Sie uns gemeinsam daran arbeiten, dass niemand in Deutschland Angst haben muss, ganz gleich wie er aussieht, ganz gleich wo er herkommt, ganz gleich was sein Glaube ist, ganz gleich wie stark oder wie schwach, wie gesund oder krank er ist, lassen Sie uns gemeinsam für ein Deutschland sorgen, in dem man ohne Angst verschieden sein kann."

Die Flüchtlingsdramen, die uns täglich aufs Neue vor Augen geführt werden, machen uns fassungslos und wütend. Wir dürfen uns nicht wegducken, wir müssen hinsehen und im Rahmen unserer Möglichkeiten helfen. Dazu bedarf es einer gemeinsamen Aktion von Politik und Gesellschaft, **damit ein Ruck durch Deutschland geht – mit einer Botschaft und einem Signal an die Mitgliedstaaten der Europäischen Union.** Wir wissen, dass hierfür eine große Anzahl von Menschen als Botschafter, Schirmherren und Vorbilder aus allen Bereichen der Gesellschaft sowie die Mehrheit der deutschen Bürger zur Verfügung stehen. Mehr als 90 Prozent der deutschen Bevölkerung sagen nach wie vor: Wer vor Terror, Krieg und Verfolgung flüchtet, soll in Deutschland die Möglichkeit der Aufnahme und des Schutzes bekommen. Der Ball liegt momentan im Spielfeld der Politik.

Verantwortungslose Banker haben in kurzer Zeit fünfzig Billionen Euro versenkt – mit ruinösen Folgen für das globale Finanzsystem. Noch schneller waren die Entscheidungsträger in der EU mit fünf Billionen Euro zur Hand, um das existentiell angeschlagene Bankensystem zu retten. **Doch wenn es um das nackte Leben von Menschen geht, versagen die Institutionen von *Homo sapiens*.** Die EU muss jetzt als Institution der „Vereinten Völker Europas" beweisen, dass sie mehr ist, als ein wankelmütiger, zerstrittener Währungsklub. Die EU und ihre Mitgliedstaaten stehen in der Pflicht, die Flüchtlingsströme unverzüglich im Rahmen einer Quotenregelung gerecht und human zu lenken. Ansonsten würde sich die EU durch Egoismus selbst lahmlegen und verlöre ihre Legitimation. Zu Recht würden die Bürger, deren Vertrauen ohnehin schon bröckelt an der Existenzberechtigung dieser „Union" zweifeln.

Die es zu lösen gilt!

Fast alle Generationen vor uns haben mindestens einmal im Leben ihr Hab und Gut verloren – meist durch Krieg, Vertreibung oder Flucht. Wir, die Nachkriegsgenerationen, sollten immer daran denken, wie viel Glück wir bisher hatten. Aber auch in Deutschland kennen Millionen von Menschen das Gefühl hinter Grenzzäunen und Mauern, zu Unrecht eingesperrt, ausgesperrt und weggesperrt zu sein. Viele hatten Fluchtgedanken, viele sind geflüchtet – unter Einsatz oder auch um den Preis ihres Lebens.

Der letzte Mauertote!

Am 30. September 1989 sagte Hans Dietrich Genscher auf dem Balkon der deutschen Botschaft in Prag zu den zusammengepfercht wartenden Flüchtlingen aus der DDR im Garten der Botschaft: *„Wir sind zu Ihnen gekommen, um Ihnen mitzuteilen, dass heute Ihre Ausreise (… möglich geworden ist.)"*

Dieser Satz, dessen Ende im mitreißenden Jubel der Flüchtlinge unterging, symbolisierte den Anfang der Wende in Deutschland, die am Ende zur Wiedervereinigung führte. Hierzu beigetragen haben der unbändige Freiheitswille vieler DDR-Bürger und die geschickte Diplomatie, die notwendig war, um die Wiedervereinigung zu ermöglichen.

Ohne die Politik von Michail Gorbatschow mit den beiden öffnenden Reformfeldern *Glasnost und Perestroika* sowie eine bestimmte *Steilvorlage* hätte die Wiedervereinigung Deutschlands noch in weiter Ferne gelegen.

Die Steilvorlage!

So aber kam es am 9. November 1989 zu dem legendären und unvergesslichen Auftritt Günter Schabowskis, bei dem das DDR-Gesetz zur Reisefreiheit der DDR-Bürger verkündet wurde. Auf die Frage eines Journalisten, ab wann das neue Gesetz gelten solle, antwortete Günter Schabowski: *„Nach meiner Kenntnis… **ist das sofort, unverzüglich".*** Wenige Stunden später war die Berliner Mauer offen. Die innerdeutsche Grenze wurde überwunden, ohne dass ein Schuss fiel. Ein wundervolles Geschenk, das immer wieder einen wohltuenden Schauer erzeugt!

Ob Günter Schabowski wusste, was er da sagte, ist heute von untergeordneter Bedeutung. Entscheidend war und ist, dass es ein wichtiger Grundstein war auf dem Weg zur Wiedervereinigung Deutschlands, die am 3. Oktober 1990 besiegelt wurde.

Am 23./24. November 1989 bedankte sich Hans Dietrich Genscher bei Gyula Horn für dessen Einsatz, der wesentlich zum Ende des Kalten Krieges beigetragen hatte. Am 27. Juni 1989 bekam der Eiserne Vorhang zwischen Ost und West seinen ersten Riss. Der spätere Ministerpräsident der zweiten frei gewählten Regierung Ungarns (1994–1998), Gyula Horn, war damals Außenminister. Gemeinsam mit seinem österreichischen Amtskollegen Alois Mock durchtrennte er den Stacheldraht an der österreichisch-ungarischen Grenze bei Sopron. Das war der Anfang vom Ende des Eisernen Vorhangs. Eine materielle Gegenleistung hat Ungarn dafür wider Erwarten nicht gefordert.

Der derzeitige ungarische Regierungschef Viktor Orbán hat im September 2015 einen 175 km langen Grenzzaun zwischen Ungarn und Serbien errichten lassen. Mit Stacheldraht soll der Flüchtlingsstrom gestoppt werden. Dieser Grenzzaun sei notwendig, um die Grenzen Europas vor den Flüchtlingen zu schützen. **Es liegt an uns, ob dieser und noch weitere Grenzzäune als neuer Eiserner Vorhang in die Geschichte eingehen werden!**

Mit Orbáns menschenverachtender Politik – unter dem Beifall großer Teile der ungarischen Bevölkerung – untergräbt Ungarn die ethischen und sozialen Grundsätze der EU und stellt damit seine weitere Mitgliedschaft in der EU selbst in Frage.

Victor Orbán, der selbst ernannte „Grenzschutzkapitän", will die EU-Grenzen gegen hilfsbedürftige Flüchtlinge *verteidigen,* **„notfalls mit militärischer Macht."**

Unterstützt wird der mit der Demokratie fremdelnde Orbán vom bayerischen Ministerpräsidenten Horst Seehofer. Der Schulterschluss zwischen Seehofer und Orbán wurde am 23. September 2015 im Rahmen einer CSU-Klausur auf Kloster Banz in Bad Staffelstein provokativ zur Schau gestellt. Seehofer begibt sich damit auf die Seite von Orbán und stellt sich demonstrativ gegen die deutsche Bundeskanzlerin Angela Merkel, die die Bewältigung der Flüchtlingskrise – in geordneter Weise – gleichwohl als Herausforderung und Chance für Deutschland und Europa bewertet. Das schäbige Schauspiel auf Kloster Banz war kein ungeschickter Fehltritt Seehofers auf dem diplomatischen Parkett, sondern ein inszenierter Schachzug, der einen äußerst schlechten Geschmack zeigt und hinterlässt. Er entlarvt sich hier einmal mehr als herrschsüchtiger Bajuware, der am Ende über seinen Stil und seine Rechthaberei stolpern wird. Die Geschichte wird ihn in Erinnerung behalten – auch als sturen, kleinkarierten Besserwisser und Sprücheklopfer, der schon einmal wegen der Kopfpauschale in der Krankenversicherung weichen musste, um als Minister für Bananen und Kartoffeln zurück zu rudern – und über ihn sagen, dass ihm am Ende die *erneuerbare Energie* fehlte. Dass er eigenhändig die Schlinge um den Hals seiner Partei legte. Dass er mit der Herdprämie und der PKW-Maut scheiterte, mit dem Flüchtlingssoli und einer Verfassungsklage drohte, und die Südgrenzen Bayerns – in „Notwehr" – von Ungarn bewachen ließ. Der Obergrenzen-Horst, der sich in Moskau anbiedert und von Edmund Stoiber die Strippen ziehen lässt, will ab 2016 auch als Türsteher und Grenzgänger arbeiten, wenn uns mehr als 200 000 Flüchtlinge pro Jahr *bedrohen*. Dass die deutsche Flüchtlingspolitik in seinen Augen eine „Herrschaft des Unrechts" ist, lässt tief blicken. Unabhängig davon, wie sich der sture Horst noch verbiegen mag, als solcher bleibt er in unserer Fibel im Gedächtnis.

Gemeinsam haben 45 bayerische Ordensobere scharfe Kritik an der Flüchtlingspolitik von Horst Seehofer geübt. In einem offenen Brief vom 11. November 2015 appellieren sie am Gedenktag des heiligen Martin, die Rhetorik im Blick auf die Flüchtlinge zu überdenken und jene als Schwestern und Brüder zu sehen, die in Not geraten sind:

„Sehr geehrter Herr Ministerpräsident Seehofer,

nichts bewegt die Menschen in unserem Land in den letzten Monaten so sehr wie die Situation der vielen Geflüchteten, die bei uns Zuflucht suchen. Sie kommen zu uns, weil sie vor Krieg, Verfolgung und Hunger flüchten. Bei uns hoffen sie, auf ein Land zu treffen, in dem sie geachtet werden unabhängig davon, welcher Religion und Nation sie angehören, welche politisch-demokratische Gesinnung sie vertreten und ob sie arm oder krank sind. Weil in ihren Heimatländern jede Perspektive fehlt, ihre Familien durch redliche Arbeit zu ernähren, wollen sie ihre Arbeitskraft bei uns einsetzen und damit ihr tägliches Brot verdienen.

Als Ordensleute kennen wir nicht nur viele Geflüchtete und setzen uns für sie ein. Wir sehen uns auch gedrängt, unsere Stimme für sie zu erheben, denen aufgrund der traumatischen Erfahrungen auf der Flucht und den vermehrt auch in unserem Land besorgniserregenden Stimmungen die Kraft fehlt, sich zu Wort zu melden.

Als Ordensleute nehmen wir mit brennender Sorge wahr, wie auch in unserem Land rechtsnationale Kräfte und Meinungen wieder sprach- und öffentlichkeitsfähig werden, die ein Klima der Angst und Bedrohung schüren und gegen Geflüchtete und Menschen anderer Religionen hetzen und inzwischen schon tätlich gegen sie vorgehen.

Als (höhere) Ordensoberinnen und Ordensobere, deren Gemeinschaften sich international zusammensetzen, wissen wir nicht nur, wie unmöglich die Lebenssituation in vielen Ländern unserer Welt geworden ist. Wir stellen auch beschämt fest, wie sehr unser Reichtum auf dem Rücken der Menschen in Afrika, Asien und dem Vorderen Orient erwirtschaftet wurde.

Weil wir wissen, dass Ihnen, sehr geehrter Herr Ministerpräsident Seehofer, die Meinung der Bevölkerung wichtig ist, richten wir heute das Wort an Sie – wissend, dass viele Menschen alle Kräfte einsetzen, um den Geflüchteten beizustehen.

- *Wir appellieren an Sie, dringend von einer Rhetorik Abstand zu nehmen, die Geflüchtete in ein zwielichtiges Licht stellt. Wir plädieren vielmehr dafür, in den politischen Debatten und Entscheidungen die Geflüchteten zuerst als Mitmenschen zu sehen, die als Schwestern und Brüder zu uns kommen und unsere Solidarität brauchen.*
- *Wir appellieren an Sie, unbedingt von der Maßnahme Abstand zu nehmen, Transitzonen und Auffanglager einzurichten. Wir plädieren vielmehr dafür, auch die Asylanträge von Geflüchteten aus sog. „sicheren Herkunftsstaaten" individuell und mit einem wohlwollenden Blick auf die Schicksale dieser Menschen zu prüfen. Denn nur die Einzelfallprüfung entspricht dem Grundgedanken unseres deutschen Asylrechts.*
- *Wir appellieren an Sie, sich einzusetzen, dass die Erklärung, die Westbalkanstaaten Bosnien, Serbien, Mazedonien, Albanien, den Kosovo und Montenegro als sog. „sichere Herkunftsstaaten" zu deklarieren, wieder zurückgenommen wird. Wir plädieren vielmehr dafür, die Korruption und damit Willkürherrschaft sowie die Unterdrückung von Minderheiten ernst zu nehmen, die in diesen Ländern nach wie vor herrschen und Menschen Angst machen und zur Flucht drängen, und den Status als „sicheres Herkunftsland" solange auszusetzen, bis die demokratischen Kräfte in diesen Ländern sichtbar weiter gekommen sind als dies bislang der Fall ist.*
- *Wir appellieren an Sie, den oft menschenunwürdigen Zuständen in den Flüchtlingsunterkünften Einhalt zu gebieten und die in manchen Unterkünften eingeführten Kontrollen der Geflüchteten abzustellen. Wir plädieren vielmehr dafür, auf allen Ebenen der Politik und Gesellschaft – im Bereich der Schulen, Universitäten, Handwerkskammern u. a. – Regelungen zu finden, die es den Geflüchteten erlauben, möglichst schnell für sich und unser Land an einer menschenwürdigen Zukunft zu bauen.*

Als Menschen ist es unsere Pflicht, anderen zu helfen. Als Christinnen und Christen treten wir ein für eine Kultur des Teilens. Als Ordensleute solidarisieren wir uns mit den Geflüchteten in vielfältigen Engagements, Hilfsaktionen und konkreten Initiativen. Damit stehen wir an der Seite aller Menschen guten Willens, die sich in unserem Land so überwältigend für die Geflüchteten einsetzen. Diese Hilfsbereitschaft, dieser oftmals ehrenamtliche Einsatz, der auch ungewöhnliche Anstrengungen nicht scheut, ist unseres Erachtens ein Schatz, mit dem es zu wuchern und Gesellschaft zu gestalten gilt.

Wir bitten Sie, sehr geehrter Herr Ministerpräsident Seehofer, deshalb dringend, die Kräfte in unserer Gesellschaft zu stärken, die in der jetzigen Situation eine Pflicht zum Handeln und eine Chance sehen, einen Maßstab von Menschlichkeit aufzurichten, der auf Solidarität und dem Einsatz für Benachteiligte fußt. Dieser kann wegweisend sein nicht nur für heute, sondern auch für die nachkommenden Generationen. Darin kann unseres Erachtens die Basis gelegt werden für eine friedliche, solidarische und auch die Benachteiligten integrierende Gesellschaft.

Als (höhere) Ordensoberinnen und Ordensobere, deren Gemeinschaften in pädagogischen, pastoralen, pflegerischen und prekären Arbeitsbereichen tätig sind, wissen wir, dass die Werte Europas sich daran bemessen lassen müssen, wie wir mit Menschen umgehen, die in Not sind. Abschottung, Grenzen und Begrenzungen sind für uns keine Lösung. Kreativität, guter Wille und eine Mentalität, die dem Teilen mehr zutraut als der Sorge nur für das eigene Wohlergehen, sind für uns zukunftsweisende Wege, für die wir uns einsetzen.

Wir hoffen auf Ihre Unterstützung und verbleiben mit freundlichen Grüßen"

Seien wir ein Vorbild und sorgen gemeinsam dafür, dass die anderen
27 Mitgliedstaaten der Europäischen Union sich solidarisch verhalten. Wir dürfen nicht
im Zorn erröten, sondern sollten rot leuchten – mit Liebe, Mut und Zuversicht.
Rot gilt in manchen Gegenden Afrikas als Farbe des Lebens!

Was ist bloß los in Bayern? Viele Menschen heißen die Flüchtlinge auf dem Münchener Hauptbahnhof willkommen. Andere, allen voran der Möchtegern-Ministerpräsident Markus Söder, wollen Zäune an den bayerischen Grenzen errichten und das Asylrecht im deutschen Grundgesetz ändern mit dem Ziel, die Flüchtlinge fernzuhalten.

Menschen, die die Menschenrechte in skrupelloser Weise mit Füßen treten, Menschen, die Hürden errichten und Grenzen aufbauen, anstatt sich der Not und dem Elend vor Ort zu stellen, sind nicht geeignet, uns zu führen. Wenn sie ihre politische Macht zur Anbiederung an Minderheiten missbrauchen, muss sie ihnen entzogen werden. Die Wähler stehen moralisch in der Pflicht, genau das zur Förderung des Gemeinwohls schnellstmöglich zu tun.

Gut, dass die Mehrheit der deutschen Bürger ein anderes, ein weltoffenes und humanes Verhalten an den Tag legt. Vor allem die positiven Gesten und Taten, mit denen die dankbaren und Not leidenden Flüchtlinge auf deutschen Bahnhöfen willkommen geheißen werden, sind wohltuend und beeindruckend.

Es ist sinnlos zu bemängeln, dass man die große Zahl von Flüchtlingen und den entsprechenden Bedarf an Ressourcen nicht rechtzeitig erkannt hat. Wir benötigen jetzt mehr Entscheidungsträger, die wie Angela Merkel zu den Flüchtlingen sagen „Willkommen" und zu den Bürgern **„Wir schaffen das."** Von provozierten Stimmungsschwankungen abgesehen steht eine große Mehrheit des deutschen Volkes bereit für die Umsetzung einer humanitären und zielgerichteten Integrationspolitik, die am Ende die deutsche Volkswirtschaft auch in demographischer Hinsicht bereichern wird. **Voraussetzung hierfür ist, dass die Menschen in Deutschland wissen woran sie sind. Dann werden Begeisterung und ehrenamtliches Engagement die Angst und Unsicherheit verdrängen. Wir dürfen uns von Pessimisten, die uns Grenzen aufzeigen wollen, keine Furcht einflößen lassen. Und schon gar nicht von Populisten und Scharlatanen, die vor einer bedrohlichen fremdländischen Durchdringung unserer Kultur warnen.**

Angefeuert und ermutigt durch die Aktivitäten von Seehofer und Söder sowie anderen politischen Scharfmachern hat die fremdenfeindliche Bewegung Pegida (Patriotische Europäer gegen die Islamisierung des Abendlandes) im Oktober 2015 in Dresden erneut Tausende Anhänger auf die Straße gebracht. Diese Menschen folgen noch immer dem Pegida-Gründer Lutz Bachmann, der Ausländer im Herbst 2014 als „Viehzeug", „Gelumpe" und „Dreckspack" bezeichnet hatte, und sich dafür im April 2016 vor Gericht zu verantworten hat. **Selbst am 9. November 2015, dem 77. Jahrestag der Reichspogromnacht, wurde marschiert auf dem Theaterplatz, der früher Adolf-Hitler-Platz hieß und für große Naziaufmärsche genutzt wurde. Wir sind zutiefst beschämt und erschüttert, dass so etwas in Deutschland wieder passiert.**

IHR SEID NICHT DAS VOLK!!!

Dresden, o Dresden. Du bist berühmt für deine Frauenkirche, die wieder aufgebaut werden konnte, weil Menschen aus aller Welt 100 Millionen Euro dafür spendeten. Aus dem „Mahnmal gegen den Krieg" wurde am 30. Oktober 2005 ein „Symbol der Versöhnung". Vor dem Hintergrund der Geschichte sind die Bürger von Dresden ermahnt, verpflichtet und aufgefordert, Pegida aus der Stadt zu jagen, auch weil Pluralismus, Toleranz, Humanität und Menschenwürde nicht länger am Galgen hängen dürfen. Diejenigen, die Pegida applaudieren, sollten sich nach den wahren Gründen für ihre Verlustängste fragen. Bleibt fern, bevor ihr zur Beute werdet. Zur Beute von Demagogen vom rechten braunen Rand. **Zündet eure Kerzen an, damit es wieder hell wird – nicht nur in Dresden. Kerzen für den Frieden, die Freiheit und die Gerechtigkeit, die weithin und anhaltend leuchten und wahrgenommen werden.**

Nicht besser sind die Demagogen der AfD, wie Björn Höcke, der die AfD durch die Verbreitung seines „völkischen Gedankenguts" endgültig in die rechtspopulistische Ecke gestellt hat. Der ehemalige Oberstudienrat für Geschichte und Sport spricht in Thüringen über „Finis Germaniae" und träumt in AfD-Veranstaltungen von einer neuen politischen Elite mit „preußischem Dienstethos", die „eine unzerstörbare, ehrliche, reine Vaterlandsliebe in sich tragen" müsse. Der Angst- und Scharfmacher aus Erfurt sagte kürzlich vor AfD-Anhängern in Berlin: *„Diese durchgeknallte, Deutschland abschaffende Kanzlerin muss weg".* Die AfD-Bundesspitze um die Vorsitzende Frauke Petry will die Bundeskanzlerin strafrechtlich verfolgen lassen und hat am 9. Oktober 2015 eine entsprechende Strafanzeige bei der Staatsanwaltschaft eingereicht. AfD-Vize, Alexander Gauland sagte in Berlin: *„Frau Merkel hat sich als Schleuser betätigt."* So ein volksverhetzender Unsinn ist nur schwer zu ertragen. Unsere Antwort: **Die AfD aus dem Bundestag raushalten – ja, wir schaffen das!**

Eine Partei, die Flüchtlinge – sogar Frauen und Kinder unter ihnen – mit Waffengewalt am Grenzübergang hindern will, hat im Bundestag und in den 16 Landesparlamenten nichts zu suchen. Diesbezügliche Äußerungen der AfD-Vorsitzenden Frauke Petry und der stellvertretenden Vorsitzenden Beatrix von Storch vom 31. Januar 2016 sind unmenschlich und brandgefährlich. Das wahre Gedankengut und der Tatendrang der beiden Rechtspopulistinnen sprechen aus dem, was sie zuerst gesagt haben und nicht aus dem, was sie nach empörenden Reaktionen relativiert haben. Eine Partei, deren Anführer an deutschen Grenzen wieder einen Schießbefehl einführen wollen, disqualifiziert sich selbst auch im Hinblick auf Ihre Wählbarkeit. Das sollten die verirrten und fehlgeleiteten Menschen bedenken, die ihre Stimme der AfD geben wollen.

Wolfgang Schäuble sagte Ende Dezember 2015: *„Das beste Rezept dafür, dass die AfD auch bei der nächsten Bundestagswahl nicht ins Parlament kommt ist, dass wir die Sorgen der Bürger lösen und nicht die Parolen der Dumpfbacken noch übertönen."*

Forsa-Chef Manfred Güllner schreibt in seinem Wahltrend in der 44. Ausgabe des *stern* vom 22.10.2015: *„Radikale Minderheit AfD: Die Bürger vor Ort sind in der Flüchtlingsfrage noch nicht so beunruhigt, dass davon die AfD profitieren könnte. Das hat die Oberbürgermeisterwahl in Köln gezeigt: Von knapp 810 000 Wahlberechtigten stimmten nur 12 934 für den AfD-Kandidaten. Wenn die Front gegen diese fremdenfeindliche Partei auch bundesweit stehen würde, ginge ihr Anteil von 7 Prozent schnell wieder zurück. Denn die AfD kommt nicht aus der Mitte der Gesellschaft, sondern ist eine rechtsradikale Minderheit, gegen die man sich abgrenzen muss, die durchweg geächtet gehört."*

Die Reduzierung der AfD bis zu ihrer Bedeutungslosigkeit wird erreicht, wenn sich alle Regierungsverantwortlichen am Gelingen der Integration beteiligen und Teile der Regierungsmannschaften im Bund und in den Ländern aufhören, die Bevölkerung zu verunsichern.

Im Jahr 2015 wurden in Deutschland 1005 Angriffe auf Flüchtlingsheime registriert. Im Jahr 2014 waren es 199. **Die Geister, die sie riefen.** Wir dürfen nicht dulden, dass sich dieser Geist wieder in unseren Köpfen einnistet und in unserem Land ausbreitet. **„Deutschland erwache",** heißt es in einem Gedicht von Kurt Tucholsky aus dem Jahr 1930!

In seiner Weihnachtsansprache 2015 sagte Joachim Gauck: *„Gewalt und Hass sind kein legitimes Mittel der Auseinandersetzung, Brandstiftung und Angriffe auf wehrlose Menschen verdienen unsere Verachtung und verdienen Bestrafung."*

Frank-Walter Steinmeier sagte Ende Dezember 2015: *„Der starke Anstieg rechter Gewalt ist auch ein Ergebnis geistiger Brandstiftung."*

Angela Merkel sagte am 15. September 2015 nach den Verunglimpfungen der „Willkommenskultur" durch Rechtsradikale: *„Wenn wir jetzt auch noch anfangen müssen, uns dafür zu entschuldigen, dass wir in Notsituationen ein freundliches Gesicht zeigen, dann ist das nicht mein Land."* **Sorgen wir gemeinsam dafür, dass sie sich wieder wohl fühlt in unserem Land. Wir werden lernen und erleben, dass wir unsere Heimat teilen können, ohne sie aufzugeben oder zu verlieren. Wirklich reich werden wir nur auf diese Art – durch Empathie, Mitgefühl und Engagement ohne Verlustängste.**

Der Brandbrief von 34 CDU-Politikern an Angela Merkel vom 6. Oktober 2015 ist – in Anbetracht der Notlage – zur Lösung des Problems denkbar ungeeignet. Politiker, die sich dahinter verschanzen, dass die gegenwärtig praktizierte „Politik der offenen Grenzen" gegen geltendes europäisches und deutsches Recht verstoße, sollten sich schämen, den Amtsschimmel zu reiten. Ihr Jammerlappen! Nehmt euch ein Beispiel an Klaus Bouillon, dem saarländischen Innenminister. Der hat kurzerhand sein Büro in ein Flüchtlingsheim verlegt. Über drei Wochen bekam er die Probleme und Herausforderungen hautnah mit und steht nach wie vor auf der Seite von Angela Merkel. Um die herrschende Notlage zu bewältigen, und das große Leid der Menschen zu lindern, müssen Ausnahmeregeln so lange gelten, bis das geltende Recht in humanitärer Weise angepasst werden kann. Alles andere wäre eine Blamage für Deutschland und Europa in der Welt. Die 34 CDU-Politiker sollten aus Erfahrung wissen, dass man mit solchen Aktionen immer das radikale Lager stützt und das eigene Lager schwächt. Nicht zuletzt wegen der fehlenden Rückendeckung für die Flüchtlingspolitik der Bundeskanzlerin im eigenen Lager (CDU/CSU) kommt die AfD im Wahltrend vom 7. Oktober 2015 auf sieben Prozent. Das sind zwei Prozentpunkte mehr als in der Vorwoche **und drei Prozent weniger als Mitte Februar 2016!**

Auch in dem Brandbrief vom 19.01.2016 von 44 überforderten CDU/CSU-Abgeordneten wird die Rückkehr zur strikten Anwendung des geltenden Rechts gefordert – inklusive der Dublin-Regelung. Julia Klöckner sagte dazu: *„Einfach mal die Klappe halten und arbeiten."*

Gut, dass es für Angela Merkels Flüchtlingspolitik auch parteiinterne Rückendeckung von 26 Oberbürgermeistern und 10 Landräten aus dem Südwesten gibt. In ihrem gemeinsamen Brief vom 15. Oktober 2015 an die Bundeskanzlerin schreiben sie: „*Es ist unsere humanitäre Pflicht, Hilfe zu leisten. Viele unserer Vorfahren hatten, auch in Europa, unter Kriegen und Armut zu leiden und mussten sehr oft ihre geliebte Heimat verlassen. Erst in den letzten Jahrzehnten, nach dem für Europa katastrophalen Zweiten Weltkrieg, haben es die politisch Verantwortlichen geschafft, Frieden auf unserem Kontinent zu sichern, wirtschaftlich gefestigte Systeme aufzubauen und soziale Absicherung zu gewährleisten. In harten Verhandlungen wurden Freiheitsrechte etabliert, die gerade für uns in Deutschland selbstverständlich geworden sind. Wir unterstützen Ihre klare Haltung und Ihr Durchhaltevermögen in der Gewährung des Asylrechts für die Geflüchteten.*"

Auch die Gesellschaft in Deutschland hat sich in den letzten Monaten gespalten. Auf der einen Seite Hilfsbereitschaft und Mitgefühl und auf der anderen Seite Angst, Wut und Hass. Die entsstandene Verunsicherung drückt sich auch in den Ergebnissen der Landtagswahlen vom 13. März 2016 aus, nach denen die AfD aus dem Stand jeweils mehr als 10 Prozent der Wählerstimmen gewonnen hat. **Hiernach sind auch die deutschen Künstler aufgefordert durch gemeinsame Aktionen den Einzug der AfD in den Bundestag zu verhindern.**

Vertreter der deutschen Künstler – gegen den rechten braunen Rand!

An den gemeinsamen Aktionen sollten sich alle Künstler beteiligen, die es gut meinen und machen wollen. Wir sind überzeugt, dass der größte Teil der AfD-Wähler nur verunsicherte, irritierte, wütende Menschen sind – und keine Rechtsradikale. Die muss man unbedingt zurückholen. Vor allem stehen die AfD-Gegner in der Pflicht zur Bundestagswahl zu gehen.

In einer Volksabstimmung am 28. Februar 2016 haben die Schweizer eine Verschärfung des Asylrechts mit einer deutlichen Mehrheit von 58,9 Prozent abgelehnt, die von der rechtspopulistischen Volkspartei (SVP) gefordert wurde. Die Frage, ob kriminelle Ausländer künftig selbst bei Bagatelldelikten automatisch ausgewiesen werden sollen, hatte die Schweizer auf- und wachgerüttelt wie keine politische Debatte in den letzten 25 Jahren. Die SVP hatte die Abstimmung initiiert, deren Erfolg lange Zeit als sicher galt. Erst ein breites Bündnis der Zivilgesellschaft konnte den Stimmungswandel in den vergangenen Wochen herbeiführen. Die Galionsfigur dieses Bündnisses ist Flavia Kleiner, die Co-Präsidentin der Operation Libero.

Flavia Kleiner und Operation Libero sagen:

„Ein erstaunlicher Ruck ging durch die Gesellschaft. Sie hat einem destruktiven Populismus die Stirn geboten und große Selbstheilungskräfte bewiesen. Wir setzen uns ein für eine Schweiz, die Chancen bietet und Freiheiten schützt. Eine Schweiz, die Zuwanderung als Bereicherung erkennt und die ihre humanitäre Tradition hochhält. Eine Schweiz die weiß, dass sie wegen, und nicht trotz ihrer Offenheit ein erfolgreiches Land ist. Wir wollen eine weltoffene, liberale, moderne und international vernetzte Schweiz. Wir erkennen uns nicht in einer Schweiz, die das Fremde für alles Übel verantwortlich macht und Veränderung als Bedrohung betrachtet. Wir sehnen uns nicht nach einer vermeintlich heilen Vergangenheit, die es so nie gegeben hat. Die Schweiz ist kein Freilichtmuseum. Wir leben. Wir bewegen uns vorwärts. Also lasst uns die Chancen packen, die uns eine Welt im Umbruch bietet. Wenn wir die Zukunft gestalten, liegt das Beste noch vor uns."

Die Schweizer haben uns vorgemacht, wie ein Ruck durch das ganze Land geht, wenn ein breites Bündnis der Zivilgesellschaft organisiert wird, das Geschlossenheit und Mitmenschlichkeit zeigt.

Jacob Emmanuel Mabe sagt:

„In der aktuellen Weltsituation handeln die meisten Menschen auch in Politik und Kirche weniger nach eigenen moralischen Überzeugungen als nach medial propagierten Meinungen. Hinsichtlich der Flüchtlingsproblematik ist nicht das Gewissen gefragt. Was die politischen Entscheider im konkreten Fall dringend brauchen, ist vielmehr eine moralische Wegweisung durch eine intellektuelle Elite, bestehend aus mündigen Bürgern ohne Parteizugehörigkeit und jegliche Vorurteile, die mit ihren kritischen, ja wehtuenden Meinungen zur Zurückhaltung und Bescheidenheit beständig ermahnt. Kurz: Man muss auf diese Elite hören, wenn man die Flüchtlingskrise dauerhaft überwinden will."

Frank-Jürgen Weise, Chef der Bundesagenturen für Arbeit, Migration und Flüchtlinge, hält Flüchtlinge im Hinblick auf die Altersstruktur der Bevölkerung und den Arbeitsmarkt in Deutschland für eine Bereicherung. Er sagte am 29.10.2015: *„Wir rechnen in diesem Jahr mit 800 000 Flüchtlingen, von denen etwa 40 Prozent in Deutschland bleiben. Davon sind 70 Prozent erwerbsfähig. Das wird eine lebendige Gesellschaft. Ich widerspreche der Einschätzung, die Bewältigung des Flüchtlingsstroms nach Deutschland sei eine Jahrhundertaufgabe. Es wird immer gesagt, das ist die größte Belastung seit der Gründung der Bundesrepublik. Das sehe ich nicht so. Das Risiko von Krieg war in dieser Zeit seit Gründung der Bundesrepublik um ein Vielfaches höher und gefährlicher als die Situation durch Flüchtlinge".*

Die fünf Weisen der deutschen Wirtschaft erklärten am 11. November 2015: *Die Herausforderungen der Flüchtlingskrise sind zu stemmen. Deutschland kann von der Zuwanderung wirtschaftlich profitieren.* Die „Wirtschaftsweisen" gehen von einer Million Flüchtlingen im Jahr 2015 aus. Im Jahr 2016 seien rund 750 000 zu erwarten. Danach werde die Zahl jedes Jahr weiter spürbar sinken. Im günstigen Fall ergebe sich bis 2020 aufgrund der Arbeitsaufnahme anerkannter Flüchtlinge ein positiver Effekt auf die Erwerbstätigkeit von bis zu 500 000 Menschen. Im ungünstigen Fall sei er nur halb so groß. Dem stünden bis zum Jahr 2020 etwa 300 000 bis 350 000 arbeitslose anerkannte Flüchtlinge gegenüber, sagte der Vorsitzende der „Wirtschaftsweisen", Christoph Schmidt.

Völlig überflüssig war die Diskussion über Transitzonen, da weniger als 10 Prozent der Asylsuchenden aus „sicheren Herkunftsländern" davon betroffen wären. Nach der Einigung vom 05.11.2015 zwischen Angela Merkel, Horst Seehofer und Sigmar Gabriel müssen wir nun gemeinsam dafür sorgen, dass Afghanistan, Irak, Syrien und die Türkei (als Durchgangsland) nicht als sichere Herkunftsländer im Hinblick auf die „besonderen Aufnahmeeinrichtungen" z. B. in Bamberg und Manching erklärt werden. Gut ist, dass das Thema Transitzonen vom Tisch ist. Diese mehr oder weniger „menschenrechtsfreien Zonen" sind ungeeignet, den Flüchtlingsandrang an den deutschen Grenzen zu bremsen. Während die einen sich von den Transitzonen eine große Entlastung versprechen, gibt es bei den anderen große Bedenken. Bundesjustizminister Heiko Maas sagte im Oktober 2015: *"Wer Transitverfahren von Flughäfen auf Landesgrenzen übertragen will, schafft Massenlager im Niemandsland. Eine schnellere Registrierung der Asylbewerber ist sicher notwendig. Aber Zehntausende Flüchtlinge an der Grenze in Haft zu nehmen, schafft mehr Probleme, als es löst. Der Vorschlag ist undurchführbar. Es ist ein fatales Signal, Menschen als erstes in Haft zu nehmen, weil sie in ihrer Heimat vor Krieg und Verfolgung geflohen sind."*

(Quelle: http://www.sueddeutsche.de/news/politik/migration-transitzonen-plaene-fuer-spd-undurchfuehrbar-dpa.urn-newsml-dpa-com-20090101-151012-99-10963).

Wir stehen auf der Seite von Heiko Maas, auch weil wir noch einen Film zu diesem Thema in Erinnerung haben. In Terminal hat ein Passagier (Tom Hanks) Erfahrungen über die Länge eines Aufenthalts in der Transitzone eines Flughafens gemacht. Die Geschichte von Terminal basiert in Ansätzen auf einer wahren Begebenheit. Als staatenloser Flüchtling, der sich nicht ausweisen konnte, lebte der Iraner Mehran Karimi Nasseri 18 Jahre lang in Terminal 1 auf dem Pariser Flughafen Charles de Gaulle.

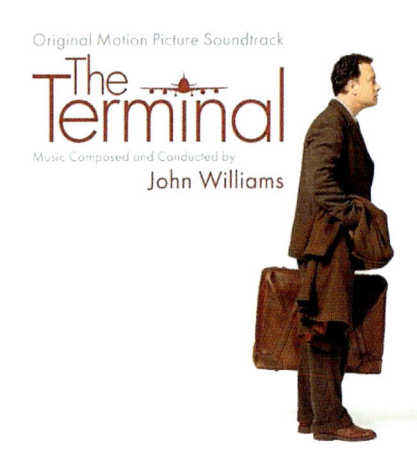

Christian Krug sagt:

„Wir haben alle die Bilder im Kopf von den zusammengepferchten Flüchtlingen auf den sinkenden Booten im Mittelmeer. Wir rufen: Rettet sie! Wir fordern: Da muss doch etwas getan werden! Und es hat sich etwas getan. Es gelangen immer mehr ans rettende Ufer.
Und nun sind sie bei uns, *die Menschen, um deren Leben wir eben noch gebangt haben. Es ist jetzt an uns, uns um sie zu kümmern, ihnen eine neue, vielleicht nur zeitweilige Heimat ohne Angst vor Verzweiflung und Not zu bieten. Eine Herausforderung, deren Bewältigung das wahre Gesicht Deutschlands zeigen wird. Es kann eine hässliche, menschenverachtende Fratze sein oder ein weltoffenes Lächeln. Es ist an uns, dieses Bild zu prägen."*

Vor über zweitausend Jahren gab es eine Familie auf der Suche nach einer Herberge,

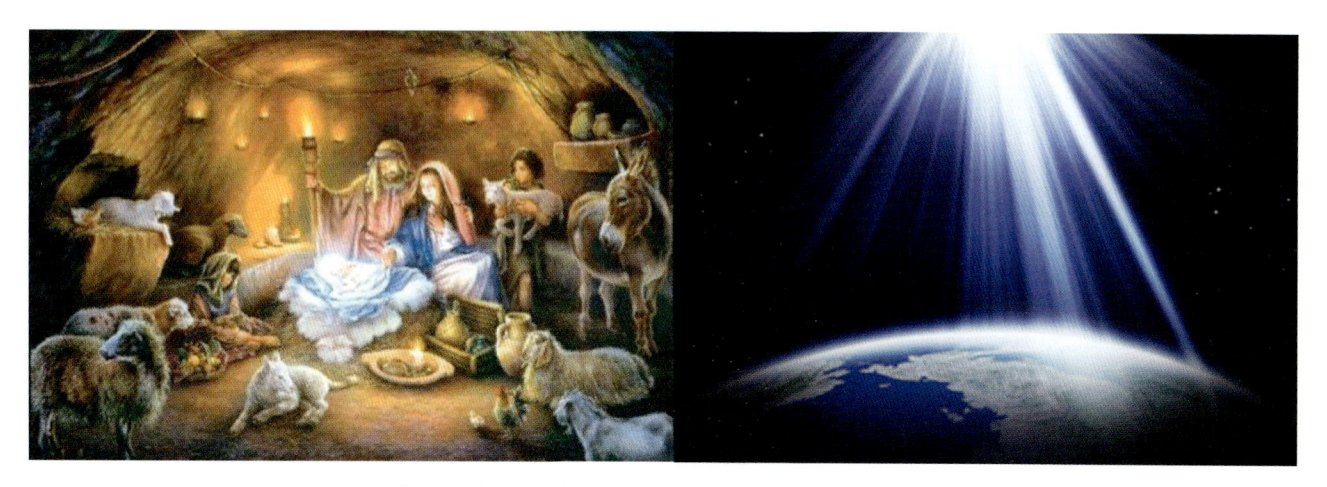

die in der Nacht in einem Stall Zuflucht fand!

Heute blicken wir zurück auf diese Nacht, die so vielen Menschen heilig geworden ist. Ein Geschenk, das bis heute Segen bringt und Trost spendet. In der Überlieferung heißt es, dass auch die Jesus-Familie vor Angst und Schrecken auf der Flucht gewesen ist. **Schenken wir doch den Flüchtlingen das Gefühl, dass wir keine Angst vor Ihnen haben, dass wir vielmehr in der Lage und bereit sind, ihnen ihre Angst und Schrecken zu nehmen, vor denen sie geflüchtet sind!**

Wielant Machleidt sagt:

„Wir haben uns sehr lange dagegen gewährt, gegenüber den Immigranten eine verantwortungsvolle 'Elternposition' einzunehmen. Am Anfang haben wir gesagt etwa bei den Gastarbeitern: Die gehen ja wieder zurück. Um deren Integration brauchen wir uns nicht kümmern. Wir haben mit ihnen auch um Ressourcen wie Arbeit und Wohnraum rivalisiert. Das für mich Neue jetzt an der Willkommensstruktur ist die andere Qualität des Umgangs mit den Migranten von Seiten der Politik, von ehrenamtlichen Helfern und breiten Teilen der Bevölkerung. Jetzt können wir die verantwortliche Elternposition übernehmen. Dazu gehört, Orientierungen zu vermitteln und Grenzen zu setzen. Ich hoffe, dass die Deutschen bereit sind, sich auf diese Rolle einzulassen. Eine Gefahr für das Gelingen eines Integrationsprozesses liegt in der Abwertung des Herkunftslandes und einer Verherrlichung der aufnehmenden Gesellschaft. Dies führt zu psychischen Konflikten. Oder wer sich umgekehrt nicht von seinem kulturellen Herkunftsland ablösen kann wird es schwer haben, sich Gegebenheiten und Ansprüchen des neuen kulturellen Kontextes zu stellen. Für die seelische Gesundheit von Immigranten ist es stabilisierend, wenn sie in dem Aufnahmeland auf eine Migrantengemeinschaft aus ihrem Herkunftsland treffen. Migranten brauchen Andockstellen. Sie brauchen Erfahrene, die ihnen sagen, das machst du in Deutschland am besten so. Solche Gemeinschaften oder Wohnviertel gewähren Schutzräume auf Zeit, die für eine seelische Gesundheit eine besondere Bedeutung haben, weil sie den Migrationsstress verringern und Orientierungen vermitteln. Sie haben insofern eine psychohygienische Funktion. Wer im Rahmen seiner Integration diesen Schutzraum nicht mehr braucht, zieht häufig in andere Wohnviertel mit einem höheren Anteil Einheimischer."

Quelle: Ausschnitte aus einem Interview – abgedruckt in der Frankfurter Allgemeine Sonntagszeitung vom 28.02.2016.
Titel: „Wir müssen wie Eltern für Sie sein". Autorin: Lucia Schmidt.
© Frankfurter Allgemeine Zeitung GmbH, Frankfurt am Main. Alle Rechte vorbehalten.

Arthur Benz sagt:

"Zunächst einmal ist wichtig, dass die Menschen schon bei ihrer Registrierung erfahren, dass sie sich in einem Rechtsstaat befinden. Zweitens: Die Flüchtlinge müssen möglichst schnell in Kontakt mit Einheimischen kommen und aus den Sammelunterkünften herauskommen. Drittens: Die Flüchtlinge müssen in den Arbeitsmarkt integriert werden, damit sie ihr eigenes Leben gestalten können. Das ist vermutlich die schwierigste Aufgabe. Hierbei sind Deutschkenntnisse sehr wichtig. Wer sich am politischen und gesellschaftlichen Leben beteiligen will, wer als Bürger integriert sein möchte, muss die Sprache des Landes beherrschen, in dem er lebt. Das zentrale Kriterium für eine gelungene Integration ist, dass Menschen friedlich zusammenleben und nicht einzelne ausgeschlossen werden. Wenn Menschen ausgeschlossen sind oder sich selbst ausschließen, ist Integration gescheitert. Die Integration muss schon in den Erstaufnahmeeinrichtungen beginnen. Es ist wichtig, dass die Menschen, die zu uns kommen, dort mit Respekt behandelt werden. Das ist der erste Schritt. Integration setzt die wechselseitige Anerkennung voraus. Die ehrenamtlich helfenden Menschen sind enorm wichtig. Sie unterstützen die Flüchtlinge, sie kommunizieren mit ihnen, sie bringen ihnen das erste Deutsch bei. Sie kennen die Probleme der Fremden, weil sie vor Ort sind, und haben oft sehr kreative Ideen, sie zu lösen. Das kann man gar nicht hoch genug einschätzen."

Es darf nicht darum gehen, nur die Menschen ins Land zu holen, die wir zur Stabilisierung der Volkswirtschaft brauchen. Es geht jetzt vielmehr darum, auch die Menschen rein zu lassen, die Hab und Gut verloren haben und ums nackte Überleben kämpfen. Mit der weltweit anerkannten deutschen Ordnung und Gründlichkeit wird es uns gemeinsam gelingen, die Integration zu meistern – im Rahmen der sozio-ökonomischen Möglichkeiten und der humanitären Notwendigkeiten. Wenn wir das schaffen – gemeinsam mit denen, die das organisieren, finanzieren und politisch unterstützen – **dann sind wir, die Verfasser, das erste Mal stolz auf Deutschland.** Weil wir unseren Beitrag geleistet haben – gemeinsam mit der großen Mehrheit der Bevölkerung.

Flüchtlinge brauchen Fans! Jeder der kann, sollte einen Flüchtling, eine Flüchtlingsfamilie oder allein stehende Flüchtlingskinder bei sich aufnehmen. Auch wir, die Verfasser, werden mit gutem Beispiel vorangehen.

Angela Merkel hat in ihrer Neujahrsansprache am 31.12.2015 gesagt: „*Es ist selbstverständlich, dass wir ihnen helfen und Menschen aufnehmen, die bei uns Zuflucht suchen. Wir schaffen das, denn Deutschland ist ein starkes Land. Von gelungener Einwanderung hat ein Land noch immer profitiert – wirtschaftlich wie gesellschaftlich. Deutschland hat schon mehrfach vor großen Herausforderungen gestanden, hat sie stets gemeistert und ist daran gewachsen. Richtig angepackt, ist auch die heutige große Aufgabe des Zuzugs und der Integration so vieler Menschen eine Chance von morgen. Ich danke allen freiwilligen und hauptamtlichen Helfern für ihre Herzenswärme und ihre Einsatzbereitschaft, mit der die nach Deutschland Geflohenen empfangen worden sind. Sie alle leisten Herausragendes und tun weit mehr, als ihre Pflicht ist. Diese überwältigende und tatsächlich bewegende Welle spontaner Hilfsbereitschaft wird für immer mit dem Jahr 2015 verbunden sein.*"

Axel Börsch-Supan sagt:

„Das waren schreckliche Ereignisse in der Kölner Silvesternacht – und ein Vorbote dessen, was schief gehen kann. Aber sie sind kein Anlass für allgemeinen Pessimismus. Egal, wie es mit der Einwanderung weitergeht: Es werden mit Sicherheit einige hunderttausend Flüchtlinge im Land bleiben. Ob die Integration gelingt, hängt auch von uns selbst ab. Kurzfristig kosten uns die Flüchtlinge viel Geld, langfristig werden sie uns etwas einbringen. Es liegt in unserer Hand, die Gesamtbilanz ins Positive zu drehen. Wir haben zum Teil eine vollkommen unsinnige Gesetzgebung, die Integration verhindert. Wir erlauben den Leuten nicht mal zu arbeiten. Das verstehe ich nicht. Wenn intelligente Leute drei Monate lang nur rumhängen, dann ist das schon mal schlecht. Mehr als die Hälfte der Flüchtlinge ist jünger als 25 Jahre. Das heißt, sie werden noch 40 Jahre lang Beiträge zahlen – also genau in dem Zeitraum, in dem die Babyboomer in den Ruhestand gehen und die Rentenkasse stark belasten. Auch bei Krankenkassen und Pflegeversicherung nützt uns das. Wenn wir den demographischen Wandel allein über Einwanderung bewältigen wollten, müssten dauerhaft 1,5 Millionen Menschen pro Jahr zu uns kommen. Die Flüchtlinge helfen uns, aber sie lösen das ganze Problem des demographischen Wandels nicht. Wir machen einen Riesenfehler, dass wir keine gezielte Einwanderung betreiben. Im Moment sind wir bei Asylbewerbern extrem großzügig, bei Wirtschaftsflüchtlingen machen wir dicht. Das finde ich falsch. Wenn Leute aus ökonomischen Gründen nach Deutschland kommen, sich in den Arbeitsmarkt integrieren und gutes Geld verdienen, dann tragen sie zum Sozialprodukt bei. Deshalb sollten wir sie ins Land lassen. Vorausgesetzt sie finden einen Job und haben gute Voraussetzungen für eine erfolgreiche Integration."

Quelle: Ausschnitte aus einem Interview – abgedruckt in der Frankfurter Allgemeine Sonntagszeitung vom 24.1.2016.
Titel: „Langfristig helfen die Flüchtlinge uns". Autor: Ralph Bollmann.
© Frankfurter Allgemeine Zeitung GmbH, Frankfurt am Main. Alle Rechte vorbehalten.

Hamdi Ulukaya sagt:

"Flüchtlingsströme sind die größte Herausforderung der Menschheit.
Leute, die ihre Heimat verlassen haben, klotzen umso mehr rein.
Wenn du ihnen eine Tür öffnest, sind sie ewig dankbar. In dem Augenblick,
in dem du einen Job hast, hörst du auf Flüchtling zu sein.
Dann baust du dir ein neues Leben auf."

Bei Flüchtlingen mit „subsidiärem Schutz", also Menschen, denen eine Rückkehr nicht möglich ist, weil ihnen im Herkunftsland Folter oder eine sonstige unmenschliche Behandlung droht, sollten weiterhin Anspruch auf Familienzusammenführung haben. Dies entspricht völkerrechtlichen Normen und unserem Grundgesetz, das dem Schutz der Familie einen zentralen Stellenwert einräumt. Familienangehörige, die nicht legal und sicher nachkommen dürfen, sind die ersten Kandidaten für illegale Schleuserbanden und Schlepperboote. Die Möglichkeit des Nachzugs von Familienangehörigen ist nicht nur ein humanitäres Gebot, sondern auch eine große Chance, vor allem bei der Integration von Kindern. Kinder erlernen die deutsche Sprache und die Werte unseres Grundgesetzes am schnellsten, und sie haben als Vermittler und später für den Arbeitsmarkt ein enormes Potential.

Not macht erfinderisch. So heißt ein deutsches Sprichwort. Was wir jetzt brauchen, sind Optimisten mit Mut, Ideen, Verstand und einem **Integrationsplan mit gesetzlichen Pflichten und vorgeschalteten Rechten.** Wir müssen bürokratische Hürden abbauen, um die Integration beim Leben, Wohnen und Arbeiten zu erleichtern. Wir müssen aber auch realistisch sein und bleiben. Wir dürfen den Flüchtlingen nicht sofort blühende Landschaften versprechen. Wir müssen ihnen vielmehr deutlich machen, dass es vor allem auf sie selbst ankommt, sich in der deutschen Gesellschaft gut zu integrieren, und zwar **unter dem Dach des Grundgesetzes. Die darin verankerten Werte, Rechte und Pflichten haben sich bewährt und sind das unumstößliche Fundament für ein friedliches Miteinander.** Die religiösen Hassprediger und diejenigen unter den Flüchtlingen, die die Grundrechte wie die Religionsfreiheit und die Gleichberechtigung durch Intoleranz missachten oder sogar mit Gewalt dagegen verstoßen, sind nicht willkommen – weder in den Flüchtlingsheimen noch in den Kommunen und Städten in ganz Deutschland. In derartigen Fällen ist die schnellstmögliche Abschiebung – zur Wahrung von Frieden und Freiheit – unvermeidbar.

Volker Jung sagt:

„In Köln sind völlig inakzeptable Dinge geschehen. Die dürfen aber nicht dazu führen, dass Muslime unter Generalverdacht gestellt werden. Die überragend große Mehrheit der Muslime verwahrt sich dagegen, mit den Tätern von Köln in einen Topf geworfen zu werden. Ich persönlich will mich auch nicht mit allem identifiziert sehen, was Christen weltweit tun. Wenn eine Horde betrunkener Männer am Rand eines Volksfestes Frauen belästigt, würden Sie sich dann nur über die religiöse Prägung Gedanken machen? Klar ist: Muslime in Deutschland müssen wie alle die Werte des Grundgesetzes achten. Keinesfalls dürfen wir aber junge Muslime, die vielleicht schon in der dritten Generation bei uns leben, durch pauschale Verdächtigungen in eine Schmuddelecke stellen. Wir treiben dann vielleicht manche in eine neue Identitätssuche hinein, in der sie unter Umständen Salafisten oder anderen Scharfmachern leicht auf den Leim gehen."

Der Schlüssel zur erfolgreichen Integration ist die Sprache. Hiermit lassen sich alle Türen öffnen. **Das Erlernen der deutschen Sprache sollte sowohl zum Pflicht- wie zum Kürprogramm** gehören, da es die Voraussetzung für Verständigung und Austausch ist. So erfahren wir gemeinsam von unseren unterschiedlichen Kulturen, Sitten und Gebräuchen und wissen danach, wie diese unser multikulturelles tägliches Leben bereichern können und werden.

Müssen wir nun jedes Jahr eine Million Flüchtlinge in Deutschland aufnehmen? Nein! Das können und das müssen wir auch nicht. Wenn wir die Ursachen für die Flüchtlingsströme in den jeweiligen Ländern beseitigen, gehen viele auch gerne zurück in ihre Heimat.

Was wir jetzt brauchen ist eine Atempause und eine Konzentration auf das Wesentliche. Wir müssen uns jetzt zuerst um die Flüchtlinge kümmern, die bereits in Deutschland sind. Die Asylberechtigten sollten viel schneller in die Gesellschaft und in den Arbeitsmarkt integriert werden. Wir müssen mit geeinten Kräften zeigen, dass Asylverfahren schneller zum Abschluss gebracht werden, und so die entstandenen Staus in den Kommunen aufgelöst werden. Ende der neunziger Jahre ist uns dies mit den Balkanflüchtlingen auch gelungen – und zwar hunderttausendfach. Die meisten von ihnen sind nach Beendigung der Balkankonflikte zu Beginn des 21. Jahrhunderts in ihre Heimat zurückgekehrt.

Deutschland bleibt in der Flüchtlingssituation am besten handlungsfähig, wenn die anderen EU-Staaten bereit sind, Asylberechtigte auf kontrolliertem Weg über feste Kontingente aufzunehmen. Dies ist eine moralische und politische Verpflichtung und dient dem Zusammenhalt der EU.

Im Geist der Zuversicht sind wir geübt und in der Bewältigung von Herkulesaufgaben erfolgreich. Die Flüchtlingsintegration nach dem Zweiten Weltkrieg, das Wirtschaftswunder in den Fünfziger und Sechzigerjahren und die Wiedervereinigung – deren 25-jähriges Jubiläum wir im Jahr 2015 gemeinsam feiern durften – haben gezeigt, wozu wir in der Vergangenheit im Stande waren und wozu wir in Zukunft im Stande sein werden. **Wenn es darauf ankommt, dann halten wir zusammen – als Deutsche, Europäer und Weltbürger in einer offenen und bunten Gesellschaft!**

Der Fußball hat in Deutschland einen hohen Stellenwert und liefert immer wieder positive Ergebnisse, die oft unserer gesamten Gesellschaft zu Gute kommen. Die Fußballweltmeister von 1954 haben uns als Mannschaft im sportlichen Wettstreit mit Kampfgeist, Leidenschaft und Siegeswillen so einen wunderbar wuchtigen Tritt verpasst – auf dem Weg zum Wirtschaftswunder nach dem Zweiten Weltkrieg. Der Gewinn der Weltmeisterschaft 1990 kam zum richtigen Zeitpunkt auf dem Weg zur Wiedervereinigung. Während der Heim-WM mit dem Sommermärchen 2006 zeigte sich Deutschland von seiner besten Seite. Die Welt war zu Gast und erstaunt über die Heiterkeit und Ausgelassenheit und erfreute sich wochenlang an der farbenfrohen Kulisse. 2014 wurde Deutschland wieder Weltmeister. In Brasilien standen viele Fußballer mit Migrationshintergrund auf dem Platz, die einen großen Anteil am Erfolg hatten. Die Mannschaft hat gezeigt, wie man gemeinsam ein Ziel erreicht, auch wenn es noch so weit weg scheint. Nun können die Menschen in Deutschland zeigen, wie man eine Mannschaft bildet, um – geführt von einem starken Kapitän – Integrationsweltmeister zu werden. Eine solche Mannschaft könnte ein Kandidat für den Friedensnobelpreis 2016 sein.

Yona Yahaw sagt:

„Ihr müsst Erfolg haben. Die ganze Welt schaut auf Euch. Entscheidend ist gute politische Führung. Mit Angela Merkel habt ihr eine hervorragende politische Führungspersönlichkeit. Sie muss die besten Experten zusammenholen, sie in ein Zimmer zusammensetzen und einen Plan machen lassen. Deutschland hat damit die Chance, seine Geschichte zu korrigieren. Dass Angela Merkel die Flüchtlinge aus Ungarn kommen ließ, hat in der ganzen Welt Anerkennung gefunden. Ihr habt doch auch den Griechen ganz schnell beigebracht, ihre Mentalität zu ändern. Jetzt solltet auch ihr Euch dafür entscheiden, Euch zu ändern und eine multi-kulturelle Nation werden. Wenn es gelingt: wunderbar. Wenn nicht: Gott steh uns bei."

Der Bürgermeister von Haifa, der drittgrößten Stadt Israels

Wenn wir mit gutem Beispiel vorangehen, können die Mitgliedstaaten der Europäischen Union überzeugt werden, einer gerechten Quotenregelung bei der Verteilung der Flüchtlingsströme im Europäischen Rat zuzustimmen. Es darf nicht sein, dass diese Länder die Vorzüge der EU-Mitgliedschaft in Anspruch nehmen und sich bei der Erfüllung internationaler und moralischer Pflichten sperren. **Die Übereinstimmung bei elementaren Punkten ist wichtiger als die Anzahl der Mitgliedstaaten der Europäischen Union! Europa muss mit einer Stimme sprechen. Eine Koalition der Unwilligen wäre fatal. Wir plädieren vielmehr für „die Stimme Europas im Weltsicherheitsrat"!**

2012 wurde die Europäische Union zu Recht für ihren Einsatz für Frieden, Versöhnung, Demokratie und Menschenrechte in Europa mit dem **Friedensnobelpreis** ausgezeichnet. Heute ist die EU von diesem Anspruch so weit entfernt wie nie zuvor. Wir erinnern daher an einen Europäer, der die zerstrittenen EU-Mitgliedstaaten mit dem folgenden Zitat eindringlich dazu aufrief, eine gemeinsame und menschenwürdige Lösung zu vereinbaren und umzusetzen.

Johannes Rau sagte:

„Europa ist eine Wertegemeinschaft, die 'auf den Grundsätzen der Freiheit, der Demokratie, der Achtung der Menschenrechte und Grundfreiheiten und der Rechtsstaatlichkeit' beruht. So sagt es der Amsterdamer Vertrag. Europa wird es nicht zulassen, dass dies von einem seiner Mitglieder in Frage gestellt wird. Wir werden nicht zulassen, dass Fremdenhass, Rassismus und Nationalismus in Europa wieder Platz greifen."

Der Leiter der Münchner Sicherheitskonferenz Wolfgang Ischinger sagte am 5. Januar 2016 über die Rolle Deutschlands und die Situation in Europa: *„Wir sollten unsere gewachsenen moralischen, politischen, finanziellen, wirtschaftlichen und auch militärischen Möglichkeiten nicht bloß dafür einsetzen, um Deutschland als Führungsmacht weiter zu stärken. Das führt nur zu Ressentiments. Vielmehr sollten wir sie einsetzen, um die Kraft, die Glaubwürdigkeit und die Funktionsfähigkeit der Europäischen Union und ihrer Institutionen zu stärken. Diese historische Aufgabe Deutschlands ist umso dringlicher in einer Zeit, in der die Briten sich verabschieden wollen und Zentrifugalkräfte auf Ungarn, Polen, Griechen und weitere Nationalitäten wirken. Ich bin Optimist, dass die Briten dabei bleiben werden. Hinter den Kulissen werden den Engländern die Probleme, die sie mit einem Austritt bekämen, immer klarer. Etwa: Schottland will unbedingt in der EU bleiben. Wenn das Vereinigte Königreich aus der EU austräte, droht dieses Königreich also auseinanderzubrechen. Oder: Die USA betrachten London als Brücke in die EU. Wenn das wegfiele, würde die Bedeutung Großbritanniens für die USA drastisch schwinden. Vieles weitere kommt hinzu, das die Erkenntnis wachsen lässt: Ein Austritt wäre für die Briten selbst eine Eselei. Die Verhandlungen führen hoffentlich dazu, dass am Ende die EU besser organisiert ist und die Briten bleiben. Der Rechtsruck in Ungarn, in Polen, in Skandinavien und weiteren Ländern bereitet mir natürlich sorgen. Dieser Weg ist ein Holzweg. Es gibt keine einzige wichtige Frage, die Ungarn alleine lösen könnte. Dasselbe gilt für Polen wie für alle anderen EU-Mitglieder. Wir werden von der Welt ignoriert und ins Museum gestellt werden, wenn wir keine gemeinsame Linie finden."*

(Quelle http://www.allgemeine-zeitung.de/vermischtes/vermischtes/ein-puzzle-fuer-die-besten-diplomaten_16519883.htm).

Der Knoten, der Europa verbindet und zusammenhält!

Und dennoch driften die Staaten der Europäischen Union immer weiter auseinander. Die Niederländer stimmten am 7. April 2016 gegen das EU-Assoziierungsabkommen mit der Ukraine, und die Briten stehen vor der Volksabstimmung über einen EU-Austritt.

Christoph Cuntz sagt:

„Das 'Nee' der Niederländer ist ein Vorbeben, das noch weit schlimmere Erschütterungen für die Grundfesten der Europäischen Union ankündigt. Zu denen könnte es am 23. Juni kommen, wenn die Briten zu den Urnen gerufen werden. Ihr 'Ja' zu einem 'Brexit' würde den Zentrifugalkräften in der EU Auftrieb geben. Schon jetzt gelten die Niederländer und mit ihnen die Italiener als die nächsten Wackelkandidaten, die fürchten, ohne Großbritannien vollends unter deutsche Dominanz zu geraten. Überall dort macht sich eine Anti-Brüssel-Stimmung breit, wo Populisten darauf setzen, mit anti-europäischen Reflexen innenpolitisch zu punkten. So ging es in den Niederlanden gar nicht so sehr um das Abkommen mit der Ukraine, für das sich wohl die wenigsten interessieren. Sondern darum, 'denen in Brüssel' die Gelbe Karte zu zeigen. Eine fatale Haltung, weil Europa nur gemeinsam stark ist. Jeder Staat für sich allein genommen ist viel zu unbedeutend, um im weltweiten Wettbewerb ernst genommen zu werden. Und: Mit einer Schwächung der europäischen Gemeinschaft sehen sich die Autokraten am Rande der EU gestärkt, denen all die Freiheiten, für die Europa steht, ein Dorn im Auge sind. Diejenigen, die in den Niederlanden gegen das Abkommen mit der Ukraine gestimmt haben, haben das vermutlich in der Überzeugung getan, sie würden gegen eine Brüsseler Bürokratie votieren, die sie für bürgerfern halten. Tatsächlich haben sie sich gegen eine Idee gewendet, die Europa nicht nur Wohlstand, sondern auch Frieden gebracht hat."

So würde Europa ohne die EU aussehen – alles wird teurer, umständlicher und unsicherer. Europas Bürger müssen endlich wach werden, um die Werte der EU zu erkennen und vor allem zu spüren. Stellen wir uns einmal vor, die 50 Staaten der USA würden so zerfallen!

Winston Churchill sagte:

„… Wir müssen eine Art Vereinigte Staaten von Europa errichten. Nur auf diese Weise werden Hunderte von Millionen sich abmühender Menschen in die Lage versetzt, jene einfachen Freuden und Hoffnungen wiederzuerhalten, die das Leben lebenswert machen. Das Vorgehen ist einfach. Das einzige, was nötig ist, ist der Entschluss Hunderter von Millionen Männer und Frauen, recht statt unrecht zu tun und dafür Segen statt Fluch als Belohnung zu ernten … Warum sollte nicht eine europäische Gruppierung möglich sein, welche den verwirrten Völkern dieses unruhigen und mächtigen Kontinents ein erweitertes Heimatgefühl und ein gemeinsames Bürgerrecht zu geben vermöchte? Und warum sollte diese nicht zusammen mit anderen großen Gruppen bei der Bestimmung des künftigen Schicksals der Menschheit seine berechtigte Stellung einnehmen? Damit das zustande kommen kann, braucht es einen Akt des Vertrauens, an dem Millionen von Familien verschiedener Sprachen bewusst teilnehmen müssen …Wenn das Gefüge der Vereinigten Staaten von Europa gut und richtig gebaut wird, so wird die materielle Stärke eines einzelnen Staates weniger wichtig sein. Kleine Nationen werden genau so viel zählen wie große, und sie werden sich ihren Rang durch ihren Beitrag für die gemeinsame Sache sichern … Wenn wir die Vereinigten Staaten von Europa, oder welchen Namen sie haben werden, bilden wollen, müssen wir jetzt anfangen."

Quelle: Auszüge aus der Rede von Winston Churchill in Zürich am 19. September 1946.

Siebzig Jahre nach dieser visionären und vorwärtsgewandten Rede wird es Zeit die europäischen Einheitsgedanken von Winston Churchill in die Praxis umzusetzen – hin zu den **Vereinigten Staaten von Europa.** Nur so finden wir gemeinsame Lösungen, um die aktuellen Krisen gemeinsam zu bewältigen – auch als Vorbild für Einigungsprozesse in anderen Erdteilen.

Brendan Simms und Benjamin Zeeb sagen:

„Wir brauchen dringend die Vereinigten Staaten von Europa, ansonsten ist Europa auf dem besten Wege, sich abzuschaffen. Wir müssen aufhören zu glauben, dass sich eine europäische politische Union peu à peu durch eine Abfolge kleiner Schritte errichten lässt. Die Lenker der Euro-Zone haben anscheinend nicht erkannt, dass erfolgreiche staatliche Unionen, entgegen der Überlieferung und Kultur der EU, nicht durch schrittweise Konvergenzprozesse unter verhältnismäßig günstigen Umständen entstanden sind, sondern durch Brüche in extremen Krisenzeiten. Wie man an den angloamerikanischen Beispielen gesehen hat, bildet sich eine Staatenunion nicht auf evolutionärem Weg, sondern durch einen 'großen Knall'. Gibt es erst einmal einen demokratisch legitimierten europäischen Staat, werden sich die vielfältigen Probleme, die den europäischen Zusammenhalt zu zerreißen drohen, gewissermaßen im Selbstlauf lösen – nämlich unter dem institutionalisierten Zwang zur Kompromisslösung. Innerhalb einer staatlich verfassten Union, würde der beste Weg zu einer gesunden Wirtschafts- und Haushaltspolitik ausgehandelt. Die Vereinigten Staaten von Europa können von der angloschottischen Union das Prinzip übernehmen, dass sich nationale Identitäten und der Nationalstaat durch eine politische Union ohne einen Verlust des kulturellen Erbes überwinden lassen. Die Vereinigten Staaten von Amerika können ihnen dahingehend ein Vorbild sein, wie sich die Bedürfnisse des Zentrums und der Regionen in Einklang bringen lassen in einer Union einer Vielzahl von Staaten unterschiedlicher Größe, mit unterschiedlicher Wirtschaftskraft und unterschiedlichen strategischen Interessen. Wir sollten uns vielmehr darum bemühen, den Europäern in allen Teilen des Kontinents, die unter ganz unterschiedlichen Bedingungen leben, die zahlreichen Vorteile bewusst zu machen, die ihnen ein neues Europa bringen würde. Die Lösung besteht darin, von der gegenwärtigen Kakophonie wechselseitiger Beschuldigungen zu einer Symphonie von Botschaften zu gelangen, die den Europäern vor Augen führt, dass ein geeintes Europa für sie alle von Nutzen sein wird. Zugleich sind aber auch die Ängste der europäischen Bevölkerung ernst zu nehmen. Es muss klargemacht werden, dass eine voll entwickelte föderale Union den Menschen nicht ihre nationalen Identitäten nimmt, sondern diese ergänzt und dazu beiträgt, unsere Vielfalt zu erhalten. Die europäischen Unternehmen, die bereits die staatlichen Grenzen überschreiten, kann es dazu bewegen, sich für die Vorteile einzusetzen, die ihnen Europa gebracht hat. Eine wirtschaftliche Union ist ohne eine politische Union zum Scheitern verurteilt, doch dieser Zusammenhang muss in den Führungsetagen der großen Unternehmen noch stärker verdeutlicht werden. Die Kampagne zur Durchsetzung der Föderalisierung Europas muss in Deutschland, Skandinavien, den Niederlanden, Irland, den USA und Großbritannien zunächst jene Organisationen und Personen ansprechen, die im Falle eines katastrophalen Scheiterns der EU am meisten zu verlieren hätte. Das Bemühen um Unterstützung in der Bevölkerung sollte als erstes bei der von der Krise gebeutelten Jugend Südeuropas ansetzen, die sich nach Veränderung, nach Teilhabe und nach Chancen sehnt. Von diesen unterschiedlichen Ausgangspunkten aus werden sich die beiden Stränge der Kampagne in verschiedene Richtungen bewegen, die sich schließlich an den Alpen überkreuzen und dann auch die südeuropäischen Eliten sowie die nordeuropäischen Wähler erreichen werden. Wenn sich die Bewegung in beide Richtungen voranschiebt, von oben nach unten und unten nach oben, von Norden nach Süden und Süden nach Norden, wird sie am Ende gleichzeitig auch die skandinavischen Wähler und das

griechische Geld erreichen. Deutschland und Frankreich werden die zwei ersten Länder sein, in denen beide Zielgruppen gleichzeitig angesprochen werden. Schließlich werden die überzeugendsten Argumente und Beweggründe für die Schaffung einer Demokratischen Union von den Ereignissen selbst geliefert werden. Am Ende wird nur eine Verbindung aus intellektueller Klarheit, Entschiedenheit, strategischem Denken, den Ereignissen selbst und einer Portion Glück jenen Schub erzeugen, der eine Demokratische Union Europas zur erfolgreichen Vollendung führen kann. Wenn wir jetzt die Chance nicht ergreifen, den Sturz unseres Kontinents in den politischen Abgrund zu verhindern, werden wir dazu keine weitere Gelegenheit mehr bekommen."

Barack Obama sagte am 25. April 2016 in Hannover:

„Wir sollten uns immer wieder daran erinnern, dass unsere Geschichte der letzten 50 bis 100 Jahre außergewöhnlich ist und nicht selbstverständlich. Und das sollte uns Mut machen, daran zu glauben, dass wir unser Schicksal selbst in der Hand haben. Das heißt natürlich nicht, dass wir uns zurücklehnen können. Denn es gibt große Gefahren. Es gibt die Gefahr des Rückschritts … Es gibt barbarische Terroristen, die Unschuldige töten, wie in Paris, wie in Brüssel, wie in Kalifornien … Wir wollen ein ganzheitliches Europa, ein freies Europa und ein Europa, das in Frieden lebt … Und all diese ständigen Herausforderungen führen natürlich zu der Frage, ob die europäische Integration wirklich dauerhaft ist. Oder ob es nicht besser wäre, sich zu trennen, sich zurückzuziehen, vielleicht einige Mauern und Barrieren zwischen den Nationen zu errichten, die im 20. Jahrhundert bestanden haben … Das sind große Herausforderungen der heutigen Zeit und deswegen stehe ich heute hier, im Herzen Europas, um Ihnen zu sagen, dass die USA und die gesamte Welt ein starkes, wohlhabendes, demokratisches und geeintes Europa braucht … Europa war ein Traum der wenigen, heute ist es eine Hoffnung der Vielen geworden … Das können Sie nicht einfach als selbstverständlich hinnehmen. Heute gilt mehr denn je, ein starkes, vereintes Europa bleibt, wie Adenauer sagte, eine Notwendigkeit für uns alle. Eine Notwendigkeit auch für die Vereinigten Staaten von Amerika, weil die Sicherheit und der Wohlstand Europas nicht getrennt werden können von unserer eigenen Sicherheit … Wir brauchen ein starkes Europa, damit es seinen Teil der Lasten zusammen mit uns trägt in Sachen kollektiver Sicherheit … Wir müssen dafür sorgen, dass im 21. Jahrhundert nicht mit mehr schierer Gewalt, Grenzen neu gezogen werden … Um all das umsetzen zu können, müssen wir zusammenarbeiten … Es geht um Prinzipien, die wir wirklich für unumstößlich halten: Alle Menschen sind gleich. Und wenn sich jetzt in Europa diese Fragen der Integration durch die Immigration stellen, Fragen religiöser Integration, dann muss ich doch nur sagen, wenn wir das stärkere Land sind, wenn wir das Land sind, das besser dasteht, dann sollten wir solche Menschen mit offenen Armen empfangen – auch die, die muslimischen Glaubens sind. Die Flüchtlingspolitik ist natürlich in allen Ländern schwierig, ein Problem. Und nicht einige wenige Gemeinden sollten die Last der Ansiedlung von Flüchtlingen tragen, auch nicht ein einziger Staat. Wir alle müssen etwas beitragen, wir alle müssen Verantwortung übernehmen … Wir müssen unsere Werte vertreten, nicht nur wenn es einfach ist, sondern auch in schwierigen Zeiten.

In Deutschland mehr als irgendwo sonst haben wir erfahren, dass die Welt nicht mehr Mauern braucht. Wir können uns nicht definieren durch die Barrieren, die Schranken, die wir errichten, um Menschen wegzuhalten oder um Menschen im Land zu halten … Sie sind Europa, vereint in der Vielfalt. Gesteuert von den Idealen, die in der Welt vorangegangen sind. Sie sind stärker, wenn Sie zusammenstehen, als wenn Sie alleine sind … Sie können sich darauf verlassen, dass ihr größter Verbündeter und Freund, die Vereinigten Staaten von Amerika, auf ihrer Seite steht, Schulter an Schulter. Jetzt und für immer. Denn ein vereintes Europa, früher der Traum einiger weniger, ist jetzt die Hoffnung der Vielen und eine Notwendigkeit für uns alle."

Ein Visionär und eine Vision!

Brendan Simms, Benjamin Zeeb und Barack Obama weisen uns darauf hin, dass Veränderungen besser durchzusetzen sind, wenn die zu bewältigenden Krisen groß sind. Zur dringend notwendigen Lösung der derzeit gewaltigen Krisen sollte es uns doch dann gemeinsam gelingen, die Kleinstaaterei zugunsten der Vereinigten Staaten von Europa aufzulösen. Die Praxis in der EU sieht noch immer so aus, dass die einzelnen Mitgliedsstaaten vor allem ihre eigenen Interessen vertreten, aber das große Ganze nicht weiterbringen. Eine gemeinsame europäische Regierung würde dagegen schnelle und koordinierte Reaktionen ermöglichen. Zudem stünde das Handeln dieser Regierung unter parlamentarischer Kontrolle – anders als die Rettungsmaßnahmen, die die EU-Staats- und Regierungschefs auf Krisengipfeln ausgehandelt haben. Die Vereinigten Staaten von Europa sollten so entwickelt werden, dass sie mit ihren positiven Werten als Vorbild für eine „Neue Weltordnung" dienen können – mit mehr Einfluss auf globaler Ebene und mehr Durchsetzungskraft im Kampf gegen künftige Krisen.

Rückschritte, wie auf der folgenden Seite beschrieben, bleiben uns dann erspart.

Die Öresund-Brücke ist mit acht Kilometern die längste Brücke ihrer Art und verbindet seit dem Jahr 2000 Dänemark und Schweden. Sie wurde auch zum Symbol für das Zusammenwachsen von Ländern in Europa ohne Grenzkontrollen. Schweden und Dänemark hatten sich schon im Jahr 1954 geeinigt, auf Passkontrollen zu verzichten. Damit waren sie dem Rest von Europa weit voraus. Seit Anfang 2016 sind aus den Öresund-Bürgern wieder Dänen und Schweden geworden, die nicht nur Flüchtlinge und Ausländer kontrollieren, sondern auch sich selbst. Das skandinavische Modell mit Sozialstaat, Gleichberechtigung, Umweltschutz und Wohlstand für alle gerät in Schieflage, und droht zu kippen. Das „Öffnet Eure Herzen" des ehemaligen bürgerlichen Regierungschefs von Schweden, Frederik Reinfeldt, gilt nicht mehr. Stattdessen wird die Abschottung mit Grenzkontrollen praktiziert, die sich die plumpen „Schwedendemokraten" auf ihre Fahne geschrieben hatte. Der Erfolg der rechtspopulistischen Parteien in Schweden, Dänemark und vielen anderen EU-Mitgliedstaaten, ist auf den mangelnden Schulterschluss zur gerechten Verteilung der Flüchtlinge innerhalb der EU zurückzuführen.

Thomas Hammarberg sagt:
„Wir hätten schon vor einem Jahr eine Gruppe von glaubwürdigen Fachleuten losschicken müssen, in allen EU-Staaten Werbung für das Asylrecht und die positiven Seiten der Migration zu machen. Und wir hätten in den Vereinten Nationen die Führung übernehmen sollen, um eine gemeinsame Lösung für das Problem zu finden. Nun hängt alles davon ab, ob die EU im Jahr 2016 eine gemeinsame Lösung findet. Wenn nicht, wird sie zerbrechen."

**Sorgen wir gemeinsam dafür, dass dies wieder eine vorbildliche Verbindungsbrücke wird.
Zum Wohle von uns allen!**

Ärzte ohne Grenzen e. V. sagen am 23. Februar 2016 zur Situation auf der Balkan-Route:

„Wir haben mehrmals vor den humanitären Konsequenzen eines Dominoeffekts von Restriktionen gewarnt, doch die europäischen Regierungen kommen weiterhin mit neuen und willkürlichen Kriterien, um die Anzahl der Menschen auf der Flucht um jeden Preis zu reduzieren. Sie berücksichtigen dabei keinerlei humanitäre Bedürfnisse. Die europäischen Regierungen versagen dabei, gemeinsam verantwortungsvolle und menschliche Entscheidungen zu treffen. Stattdessen produzieren sie Chaos, Willkür und Diskriminierung. Die Situation ist nicht mehr tragbar, wird sich in den kommenden Tagen aber weiter verschlimmern. Die Menschen werden zwischen den Grenzen hin und her geschickt und haben keinerlei Informationen über ihre Rechte, oder was als nächstes geschehen wird.

Seit Anfang 2016 sind bereits mehr als 94 000 Menschen auf den griechischen Inseln angekommen. Mindestens 320 Personen sind beim Versuch, die Ägäis zu überqueren, ertrunken. Jeden Tag riskieren rund 2000 Menschen ihr Leben, um Griechenland zu erreichen, wo sie kaum Hilfe und Schutz erhalten.

**MEDECINS SANS FRONTIERES
ÄRZTE OHNE GRENZEN e.V.**
Träger des Friedensnobelpreises

Ein afghanischer Junge berührt den Stacheldrahtzaun
am Grenzübergang von Idomeni!

Christian Matz sagt zum Schließen der Balkanroute Ende Februar 2016:

„Was von Grenzschließungen, festen Obergrenzen und ähnlichen Ideen in der Flüchtlingskriese zu halten ist, lässt sich derzeit in Griechenland und besonders an der Grenze zu Mazedonien besichtigen: Nichts gar nichts. Reine Theorie, Politik mit dem Rechenschieber, die in der Praxis dazu führt, dass Menschen vor den Mauern Europas stranden. Die Österreicher machen die Grenzen dicht, die nächsten Länder auf der Balkanroute folgen, und am Ende der EU-Nahrungskette sollen die Griechen gefälligst schauen, wie sie zurechtkommen – koste es, was es wolle. Wobei der Preis für diese Politik schlimmstenfalls in Menschenleben zu entrichten ist. Europa ist mit dem Flüchtlingsstrom überfordert? Nein, das reiche Europa könnte sehr wohl damit umgehen, will aber nicht, weil sich einzelne Länder in einer Mischung aus Egoismus, Geschichtsvergessenheit und Staatsversagen ihrer Verantwortung entziehen und stattdessen mit dem Finger auf die deutsche Kanzlerin zeigen, die angeblich die Flüchtlingswelle ausgelöst hat – wohlwissend, dass Krieg, Vertreibung und wirtschaftliche Not die eigentlichen Ursachen sind. Schon 2014 hat Papst Franziskus bei einer Reise zur Insel Lampedusa davor gewarnt, dass das Mittelmeer nicht zum großen Friedhof werden dürfe. Konsequenzen daraus? Gleich null, stattdessen hat das Prinzip 'aus den Augen, aus dem Sinn' lange Zeit ganz hervorragend funktioniert: Das Flüchtlingselend, das war ganz weit weg. Nun, da man einen Eindruck bekommen hat, möchte man es lieber wieder verdrängen, und hierzulande mischt die angeblich christliche CSU munter dabei mit, statt die Kanzlerin in ihrem Bemühen um eine europäische Lösung zu unterstützen. Das ist verantwortungslos."

Nach dem Schulterschluss mit Angela Merkel vom September 2015 hat sich der österreichische Bundeskanzler Werner Faymann mit seiner Truppe im Februar 2016 auf der Balkanroute verirrt. Wir hoffen, dass Jean-Claude Juncker aus einem anderen Holz geschnitzt ist und beim EU-Gipfel am 17./18. März 2016 nahtlos an seine folgende Rede anknüpft:

Auszug aus der Rede des Präsidenten der EU-Kommission Jean-Claude Juncker im EU-Parlament in Straßburg am 9. September 2015:

„Es ist an der Zeit, offen und ehrlich über die großen Fragen zu sprechen, denen sich die Europäische Union stellen muss. Denn unsere Europäische Union ist in keinem guten Zustand. Es fehlt an Europa in dieser Union. Und es fehlt an Union in dieser Union.

Das müssen wir ändern – und wir müssen das jetzt ändern.

Wir Europäer sollten uns daran erinnern, dass Europa ein Kontinent ist, auf dem im Laufe der Geschichte fast jeder einmal ein Flüchtling war. Unsere gemeinsame Geschichte ist geprägt von Millionen von Europäern, die vor religiöser und politischer Verfolgung, vor Krieg, vor Diktatur und vor Unterdrückung fliehen mussten.

Wir Europäer sollten wissen und niemals vergessen, warum es so wichtig ist, Zuflucht zu bieten und für das Grundrecht auf Asyl einzustehen.

In der Vergangenheit habe ich gesagt, dass wir zu selten stolz auf unser europäisches Erbe und unser europäisches Projekt sind. Und doch ist es gerade dieses Europa, das heute – trotz unserer Unsicherheit und unserer subjektiv wahrgenommenen Schwächen – als Ort der Zuflucht und des Exils angesteuert wird.

Dieses Europa ist heute ein Leuchtturm der Hoffnung und ein Hafen der Stabilität in den Augen vieler Frauen und Männer im Nahen Osten und in Afrika.

Das ist etwas, auf das wir stolz sein sollten, nicht etwas, das wir fürchten sollten.

Europa ist heute trotz der vielen Unterschiede zwischen seinen Mitgliedstaaten bei weitem der wohlhabendste und stabilste Erdteil. Wir verfügen über die Mittel, um Menschen zu helfen, die auf der Flucht vor Krieg, Terror und Unterdrückung sind.

Es ist sicher so, dass derzeit mehr Flüchtlinge denn je nach Europa strömen. Ihr Anteil macht jedoch nur 0,11 % der Gesamtbevölkerung der EU aus. Zum Vergleich: Im Libanon machen Flüchtlinge 25 % der Gesamtbevölkerung aus – und das in einem Land, dessen Einwohner nur ein Fünftel des Wohlstands der Menschen der Europäischen Union genießen.

Wir können Mauern bauen und Zäune errichten. Aber stellen Sie sich nur für einen Moment vor, Sie wären selbst in dieser Lage, mit ihrem Kind im Arm, und die Welt um sie herum wäre dabei zusammenzubrechen. Sie würden alles daran setzen und jeden noch so hohen Preis bezahlen, jede Mauer, jedes Meer und jede Grenze zu überwinden suchen, um dem Krieg oder der Barbarei des so genannten Islamischen Staates zu entkommen.

Es ist höchste Zeit zu handeln, um die Flüchtlingskrise zu managen. Es gibt dazu keine Alternative. Wir brauchen mehr Europa in unserer Asylpolitik. Wir brauchen mehr Union in unserer Flüchtlingspolitik.

Eine wirklich geeinte europäische Migrationspolitik bedeutet auch, dass wir uns Gedanken über die Öffnung legaler Migrationswege machen müssen. Deshalb wird die EU-Kommission Anfang 2016 ein gut konzipiertes Gesetzespaket zur legalen Zuwanderung vorlegen.

Lassen Sie uns klar und ehrlich sein mit unseren oft besorgten Bürgerinnen und Bürgern: Solange Krieg in Syrien und Terror in Libyen herrscht, wird sich die Flüchtlingskrise nicht einfach von selbst lösen. Eine dauerhafte Lösung wird nur möglich sein, wenn wir die grundsätzlichen Ursachen anpacken – die Gründe also, warum wir uns nun dieser Flüchtlingskrise stellen müssen. Unsere europäische Außenpolitik muss entschlossener werden. Wir können es uns nicht länger leisten, Kriege und Instabilität in unserer Nachbarschaft zu ignorieren oder uneins darauf zu reagieren. Ich möchte ferner darauf hinweisen, dass die Krise in Syrien nun ins fünfte Jahr geht und bislang kein Ende in Sicht ist. Die internationale Gemeinschaft hat das syrische Volk bislang im Stich gelassen. Europa hat das syrische Volk im Stich gelassen.

Ich fordere heute eine europäische diplomatische Offensive, um die Krisen in Syrien und Libyen zu bewältigen. Wir brauchen ein außenpolitisch stärkeres Europa.

Ich möchte keine Illusionen wecken: Die Flüchtlingskrise wird nicht schnell überwunden sein. Doch Schiffe von den Anlegestellen wegzustoßen, Flüchtlingslager in Brand zu setzen und armen und hilflosen Menschen die kalte Schulter zu zeigen: das ist nicht Europa.

Europa – das ist der Bäcker im griechischen Kos, der sein Brot an die hungrigen und ermatteten Menschen verteilt. Europa – das sind die Studenten in München und Passau, die die Neuankömmlinge am Bahnhof mit Kleidung versorgen. Europa – das ist der Polizist in Österreich, der die erschöpften Flüchtlinge beim Grenzübertritt willkommen heißt."

Parallel zur solidarischen Verteilung der Flüchtlingsströme müssen wir die Entwicklungshilfe in den betroffenen Ländern – zur Selbsthilfe vor Ort – massiv ausbauen. Geld genug ist vorhanden, wenn die Geberländer ihre Versprechungen erfüllen, die korrupten Strukturen trockengelegt werden, der religiöse Wahnsinn gestoppt wird und die Waffenexporte vor allem in die Krisengebiete eingestellt werden. **Verbunden mit einer machtvollen Friedenspolitik können diese Missstände auf dem afrikanischen Kontinent beseitigt werden, sobald die Entscheidungsgewalt unter dem Dach der „Vereinten Völker der Welt" hergestellt ist.**

Weltregierung der Vereinigten Erde!

Harald Krassnitzer sagt:

„Am 8. Mai 1945 war es plötzlich still und es war zu Ende und man erkannte zum ersten Mal das gesamte Ausmaß des Wahnsinns, der 5 Jahre und 9 Monate über Europa hinweg gefegt war. Abermillionen von Toten, Millionen von Kriegsversehrten, Millionen von Flüchtlingen, Zerstörung, Verzweiflung, Not und Elend und in dieser Situation des Schocks treffen sich 11 Menschen aus ganz Europa und sind sich einig: 'So etwas darf nie wieder passieren'. Am 9. Mai 1950 macht einer aus dieser Gruppe, der Außenminister Frankreichs, Robert Schuman, in seiner berühmten Schuman-Erklärung einen genialen Vorschlag: Die Zusammenlegung der französischen und der deutschen Kohle- und Stahlproduktion, so dass keiner der beiden Länder jemals wieder Waffen bauen kann, um sich gegenseitig zu vernichten. Und er entwirft eine Summe von unglaublichen Gedanken um diese Vorschläge. Einen davon will ich Euch kurz zitieren, weil er sehr aktuell ist eigentlich und immer noch nicht erfüllt: 'Europa wird dann, wenn es diese Fusion gegeben hat mit vermehrten Mitteln die Verwirklichung einer seiner wesentlichsten Aufgaben verfolgen können: Die Entwicklung des afrikanischen Erdteils'. Und das hat dieser Mann 1950 gesagt. Vor 70 Jahren und bis heute sind wir nicht wirklich wesentlich damit weiter gekommen ABER aus diesem Substrat ist das Fundament der europäischen Gemeinschaft. Und seit der Unterzeichnung der römischen Verträge 1952 erleben wir eine unglaubliche Erfolgsgeschichte. Ein Friedensprojekt, um das uns die ganze Welt beneidet. 2012 bekommen wir einen Friedensnobelpreis dafür aber jetzt frage ich Euch: 'Was ist dieses Friedensprojekt und dieser Friedensnobelpreis wert, wenn Europa zu den größten Waffenexporteuren der Welt zählt? Was ist dieses Friedensprojekt und der Friedensnobelpreis wert, wenn Europa seine Konflikte und Interessen in Afghanistan, im Irak, in Libyen, in Syrien oder irgendwo in Afrika verteidigt und dabei in Kauf nimmt, dass die Lebensräume der dort lebenden Menschen zerstört werden? Was ist dieses Friedensprojekt noch wert, wenn Europa innerhalb von wenigen Tagen mit einer unglaublichen Leichtigkeit eine Billion Euro aufstellen kann, um faule Kredite, um marode Banken zu retten aber in der Aufgabe ein paar tausend Flüchtlingen ein menschenwürdiges Dasein und Schutz zu ermöglichen, ein nicht zu bewältigendes Problem sieht? Und diese Menschen dann lieber im Mittelmeer verrecken lässt.' Wenn dieses europäische Friedensprojekt noch irgendeinen Wert haben sollte, dann muss das Dublin-Verfahren sofort ersatzlos abgeschafft werden. Dann brauchen wir endlich eine einheitliche, solidarische, europäische, menschenwürdige Asylpolitik und eine Zuwanderungspolitik. Dann müssen wir die Fluchtursachen endlich politisch und nicht militärisch bekämpfen. Dann muss die Entwicklungszusammenarbeit endlich zu einer gelebten Partnerschaft auf Augenhöhe werden und dann muss die Politik aber auch wir endlich erkennen, dass diese Menschen, die jetzt bei uns Schutz suchen keine Gefahr für uns sind. Sondern eine unglaubliche Chance. Denn sie erinnern uns an unsere Geschichte, an unseren 8. Mai 1945, an unsere Toten, an unsere Flüchtlinge, an unsere Kriegsversehrten aber auch an unsere Kraft. Uns in Europa immer und immer wieder neu zu erfinden. Ich verbeuge mich vor all denen, die in den letzten Wochen auf den Bahnhöfen, an den Grenzstationen, bei den Erstaufnahmestellen, in den Städten, in den Gemeinden, im ganzen Land geholfen haben. Ihr habt Österreich ein menschliches Antlitz zurückgegeben.

Ihr seid die wahren Europäer, ihr seid die wahren Patrioten. Ihr habt etwas begonnen, wofür es höchste Zeit ist und ich zitiere hier Heribert Prantl: Es ist Zeit, die Globalisierung der Gleichgültigkeit zu beenden!"

Quelle: Auszüge aus der Rede von Harald Krassnitzer beim Solidaritätskonzert für ein menschliches Europa am 3. Oktober 2015 in Wien.

Heinz Erhard sagte:

„Frieden auf Erden – hoffentlich wird es keinen Zaun mehr geben, von dem man einen Streit brechen kann."

Der Mensch soll niemals aufgeben; und wenn, dann höchstens eine Postkarte.

Lars Hennemann sagt:

„*Das Mittelmeer ist ein Massengrab. Wir überfliegen es auf unserem Weg in den Urlaub, unsere Kreuzfahrtschiffe kreuzen die Routen der Seelenverkäufer, auf denen die Flüchtlinge um ihr Leben bangen. Wer diese gegen jegliche Menschlichkeit verstoßende Tragödie wirklich ändern will, schafft das nicht mit noch so vielen Rettungsteams. Dauerhafte Lösungen können nur in den Herkunfts- und Transitländern liegen.*"

Hierzu passt auch der Kommentar des deutschen Bundesaußenministers Frank-Walter Steinmeier vom 20. April 2015: „*Wir können dem Problem auf lange Sicht nur Herr werden, wenn wir die Fluchtgründe an der Wurzel bekämpfen*". (Quelle: http://www.auswaertiges-amt.de/DE/Infoservice/Presse/Meldungen/2015/150420_BM_Unglueck_Mittelmeer.html?nn=358416).

Bis dahin brauchen wir eine gerechte und legale Flüchtlingsaufnahmeregelung!

Gregor Gysi sagt:

„*Wir leben auf Kosten der Dritten Welt und wundern uns, wenn das Elend anklopft.*"

Peter Neher sagt:

„Wichtig ist Respekt vor den Schicksalen der Menschen, die zu uns kommen. Dazu gehört auch, dass wir zu schnelleren Asylverfahren kommen. Die Menschen sollten schnell Gewissheit darüber erhalten, ob sie eine Perspektive in Deutschland haben. Es muss mehr getan werden, um die Flüchtlingsunterbringung besser zu regeln. Das muss flankiert werden von sozialen Maßnahmen, zum Beispiel in der Trauma-Verarbeitung. Die vielen Pfarrgemeinden, die sich engagieren, benötigen mehr Unterstützung. Voraussetzung ist ein höheres finanzielles Engagement des Bundes zugunsten von Ländern und Kommunen. Die Zahlen haben mit nun erwarteten 800 000 Flüchtlingen inzwischen eine Dimension erreicht, die bisher nicht vorstellbar war. Deutschland ist ein reiches Land. Wir können uns das leisten, wir müssen uns das leisten. Aber man muss auch die Fluchtursachen klar benennen: In Syrien und dem Irak gibt es leider im Moment keine Perspektive auf einen schnellen Frieden. Für die wirtschaftlichen Probleme und die Armut in den Balkanländern ist das deutsche Asylrecht allerdings keine Lösung! Dazu bedarf es eines Einwanderungsgesetzes mit klaren Regelungen für den Zugang zum Arbeitsmarkt. Ich halte es für unerträglich, dass die europäischen Länder in der Flüchtlingskrise nicht in der Lage sind, zu gemeinsamen Strategien zu kommen. Wenn ich mir die Lage im Mittelmeerraum ansehe, kann man schon von Versagen sprechen. Es kann nicht sein, dass einige Länder keinerlei Bereitschaft erkennen lassen, Flüchtlinge aufzunehmen."

Auszug aus der Regierungserklärung der Ministerpräsidentin von Rheinland-Pfalz Malu Dreyer am 23. September 2015: „Solidarität und Perspektiven – Flüchtlingsaufnahme in Rheinland-Pfalz"

„Meine sehr verehrten Kollegen und Kolleginnen,

wir sollten uns keine Illusionen machen über die Größe der Herausforderung. Es wird Rückschläge geben und nicht jede Anstrengung ist bei allen populär. Aber wir können aus eigener Erfahrung sagen: Es lohnt sich für alle, weltoffen zu sein. Solidarität und Perspektive gehören zusammen. Wir praktizieren Solidarität und wir arbeiten zugleich an neuen Perspektiven für unser Land. Ich haben Ihnen die Werte, entlang derer wir handeln, und die konkreten Maßnahmen heute dargelegt.
Wir sind stark gefordert – aber wir sind nicht überfordert. Weil wir engagiert zusammenarbeiten und uns in Solidarität mit der Bevölkerung sehen. Und weil es eine besondere Situation ist, möchte ich mich über das Parlament hinaus heute aber auch direkt an die Menschen unseres Landes wenden.

Liebe Mitbürger und Mitbürgerinnen,

wir alle erleben in diesen Tagen, dass so viele Menschen vor Krieg und Verfolgung zu uns flüchten wie seit Jahrzehnten nicht mehr. Die Behörden des Landes tun alles Menschenmögliche, um der organisatorischen Herausforderung für Unterkunft, Verpflegung und Betreuung gerecht zu werden und Sicherheit zu gewährleisten. Wir werden dabei nur erfolgreich sein, wenn alle mithelfen. Wenn auch Sie in Ihrem persönlichen Umfeld für Offenheit werben und Offenheit und Solidarität praktizieren. In den Vereinen und Verbänden, in der Nachbarschaft und sehr persönlich. Und wenn wir alle klar widersprechen, wo immer sich Ressentiments oder gar Hass zeigen. Die Landesregierung steht dafür, immer die gesamte Gesellschaft im Blick zu behalten. Alle Menschen mit geringen Einkommen, Menschen, die Zugang zum Arbeitsmarkt suchen, und Benachteiligte brauchen unsere Hilfe, und das Land steht für diese Hilfe ein. Solidarität mit Menschen in Not ist nun mal unteilbar. Genau deshalb lassen wir es nicht zu, dass die eine Gruppe gegen eine andere ausgespielt wird. Wir stehen bei der Aufnahme von Flüchtlingen jetzt vor einem Thema, das uns auf Jahre hin beschäftigen wird. Viele derer, die kommen, werden bleiben, und wir können sie gut gebrauchen. Aber das geht nur gut, wenn neben der Erstversorgung von Beginn an der Weg zur Integration geöffnet wird, zu dem immer beide Seiten beitragen müssen. Das ist ein Weg, der klare Regeln braucht, für deren Einhaltung wir sorgen werden. Ein Weg der Verlässlichkeit und der neuen Möglichkeiten, vor allem aber ein Weg der humanitären Verantwortung, im besten Sinne der Nächstenliebe. Wir werden weiter mit allem Nachdruck an der Verbesserung der Lebensverhältnisse für alle Menschen in unserem Land arbeiten. Denn Solidarität wird umso besser gelingen, wenn unsere Gesellschaft als Ganzes stark bleibt. Und wenn die europäische Idee sich gerade jetzt bewährt. Ich hoffe sehr, dass das gelingt. Das ist unser Weg. Lassen Sie uns diesen Weg gemeinsam gehen. Und lassen Sie uns dabei die Geschichte unseres eigenen Landes im Gedächtnis behalten. Eine Geschichte, die immer wieder auch schwierig war – vor allem am Anfang, nach Faschismus, Krieg und Zerstörung. Eine Geschichte

aber auch, die zur Erfolgsgeschichte wurde. Weil wir dazugelernt haben, weil wir weltoffen wurden. Und weil wir zusammen angepackt haben.
Ich danke Ihnen."

Solidarität

Einigkeit Affinität Einklang Wirgefühl Zusammenhalt
Gemeinsamkeit Kollegialität Miteinander Geschlossenheit Wesensverwandtschaft Zusammengehörigkeit
Einmütigkeit Übereinstimmung Kameradschaftlichkeit Geistesverwandtschaft Band
Bindung Sympathie Partnerschaft Konsens Gleichgesinntheit Gemeinschaftsgefühl
Verbundenheit Gemeinschaft Gerechtigkeit

Michael Ebling sagt:

„Was erzählt es über uns, wenn das stille Leid von Millionen Menschen auf der Flucht sich zu lauten Schreien Ertrinkender im Mittelmeer vereint? Was erzählt es über uns und unser Land, wenn in Freital, einer Stadt in einem der reichsten Länder der Welt, Menschen, denen es gut geht, Menschen, denen es schlecht geht, Gewalt androhen, wo sie doch gerade der Gewalt entflohen zu sein glaubten? Was erzählt es über uns und unseren Kontinent, wenn überall in Europa Parteien Wahlen gewinnen, die Stimmung machen – nicht gegen Krieg, nicht gegen Terror, nicht gegen Armut, nicht gegen Gewalt – sondern gegen Menschen? Gegen Menschen, die nichts anderes wollen, als dem Elend, dem Terror, der Verfolgung zu entfliehen? Diese Geschichten handeln von uns allen, von unseren Städten, von unserem Land, von unserem Kontinent. Denn am Ende wird die Frage nicht lauten 'Was denken wir über diese Geschichten'? Begegnen wir ihnen mit Mitleid oder mit Gleichgültigkeit? Die Frage wird lauten: Was denkt die Geschichte über uns? Was denken zukünftige Generationen über unsere Zeit? Eine Zeit, in der in Deutschland gegen Menschen protestiert wird? Wird man später die Geschichte eines Landes erzählen, in der das Ernstnehmen von Sorgen immer häufiger verwechselt wird mit dem Schüren von Ängsten? Wird man die Geschichte eines der reichsten Länder der Erde erzählen, in dem man von 'Überforderung' spricht, obwohl es in Europa bei der Flüchtlingsaufnahme nach Pro-Kopf-Berechnung nur einen mittleren Rang einnimmt, während Länder wie der Libanon mehr als eine Million Flüchtlinge aufnehmen? Wird man die Geschichte von der 'Schande Europas' erzählen, wie der Journalist Markus Preiss es in einem viel beachteten Kommentar nach der Schiffskatastrophe im Mittelmeer formuliert hat, bei der 700 Menschen ertrunken sind? Wird man die Geschichte von europäischen Innenministern erzählen, die kein Seenotrettungsprogramm, das diesen Namen verdient, auf den Weg bringen wollen – und von ganzen Staaten im humanistischen Europa, die offen Stimmung machen gegen Flüchtlinge? Ja: Man wird diese Geschichten wohl erzählen, wenn wir es zulassen. Wenn wir den Populisten das Feld überlassen. Wenn wir zulassen, dass Rassismus verharmlost wird und nahezu alles 'ja mal gesagt werden darf'. Wenn wir als überzeugte Demokraten und Humanisten nicht gemeinsam und geschlossen gegen solche Stimmungsmache einstehen. Wir müssen Brücken bauen und keine Mauern, sonst wird man später kaum etwas Gutes über uns zu erzählen haben. Das bedeutet nicht, dass wir alles Leid der Welt in Deutschland oder Europa heilen können oder dass wir alle Probleme hier bei uns lösen können. Aber es bedeutet doch, dass wir genau das nicht zum Alibi nehmen dürfen, um am Ende viel zu wenigen zu helfen. Es liegen also ohne Zweifel große Herausforderungen vor uns, vor Europa und vor Deutschland. Eine der größten Herausforderungen bleibt, die Voraussetzungen dafür zu schaffen, soziales Konfliktpotenzial in den Städten von vornherein zu verhindern: mit einer vernünftigen und praxisorientierten Sozialpolitik, einer solidarischen Flüchtlingspolitik und einer entsprechenden Finanzierung der Kommunen. Aber auch mit einer offensiven Kommunikation unserer sozialen Beweggründe und einer intensiven Einbindung der Menschen in staatliches Handeln. Man kann deshalb auch heute schon eine andere, eine erfreuliche Geschichte erzählen: Ihre Geschichte. Von Menschen, die verstanden haben, dass jeder und jede Einzelne von uns selbst

entscheidet, in was für einem Land wir leben wollen und dass der Satz von Horaz, 'die Geschichte handelt von dir' der uns Mahnung sein soll, zugleich auch Hoffnung ist. Weil wir selbst es sind, die darüber entscheiden, welche Geschichte man in Zukunft über unsere Zeit, unsere Stadt, unser Land und unseren Kontinent erzählen wird."

Julia Klöckner sagt zu den Flüchtlingsdramen im Mittelmeer:
„Aus christlicher Sicht muss man einfach da sein und helfen. Alles andere wäre beschämend."

Wenn Bilder helfen können, dürfen wir sie, ja müssen wir sie benutzen. Die beiden folgenden Bilder stehen für Zigtausende, die uns das Unrecht, die Grausamkeit und das Leiden auf unserem Planeten täglich vor Augen führen. Sie schaffen es, uns zu berühren, auch im hintersten Winkel der Erde. Sie dringen in uns ein, sie zwingen uns, das Leid mit zu fühlen und über die Ursachen nachzudenken. Sie setzen uns in Bewegung, um dagegen aufzustehen – *gemeinsam* überall auf der Welt.

Mittelmeer, September 2015   Vietnam, Juni 1972

Das linke Bild zeigt ein dreijähriges totes Flüchtlingskind, welches uns das Mittelmeer als eindringliche Mahnung vor unser aller Augen gespült hat. Das rechte Bild zeigt das Grauen des Vietnamkriegs. Wir müssen diese Bilder zeigen, und wir müssen sie uns anschauen. Nur so sind wir wachzurütteln. Nur so kommen wir zur Besinnung – und zu Veränderungen. Das rechte Foto hat das Ende des Vietnamkriegs beschleunigt. Das linke Foto sollte Europa und der Welt die Augen und die Herzen öffnen. Wir müssen gemeinsam für sichere Transportwege für die Notleidenden sorgen, und schnelle Lösungen zur Auflösung der Krisenherde in den betroffenen Ländern herbeiführen. Es wäre ein Trost für den Vater zu wissen, dass sein Kind sowie die anderen Mitglieder seiner Familie nicht umsonst in den Fluten des Mittelmeers umgekommen sind.

Der für seine harte Haltung bekannte britische Premierminister David Cameron erklärte sich bereit, mehrere Tausend syrische Flüchtlinge direkt aus Flüchtlingslagern an Syriens Grenze aufzunehmen, **nachdem er durch das Bild des ertrunkenen Jungen im eigenen Land massiv in die Kritik und unter Druck geraten war.**

Vladimir Putin sagt (am 4. September 2015):

„Wir wollen eine internationale Koalition im Kampf gegen den Terrorismus und Extremismus gründen."

Die USA und Russland müssen sich zusammenschließen und vorangehen. Dies wäre ein längst überfälliges Signal zur Erhaltung des Weltfriedens insgesamt. Beide Seiten müssen erkennen, dass der Nahe Osten, im Zeitalter der dezentralen Energiewende, als unverzichtbarer Energielieferant bald ausgedient haben wird. Das Konflikt auslösende Hegemonialstreben seit dem 20. Jahrhundert verliert dadurch auf beiden Seiten zunehmend an Bedeutung. Eine bessere Möglichkeit diese krisengeschüttelte Region zu befrieden, hat es schon sehr lange nicht mehr gegeben. Es geht außerdem darum, die Früchte des arabischen Frühlings gemeinsam zu retten und zu ernten – auch in Afghanistan, im Irak, in Syrien sowie in Israel. Hierzu passt in idealer Weise, dass der **Friedensnobelpreis 2015 an das tunesische Quartett für den nationalen Dialog** verliehen wurde. Der Preis wird für die Bemühungen um eine pluralistische Demokratie in dem nordafrikanischen Land im Zuge des Arabischen Frühlings vergeben – eine großartige Bestätigung und Ermunterung für das tunesische Volk und eine Stärkung der Demokratie und der Zivilgesellschaft in Tunesien. Diese Entwicklung kann als Vorbild für die demokratischen Bewegungen in der arabischen Welt dienen. So erhalten die Flüchtlinge auch eine Perspektive wieder sicher in ihre angestammten Heimatländer zurückzukehren.

Wir nehmen den russischen Präsidenten beim Wort, der eine breite Allianz bilden will – vor allem für den Kampf gegen die Terrormiliz Islamischer Staat (IS) in Syrien und im Irak. Diese Anti-Terrorallianz soll – auf russischen Vorschlag – mit einem Mandat des UN-Sicherheitsrates ausgestattet werden. Die Mission kann gelingen, wenn die fünf Vetomächte USA, Russland, China, Großbritannien und Frankreich an einem Strick ziehen **und sich nicht in militärischen Einzelaktionen mit neuen Eskalationsspiralen aufreiben.** Denken wir noch zwei Schritte weiter: Die Chance zur Lösung des aktuell höchst brisanten Nahostkonflikts insgesamt ist sehr viel größer, wenn die betroffenen Länder, in erster Linie die Türkei, der Iran, Saudi-Arabien, Ägypten, Jordanien und Israel, in die Allianz einbezogen werden und dieser zustimmen. Im zweiten Schritt könnte ein erfolgreicher Verlauf dieser **gemeinsamen** Mission auch die Weichen stellen für die so wichtige Entspannung zwischen Ost und West. Auch der Konflikt in der Ukraine ließe sich dann wesentlich leichter lösen.

Wir benötigen ein Höchstmaß an diplomatischem Geschick, um die drei obengenannten Pulverfässer (Flüchtlingsdrama, Nahost-Konflikt und Ost-West-Krise) alle auf einmal zu entschärfen. Die UNO-Vollversammlung in der 2. Septemberhälfte 2015 bot den Chef-Diplomaten die Gelegenheit zu beweisen, dass sie würdige Vertreter der Menschheit sind. Doch wie so oft gab es viele Debatten und wenig Gemeinsames. Von der Verabschiedung eines verbindlichen Mandats zur Lösung der genannten Krisen ganz zu schweigen. Beim Schaulaufen der Regierungschefs am Rednerpult gab es mehr gegenseitige Beschuldigungen als versöhnliche Gesten und konkrete Vorschläge. Sehr enttäuschend war auch der Verlauf des bilateralen Gesprächs zwischen dem amerikanischen und dem russischen Präsidenten am Rande der Vollversammlung. Während all dieser Reden in New York begann Russland mit seinen Luftangriffen in Syrien – vor allem zur Stützung des unhaltbaren syrischen Präsidenten Baschar al-Assad. Wenigstens haben sich die Generäle der USA und Russlands insoweit ausgetauscht, dass „ungewollte Zwischenfälle" zu vermeiden sind, falls sich die Kriegsflugzeuge beider Länder über Syrien in die Quere kommen.

Wir fordern den chinesischen Präsidenten auf: Bitte vermitteln Sie im Kampf gegen die Flüchtlingsursachen vor allem in Syrien und Afghanistan. Übernehmen Sie eine größere internationale Verantwortung, und wirken Sie auch auf Russland, den Iran und Saudi-Arabien ein, ohne die eine gemeinsame politische Friedensbewegung nicht möglich ist. So werden Sie Ihren Aussagen im nachstehenden Zitat am besten gerecht:

Xi Jinping sagt:

„Frieden, genau wie Luft und Sonnenschein, wird kaum bemerkt, solange das Volk ihn genießen kann. Aber keiner von uns könnte ohne ihn leben. Ohne Frieden gibt es keine Entwicklung."

Gerhard Trabert sagt:

„Kilis liegt direkt an der türkisch-syrischen Grenze. Bis zum Krisengebiet rund um die Stadt Aleppo sind es nur rund 60 Kilometer. Man hört die Flugzeuge und die dumpfen Einschläge der Bomben. Nicht nur Krankenwagen, auch Leichenwagen sind ständig unterwegs. Man muss sich das vorstellen: Die Menschen im Raum Aleppo werden in die Zange genommen, von der einen Seite kommen Assads Truppen, von der anderen die des IS. Die Leute retten sich an die türkische Grenze – und dort wird wieder gegen sie vorgegangen. Die Menschen, ganze Familien, viele Kinder, leiden unter Hunger, Durst, Krankheiten und Verletzungen – und dann werden sie auch noch beschossen. Ich habe auch das Gefühl, dass Berichterstatter der Medien in ihrer Arbeit behindert werden, Menschenrechtsaktivisten dürfen auch nicht fotografieren. Es ist eine Tragödie, was sich hier abspielt. Die Grenze muss einfach geöffnet werden! Hier in Kilis erlebe ich im Februar 2016 ganz klar die dunkelste Seite der europäischen Flüchtlingspolitik. Wir haben es mit einem Dominoeffekt zu tun. Unsere Politik wird immer repressiver, Vertreter der menschenverachtenden Partei AfD reden offen davon, auf Flüchtlinge zu schießen – und hier, an der türkisch-syrischen Grenze, passiert genau das. Das sind die konkreten Auswirkungen unserer Politik. Die Türkei hat bereits zweieinhalb Millionen Flüchtlinge aus Syrien aufgenommen, jetzt kommen noch mehr. Die Europäer machen Druck auf die türkische Regierung, die Menschenströme nicht durchzulassen – aber wie

soll das funktionieren? Hier in Kilis zeigt sich nicht nur das Versagen Europas, sondern das Versagen der ganzen Welt. Eine Gesellschaft, eine Politik, die Banken rettet aber nicht mehr die Menschen, ist eine kranke Gesellschaft."

Fünf Jahre Krieg in Syrien, mit fast 300 000 Toten und 12 Millionen Heimatlosen. Und die Vereinten Nationen schauen mehr oder weniger tatenlos zu. Sie lassen das syrische Volk im Stich, weil ihnen eine echte Entscheidungsgewalt zum wirksamen Eingreifen fehlt. Schon einmal haben die Vereinten Nationen fundamental und verheerend versagt. Das war vor 20 Jahren beim **Völkermord in Ruanda.**

Vom 6. April bis Mitte Juli 1994 wurden 800 000 bis 1 000 000 Menschen bestialisch ermordet. In 100 Tagen töteten Angehörige der Hutu-Mehrheit etwa 75 Prozent der in Ruanda lebenden Tutsi-Minderheit sowie moderate Hutu, die sich am Völkermord nicht beteiligten oder sich aktiv dagegen einsetzten. Mit 5500 kampfbereiten UN-Soldaten und einem klaren UN-Mandat hätte der Völkermord in Ruanda verhindert werden können.

Der damalige Blauhelm-General Roméo Dallaire sagt heute: *„Ich habe das Gefühl, dass wir ein Ablenkungsmanöver waren, ja sogar die Opferlämmer spielen mussten, damit die Staatsmänner sagen konnten, die Welt unternehme etwas, um das Morden zu stoppen. Tatsächlich waren wir nichts anderes als ein Feigenblatt."* **In Wirklichkeit wollte kein UN-Staat in diesen Völkermord verwickelt werden.**

Am 8. April 1994 werden internationale Militärbeobachter in einer Kirche gezwungen, bei einem Massaker zuzusehen. Roméo Dallaire beschreibt es so: *„Zunächst trieben die Gendarmen die Tutsi ins Kircheninnere, dann sammelten sie die Ausweise der Erwachsenen ein und verbrannten sie, dann riefen sie die zahlreichen zivilen, mit Macheten bewaffneten Milizionäre herein und übergaben die Opfer ihren Mördern. Methodisch und mit viel Prahlerei und Gelächter gingen die Milizionäre von Bank zu Bank und hieben und hackten mit ihren Macheten auf die Menschen ein. Einige starben sofort, andere, die bereits schreckliche Wunden davongetragen hatten, bettelten um ihr Leben oder um das ihrer Kinder. Niemand wurde verschont. Kinder flehen um ihr Leben, aber erlitten dasselbe Schicksal wie ihre Eltern."*

Der ehemalige Generalsekretär der Vereinten Nationen Kofi Anan, der 1994 die UN-Friedenseinsätze leitete, schreibt in seinen Memoiren: *„Es war eine der erschütterndsten Erfahrungen meines gesamten Berufslebens, die mich tief prägte."*

Die Vereinten Nationen wurden nach dem Zweiten Weltkrieg gegründet, vor allem um weitere Völkermorde zu verhindern. Es wird Zeit, dass sie ihren Auftrag erfüllen – und **ohne Vetorecht** – in die Praxis umsetzen. **Es liegt an den Vereinten Nationen und ihren Entscheidungsbefugnissen, ob das syrische Volk geopfert oder gerettet wird.**

Ein Hoffnungszeichen:

Die Attentate und Massaker von Paris und Beirut kurz vor der zweiten Syrien-Konferenz, die am 14. und 15. November 2015 in Wien stattfand, erhöhten den Einigungszwang dieser Sitzung. Der Druck auf die zwanzig Nationenvertreter, endlich eine längst überfällige politische Lösung für den seit fünf Jahren tobenden Krieg in Syrien zu finden und gleichzeitig ihr militärisches Vorgehen gegen die IS-Terrormiliz besser zu koordinieren, war hoch. In einer überaus konstruktiven Atmosphäre wurde am 15. November 2015 ein Fahrplan vereinbart. Dieser Fahrplan sieht vor, möglichst rasch einen Waffenstillstand zwischen dem Assad-Regime und moderaten Rebellengruppen auszuhandeln. Bis Mitte 2016 soll unter der Schirmherrschaft der Vereinten Nationen eine Übergangsregierung aus Regime und Opposition gebildet werden. **Bis Mitte 2017 sollen Neuwahlen folgen, an denen auch die Millionen Flüchtlinge teilnehmen können.** Der Kampf gegen den IS und die radikale Al-Nusra-Front soll fortgeführt werden. US-Außenminister John Kerry sagte: „Paris stärkt unser aller Entschlossenheit zurückzuschlagen". Ähnlich äußerte sich auch der russische Außenminister Sergej Lawrow; aus Angst vor IS-Anschlägen lässt Russland seit dem 15. November 2015 keine Flugzeuge von Egypt Air mehr auf seinem Boden landen. **Über das Schicksal Syriens soll nun das syrische Volk selbst entscheiden. „Das betrifft auch die Zukunft von Präsident Baschar al-Assad", fügte Sergej Lawrow hinzu.** Der in Wien ausgehandelte Friedensplan wurde am 18.12.2015 vom UN-Sicherheitsrat in New York beschlossen.

Neben UN und EU nahmen 17 Länder an den Verhandlungen in Wien teil: der Iran, Russland Österreich, die USA, Saudi-Arabien, die Türkei, Deutschland, Großbritannien, Frankreich, Italien, der Libanon, Jordanien, der Irak, Ägypten, Katar, Oman und die Vereinigten Arabischen Emirate.

Und dann das: Die Ende Januar 2016 bei den Vereinten Nationen in Genf begonnenen Friedensgespräche wurden nach nur wenigen Tagen abgebrochen. Ursachen sind die Militäroffensive bei Aleppo und die fehlende Bereitschaft des Assad-Regimes, humanitären Zugang in den belagerten Städten und Dörfern zuzulassen. Daraufhin schob der UN-Sonderbeauftragte Staffan de Mistura das Thema weiter zur 52. Münchner Sicherheitskonferenz, die vom 12.–14. Februar 2016 stattfand.

Vor der 52. Münchner Sicherheitskonferenz: Am Vorabend der Konferenz wurde ein dreiteiliger Aktionsplan zur Beendigung des fünfjährigen Bürgerkriegs präsentiert. US-Außenminister John Kerry und sein russischer Amtskollege Sergej Lawrow und die Syrien-Kontaktgruppe der 17 Länder haben sich in München darauf verständigt, sofort mit der Lieferung von humanitärer Hilfe in den belagernden Städten zu beginnen. Innerhalb einer Woche soll eine Feuerpause durchgesetzt, dann sollen die Syrien-Verhandlungen in Genf wieder aufgenommen werden. Ausgenommen davon sind der Krieg gegen die IS-Milizen und der al-Qaida-nahen Nusra-Front.

Während der 52. Münchner Sicherheitskonferenz: NATO-Generalsekretär Stoltenberg hielt es für geboten, darauf hinzuweisen: *„Unsere Abschreckung hat auch eine nukleare Komponente."* Am 2. Tag antwortete Vladimir Putin durch seinen russischen Ministerpräsidenten Dmitri Medwedjew: *„Es werden erschreckende Szenarien gezeichnet, in denen die Russen einen Atomkrieg anfangen. Manchmal frage ich mich, ob wir im Jahr 2016 oder im Jahr 1962 leben. Die Sicherheit der vergangenen Jahrzehnte ist auf den Ruinen des Zweiten Weltkriegs gebaut gewesen. Brauchen wir einen dritten Weltschock, um zu verstehen, dass wir die Zusammenarbeit brauchen und nicht die Konfrontation?"* Vor der Gefahr eines „dritten Weltkrieges" als Folge einer weiteren Unterstützung des IS und anderer Terrorgruppen durch auswärtige Mächte hatte Medwedew bereits unmittelbar vor der Münchner Sicherheitskonferenz gewarnt. Gut das Barack Obama und Vladimir Putin nach diesem Säbelrasseln am Abend des 13. Februar 2016 miteinander telefoniert haben. Ob es hilft, werden wir erleben.

Nach der 52. Münchner Sicherheitskonferenz: Die Hilfskonvois sind startbereit, doch statt weniger wird mehr geschossen. Auch Russlands Luftwaffe bombardiert nach wie vor Aleppo, damit die verbündeten Truppen des Assad-Regimes weiter vorrücken können. Jeder will sich möglichst viele strategische Vorteile sichern. Dabei ging es auf der Münchner Konferenz darum, Fluchtursachen zu bekämpfen, den islamistischen Terrorismus an der Wurzel zu packen und Not leidenden Menschen eine Zukunft zu verschaffen. Und wieder versagt die Weltpolitik. Aus Hoffnungen werden Enttäuschungen, aus gutem Willen wird Verdruss – und die Visionen weichen dem Zynismus. Das zeigt, die Hilfsvereinbarung vom 11. Februar 2016 scheint nicht die Tinte wert zu sein, mit der sie geschrieben wurde. Den Beweis liefern erneute Luftangriffe am 15. Februar 2016 bei denen 50 Zivilisten getötet wurden. Die Bomben fielen auf fünf medizinische Einrichtungen und zwei Schulen in Aleppo und Idlib. UN-Generalsekretär Ban Ki Moon verurteile die Angriffe als „eklatante Verstöße gegen internationales Recht". Dies zeigt erneut die Hilflosigkeit der Vereinten Nationen und die Wertlosigkeit ihrer Vereinbarungen für die Betroffenen vor Ort.

Der Friedensplan vom 11. 02. 2016!   **Krieg gegen Krankenhäuser am 15. 02. 2016!**

Auf der Liste der Verantwortlichen stehen nun der amerikanische und der russische Präsident ganz oben. Sie sind verpflichtet, gemeinsam mit den Verantwortlichen der beteiligten Staaten dafür zu sorgen, dass das Leid so vieler Menschen durch die vereinbarte Feuerpause und die zugesagte humanitäre Hilfe beendet, und dass der am 18.12.2015 vom UN-Sicherheitsrat beschlossene Friedensplan tatsächlich umgesetzt wird. Die Verleihung des Friedensnobelpreises an Barack Obama im Jahr 2009 war ein Vorschuss, den er sich noch nicht vollständig verdient hat. Vladimir Putin könnte ein Kandidat für den Friedensnobelpreis in den kommenden Jahren werden, wenn er seine humanitären Versprechungen einlöst, seine territorialen Expansionspläne aufgibt und seine unangemessenen geostrategischen Machtspiele einstellt.

Na bitte – geht doch: Am 14. Februar 2016 haben Barack Obama und Vladimir Putin telefoniert und die im Grunde längst beschlossene Feuerpause verabredet. Diese ist am 27. Februar 2016 in Kraft getreten. Seit Beginn der Waffenruhe ist die Gewalt im Land tatsächlich weniger geworden. Seit zwei Wochen besteht wieder ein kleines bisschen Hoffnung, dass der seit fünf Jahren anhaltende Bürgerkrieg doch noch auf diplomatischem Wege beendet werden könnte. Nun hängt alles davon ab, ob und mit welchen Ergebnissen die UN-Friedensgespräche in Genf fortgesetzt werden. Die wichtigste Frage für einen Erfolg ist, ob Russland einen dauerhaften Frieden in Syrien wirklich will.

Immerhin: Der vereinbarte Friedensplan des UN-Sicherheitsrates kam auch dank russischer Zustimmung zustande. Die Feuerpause, die weitgehend hält, wurde zwischen dem russischen und amerikanischen Präsidenten ausgehandelt – Baschar al-Assad hätte sicher gerne weiter gebombt. Russland hat erkennen lassen, dass es an seinen strategischen Interessen in Syrien hängt, aber nicht wirklich an der Person Assad. Wir sind überzeugt, dass auch Russland weiß, dass es mit Assad an der Spitze keinen Frieden in Syrien geben kann.

Die Vereinten Nationen haben die nächste Runde der Friedensverhandlungen für Syrien verschoben. Die Gespräche sollen nun am 14. März 2016 weitergeführt werden.

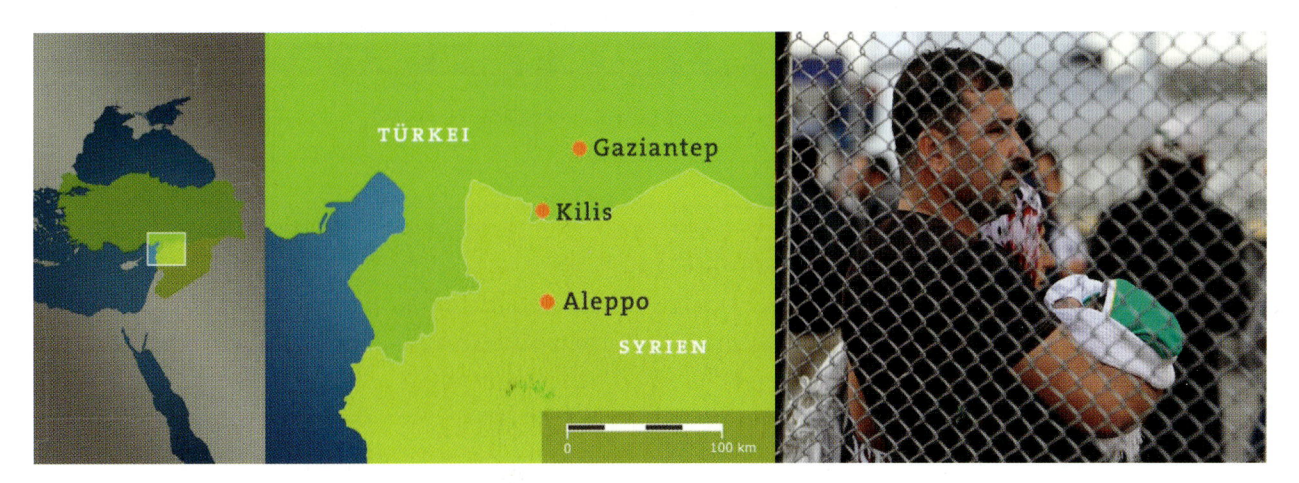

Grenzzaun von Kilis

Von echtem Frieden ist Syrien noch immer weit entfernt. Wie brüchig die Waffenruhe ist, zeigen acht aus Syrien abgefeuerte Raketen, durch die am 8. März 2016 in der türkisch-syrischen Grenzstadt Kilis eine Frau und ein Kleinkind getötet wurden. Nachdem die Türkei im Februar 2016 die Grenze zu Syrien für die Flüchtlinge geschlossen hat, hoffen die verzweifelten Menschen vor allem in Aleppo und Kilis auf den weißen Rauch des Friedens, der ab dem 14. März 2016 in Genf bei den Vereinten Nationen aufsteigen möge.

Abeer Pamuk sagt im März 2016:

„Als Mitglied im Nothilfeteam SOS-Kinderdörfer lebte ich in Aleppo und habe den Krieg hautnah erlebt. Die Bomben und der Granatbeschuss sind gar nicht das Schlimmste. Daran gewöhnt man sich. Aber den Mangel an Wasser, Elektrizität, Medizin und vieler anderer im Grunde selbstverständlicher Dinge, den kann man nicht vergessen. Der Krieg hat Einfluss auf jedes Detail unseres Lebens. Krieg ist, wenn dein Haus oder deine Wohnung ein dunkler kalter Ort wird. Du sitzt mit deiner Familie im selben Zimmer, aber du kannst ihre Gesichter nicht sehen. Du siehst nur ihre Schatten. Krieg ist, wenn du eine Kerze brauchst, um zu essen oder lernen zu können. Krieg ist, wenn du den Tag mit dem Gedanken beginnst: Wo bekomme ich heute Trinkwasser her. Und wenn du am Abend einschläfst und deinen Atem sehen kannst, weil es so kalt in der Wohnung ist. Am Anfang des Waffenstillstands war es sehr merkwürdig, besonders in Aleppo, einer stark zerstörten Stadt. Man wachte auf und das stete Hintergrundgeräusch von Explosionen und Schüssen oder Krankenwagen mit Sirenen war weg. Wir konnten auf einmal Vögel singen hören! Der Waffenstillstand ist eine Chance für uns Syrer, den Kopf aus dem Wasser zu heben und für eine Sekunde kurz und tief einzuatmen. Und wir hoffen, dass der Waffenstillstand ein Schritt auf dem Weg zu richtigem Frieden ist."

SOS KINDERDÖRFER WELTWEIT

SOS-Nothilfe-Kita in Aleppo

Und dann das: Am 27. April 2016 hatte ein Luftangriff ein von Ärzte ohne Grenzen unterstütztes Krankenhaus in Aleppo zerstört. Dabei wurden mindestens 30 Menschen getötet, darunter auch der letzte Kinderarzt der Stadt. Es war das wohl wichtigste Referenzkrankenhaus für Kinderheilkunde in der Region.

Nach Aussagen des Sondergesandten der UN für Syrien, Staffan de Mistura besteht die Gefahr, dass der „Waffenstillstand" jederzeit zu Ende sein kann. In den vergangenen 48 Stunden seien alle 25 Minuten ein Mensch getötet und alle 13 Minuten einer verwundet worden. De Mistura hat eine „Wiederbelebung" der Waffenruhe für Syrien gefordert, bevor im Mai 2016 die nächste Runde der Friedensgespräche in Genf beginnt. Diesbezüglich richtete er sich vor allem an die USA und Russland, die aus seiner Sicht zu einer neuen gemeinsamen Friedensinitiative „auf höchster Ebene" aufrufen müssen, damit der im Februar 2016 maßgeblich von Washington und Moskau durchgesetzte Waffenstillstand nicht im Sande verläuft. Erst wenn die seit Tagen anhaltenden Angriffe in Aleppo und anderen Orten aufhören, könne ein Termin für die Fortsetzung der Genfer Syrien-Gespräche angesetzt werden, sagte de Mistura. Syriens Armee hat dagegen am 29. April 2016 eine neue Waffenruhe für Teile des Bürgerkriegslandes erklärt. Sie soll jedoch nur vorübergehend gelten und schließt die zuletzt heftig umkämpfte Stadt Aleppo nicht mit ein. **Wie lange wollen sich Barack Obama und Vladimir Putin von Baschar al-Assad noch an der Nase herumführen lassen?** Wie dringend eine dauerhafte friedliche Lösung auch zur Beseitigung der Fluchtursachen ist, zeigt im Übrigen die nachfolgend beschriebene Situation in der EU.

Vor dem EU-Gipfel am 18. und 19. Februar 2016: Die Bilanz ist mehr als mager, und die Verteilung der Flüchtlinge per Quote funktioniert nicht. Die schon lange beschlossene Umverteilung von 160 000 Flüchtlingen ist erbärmlich gescheitert. Bisher nahmen andere Staaten weniger als 600 von diesen Flüchtlingen auf. Was dagegen vorangetrieben wird, ist der Bau neuer Grenzzäune in den osteuropäischen Ländern zur Abschottung.

Das Welt-Presse-Foto des Jahres 2015 vom 28. August 2015.
Mit einem Baby am Grenzzaun von Ungarn!

Während des EU-Gipfels am 18. und 19. Februar 2016: Nach einem Bombenanschlag durch einen Selbstmordattentäter der kurdischen Terrorgruppe TAK am 17. Februar 2016 in Ankara mit 28 Toten hat die Türkei ihre Teilnahme am EU-Gipfel abgesagt. Der EU-Türkei-Aktionsplan, mit dem die EU-Außengrenze geschützt und illegale Migration gestoppt werden soll, liegt damit auf Eis. In der Abschlusserklärung heißt es, dass der Schengener Grenzkodex angewendet werden soll. Also das Dublin-Verfahren, durch das die Flüchtlinge in das Land zurückgeschickt werden, wo sie zuerst EU-Boden betraten.

Nach dem EU-Gipfel am 18. und 19. Februar 2016: Am 7. März fand das verschobene Sondertreffen mit der Türkei statt. Bei diesem Treffen hat der türkische Regierungschef Ahmed Davutoglu viele Regierungschefs der 28 EU-Staaten überrascht. Das türkische Angebot sieht vor, dass die EU alle illegal ankommenden Migranten von den griechischen Inseln wieder in die Türkei zurückschicken kann. Im Gegenzug sollen ebenso viele Flüchtlinge legal aus der Türkei in der EU aufgenommen werden. Der türkische Regierungschef fordert zugleich eine Verdoppelung der EU-Finanzmittel auf sechs Milliarden Euro für die Versorgung der 2,7 Millionen Flüchtlinge, die bereits in der Türkei leben und für die Flüchtlinge, die zusätzlich bei einer Annahme und Umsetzung des türkischen Angebots noch kommen würden. Victor Orbán ließ darauf verlauten, dass er das Vorhaben ablehne, der Türkei Flüchtlinge abzunehmen. Und dass, nachdem ihm Horst Seehofer wenige Tage zuvor in Ungarn den Hof machte. Die EU-Staaten die sich weigern Flüchtlinge aufzunehmen, sollten im Gegenzug dafür bezahlen, z. B. die 6 Milliarden Euro an die Türkei. Am 10. März 2016 verkündete EZB-Chef Mario Draghi: Ab April 2016 werden monatlich 80 Milliarden Euro bei einem Leitzins von null Prozent in den Markt gepumpt. Ziel ist, die Märkte weiter zu stimulieren, damit Kredite vergeben und aufgenommen werden – zur Erhöhung der Inflationsrate und zur Ankurbelung der EU-Wirtschaft. Dann sollte es doch möglich sein die sechs Milliarden Euro für die hilfsbedürftigen Flüchtlinge in der Türkei locker zu machen.

Vor dem EU-Gipfel am 17./18. März 2016:

Nach den Grenzschließungen in Slowenien, Kroatien und Serbien ist die Balkanroute am 9. März 2016 faktisch geschlossen. Hierzu die Worte eines Schleusers: *„Wenn ihr Fluchtwege abschneidet, werden wir neue finden. Ihr zieht die Mauern um die Festung Europa höher? Wir erhöhen die Preise."* Erleben wir nun ein Revival der Adria-Route, als Zehntausende Albaner in den 1990er-Jahren über die Adria kamen?

Die Balkanroute 2016   Die Adriaroute in den 1990er-Jahren

Oder erleben wir endlich eine vernünftige Entscheidung beim EU-Gipfel am 17./18 März 2016 für eine geordnete Aufnahme und gerechte Verteilung der Flüchtlinge. Bis dahin werden viele notleidende Flüchtlinge, durch die Grenzzäune der EU-Staaten schlüpfen. Solange der Krieg in Syrien tobt, werden die Menschen weiter fliehen. Hinzu kommen die Menschen, die derzeit wegen Dürre und Hunger aus afrikanischen Staaten vertrieben werden. Dürre, Hunger und Durst, die durch den Klimawandel weiter zunehmen werden.

Ergebnisse des EU-Gipfels vom 18. März 2016: Die Ergebnisse dieses EU-Gipfels lassen sich sowohl positiv als auch negativ betrachten.

Positive Betrachtung: Das Scheitern der EU wurde abgeblasen. Bundeskanzlerin Angela Merkel befreite sich aus ihrer scheinbaren Isolation. Die von ihr seit Herbst 2015 angestrebte Lösung mit der Türkei wurde einstimmig beschlossen. Dies erlaubt zu geordneten Verhältnissen an den Außengrenzen der EU zurückzukehren. Der sie unterstützende Präsident der EU-Kommission Jean-Claude Juncker sagte bereits Mitte Februar 2016: *„Die Geschichte wird Angela Merkel Recht geben".* In Deutschland kann die Atempause für eine erfolgreiche Integration der Flüchtlinge und zur Beruhigung der Lage insgesamt beitragen.

Die beiden mit den Herkulesaufgaben!

Negative Betrachtung: Die 28 EU-Staaten sind bereit 72 000 Flüchtlinge aufzunehmen im Verhältnis zu über 500 Millionen Einwohnern in der EU. In der Türkei befinden sich über 2,7 Millionen Flüchtlinge im Verhältnis zu knapp 80 Millionen Einwohnern. Im Libanon halten sich 1,2 Millionen Flüchtlinge auf im Verhältnis zu fünf Millionen Einwohnern. Dies zeigt: Die meisten EU-Politiker haben ihren moralischen Kompass und den Kontakt zur Realität verloren. Der ungarische Ministerpräsident Viktor Orban sprach am Abend des 18. März 2016 in Brüssel von einem politischen Erfolg. „Kommen Sie nicht nach Europa" hatte Donald Tusk als EU-Ratspräsident zu den Flüchtlingen gesagt. Unter Führung des österreichischen Bundeskanzlers Werner Faymann wurde die Balkanroute am 9. März 2016 geschlossen.

Egoismus und Gleichgültigkeit anstelle von Solidarität, Mitgefühl und Hilfeleistung!

Nach dem europäisch-türkischen Flüchtlingspakt vom 18. März 2016: Im Grunde war die Rettung vor Lesbos gut organisiert, ebenso die Unterbringung der Menschen auf der Insel. Doch seit dem 20. März 2016 gilt der europäisch-türkische Flüchtlingspakt, und der stellt alles auf den Kopf. Für die in Griechenland seit dem 20. März 2016 gestrandeten Flüchtlinge gilt folgendes: Vom 4. April 2016 an sollen die Flüchtlinge zwangsweise in die Türkei zurückgebracht werden. Vor der Abschiebung hat jeder Flüchtling das Recht seinen Anspruch auf Asylrecht im Einzelfall prüfen zu lassen. In Deutschland vergehen viele Monate bevor über den Anspruch auf Asyl entschieden wird. In Griechenland soll das innerhalb von Tagen erfolgen. Auch hierdurch wird deutlich, dass der Flüchtlingspakt vom 18. März 2016 – fernab der Realität – zum Scheitern verurteilt ist.

Ohnehin bleibt die erhoffte abschreckende Wirkung aus. Beispiel: Am Morgen des 20. März 2016 landeten zehn vollbesetzte Schlauchboote vor der Ostküste der griechischen Insel Lesbos. Viele weitere Flüchtlinge wurden in der Nacht auf dem offenen Meer gerettet.

Spyros Galinos sagt:

„Ich rekapituliere: Wir lassen also die Menschen weiterhin über das Meer reisen, um sie anschließend zurückzuschicken? Und die Schleuser verdienen sich weiterhin eine goldene Nase? Da suchen sie in der EU ein Jahr lang nach einer Lösung, und plötzlich heißt es, so, wir haben uns geeinigt, Ihr setzt das jetzt ab Sonntag um. Wie, ab Sonntag? Meinen die das ernst?! Wir haben die Situation hier mit verschiedenen Auffanglagern sehr gut im Griff. Wir haben bewusst Syrer anderswo untergebracht als afghanische Staatsbürger. All das gerät jetzt aus den Fugen. Man hat uns die Frontex geschickt, man hat uns die Nato geschickt und jetzt hat man einen Flüchtlingspakt beschlossen. Aber wer vor Bomben flieht, wird weiter versuchen, nach Europa zu gelangen."

Der Bürgermeister von Lesbos!   **Flüchtlinge auf Lesbos!**

Im Vorfeld einer UN-Syrien-Konferenz am 30.03.2016 in Genf appellierte die Hilfsorganisation Oxfam in einer Studie vom 29. März 2016 an wohlhabende Länder, rasch wenigstens zehn Prozent der geflohenen Syrer eine neue Heimat zu bieten. Das wären derzeit etwa 480 000 Menschen. Nur vier reiche Länder haben nach Ansicht von Oxfam ihren gerechten Anteil an humanitärer Aufnahme übertroffen. Dazu zählen Deutschland, Australien, Kanada und Norwegen. Weit zurück liegen nach der Oxfam-Studie unter anderem Frankreich, die Niederlande und die USA.

Marion Lieser und Oxfam Deutschland e.V. sagen:

„Zwei Drittel der ursprünglichen Bevölkerung Syriens sind auf Hilfsleistungen angewiesen und es werden immer mehr. Mehr als 4,8 Millionen Menschen sind vor allem in Nachbarländer geflohen. 500 000 Menschen leben in belagerten Gebieten, die von Versorgung mit Nahrungsmitteln, Medikamenten und anderen lebensnotwendigen Gütern weitgehend abgeschnitten sind. Angesichts der schleppenden internationalen Hilfe und der zunehmenden Abriegelung der Grenzen durch einige Nachbarländer wird die Lage für viele geflüchtete Menschen immer prekärer. Hinzu kommt, dass auch immer mehr Einwohner dieser Länder unter den Folgen der Krise leiden. Wohlhabende und einflussreiche Länder in Europa und weltweit müssen mehr zum Schutz der in Not geratenen Menschen leisten und sollten: ihre Hilfsleistungen erhöhen, mehr syrische Flüchtlinge aufnehmen, keine Waffen an Konfliktparteien liefern, und ihre diplomatischen Anstrengungen zu einer friedlichen Beendigung des Bürgerkriegs verstärken."

Bei der UN-Syrien-Konferenz am 30. März 2016 haben nur wenige Staaten die Aufnahme syrischer Flüchtlinge zugesagt. Statt der angestrebten Verteilung von 480 000 Flüchtlingen aus den Nachbarländern Syriens wurde eine langfristige Aufnahme von insgesamt 6000 Flüchtlingen vereinbart. Die Zahl der in Aussicht gestellten Aufnahme von Syrien-Flüchtlingen ist damit lediglich von 179 000 auf 185 000 gestiegen. Die UN wollte organisierte Umsiedlungen ermöglichen. Dazu sollten Familienzusammenführungen oder medizinische Behandlungen angeboten werden. Die UN-Mitgliedsstaaten sollten auch die Einreise über Stipendien für Studium oder Ausbildung ermöglichen. Diese Flüchtlinge müssten in der Regel kein Asylverfahren durchlaufen. Der organisierte Umzug sollte auch dazu beitragen, dass Flüchtlinge nicht weiter in die Fänge von Schlepperbanden geraten.

Widersprüchlicher können Bilder nicht sein: Links das Symbol der Weltgesundheitsorganisation der UN und rechts die den Schleppern überlassenen Flüchtlinge, die in Seenot geraten und oft ertrinken – wie bei den beiden Tragödien im April 2015 und 2016!

Die UN-Mitgliedsstaaten haben ihre eigene Organisation zum wiederholten Mal in egoistischer Weise im Stich gelassen. Das zeigt, dass Lösungen auf einer rein humanitären Ebene der Weltgemeinschaft derzeit nicht erreichbar sind. Was helfen könnte wäre ein Modell, bei deren Umsetzung alle gewinnen würden: Die Flüchtlinge selbst sowie auch die Aufnahme- und Herkunftsländer. Hierzu haben Margit Osterloh und Bruno S. Frey einen bemerkenswerten Vorschlag gemacht:

Margit Osterloh und Bruno S. Frey sagen:

„Die bisher praktizierte Sicherung der Außengrenzen zur Abwehr von Flüchtlingen ist beschämend. Bisher haben wir die Flüchtlinge gewissenlosen Schleppern überlassen. Derzeit ist die Balkanroute faktisch geschlossen. Das wird die Preise für die Schlepper nach oben treiben und die Reise für die Flüchtlinge noch gefährlicher machen. Die bisherige Strategie, den Weg zu uns so schwer wie möglich zu gestalten, ist inhuman und versagt auf der ganzen Linie. Gibt es einen Ausweg? Wir schlagen vor, von allen Migranten eine Aufnahmegebühr zu erheben, ähnlich Gebühren, die man beim Eintritt in eine Genossenschaft zu bezahlen hat. Sie ist ein Ausgleich dafür, dass man am Gemeingut der Gemeinschaft – Schulen, Krankenhäuser, funktionierende Infrastruktur oder soziale Sicherheit – partizipiert, das die bisherigen Mitglieder geschaffen haben. Die Gebühren würden dem Empfängerland und nicht den Schleppern zufließen. Dafür könnten die Migranten gefahrlos einreisen und bei uns arbeiten. Entsprechende Stellen für die Registrierung und Bezahlung könnten an jedem Flughafen und in größeren Flüchtlingslagern errichtet werden, zu einem Bruchteil der heutigen Kosten der Grenzsicherung. Wer nach der Einreise als Asylant oder Kriegsflüchtling anerkannt wird, erhält das Geld zurück. Alle anderen müssen erhebliche Eigenanstrengungen erbringen, um einreisen zu dürfen. Mit der Höhe der Abgabe kann man die Migration regulieren und uns zugleich das Schicksal einer stacheldrahtbewehrten 'gated community' ersparen. Ein solches Vorgehen hätte große Vorteile nicht nur für die Aufnahmeländer, sondern auch für die Migranten und die Herkunftsländer. Es könnte eine humanitäre und monetäre Win-win-Situation entstehen. Die Schlepper würden ausgebootet. <u>Aufnahmeländer</u> erhielten erstens Mittel zur Finanzierung des Aufenthalts und der Integration der Migranten. Zweitens könnten die Eingliederung in den Arbeitsprozess und die Entlastung unserer Sozialsysteme schnell erfolgen und nicht erst nach dem langwierigen Prozess der Registrierung, Prüfung und Bearbeitung von Einsprüchen et cetera. Drittens könnten riesige Kosten für die Grenzsicherung eingespart werden. Es würden auch die monetären und psychischen Kosten für die Abschiebung nicht anerkannter Flüchtlinge entfallen, ebenso wie die Kosten für die Allgemeinheit, wenn abgewiesene Flüchtlinge in den Untergrund verschwinden. Über ein Preissystem wird die Gefahr der Überforderung unserer Sozialsysteme verringert. Aspiranten auf eine soziale Hängematte würden von vorneherein ausgebremst. Wer sich nicht abhalten lässt, hat einen verstärkten Anreiz, sich zu integrieren. Die Migrationsforschung zeigt, dass höhere Anforderungen an die Migranten die Arbeitsmarktintegration und den schnelleren Erwerb von Sprachkenntnissen fördern.

Das wiederum erhöht – wenig erstaunlich – die Akzeptanz durch die einheimische Bevölkerung. Die bessere und schnellere Integration der Migranten und ihrer Kinder führt auch dazu, dass sie früher in der Lage sind, die Facharbeiterlücke zu schließen und zur Finanzierung unseres Rentensystems beizutragen. Auch das erhöht die Akzeptanz bei der einheimischen Bevölkerung. Soweit die Vorzüge unseres Genossenschaftsmodells für die Aufnahmeländer wie Deutschland. Für <u>Migranten</u> besteht der erste und wichtigste Vorteil darin, dass sie ohne Lebensgefahr und traumatisierende Erlebnisse einreisen können. Zweitens würden sie als souveräne Akteure behandelt werden, die ihr Schicksal in die eigene Hand nehmen können. Hierfür würden wir – und nicht die Schlepper – die Rahmenbedingungen setzen. Drittens nimmt man den Migranten bei der Umsetzung unseres Modells die quälende Unsicherheit, ob sie aufgenommen werden oder nicht, verbunden mit dem Zwang zur Untätigkeit und zu einer Bittstellerhaltung. Sie erhalten schneller die Möglichkeit, sich im Arbeitsmarkt und in ihrer Wohnumgebung zu integrieren. Auch das erhöht die Akzeptanz bei der einheimischen Bevölkerung. Schließlich haben auch die <u>Herkunftsländer der Flüchtlinge</u> Vorteile. Dort mindert Emigration den sozialen Druck, insbesondere wegen der Entlastung des Arbeitsmarktes – selbst wenn langfristig die Armut dadurch nicht sinkt, weil in erster Linie die einigermaßen gebildeten Mittelschichten auswandern. Wichtiger ist: Die Menschen erhalten eine kalkulierbare Perspektive. Sie werden sich anstrengen, sich die Aufnahmegebühr leisten zu können, z. B. durch bessere Bildung. Weiterhin profitieren die Heimatländer von den sogenannten Rimessen, d. h. den Zahlungen an die Zurückgebliebenen. Die machen mehr als doppelt so viel aus wie die weltweite Entwicklungshilfe und sind vermutlich viel effektiver. Schließlich ermöglichen durchlässige Grenzen eine Rückkehr und damit eine temporäre Migration. Etwa die Hälfte aller Migranten würde nach einiger Zeit freiwillig in ihr Heimatland zurückkehren, wären die Grenzen offen. Das wirkt dem 'Brain Drain' entgegen, der dauerhaften Abwanderung von ausgebildeten Fachleuten aus ihrer Heimat. Begünstigt wird stattdessen die 'Brain Circulation', eine der effizientesten Formen der Entwicklungshilfe. <u>Einwände gegen unser Modell</u> gibt es natürlich auch. Doch sie lassen sich entkräften. Der erste Einwand dürfte sein, dass in unserem Modell nur Personen einwandern können, welche die Kosten für die Integrationsabgabe aufbringen können. Aber auch heute können sich nur diejenigen die Flucht leisten, die genügend Geld für die Schlepper bezahlen. Zuwanderer könnten darüber hinaus einen Kredit aufnehmen, den sie aus dem im Vergleich zu ihrem Heimatland wesentlich höheren Einkommen zurückzahlen können. Ein entsprechender Kreditmarkt dürfte leicht entstehen. Er könnte sich an den vom Friedensnobelpreisträger Muhammad Yunus entwickelten Mikrokrediten orientieren.

Auch könnten private Spender oder humanitäre Organisationen die Integrationsabgabe für Bedürftige bezahlen, ebenso wie Firmen, die Mitarbeitende und Auszubildende suchen. Damit würde zugleich ein direkter Bezug zu den Zuwanderern hergestellt, der die Integration zusätzlich begünstigt. Anerkannte Asylanten und Kriegsflüchtlinge erhielten die Abgabe ganz zurück. Und wer unser Land wieder verlässt, erhielte sie teilweise zurück – als Startkapital für das Leben in der alten Heimat, zusätzlich zu den erworbenen Kenntnissen sowie den Erfahrungen mit einem funktionierenden Sozialsystem. Die Höhe der Integrations- und Steuerungsabgabe muss mit Augenmaß festgelegt werden. Keineswegs darf sie nach orthodox-ökonomischen Kriterien bemessen werden, sondern muss psychologische und soziologische Erkenntnisse einbeziehen. Viele Details sind noch zu klären. Aber wir sind überzeugt, dass mit unserem Modell alle gewinnen würden: die Migranten selbst, die Aufnahme- und die Herkunftsländer."

Quelle: Ausschnitte aus einem Vorschlag – abgedruckt in der Frankfurter Allgemeine Sonntagszeitung vom 27. 03. 2016.

Es reicht nicht die Grenzen zu schließen und die Probleme hinter Zäunen und Mauern zu verbergen und zu verdrängen. Die klägliche Situation u. a. im Camp Moria auf Lesbos und am Grenzzaun von Idomeni im April 2016 sowie die geringe Aufnahmebereitschaft der EU- und UN-Mitgliedstaaten im März 2016 schreien zum Himmel. Was wir in den nächsten Monaten dringend benötigen, sind politische Entscheidungsträger, die couragiert und mutig ihren Völkern glaubhaft vermitteln, dass eine humanitäre und zielgerichtete Aufnahme von notleidenden Flüchtlingen eine Win-win-Situation auslösen kann, wenn alle Beteiligten an einem Strick ziehen.

Die politischen Entscheidungsträger sollten in ihren Ländern Vertrauen aufbauen und ihre Angst überwinden, dass sie für eine volkswirtschaftliche Integration von Flüchtlingen von ihren Wählern abgestraft werden. Die Zeit bis zur nächsten UNO-Vollversammlung, die am 20. September 2016 am Weltkindertag beginnt, sollte entsprechend genutzt werden.

Das Geld für Schlepper sollte besser angelegt werden – für eine gerechte Verteilung, eine sichere Anreise und eine zielgerichtete sowie volkswirtschaftliche Integration von notleidenden Flüchtlingen in wohlhabenden UN-Staaten!

Die aktuelle Flüchtlingssituation ist erst der Anfang einer langen Lawine. Als nächstes kommen die **Klimaflüchtlinge.** Und wieder sind es Menschen, vorwiegend aus Afrika und Asien, **die mit den Ursachen ihrer Flucht nichts zu tun haben.** Sie werden in ihrer Verzweiflung die Grenzen überrennen, hinter denen sie ihre Rettung erhoffen, die sie zu Recht einfordern. Es sind die Grenzen der Industriestaaten, die den Klimawandel verursachen.

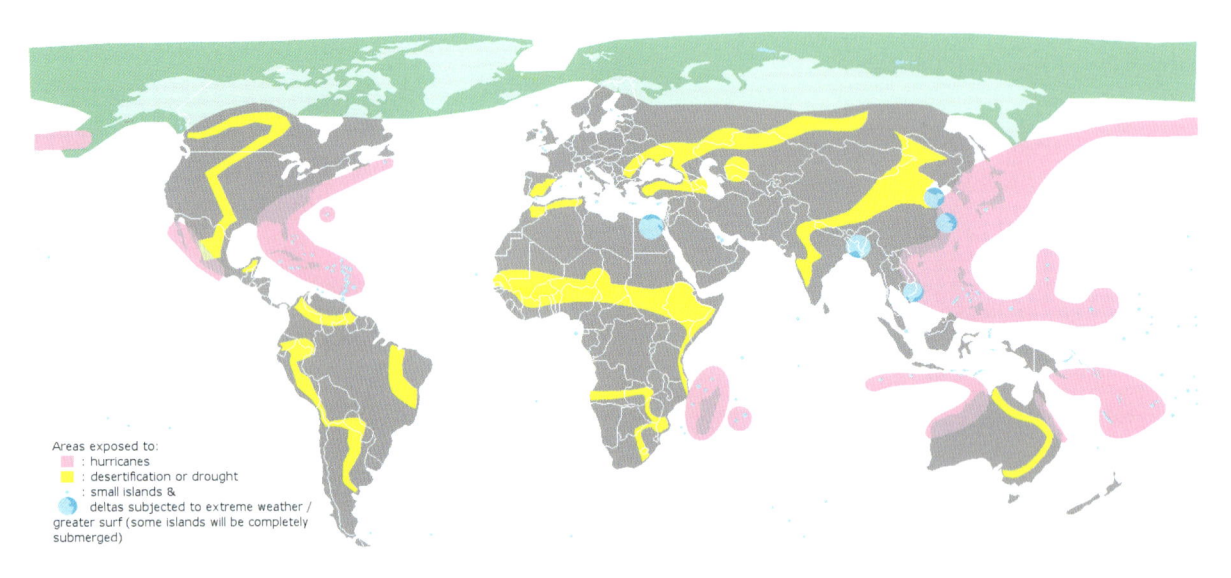

Die Weltkarte zeigt Gebiete in denen auf Grund des Klimawandels lokale Umweltveränderungen zu Klimaflucht führen könnten!

Auch das Buch *Spielball Erde – Machtkämpfe im Klimawandel* von Claus Kleber und Cleo Paskal schildert auf eindrucksvolle Weise, was da auf uns zu rollt und warum das so ist.

Im Buch wird verdeutlicht, dass die Gletscher des Himalaya nach Arktis und Antarktis die größten Süßwasserspeicher der Erde sind. Zehntausende von ihnen haben seit Menschengedenken den Wasserzufluss geregelt. In den trockenen warmen Monaten geben sie Wasser frei, das sie im Winter gespeichert haben. Die eisigen Reserven haben stets gereicht, um Unterschiede zwischen regenreichen und dürren Jahren auszugleichen. Dieser Rhythmus ist ohne Zweifel aus dem Tritt gekommen. Die Mehrzahl der Gletscher ist in den vergangenen 30 Jahren rasant geschrumpft. Und dieser Prozess wird sich weiter beschleunigen. Ein Konflikt um die Lebensgrundlage Wasser wäre der Funke zu einer Explosion mit unabsehbaren Folgen, sagt Claus Kleber weiter und schildert seine Begegnung mit Luftmarshall AK Singh, Oberbefehlshaber a. D. der indischen „Air Force".

Ak Singh sagte zu Claus Kleber:

"Auf dem tibetischen Plateau entspringen zwölf der größten Flüsse der Erde, sie versorgen Milliarden von Menschen mit Wasser – und elf Staaten. Wenn sich da etwas ändert, werden Konflikte entstehen. Kriege beginnen immer wieder aus den gleichen Gründen. Wenn es nicht um Freiheit und Selbstbestimmung geht, dann geht es um materielle Dinge. Am schlimmsten sind Armut, Hunger und Durst – eine Zeitlang kann man vielleicht mit Kompromissen leben. Aber am Ende gibt es eine Explosion. Und dann wird man erleben, dass es für diese Probleme keine militärische Lösung gibt. Es ist etwas Schlimmes im Gang. Für unser Land und die ganze Erde."

Wir können nicht sagen, man habe uns nicht gewarnt. „Der Marsch" ist ein visionärer Film von 1990, der unter Federführung der BBC entstanden ist, allerdings gegen die Bedenken spanischer und italienischer Sender, denen die Idee einer „ökologischen Migration" von Afrikanern in ihre Länder zu nahe und realistisch schien. Der Film handelt von einer unbestimmten Zukunft, in der auf Grund des Klimawandels große Teile Afrikas unbewohnbar geworden sind und in Europa die rassistischen Spannungen zugenommen haben. Er wurde im Mai 1990 als Höhepunkt der europäischen Medieninitiative „Eine Welt für alle" ausgestrahlt.

Juliet Stevenson sagt als EU-Entwicklungskommissarin Claire Fitzgerald im Film *Der Marsch* von 1990:

„Wir brauchen euch, wie ihr uns braucht. Wir können nicht weitermachen, wie bisher. Ihr könnt uns helfen, die Zerstörung aufzuhalten, die wir anrichten. Aber wir sind noch nicht bereit für euch, ihr müsst uns noch mehr Zeit geben. Wir sind noch nicht bereit für Euch. Vielleicht später. Vielleicht eines Tages. Was würde das sonst für eine Welt sein."

Wieviel Zeit brauchen wir noch oder richtiger wieviel Zeit haben wir noch, um die Zerstörung aufzuhalten, die wir anrichten?

Die erschreckenden aber auch Mut machenden Details zum Klimawandel und zum Klimaschutz sind in den Botschaften 5 und 6 dieser Fibel konkret beschrieben. Noch haben wir es selbst in der Hand, ob wir noch einmal glimpflich davon kommen oder ob wir gemeinsam – als Opfer und Täter – im Chaos der Katastrophen untergehen.

Realität im 20. Jahrhundert! **Hoffnung im 21. Jahrhundert!**

Kardinal Lehmann hat in seiner Predigt am 31.12.2015 gesagt: *„Die globalisierte Welt ist nicht mehr statisch, weit von uns weg, irgendwie eine abstrakte Angelegenheit. Die benachteiligten und leidenden Menschen brechen auf und suchen selbst nach einer Verbesserung ihrer Lebenschancen. Angesichts der steigenden Not sind große Entfernungen für sie einschließlich der Gefahren unterwegs offenbar kein Grund zurückzuschrecken. Die Globalisierung zeigt ihre Auswirkungen nicht nur in fernen Ländern, sondern die betroffenen Menschen bringen sie in unsere Länder, ja sogar in unsere eigenen Häuser. Verzweifelt suchen viele nach Quartieren und Betten für sie. Ich bin fest überzeugt, dass damit etwas Grundlegendes in unserem Weltverständnis erfolgt. Wir werden in vielem im Blick auf unsere Maßstäbe für ein gelingendes Leben umdenken müssen, nicht nur auf uns allein schauen dürfen, sondern diese 'Fremden' an unseren eigenen Lebenschancen teilnehmen lassen müssen. Dies ist ein gewaltiger Schritt, der ohne eine biblische 'Umkehr' wohl kaum gelingen kann."*

Von Freiheit können wir gar nicht genug haben, wie die nachstehenden Beiträge zeigen:

Erhard Eppler sagt:

„Lebensqualität meint Freiheit, Freiheit zur Selbstentfaltung und Selbstverwirklichung, Freiheit von materieller Not und – soweit dies unter Menschen möglich ist – auch Freiheit von Angst. Lebensqualität meint Sicherheit durch menschliche Solidarität, Bewährung der eigenen Kräfte in der Arbeit, Teilhaben an der Kultur, aber auch an einer unzerstörten Natur, die optimale Chance psychischer und physischer Gesundheit."

Wolfgang Schäuble sagt:

„Die Geschichte der westlichen Demokratien ist die Geschichte der Begrenzung staatlicher Macht, um die Freiheit der Einzelnen zu sichern."

Morgan Freeman sagt:

„Es ist die Verantwortung von allen, die in Freiheit leben, ihre Meinung zu äußern. Immer!"

„Ich weiß, dass Träume nur in Erfüllung gehen, wenn man selbst etwas dafür tut."

„Nelson Mandela war ein Held für alle, die Unabhängigkeit, Freiheit und Menschenwürde wertschätzen. Wenn wir uns jetzt an seine Triumphe erinnern, sollten wir nicht nur überdenken, wie weit wir gekommen sind, sondern auch, wie weit wir noch gehen müssen. Madiba mag nicht mehr bei uns sein, aber seine Reise geht weiter – mit mir und mit uns allen."

Zur Freiheit gehört auch: Jeder kann für sich entscheiden ob er glaubt oder nicht glaubt. Diejenigen die dem Zufallsprinzip folgen, dürfen dafür nicht verdammt, verfolgt, bedroht oder in irgendeiner Weise benachteiligt werden. Dafür steht der Begriff *Glaubensfreiheit*. Der Begriff *Religionsfreiheit* wird überflüssig, nachdem sich der in Botschaft 3 verankerte *Glauben* in friedlicher Weise durchgesetzt hat.

I'm an atheist and I thank God for it.

George Bernard Shaw

Diese Facetten der Freiheit bedeuten Reichtum und befreien uns vom Streben nach einem möglichst großen materiellen Vermögen.

Adele sagt über die echten Werte:

„Ich will nicht um jeden Preis superdünn sein. Das sind eh bloß Oberflächlichkeiten, keine echten Werte. Schließlich möchte ich mein Publikum mit meiner Stimme und meinem Talent überzeugen. Dafür brauche ich weder gebleichte Zähne noch eine Brustvergrößerung."

Hello, It`s me!

Lasst uns gemeinsam Abschied nehmen von den fragwürdigen und teilweise gefährlichen Schönheitsidealen. Eine Modebranche, die uns vorgaukelt, dünne und dürre Menschen seien vorbildlich oder gar nachahmenswert, braucht kein Mensch – auch die Models nicht. Unser Mitleid mit den Bohnenstangen und Klappergestellen, die skrupellosen Modedesignern zuliebe abmagern, um fette Gagen zu kassieren, hält sich allerdings in Grenzen!

Herr Lagerfeld, bitte befreien Sie uns und die Dame von diesem Martyrium!

Albert Einstein sagte:

„Zwei Dinge sind unendlich: das Universum und die menschliche Dummheit;
aber bei dem Universum bin ich mir noch nicht ganz sicher."

**Beweisen wir ihm das Gegenteil –
hier, jetzt und auf der ganzen Welt!**

Komprimieren wir noch einmal das Alter unserer Erde von 4,6 Milliarden Jahren auf ein Kalenderjahr. Dann hat *Homo sapiens* erst am Silvestertag nach 23 Uhr das Licht der Welt erblickt. Unsere Welt ist wunderschön und gleichzeitig ein Trauerspiel, weil *Homo sapiens* seit einer halben Stunde im Nebel der Evolution feststeckt und Gefahr läuft, in einer evolutionären Sackgasse zu verschwinden.

Nutzen wir unsere Intelligenz und handeln mit Vernunft, Weitsicht, Weisheit, Kreativität und Phantasie und sorgen dafür, dass *Homo sapiens* nicht nur eine verdammt kurze Episode in der Geschichte unseres Planeten ist. **Die von uns bedrohten und aussterbenden Arten sollen aufatmen, weil sich die Menschen endlich durch Humanität und Engagement für den Artenschutz auszeichnen, und nicht weil die Gattung Mensch ausstirbt.**

Eberhard Brandes und die Naturschutzorganisation WWF sagen:

„Immer mehr Tier- und Pflanzenarten werden zu potentiellen Todeskandidaten auf der 'Roten Liste' – und der Mensch trägt daran die Hauptschuld. Der Mensch verursacht das größte Massenaussterben seit dem Verschwinden der Dinosaurier. Immer mehr Arten geht es an den Kragen. Lebensraumzerstörung, Wilderei und der Klimawandel setzen ihnen zu. Viele Arten leben daher in immer kleiner werdenden Gebieten und sind dadurch stark gefährdet. Viele Tiere und Pflanzen werden ausgestorben sein, bevor sie überhaupt entdeckt worden sind. Bisher sind nur etwa zwei Millionen der insgesamt rund 10 Millionen vermuteten Arten weltweit wissenschaftlich beschrieben. Und selbst von diesen zwei Millionen wird nur ein kleiner Teil überhaupt von der Roten Liste erfasst. Die Rote Liste enthält mit der Aktualisierung 2015 knapp 77 000 Arten, von denen 22 800 in ihrem Bestand akut bedroht sind. Unter den 'Todeskandidaten', deren Aussterberisiko als hoch und sehr hoch eingeschätzt wird, finden sich weiterhin so charismatische Vertreter wie der Afrikanische Elefant ('Gefährdet'), der Tiger ('Stark gefährdet') oder das Spitzmaulnashorn ('Vom Aussterben bedroht'). Neu hinzugekommen ist der Westafrikanische Löwe – in dieser vom Aussterben bedrohten Population leben nur noch knapp 200 erwachsene Tiere. Ein Schlüssel für eine erfolgreiche Trendwende ist, dass Arten- und Naturschutz endlich als gesamtgesellschaftliche Aufgabe begriffen werden. Es braucht systematische Bildungsarbeit, um die Bedeutung der biologischen Vielfalt für uns und unser Leben auf diesem Planeten im Bewusstsein der Menschen zu verankern. Das fängt mit erlebnisorientierter Umweltbildung im Kindergarten an und geht bis zum Studium. Biodiversität muss endlich in all den unterschiedlichen Fachrichtungen verankert werden, vom Ingenieurswesen bis zu den Wirtschaftswissenschaften."

Es liegt in *unserer* Hand, ob die zweite Generation von *Homo sapiens* geboren wird, eine klügere, weisere und gerechtere als die erste Generation, die schon solange im Schatten ihrer selbst lebt und nach dem Licht in der Dunkelheit sucht.

Konfuzius sagte:

*„Es ist besser, ein einziges kleines Licht anzuzünden,
als die Dunkelheit zu verfluchen."*

*„Was du mir sagst, das vergesse ich. Was du mir zeigst,
daran erinnere ich mich. Was du mich tun lässt, das verstehe ich."*

Die „Krone der Schöpfung", die wir schon ewig vor uns hertragen, müssen wir uns erst noch gemeinsam verdienen, bevor sie uns aufgesetzt werden kann.

Yuval Noah Harari sagt über *Homo sapiens*:

„Krone der Schöpfung oder Schrecken des Ökosystems? Vor 100 000 Jahren war Homo sapiens noch ein unbedeutendes Tier, das unauffällig in einem abgelegenen Winkel des afrikanischen Kontinents lebte. Unsere Vorfahren teilten sich den Planeten mit mindestens fünf weiteren menschlichen Spezies, und die Rolle, die sie im Ökosystem spielten, war nicht größer als die von Gorillas, Libellen oder Quallen. Dann vollzog sich vor 70 000 Jahren ein mysteriöser und rascher Wandel mit dem Homo sapiens. Es waren vor allem die Beschaffenheit seines Gehirns, seine Sprache und seine einzigartige Fähigkeit zur Kooperation, die ihn zum Beherrscher und zur Bedrohung des Planeten werden ließen. Bis heute hat sich diese Vorherrschaft stetig zugespitzt: Der Mensch hat die Fähigkeit zu schöpferischen und zu zerstörerischen Prozessen wie kein anderes Lebewesen. Und die Menschheit steht jetzt an einem Punkt, an dem sie entscheiden muss, welchen Weg sie von hier aus gehen will."

Das Buch von Yuval Noah Harari **Eine kurze Geschichte der Menschheit** ist ein literarischer Leckerbissen und ein wissenschaftlicher und kultureller Schatz von unermesslichem Wert. Dieses Buch gehört in jedes Bücherregal.

In unnachahmlicher und unvergleichbarer Weise beschreibt Yuval Noah Harari die drei Meilensteine in der Entwicklung des *Homo sapiens* bis zur heutigen Zeit. Zuerst kam die kognitive Revolution vor 70 000 Jahren, danach die landwirtschaftliche Revolution vor 12 000 Jahren und schließlich die wissenschaftliche Revolution vor 500 Jahren. Das Buch beschreibt für jeden verständlich die Konsequenzen dieser drei Revolutionen mit allen Gewinnen und Verlusten. Die nächste Revolution könnte – wenn wir es jetzt richtig machen – der Beginn von etwas völlig Neuem werden. Wir müssen die Karten, die uns die drei Revolutionen in die Hand gegeben haben, neu mischen und bei Bedarf austauschen. Die Karten im Spiel unseres Lebens sind Fiktionen, Illusionen, Lügen, Raffgier, Missgunst, Macht und Kontrolle sowie die menschliche Vorherrschaft, mit der *Homo sapiens* alle anderen Arten zu Untertanen gemacht hat. Bei der Erfindung der Sprache, des Handels und des Geldes sowie bei der Erschaffung von Imperien und Religionen haben sich Mauern in unseren Köpfen und Herzen aufgetürmt, die uns gefangen halten und die es nun niederzureißen gilt. Es wird auch Zeit, Fesseln abzustreifen, die uns die landwirtschaftliche Revolution angelegt hat. Diese Fesseln haben uns dazu gebracht, die mit uns lebenden Arten als Haustiere zu domestizieren – bis hin zur heutigen Massentierhaltung. *Homo sapiens* war als Jäger und Sammler vor der landwirtschaftlichen Revolution klüger als wir. Der ach so moderne Mensch von heute hat – in der breiten Masse – die natürlichen Instinkte verloren, und damit verlernt den naturgegebenen Regeln der Evolution zu folgen. Wir sitzen oft stumpfsinnig vor der Glotze, lassen uns berieseln oder in jeglicher Form aufstacheln und stopfen Lebensmittel in uns hinein ohne zu fragen, wo diese herkommen und wie sie produziert wurden. Yuval Noah Harari hat es in seinem Buch vortrefflich ausgedrückt: Die Landwirtschaft ist eine Luxus- und Zeitfalle in die *Homo sapiens* hineingetappt ist, und die zugeschnappt ist. Ein Zahlenbeispiel von Yuval Noah Harari: Im Vergleich zum Jahr 1500 leben heute 14-mal mehr Menschen, die 240-mal mehr produzieren und dabei 115-mal mehr Energie verbrauchen. Ein weiteres Beispiel von Harari: Auf eine riesige Waage gelegt würde das Gewicht aller Menschen auf unserer Erde etwa 300 Millionen Tonnen betragen. Das Gewicht unserer domestizierten Nutztiere (wie Rinder, Schafe, Schweine, Hühner) würde bei etwa 700 Millionen Tonnen liegen. **Im Gegensatz dazu brächten die wild lebenden Tiere – von Stachelschweinen und Pinguinen bis zu Elefanten und Walen – ein Gewicht von nicht einmal 100 Millionen Tonnen auf die Waage.**

Yuval Noah Harari schreibt weiter: *Die Bücher unserer Kinder und unsere Fernsehbildschirme sind noch voller Giraffen, Wölfe und Schimpansen, aber in der wirklichen Welt sind nur noch sehr wenige übrig. Es gibt auf der Welt noch etwa 80 000 Giraffen im Vergleich zu 1,5 Milliarden Rindern, 200 000 Wölfe im Vergleich zu 400 Millionen Haushunden, 50 Millionen Pinguine im Vergleich zu 50 Milliarden Hühnern, 250 000 Schimpansen im Vergleich zu Milliarden von Menschen. Die Menschheit hat die Macht über die Welt übernommen.*

Die wilden Giraffen und Pinguine haben jedoch keinen Grund, die domestizierten Rinder und Hühner zu beneiden. Aus einer beschränkten evolutionären Perspektive sind die domestizierten Arten ein erstaunlicher Erfolg. Sie sind die am weitesten verbreiteten Tierarten auf der Welt. Leider berücksichtigt diese evolutionäre Perspektive nicht das individuelle Leiden. Domestizierte Rinder und Hühner sind wohl ein evolutionärer Erfolg, aber sie gehören zu den armseligsten Kreaturen, die je gelebt haben. Diese Diskrepanz zwischen dem evolutionären Erfolg und dem individuellen Leiden ist eine der wichtigsten Lehren der Geschichte.

Die Lösung von den selbst angelegten Ketten und die Befreiung von unseren Irrtümern gelingen uns am besten, wenn wir die Globalisierung unseres Planeten als Chance begreifen und nicht als Last empfinden. *Homo sapiens* ist – soweit wir wissen – die einzige Art, die sich neu erfinden kann, um sich als *Homo progressivus* eine Existenz neben den vielen anderen Arten auf unserem wunderschönen Planeten zu sichern. Das könnte folgendermaßen aussehen:

- Die Schwächen und Ungerechtigkeiten im bereits globalisierten Handel und Datenaustausch müssen behoben werden.
- Der nächste Schritt ist die Festlegung einer gemeinsamen Weltwährung – der „Globus" (s. auch Botschaft 5).
- Danach kommt die Auflösung des Imperialismus hin zu einem globalen Reich mit gerechten Regeln für alle – unter dem Dach der „Vereinten Völker der Welt".
- Parallel dazu werden die immer wieder feindlich aufeinander prallenden Religionen mit ihren positiven Regeln zu einem globalen Glauben zusammengeführt. Es bleibt dem Einzelnen überlassen diesem oder dem Zufallsprinzip zu folgen (s. auch Botschaften 3 und 7).

Eine Währung!   **Ein Reich!**   **Ein freier Glaube!**

Thomas Jefferson (1743–1826) sagte:

*„Wir sind zum Miteinander geschaffen, wie Hände, wie Füße,
wie die untere und die obere Zahnreihe."*

In dieser Hinsicht haben wir 200 Jahre mehr oder weniger geschlafen!

André Heller sagt:

*„Gott denkt in den Genies, träumt in den Dichtern und schläft in den übrigen
Menschen. Meine Damen und Herren – gute Nacht!"*

Mensch – es wird Zeit aufzuwachen!

George Bernanos (1888 -1948) schrieb:

„Wenn eines Tages die immer wirksamer werdenden Zerstörungstechniken schließlich dazu führen, dass unsere Spezies von der Erde verschwindet, dann wird es nicht Grausamkeit sein, die für unsere Auslöschung verantwortlich ist, und natürlich noch weniger die Entrüstung, die durch die Grausamkeit geweckt wird, oder die Vergeltungsmaßnahmen und Racheakte, die daraus erwachsen, sondern die Schwäche, der Mangel an Verantwortung im modernen Menschen, seine falsche unterwürfige Akzeptanz einer jeden Anordnung von oben. Der Horror, den wir schon erlebt haben, und der noch größere Horror, den wir noch erleben werden, sind keine Anzeichen dafür, dass Rebellen, Menschen, die sich nicht unterwerfen, die sich nicht kleinkriegen lassen, in zunehmender Anzahl auf der ganzen Welt zu finden sind, sondern eher, dass es eine konstant steigende Zahl von gehorsamen, gefügigen Menschen gibt."

Homo sapiens hat sich bis heute nicht verändert!

Im Frühjahr 2015 hatten wir ein Gespräch mit der Künstlerin Heike Rupprecht, die die Illustrationen zu den Kapitelüberschriften in dieser Fibel gestaltet hat. Sie machte uns darauf aufmerksam, dass der von uns ursprünglich ausgewählte Titel der Fibel „Homo Progressio ..." in lateinischer Sprache korrekt „Homo progressivus ..." lauten müsste. Bei unserer Internetrecherche sind wir auf zwei seelen- und geistesverwandte Menschen gestoßen: den französischen Jesuiten und Wissenschaftler Pierre Teilhard de Chardin, der von 1881 bis 1955 lebte und den Mediziner Ludwig Ebersberger, der dessen Vermächtnis bewahrt. Als wir auf die nachstehenden Zitate der beiden stießen, entdeckten wir auch zwei mit uns verwandte Seelen und beschlossen, den von Pierre Teilhard de Chardin geprägten Begriff „Homo progressivus" zu verwenden. Schade, dass eine mediale Diskussion zwischen Yuval Noah Harrari, Anselm Grün, George Bernanos, Pierre Teilhard de Chardin, Ludwig Ebersberger und Franz-Josef Radermacher – in dieser Zusammensetzung – nicht mehr möglich ist.

Pierre Teilhard de Chardin schrieb in seinem Aufsatz „La planétisation humaine":

„In der Gemeinschaft der Menschen tauchte ein neues, außerordentlich wichtiges Element auf. **Man könnte es 'Homo progressivus' benennen, das heißt den Menschen, dem die Zukunft mehr am Herzen liegt als die Gegenwart. Die ersten Vertreter dieses Menschentyps leben bereits unter uns.** *Eine klar bemerkbare Anziehungskraft spannt sich zwischen diesen, heute noch zerstreuten Elementen und bringt sie einander ständig näher. Es gibt für diese Anziehungskraft keine Schranken, keine undurchdringlichen sozialen, rassischen oder religiösen Barrieren. Ich habe hundertmal die Erfahrung gemacht und jeder kann sie wiederholen: Was immer seine Heimat, sein Glaubensbekenntnis und sein soziales Niveau sei, wenn ich einem Menschen begegne, in dem der gleiche Brand der Erwartung lodert, kommt unmittelbar ein tiefer, ganzheitlicher Kontakt zustande. Ganz unwesentlich ist dabei, wie wir unsere Hoffnungen formulieren, je nach der Verschiedenheit der Erziehung und Bildung. Wir fühlen uns einfach verwandt. Wir sind vom gleichen Menschenschlag. Ja, wir erfahren sogar, dass selbst unsere Gegensätze uns zusammenjochen. Als ob es zwischen uns eine neue Lebensdimension gäbe, von Herz zu Herz. Für dieses Phänomen sehe ich keine andere Erklärung, als dass durch die geistigen und sozialen Erschütterungen, die seit anderthalb Jahrhunderten die Welt erbeben lassen, eine radikale Wendung im Schoße der menschlichen Substanz zustande kam. Es geschieht eine Bewusstwerdung von allem, was sich vorwärts bewegt, eine unwiderstehliche Vermehrung und Vereinigung jener Kräfte, in denen der Geist der Zukunft wach geworden ist.* ***Das sind die echten Wirkkräfte der Vereinigung der Welt. Sie werden morgen das Menschengeschlecht bilden."***

60 Jahre nach seinem Tod sollten wir sein Vermächtnis endlich in die Tat umsetzen, indem wir uns weiterentwickeln zu *Homo progressivus*!

Ludwig Ebersberger sagt:

"Wir sind Zeitzeugen jenes ungeheuren und einmaligen Augenblickes in der Geschichte der Menschheit, da diese sich dessen bewusst zu werden beginnt, dass sie von nun an unwiderruflich und bis ans Ende aller Zeiten unter Einigungszwang stehen wird.

In fortschreitender Folge führen das geradezu explodierende Menschheitswissen und der damit verbundene technische Fortschritt zu immer neuen und immer gefährlicheren krisenhaften Situationen und globalen Bedrohungen, die sich mit völlig neuen ethischen Problemstellungen verbinden und deren Bewältigung nur einvernehmlich und in konstant zunehmender globaler Kooperation möglich ist. Sie zwingen den Menschen auf Wege, die zu gehen ihm vielleicht schon in naher Zukunft alle Kräfte abverlangen, d. h. ihn in seiner Totalität fordern werden und damit auch – und gerade besonders – in seiner Religiosität. Unumgänglich notwendig hierfür sind Umorientierungen grundsätzlicher Art sowohl in der Theologie, die sich, um die religiöse Dimension dieses Einigungszwanges überhaupt wahrnehmen zu können, aus den Denkzwängen des 16. Jahrhunderts befreien muss, als auch in den Naturwissenschaften, die in Fragen der Welt- und Daseinsorientierung weitgehend noch in den Vorurteilen des mechanistischen Weltbildes verharren, und in der Philosophie, die endlich von der längst ausdiskutierten Frage: 'Wie ist Erkenntnis möglich?' zur Frage: 'Wie ist Zukunft möglich?' übergehen sollte."

Erfüllung der Botschaft: Dem aufmerksamen Leser wird auffallen, dass in dieser Fibel alles mit allem zusammenhängt und in drei Dimensionen abläuft: RAUM, ZEIT und ENERGIE. Unser WISSEN können wir als vierte Dimension hinzunehmen und überall humanitär anwenden. „Für die Liebe, die Vergebung, das Teilen, den Frieden & die Freiheit" ist dabei die zentrale Botschaft. Hiermit lassen sich Kriege und Raffgier sowie Hunger und Durst mit erneuerbarer Energie besiegen – mit gebildeten Menschen und einem Glauben – unter dem Dach der „Vereinten Völker der Welt" – **unter Beibehaltung der jeweiligen lebens- und liebenswerten Kulturen, Sitten und Gebräuche – <u>die als essentielle Wurzeln unverzichtbar sind.</u>** Die Umsetzung sollte von den noch zu gründenden sechs Kommissionen der „Vereinten Völker der Welt" vorbereitet und von letzteren verabschiedet werden.

Willy Brandt sagte:

„Der beste Weg, die Zukunft vorauszusagen, ist, sie zu gestalten."

John F. Kennedy sagte:

„Wann, wenn nicht jetzt? Wo, wenn nicht hier? Wer, wenn nicht wir?" „Lasst uns niemals aus Furcht verhandeln. Aber lasst uns niemals Furcht haben zu verhandeln."

Mit dem Blick auf unseren Planeten sagt Barack Obama:

„Wir sind eine Nation, wir sind ein Volk, und unsere Zeit für Veränderungen ist gekommen."
„Der Wandel kommt nicht, wenn wir auf irgendeine andere Person zu irgendeiner anderen Zeit warten. Wir sind die, auf die wir gewartet haben. Wir sind der Wandel, den wir suchen."

Jimmy Carter sagt:

„Die Regierung muss so gut sein, wie das Volk sein möchte."
„Wir sollten unser Leben so leben, als käme Christus heute Nachmittag."

Botschafter und Vermittler: z. B. Herbert Grönemeyer (auch für „Mensch" und sein zurückgewonnenes Herz), Amal Alamuddin (weil sie George Clooney geheiratet hat und sie sich gegenseitig und viele andere inspirieren können),

Malala Yousafzai und Jimmy Carter (auch weil sie Friedensnobelpreisträger sind und gemeinsam alle Altersgruppen und Bevölkerungsschichten erreichen können), sowie sozial eingestellte Schauspieler wie Anthony Hopkins, Michael Caine, Dianne Keaton, Scarlett Johansson, Jeremy Irons, Kevin Spacey, Al Pacino, Edward Norton, Nicole Kidman, Russell Crowe, Chritoph Waltz, Robert de Niro, Tobey Maguire, Jeff Bridges und Chris Cooper (auch weil sie in „SEABISCUIT" gezeigt haben, wie stark scheinbare Außenseiter sein können – verbunden mit einem der schönsten Zitate der Filmgeschichte: *„Man wirft doch nicht ein ganzes Leben weg, nur weil es ein bisschen beschädigt ist."*), Michael und Kirk Douglas, Susan Sarandon, Juliette Binoche, Catherine Deneuve, Jean-Paul Belmondo, Brigitte Bardot, Alain Delon, Claudia Cardinale, Jack Nicholson (auch weil er über das Kuckucksnest flog), Colin Firth und Geoffrey Rush (auch weil sie uns vorgeführt haben, wie ein sprachloser König sich Gehör verschaffen kann), Emma Watson, Daniel Radcliffe und Rupert Grint (vor allem weil sie uns gezeigt haben, wie zauberhaft unsere Welt sein kann), Erika Berger, Erika Pluhar, Ingrid van Bergen, André Heller, Hannelore Elsner, Dominik Elstner, Iris Berben, Oliver Berben, Michael Ballhaus, Nina Hoss, Hinnerk Schönemann, Ben und Meret Becker, Devid Striesow, Senta Berger, Michael Verhoeven, Mario Adorf, Götz George, Barbara Auer, Sophie von Kessel, Heino Ferch, Henry Hübchen, Christina Do Rego, Herbert Herrmann, Dietmar Bär, Manfred Krug, Jan Fedder, Wotan Wilke Möhring, Nadja Tiller, Götz Alsmann, Christine Westermann, Katharina Wackernagel, Kai Pflaume, Oliver Mommsen, Til Schweiger, Mariele Millowitsch,

Anja Kling, Ina Müller, Walter Sittler (auch weil sie alle zusammen durch ein gemeinsames Schauspiel die Welt verbessern können) sowie Comedians wie Hape Kerkeling (auch weil er weiß, wie es ist, wenn man mal weg war), Bastian Pastewka, Jürgen von der Lippe, Kabarettisten wie Thomas Freitag, Dieter Nuhr, Werner Schneyder und Musiker wie Lang Lang, Anna Netrebko, David Garrett, Plácido Domingo und José Carreras (auch um als Duo zu helfen), Leonard Cohen, Eric Clapton, The Dire Straits (Brothers in Arms), The Who (Doktor Jimmi), Pink Floyd, Led Zepelin (Treppe in den Himmel), Bruce Springsteen`s E-Street Band, The Rolling Stones, Deep Purple (Kind auf Zeit im April), Roger Waters, Harry Belafonte, Seal, Patti Smith, Gianna Nannini, Adele, Amy McDonalds, Madonna, Björk, Justin Bieber, Beyoncé Knowles, Lena Meyer-Landrut, Lina Arndt, Andrei Vesa, Charley Ann Schmutzler, Marion Campbell, Lionel Richie, George Michael sowie Peter Maffay, Jan Josef Liefers und Anna Loos, Cro, alligatoah, Andreas Bourani, Mark Forster, Ed Sheeran, Taylor Swift, Green Day, Wiz Khalifa, Kid Unk, Eminem, Linkin Park, Robin Schulze, Avicii, David Guetta, Zedd, Wolfgang Niedecken, Campino und seine Toten Hosen, Nena, Samu Haber, Rea Garvey, Boss Hoss, Xavier Naidoo, Die Fantastischen Vier, Silbermond, Nina Hagen, Ina Deter, Inga Rumpf u. v. a. m.

**Auch weil ihr legendäre Konzerte – zum guten Zweck –
alle zusammen wiederbeleben könnt!**

Top-Modells wie Gisèle Bündchen, Kate Moss, Heidi Klum, Claudia Schiffer, Carla Bruni etc.:

**Weil ihr den Auftrag habt, die Welt nicht nur durch
euer Aussehen schöner zu machen!**

Die deutschen Fußball-Weltmeister 2014:

**Weil ihr gezeigt habt, wie man gemeinsam ein Ziel erreicht,
auch wenn es noch so weit weg erscheint!**

Jupp Heynckes sagte zu Günter Netzer vor dem DFB-Pokalfinale 1973:

„Auch wenn der Trainer dich nicht braucht – die Mannschaft braucht dich."

Günter Netzer sagte zum 70. Geburtstag von Jupp Heynckes:

„Oft sind herausragende Spieler keine herausragenden Trainer. Du bist der beste Beleg für das Gegenteil. Du kamst von ganz unten nach ganz oben und wurdest eine Trainerlegende. Deine Gradlinigkeit, Ehrlichkeit, Leistungsbereitschaft und Disziplin haben dich dazu gemacht. Das Schönste, was ich heute sagen kann: Du hast dich in all den Jahren nicht verändert."

Es gibt Wege zum Erfolg, die zeigen, dass am Ende die Menschlichkeit und die Gerechtigkeit die Oberhand behalten!

Marko Reus, Mats Hummels, Horst Eckel, Franz Beckenbauer, Zinedine Zidane, Luis Figo, Pelé, Maradona, Messie, Christiano Ronaldo, David Beckham, Paul Breitner, Jupp Heynckes, Günter Netzer, Jürgen Klopp, Uwe Seeler, Wolfgang Overath, Reiner Bonhof, Jogi Löw, Andy Köpke, Oliver Bierhoff, Jürgen Klinsmann, Dieter Kürten, Rudi Völler, Reiner Calmund, Rudi Assauer, Thomas Bach, Tiger Woods, Bernhard Langer, Dirk Nowitzki, Boris Becker, Steffi Graf und Andre Agassi, Niki Lauda, Mika Häkkinen, Sebastian Vettel, Fernando Alonso, Kimi Raikkönen, Louis Hamilton, Michael Schuhmacher, Henry Maske, Jochen Behle (auch weil sie für viele Menschen Vorbilder sind und als solche an diesem Weckruf mitwirken können und weil sie zeigen können, dass sie nicht nur die Gladiatoren der Neuzeit sind – und dass die Welt mehr bedeutet als Brot und Spiele) sowie

Claudia Pechstein:

Weil sie weiß, wie ein Mensch sich die sportliche Unschuld und das Lebensglück zurückerkämpft und gewinnt!

Miriam Welte und Kristina Vogel:

Auch weil sie bereits enorme Botschafter sind!

Angelique Kerber:

Weil sie gezeigt hat, was mit unbändigem Willen und dem Glauben an die eigenen Stärken möglich ist!

Die deutschen Handball-Europameister 2016

Weil sie in einer Mannschaft spielten,
in der jeder für jeden alles gegeben hat. Ein Erfolg, durch Kampfstärke,
Leidenschaft und Teamgeist, der unvorstellbar schien!

Audrey Hepburn sagte:

„Was die Welt braucht, ist Bescheidenheit, Würde und Anstand in den Seelen der jungen Menschen. Denke daran, wann immer du eine helfende Hand brauchst: Sie ist am Ende deines Arms. Und wenn du älter wirst, denk dran, dass du auch eine zweite Hand hast: die eine, um dir zu helfen, die andere, um anderen zu helfen."

Leo sagt:

„Ich bin einer von vielen ungewollten, verstoßenen Hunden, die mit Hilfe von Christian und Karin eine neue Familie gefunden haben. Wir Hunde haben hier im Hundeheim des 'Tierschutz Wörrstadt' das Riesenglück, in Hundegruppen in großen Freiläufen zu leben und <u>nicht alleine</u> in kleine Zwinger gesperrt zu sein. Wir werden angenommen wie wir sind, werden gefordert und gefördert, und jeder bekommt hier seine Chance. Viele Hunde sind hier, weil der Mensch sie nicht versteht, nur an der oberflächlichen Optik Gefallen hatte, sie als Objekt nutzte, um seinen Frust und seine Aggressionen loszuwerden. Hier werden wir verstanden, geliebt, umsorgt und lernen wieder zu vertrauen. Diejenigen, für die sich nicht das passende Zuhause finden lässt, dürfen bleiben und sind mit all ihren Problemen und Krankheiten willkommen. Die beiden sind unsere Hoffnung und unsere Zuversicht auf ein besseres Leben und das Gute im Menschen."

Ich bin Leo!

Der Dalai Lama sagt:

„Wir alle teilen uns diesen kleinen Planeten Erde und müssen lernen, in Frieden und Harmonie miteinander zu leben. Dies ist nicht bloß ein Traum, sondern eine Notwendigkeit. Ohne die grundlegenden menschlichen Werte der Liebe und Güte können wir nicht überleben. Der Frieden wird nicht von Gott geschaffen, sondern das liegt in der Hand von uns Menschen selbst. Was wir heute wirklich brauchen, ist das Gefühl der Einheit aller sieben Milliarden Menschen. Am Ende werden menschliche Entschlossenheit und Wahrheit über Gewalt und Unterdrückung siegen. Am Ende werden Frieden, Vernunft und Freiheit die Oberhand gewinnen."

Roland Koch sagt über den Dalai Lama:

„Ich denke, die Menschen beeindrucken die Friedfertigkeit, der Sanftmut, die Ernsthaftigkeit, dann aber auch der spezielle Humor und die Fröhlichkeit dieses Mannes. Ich kenne eigentlich niemand, den sein Lachen nicht ansteckt."

Desmond Tutu sagt:

„Zu vergeben ist tatsächlich die beste Form des Eigennutzes."

Prinz Charles sagt:

„Die Welt ist aus den Fugen geraten. Um unsere Erde und die Schöpfung zu retten, müssen wir radikal umdenken, für ein Leben im Einklang mit der Natur. Wir sind taub geworden für unsere innere Stimme, unsere Intuition, die uns davor bewahren würde, der Umwelt Schaden zuzufügen. Wir brauchen eine neue Sicht der Welt; eine Vision, die den Herausforderungen des 21. Jahrhunderts Rechnung trägt. Wir sollten daran denken, dass unsere Kinder und Enkelkinder nicht fragen werden, was unsere Generation gedacht und gesagt, sondern was sie getan hat."

Bob Marley sagte:

„So viel wurde gesagt, so wenig getan. Öffne deine Augen, blick nach innen.
Bist du wirklich zufrieden mit dem Leben, das du lebst? Erhebe dich, steh auf. Steh
auf für deine Rechte. Erhebe dich, steh auf. Gib den Kampf nicht auf.
Lass Gerechtigkeit die Erde abdecken, wie das Wasser die Meere abdeckt!
Es ist Zeit für die Welt, sich als eine menschliche Rasse zu vereinigen."

Anne Frank schrieb 1944:

„Warum gibt es jeden Tag Millionen an Geld für den Krieg und keinen Cent für die Heilkunde, für die Künstler, für die armen Menschen? Warum müssen die Menschen Hunger leiden, wenn in anderen Teilen der Welt die überflüssige Nahrung weg fault? Oh warum sind die Menschen so verrückt? Ich glaube nicht, dass der Krieg nur von den Großen, von den Regierenden und Kapitalisten gemacht wird. Nein, der kleine Mann ist ebenso dafür. Sonst hätten sich die Völker doch schon längst dagegen erhoben! Im Menschen ist nun mal ein Drang zur Vernichtung, ein Drang zum Totschlagen, zum Morden und Wüten, und **solange die ganze Menschheit, ohne Ausnahme, keine Metamorphose durchläuft,** wird alles, was gebaut, gepflegt und gewachsen ist, wieder abgeschnitten und vernichtet, und dann fängt es wieder von vorn an." – Tagebucheintrag, 3. Mai 1944

„Ehrlich gesagt, kann ich mir nicht richtig vorstellen, wie jemand sagen kann 'Ich bin schwach' und dann noch schwach bleibt. Wenn man so etwas doch schon weiß, warum wird dann nicht dagegen angegangen, warum deinen Charakter nicht trainieren? Die Antwort war: Weil es so viel bequemer ist!„ – Tagebucheintrag, A-Version, 6. Juli 1944

O ja, ich will nicht umsonst gelebt haben wie die meisten Menschen. Ich will den Menschen, die um mich herum leben und mich doch nicht kennen, Freude und Nutzen bringen. Ich will fortleben, auch nach meinem Tod." – Tagebucheintrag, 5. April 1944

Anne Frank hat es geschafft, durch ihr Tagebuch weiterzuleben. Wir sollten ihr und uns nun endlich auch den Gefallen tun und die Metamorphose gemeinsam durchlaufen. Durch die Steigerung unseres individuellen Selbstwertgefühls
– unterstützt durch den kollektiven Drang nach Verbesserung –
können wir uns verwandeln von *Homo sapiens* zu *Homo progressivus*!

Der Weihnachtsmann, sein Anwalt und sein Richter sagen in *Das Wunder von Manhattan*:
„Ich bin nicht nur eine wunderliche Gestalt die einen hübschen Anzug trägt und sich eines fröhlichen Gebarens befleißigt, verstehen Sie, ich bin ein Symbol, ein Symbol der menschlichen Fähigkeit durch die es möglich wird sich frei zu machen von Selbstsucht und hasserfüllten Neigungen, die den größten Teil unseres Lebens bestimmen. Und wenn Sie überhaupt nichts allein durch Glauben anerkennen, dann sind Sie verurteilt zu einem Leben, das von Zweifeln beherrscht wird."
„Und dann bitte ich das Gericht zu entscheiden was schlimmer ist: Eine Wahrheit die eine Träne entlockt – oder ein Märchen, das ein Lächeln entlockt."
„Klage abgewiesen! Der Weihnachtsmann hat gewonnen!"

Die meisten Menschen glauben an eine überirdische Kraft.
Dann hilft es bestimmt, wenn auch wir Erwachsenen wieder an die Werte des Weihnachtsmanns und andere gute Symbole glauben. Damit wären wir in der Lage, die wahrhaftigen Übel zu überwinden. Wir haben schon so viel erfunden. Dann können wir doch auch die Märchen und Träume wahr werden lassen, in denen wir Lächeln!

Penélope Cruz sagt:

„Mit unseren Gedanken tragen wir dazu bei, unsere Zukunft zu gestalten.
Der Schlüssel ist, nicht mit dem Träumen aufzuhören.
Wenn man sich dabei ertappt, nicht mehr so zu träumen
wie mit zehn oder 15 Jahren, ist das ein Alarmzeichen: Vorsicht!
Wir sollten jetzt anfangen zu erträumen, was wir sein wollen."

Gandalf sagt:

„Ich finde, es sind die kleinen Dinge, alltägliche Taten von gewöhnlichen Leuten, die die Dunkelheit auf Abstand halten. Einfache Taten aus Güte und Liebe."

Bilbo sagt:

„Ich denke oft an Beutelsand. Ich vermisse meine Bücher. Und meinen Sessel. Meinen Garten. Da gehör ich nämlich hin. Das ist Heimat. Und deshalb bin ich zurückgekommen, weil ihr keine habt. Eure Heimat wurde euch genommen, und ich will euch helfen sie zurückzuholen."

Aragorn sagt:

„Dieser Tag gehört nicht einem einzigen Mann, sondern uns allen. Lasst uns zusammen diese Welt wieder aufbauen, damit wir sie uns teilen können in Zeiten des Friedens."

Frodo sagt:

„Nun wird nicht nur der Tag geliebt werden, sondern auch die Nacht wird schön und gesegnet sein, und alle ihre Ängste vergehen."

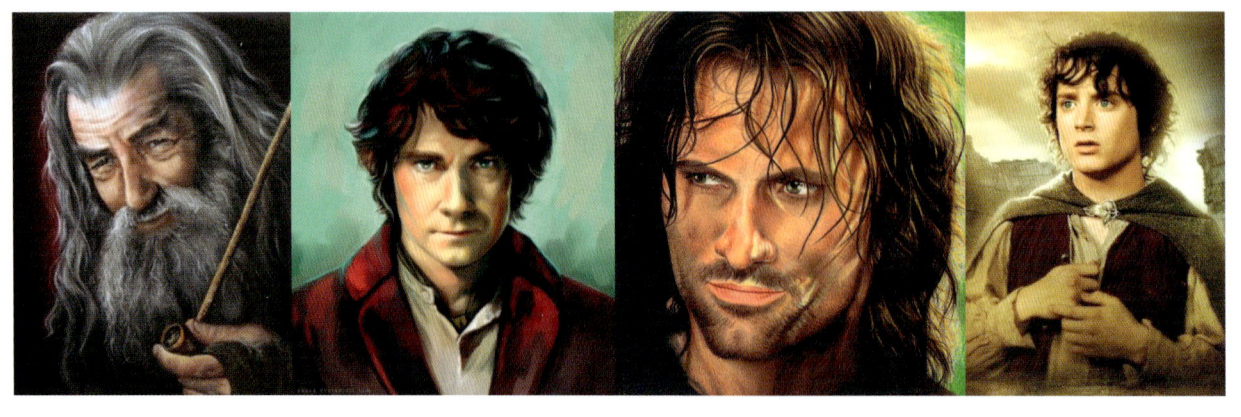

| Der Zauberer | Der Hobbit | Der König | Der Ringträger |

Sie haben die düsteren Wolken über Mittelerde vertrieben.
Vertreiben auch wir sie aus unseren Köpfen, aus unseren Herzen und von unserer Erde und lassen die Märchen und Träume wahr werden!

3. Für einen Glauben

Am Anfang waren die Menschen Jäger und Sammler, die sich in Horden zusammengerottet hatten und durch die Lande zogen. Lange danach bildeten sich – dank sprachlicher Verständigung, zunehmendem Wissen und der Erfindung des Feuers – sesshafte Strukturen. Gruppierungen mit sozialen Werten, eigenen Sitten und Gebräuchen sowie einer eigenen Kultur und Religion lebten in Grenzen, die sich, meist infolge kriegerischer Auseinandersetzungen, ständig verschoben haben. Hierzu zählen z. B. die Kulturen, die bei den Chinesen, Ägyptern, Griechen, Römern und Juden entstanden. Von der anderen Seite der Erdkugel kennen wir die Völker der Maya, Inka und Azteken sowie indianische Stämme wie die Apachen und Sioux, die in Ansiedlungen mit Häusern oder Zelten lebten. Auch sie hatten eine gesellschaftliche und staatliche Ordnung sowie eine Religion. Aus Europa kennen wir Stämme mit rauen Sitten und Gebräuchen wie die Kelten, Germanen und Wikinger. Alle haben sich an Religionen geklammert und orientiert, wohl auch, um sich von den Göttern oder einem Gott beschützt zu fühlen.

Heute leben wir über fünf Kontinente verteilt in Ländern, die sich im Laufe der Jahrhunderte mehr oder weniger vertragen und in der Regel zu ihrem Vorteil vereinigt haben wie z. B. die Vereinigten Staaten von Amerika und die Europäischen Union – auch wenn die relativ junge EU noch viele Hausaufgaben zu erledigen hat. Aufgrund dieser guten Erfahrungen wäre es doch ein richtiger und konsequenter Schritt, sich auch auf anderen Erdteilen zu vereinigen, z. B. als „Vereinte Nationalstaaten von Afrika" oder als „Vereinte Nationalstaaten von Asien".

Die Vereinten Nationalstaaten der Kontinente!
Ein wichtiger erster Schritt auf dem Weg zu den „Vereinten Völkern der Welt"!
Die vorläufige Erhaltung von Nationalstaaten und die Beibehaltung der jeweiligen
lebens- und liebenswerten Kulturen, Sitten und Gebräuche stehen nicht im Widerspruch
zur Abschaffung von Grenzen in unserem Leben und in unseren Köpfen!

In den meisten Ländern haben wir eine Trennung zwischen Staat und Kirche. Dennoch beeinflussen sich beide Bereiche überwiegend durch eine positive Zusammenarbeit – vor allem in humanitären Angelegenheiten. **Hieraus lässt sich ableiten, dass eine Vereinigung der Nationalstaaten der Kontinente auf dem Weg zu den Vereinten Völkern der Welt eine Signalwirkung hätte, auch die Religionen zu vereinigen – hin zu einem Glauben.**

Wir leben auf dem Dorf oder in kleinen und großen Städten sowie zunehmend in Megacities mit vielen Millionen Einwohnern.

Die Welt ist heute stark vernetzt. Informationen in digitaler Form fliegen im Sekundentakt um den Globus und verbreiten gute und schlechte Nachrichten.

Zu den schlechten Nachrichten gehören zweifellos die gewalttätigen Auseinandersetzungen um Land sowie um darauf oder darunter befindliche Ressourcen, aber auch die im Grunde unverständlichen und tödlichen Konflikte zwischen Menschen unterschiedlicher Religionen, die von ihren Führern fehlgeleitet werden.

Eugen Drewermann sagt:
„Wenn das gesamte Dasein des Menschen nur noch aus Angst besteht,
verwandeln sich alle Strukturen seiner kreativen Existenz
von Segen in Fluch, von Heil in Unheil, von Glück in Unglück."
„Das, wovor wir am meisten Angst haben, ist häufig das,
worauf wir am meisten hoffen."

Alles in allem zeigt sich, dass wir in der Welt von heute – mit ihren Chancen, Herausforderungen, Stärken und Bedrohungen – stärker zusammenhalten und uns gegenseitig ein gutes Leben „gönnen" müssen.

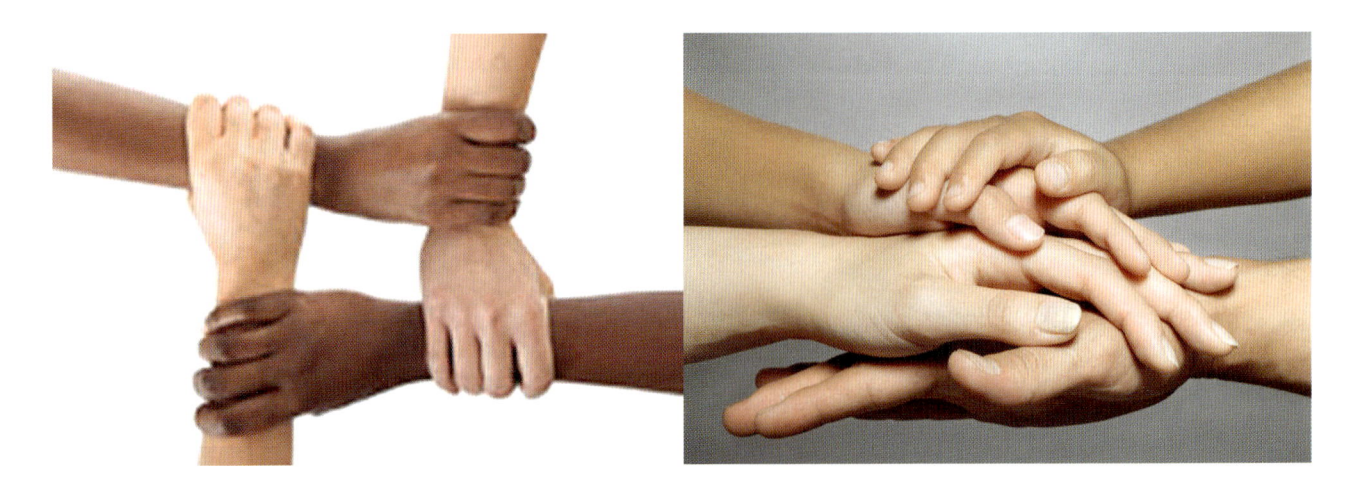

Für die Anhänger von Judentum, Christentum und Islam ist Abraham der erste Mensch, der an einen einzigen Gott glaubte. An den Gott, den heute über vier Milliarden Menschen verehren und achten.

Drei große Religionen, aber nur ein Gott. Die Juden nennen ihn Jahwe, im Islam heißt er Allah, bei den Christen Gott. Jede Religion hat ihre eigenen zum Teil unterschiedlichen Gebote und Regeln, nach denen man ihn verehren und sich als Menschen auf der Erde benehmen soll. Alle drei Religionen haben aber auch viele Gemeinsamkeiten. Ihr Gott verspricht ewiges Leben nach dem Tod, er duldet keine anderen Götter neben sich, er hat Propheten auf die Erde gesandt, um den Menschen von ihm zu erzählen. Und alle drei Religionen berufen sich auf einen gemeinsamen Urvater Abraham.

Die Buddhisten tolerieren ohnehin andere Religionen. Und die Hindus können lernen, sich auch mit den Muslimen zu vertragen – und umgekehrt. *Mahatma Gandhi würde sich sehr darüber freuen.*

Die in den unterschiedlichen Religionen verankerten Grundregeln wie
- die „Zehn Gebote" für Christen und Juden in der Bibel
- die islamischen 5 Säulen und „sechs Glaubensgrundsätze" im Koran
- die „fünf Silas" im Buddhismus
- die „zehn Lebensregeln" im Hinduismus

enthalten viele vergleichbare positive Lebenseinstellungen, Werte und Verhaltensregeln, die man so schnell wie möglich in *einem* Haus – *mit der Welt als Dach* – unterbringen sollte.

Franziskus sagt in aller Bescheidenheit:
„Ach, wie sehr möchte ich eine arme Kirche und eine Kirche für die Armen."
„Beten wir für den Frieden! Versuchen wir, den Frieden aufzubauen
und dabei bei uns zu Hause anzufangen."

Das gemeinsame, über 1400 alte Band Jahre zwischen den drei monotheistischen Weltreligionen (Christen, Juden und Muslime)

Zu Beginn des 7. Jahrhunderts, im Jahr 610, wurde eine neue monotheistische Religion geboren, der Islam. Begründer war der damals 40jährige Prophet Mohammed, dem zuvor der Erzengel Gabriel erschienen war. Laut Überlieferung überbrachte Gabriel Mohammed zuerst die Offenbarung, dass Allah der einzige Gott sei, später dann immer neue Botschaften von Allah. Die Botschaften forderten dazu auf, nur an den einen Gott zu glauben, im Leben Gutes zu tun und Verwerfliches zu unterlassen. Mohammed gab alle Botschaften an die Menschen weiter. Viele Muslime versuchen seither danach zu leben – aber leider nicht alle. Innerhalb eines Jahrhunderts brachte die neue Religion ein Gebiet von Persien bis Spanien unter ihren Einfluss – mit religiösem und weltlichem Machtanspruch. Juden und Christen erhielten den Status eines „dhimmi", der sie gegenüber den Muslimen je nach Ort und Epoche mahl mehr, mahl weniger benachteiligte. Doch sie waren frei, ihre Religion weiter auszuüben. „Dhimmi`s" besaßen zwar einen eingeschränkten Rechtsstatus, wurden jedoch vom Staat geschützt. Der Islam und das Christentum haben ihre Wurzeln in dem von Moses begründeten Judentum. Im Jahr 636 wurden biblische und jüdische Persönlichkeiten in den islamischen Glauben übernommen (z.B. Abraham, Moses, David, Salomon). Auch Jesus wird im Koran überaus gewürdigt, allerdings nicht als Sohn Gottes, sondern, als einer der großen Propheten wie Abraham, Moses und Noah.

Bis ins 15. Jahrhundert hinein wächst die Macht der Muslime rund um das Mittelmeer. Erst im Jahr 1492, dem gleichen Jahr, in dem Kolumbus Amerika entdeckt, wird das letzte maurische Königreich (Granada) zurückerobert. In einem Gebiet, das von Indien bis zum Mittelmeerraum reicht, wird der Islam im Mittelalter und zu Beginn der Neuzeit zur vorherrschenden Religion. Juden und Christen bilden in diesen Regionen zwei Minderheiten, die beide dasselbe Ziel verfolgen. Sie wollen sich innerhalb des Reichs den bestmöglichen Status aneignen. Es kommt dabei zu einem kulturellen Austausch – von dem das **„Haus der Weisheit"** in Bagdad zeugt. **In diesem goldenen Zeitalter arbeiteten Christen, Juden und Muslime über 400 Jahre zusammen und errangen gemeinsam wissenschaftliche Erfolge.** Religion und Wissenschaft waren hier eng verbunden. Nach dem Vorbild des Hauses der Weisheit in Bagdad wurden später ähnliche Einrichtungen in Córdoba, Sevilla und Kairo geschaffen. Sie könnten als Vorläufer der heutigen Universitäten angesehen werden.

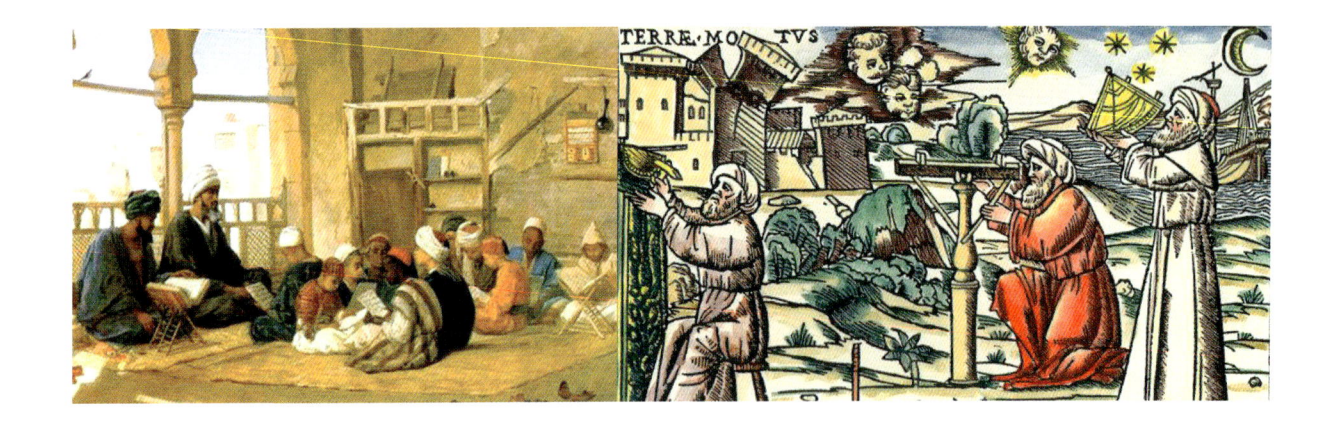

In dieser Zeit lebten auch die miteinander befreundeten Gelehrten Maimonides und Averroës, beide in Córdoba geboren, der eine Jude, der andere Araber. Maimonides lebte von 1135 bis 1204 und war wohl der größte jüdische Denker und Arzt sowie die rabbinische Autorität des Mittelalters. Averroës war ein bedeutender Philosoph und Mediziner und ging auch als Kommentator des Aristoteles in die Geschichte ein. Er sah in der Logik die einzige Möglichkeit des Menschen, glücklich zu werden. Für den Gelehrten waren zwei Dinge erforderlich: Scharfsinn und Tadellosigkeit im Glauben mit sittlichen Tugenden, die durch humanitäres Verhalten erworben werden.

Maimonides   Averroës

Bedeutende Städte in dieser Zeit der kulturellen Offenheit und Toleranz waren auch Toledo mit seinem Übersetzungszentrum für arabische Schriften und Granada mit der Alhambra als herausragendem Bauwerk. **Aus dieser überwiegend glanzvollen Epoche können wir für die Gegenwart und die Zukunft mitnehmen, dass wir nur gewinnen können, wenn unterschiedliche Kulturen miteinander kommunizieren, voneinander lernen und mit gemeinsamen Werten zusammenleben.** Das oberste Gebot für das Zusammenleben der

Menschen ist die Nächstenliebe. So steht es im Koran, in der Bibel und in der Thora. In allen drei Schriften geht es in erster Linie darum, die Gegensätze zwischen den Menschen zu reduzieren und nicht zur Gewalt zu greifen.

Das Leben im Osmanischen Reich zwischen 1300 und 1922 war überwiegend von religiöser Koexistenz geprägt. Es gibt kaum Anzeichen für irgendeine tief verwurzelte Feindseligkeit gegen Juden, die mit dem Antisemitismus in der christlichen Welt vergleichbar gewesen wäre. Insgesamt ist die muslimische Einstellung zu Nichtmuslimen nicht von Hass, Furcht oder Neid diktiert. Bei der Koexistenz von Christen, Juden und Muslime im Osmanischen Reich war die Religionszugehörigkeit keineswegs der einzige bestimmende Faktor. In den politischen Konstellationen der unterschiedlichen Epochen im Osmanischen Reich fällt die Beurteilung des Zusammenlebens überwiegend positiv aus, auch wenn dieses nicht mit den Bürgerrechten und Minderheitenrechten des Nationalstaates im modernen Sinne verglichen werden kann.

Brücken schlagen zwischen Völkern und Kulturen!

Und dennoch gab es trotz dieser Koexistenz der Religionen immer wieder bewaffnete Auseinandersetzungen und Unterdrückung. Die Leidtragenden waren je nach Situation nicht nur die Christen oder die Muslime, sondern auch die Juden. Sogar bei der schwarzen Pest, die im 14. Jahrhundert nahezu die Hälfte der europäischen Bevölkerung dahinraffte, wurden die Juden als Sündenböcke abgestempelt und verfolgt. Es waren vor allem die Päpste und selbst ernannten Kalifen, die selbstherrlich nach Lust und Laune sowie aus Rachsucht und Raffgier Jahrhunderte lang über Krieg und Frieden entschieden. Hierüber wird in der 9. Botschaft „Gegen den Missbrauch der Religionen" ausführlich berichtet.

Mit dem Erstarken des Bürgertums zum Ende des 18. Jahrhunderts beginnt der Aufstieg Europas. Hierbei wachsen auch die Bürgerrechte der Juden, und ihnen wird eine individuelle Gleichberechtigung gewährt. Dennoch sind sie Opfer brutaler Verfolgungen, die zahlreiche Juden zwingen, in den Nahen Osten auszuwandern. Europa ist Schauplatz der Weltgeschichte: Das Bürgertum beginnt sich zu emanzipieren, es kommt zur Französischen Revolution, die sich dem absoluten Machtanspruch der Monarchie entgegenstellt. In den sich entwickelnden Nationalstaatsbewegungen versuchen die Bürger, politische Mitbestimmung durchzusetzen und den Obrigkeitsstaat gegen ein liberaleres, durch ein Parlament legitimiertes Modell zu ersetzen.

Gleichzeitig werden die europäischen Juden, die mittlerweile das Bürgerrecht besitzen, zur Zielscheibe eines immer konkreteren Antisemitismus. Dennoch gelingt es ihnen, in die nationalen Eliten aufzusteigen. Mit ihrem Aufstieg wächst auch ihr Interesse am Schicksal ihrer Glaubensgenossen in der muslimischen Welt, als deren Beschützer sie sich empfinden. Hin- und hergerissen zwischen Zionismus und arabischem Nationalismus wird Palästina zum Spielball religiöser sowie politischer Interessen.

In den 30er und 40er Jahren des 20. Jahrhunderts wird die Welt mit dem Grauen der Konzentrations- und Vernichtungslager konfrontiert, das den größten Teil der europäischen Juden das Leben kostet und erst durch den Sieg der Alliierten über Deutschland ein Ende findet. Zahlreiche Juden waren vor den Nazis nach Palästina geflohen. Hier sollte unter britischem Mandat eine dauerhafte nationale Heimstätte für das jüdische Volk entstehen. **1948 sorgt die Gründung des Staates Israel bei den Juden von New York bis Tel Aviv für Jubel und Freude, bei Arabern und Muslimen hingegen für Wut und Verbitterung.** Über 700 000 Palästinenser werden vertrieben oder fliehen in der Hoffnung auf eine baldige Rückkehr. Gleichzeitig muss die große Mehrheit der Juden in der muslimischen Welt ihre Heimat im Irak, in Ägypten, im Iran, in Syrien, in Marokko, in Tunesien und anderen Ländern freiwillig oder gezwungenermaßen aufgeben. Immer wieder kommt es zu kriegerischen Auseinandersetzungen zwischen dem Staat Israel und den benachbarten arabischen Ländern. Dazu zählen vor allem der Palästinakrieg (1948/49), die Suez-Krise (1956), der Sechstagekrieg (1967) und der Jom-Kippur-Krieg (1973). Und Jerusalem wird zur geteilten Stadt.

Dabei sind sich die drei Religionen doch an diesem Ort so nah, weil er Juden, Christen und Muslime gleichermaßen heilig ist. In Jerusalem stand Jahwes Tempel, die Kultstätte der Juden. Den Christen ist Jerusalem heilig, weil Jesus dort gekreuzigt wurde. Und für Muslime ist Jerusalem eine heilige Stadt, weil Mohamed vom Felsen auf dem Tempelberg in den Himmel aufgestiegen ist.

1400 Jahre hat das Band der drei monotheistischen Religionen weitgehend gehalten. Teile der muslimischen und der jüdischen Welt stehen sich erst seit etwa einhundert Jahren als Todfeinde gegenüber und wollen sich gegenseitig vernichten. Es ist längst überfällig, den Kriegstreibern auf beiden Seiten das Handwerk zu legen – auch in Gedenken an Anwar el- Sadat und Jitzchak Rabin.

Anwar el-Sadat sagte 1977 vor dem ägyptischen Parlament:

„Für den Frieden bin ich bereit, bis ans Ende der Welt zu gehen."

Mit dem Ende der Welt meinte Sadat die Knesset, das israelische Parlament. Hier sprach Sadat am 20. November 1977 – eine Weltsensation.

Jitzchak Rabin sagte am 28. September 1995 in Washington:

„Werfen Sie jetzt nach einer langen Reihe offizieller, feierlicher Erklärungen einen Blick auf dieses Podium. Der König von Jordanien, der Präsident von Ägypten, Vorsitzender Arafat und wir, der Ministerpräsident und der Außenminister von Israel, auf einer Plattform. Lassen Sie diesen Anblick tief auf sich wirken. Was Sie hier vor sich sehen, war noch vor zwei oder drei Jahren unmöglich, ja undenkbar. Nur Dichter haben davon geträumt, und zu unserem großen Schmerz sind Soldaten und Zivilisten in den Tod gegangen, um diesen Augenblick möglich zu machen. Hier stehen wir vor Ihnen, Männer, die vom Schicksal und der Geschichte auf eine Friedensmission geschickt wurden: einhundert Jahre Blutvergießen für alle Zeiten zu beenden. Wir alle lieben dieselben Kinder, weinen dieselben Tränen, hassen dieselbe Feindschaft und beten um Versöhnung. Der Frieden hat keine Grenzen."

Mohammed hat im Koran alle drei Schriftreligionen mit großem Respekt behandelt. Alle haben die gleichen Propheten – mit zwei Ausnahmen: Die Thora kennt den christlichen Sohn Gottes und islamischen Propheten Jesus nicht, und die Bibel kennt den islamischen Propheten Mohammed nicht. Die Übrigen kommen fast alle in den drei Heiligen Schriften vor. Diesen drei Religionen zufolge sind wir alle Kinder Abrahams, der auch die Gebote empfängt. Das muss den Menschen wieder bewusst gemacht werden: **Wir stammen alle vom selben Baum. Dann muss es doch möglich sein, in Frieden miteinander zu leben.** Voraussetzung dafür ist, dass wir wirklich begreifen, was „Toleranz" bedeutet, und danach leben.

Johann Wolfgang von Goethe sagte:

*„Toleranz sollte eigentlich nur eine vorübergehende Gesinnung sein:
Sie muss zur Anerkennung führen. Dulden heißt beleidigen."*

Iris Berben sagt:

*„Schalom, Jerusalem.
Diese Stadt lässt niemanden unberührt. Fast 4000 Jahre bewegte Geschichte auf so wenigen Quadratkilometern, all die Schicksale und Mythen. Immer wieder brachen die Menschen in eine neue Zukunft auf, mit dem schweren Gepäck der Geschichte, immer mit neuem Mut, neuen Hoffnungen. Jerusalem ist eine wundersame Stadt, in der wir nachdenken über den Ursprung der Menschheit, der Religion, über unsere Wurzeln. Wenn die Zahlen stimmen, leben heute rund 670 000 Juden, 320 000 Moslems, 14 000 Christen in Jerusalem – gibt es 1204 Synagogen, 158 Kirchen, 73 Moscheen, ungezählte Toraschulen, jüdische Hochschulen, an denen Frauen nicht studieren dürfen. Heilig ist die Stadt allen dreien: den Juden, den Moslems, den Christen. Hier wurde den Juden der Tempel Davids zerstört, hier begann für die Moslems die Himmelreise Mohammeds, hier starb Jesus für das Heil der Christen. Wer noch nicht in Jerusalem war, kann es sich nicht vorstellen: wie ein Raum so voller Spiritualität sein kann. Man meint, die Luft flirrt von so viel Andacht und Versunkenheit, der mit Ernst und Würde nachgegangen wird. Im Gedränge der Straßen und Basare wähnt man die ganze Menschheit unterwegs – in Jerusalem steht für mich die Wiege der Religion, wie in Afrika die Wiege der Menschheit steht. Jüdischer, islamischer, christlicher Glaube. Der Glaube an den einen Gott, der die Welt geschaffen hat und sie bestimmt, der unsere Lebenswege zeichnet, möge er Jahwe, Allah oder Gott heißen. Jerusalem ist ein rätselhafter Kosmos der Geschichte und der Erinnerung. Auch in so vielen Jahren ist es mir nicht gelungen, die Stadt ganz zu verstehen. Aber Jerusalem fordert uns auf, die Welt gemeinsam zu bestellen, am Miteinander zu arbeiten und das Leben als ein Geschenk zu begreifen, das*

jedem zusteht. 'Schalom' meint Unversehrtheit, Heil, Frieden, Befreiung von jedem Unheil und Unglück, auch Gesundheit, Wohlfahrt, Sicherheit und Ruhe, es ist dem arabischen 'Salam' eng verwandt. Schalom, mein Jerusalem."

Stellen wir uns vor, Abraham, Moses, Jesus und Mohammed sowie die vielen anderen Propheten kehren noch einmal gemeinsam auf die Erde zurück. Mit ihrem Auftrag und ihren Gaben würden sie bestimmt die Kraft von oben hier unten vereinen. Dafür haben sie gelebt, und dafür sind sie gestorben.

Da dies leider nicht geschehen wird, wünschen wir uns, dass Gott noch eine Tochter hat, die uns als Schwester und Cousine von Jesus und Mohammed und den vielen anderen Propheten mit einer Botschaft geschickt wird, die wir verstehen, und mit der es uns selbst gelingt, uns auf einen Glauben und einen Gott gütlich und in Frieden zu einigen.

Erfüllung der Botschaft: Die positiven gemeinsamen Werte der verschiedenen Religionen sollten zusammengefasst werden, um daraus einen Glauben für die Menschen zu empfehlen und danach zu leben – mit Güte und Mitgefühl gegen die „Unmenschlichkeit" in einer offenen zivilisierten Welt-Gesellschaft. Dies sollte von einer noch zu gründenden Glaubenskommission unter dem Dach der „Vereinten Völker der Welt" entwickelt und von diesen verabschiedet werden. **Danach bleibt es jedem überlassen, dem Glauben oder dem Zufallsprinzip zu folgen.**

An diesem Tag würde die Hölle zufrieren und erstarren!

Botschafter und Vermittler: z. B. Papst Franziskus, Andreas Englisch, Franz-Peter Tebartz-van Elst (mit Bescheidenheit zur Besinnung kommen), Karl Lehmann, Nikolaus Schneider, Wolfgang Beinert, Roland Koch und der Dalai Lama sowie Religionsführer und Gelehrte der Muslime, Hindus, Buddhisten und Christen, Eugen Drewermann, Hans Küng, Anselm Grün, Kathrin Göring-Eckhardt, Philippe Lechermeier und Rebecca Dautremer (weil sie der Bibel ein so schönes Gewand gegeben und uns damit inspiriert haben) sowie Anne-Sophie Mutter, Friede Springer, Reinhold Messner, Dieter Mann, Wim Wenders, Christiane Nüsslein-Volhard, Peter Sandmeyer und Bettina Flitner (auch weil sie wissen was den Sinn des Lebens ausmachen kann – und was bleibt) u. v. a. m.

Mit Glaube wird alles möglich...

Mit Liebe wird alles einfach...

Mit Hoffnung wird alles gut...

4. Für ein „Grundrecht auf Bildung"

Wir, und wohl auch die meisten Menschen, meinen: Bücher sind Schätze für Menschen von klein auf.

Astrid Lindgren sagte:

„Man kann in Kinder nichts hineinprügeln, aber vieles herausstreicheln. Lesen ist ein grenzenloses Abenteuer der Kindheit. Wie die Welt von morgen aussehen wird, hängt in großem Maß von der Einbildungskraft jener ab, die gerade jetzt lesen lernen. Wenn Pippi Langstrumpf jemals eine Funktion gehabt hat, außer zu unterhalten, dann war es die zu zeigen, dass man Macht haben kann und sie nicht missbraucht. Und das ist wohl das Schwerste, was es im Leben gibt."

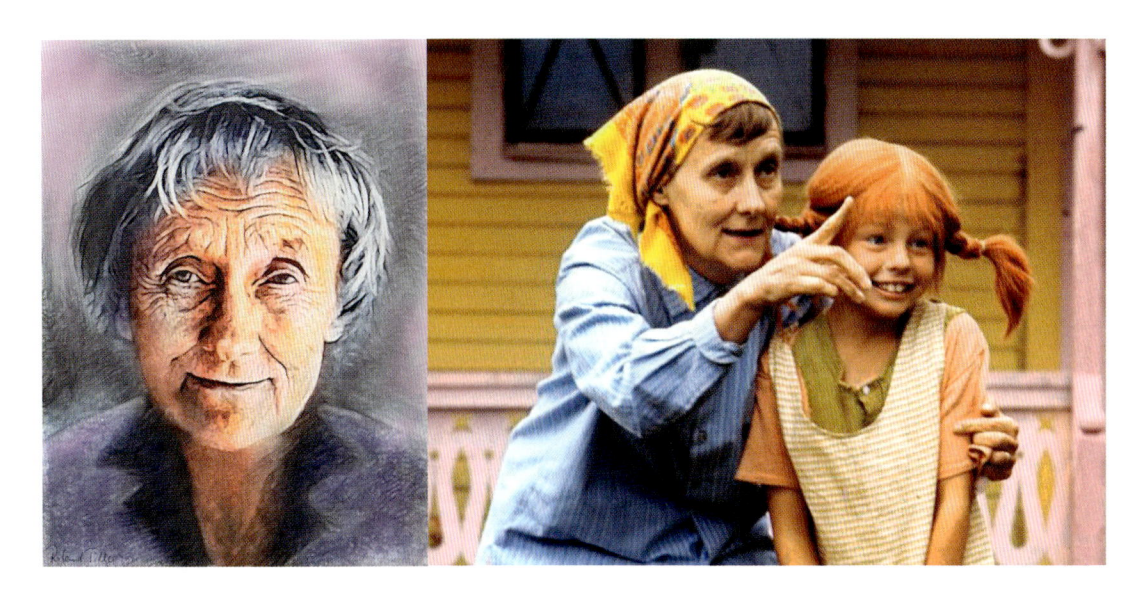

Vor rund 550 Jahren waren Bücher so wertvolle Schätze, dass nur sehr reiche Leute ein Regal damit füllen konnten. Jedes Buch wurde von Hand abgeschrieben und oft noch mit Illustrationen versehen, eine Tätigkeit, auf die sich vornehmlich Mönche spezialisiert hatten. Wer eine Handschrift bestellte, musste oft Jahre warten, bis sie endlich fertiggestellt war.

Um das Jahr 1450 herum erfand Johannes Gutenberg aus Mainz den Buchdruck und trug damit zum Abbau dieser Hindernisse bei. Bald wurden neben religiösen und wissenschaftlichen Texten auf Latein auch Flugblätter und Geschichten in den Landessprachen gedruckt. Immer mehr Leute lernten jetzt lesen. Für uns heute markiert die Erfindung der beweglichen Lettern zusammen mit der Entdeckung Amerikas 1492 das Ende des Mittelalters und den Beginn der Neuzeit. Die Idee der Aufklärung, dass Wissen allen gehören soll, wurde durch Gutenbergs Erfindung überhaupt erst umsetzbar.

Die Erfindung des Buchdrucks ist ein Meilenstein in der Geschichte der Bildung. Wissen und Ideen konnten nun beliebig verbreitet werden – eine Grundvoraussetzung für die über 500 Jahre spätere Entstehung des Internets und der professionellen und sozialen Plattformen wie Google und Facebook.

Nach der Industrialisierung im 19. und 20. Jahrhundert mit monotoner Fließbandarbeit und starker körperlicher Beanspruchung brauchen wir nun ein neues Bildungssystem für das 21. Jahrhundert. Zukünftig steht die geistige Beanspruchung viel stärker im Vordergrund für die Entwicklung, Produktion und Anwendung von neuen nachhaltigen Technologien und Produkten. **Nach unserer Auffassung ist die Ausbildung und Aufklärung von Kindern, Jugendlichen und Erwachsenen eine der wichtigsten Tätigkeiten überhaupt.** Hierzu bedarf es eines entsprechenden Bildungssystems mit fortschrittlichen Lehrplänen, die die individuellen Fähigkeiten und die Leidenschaften von Lehrern und Schülern fördern und honorieren. **Die Lehrer müssen den Schülern anschaulich erklären, wozu sie diesen und jenen Lehrstoff lernen sollen, und was sie damit in** ihrem Leben anfangen können. So lassen sich Talente besser erkennen und fördern sowie Begeisterung bei Lehrern und Schülern hervorrufen.

Die globalisierte Wirtschaft befindet sich bereits in der vierten industriellen Revolution. „Industrie 4.0" kennzeichnet den Weg zur vernetzten Fabrik, deren zukünftige Produktionsweise durch den Einsatz digitaler Techniken gesteuert wird. Hierbei soll die Kopplung von digitaler Rechnungsleistung und mechanischen Prozessen den Menschen bei komplexen Arbeiten helfen.

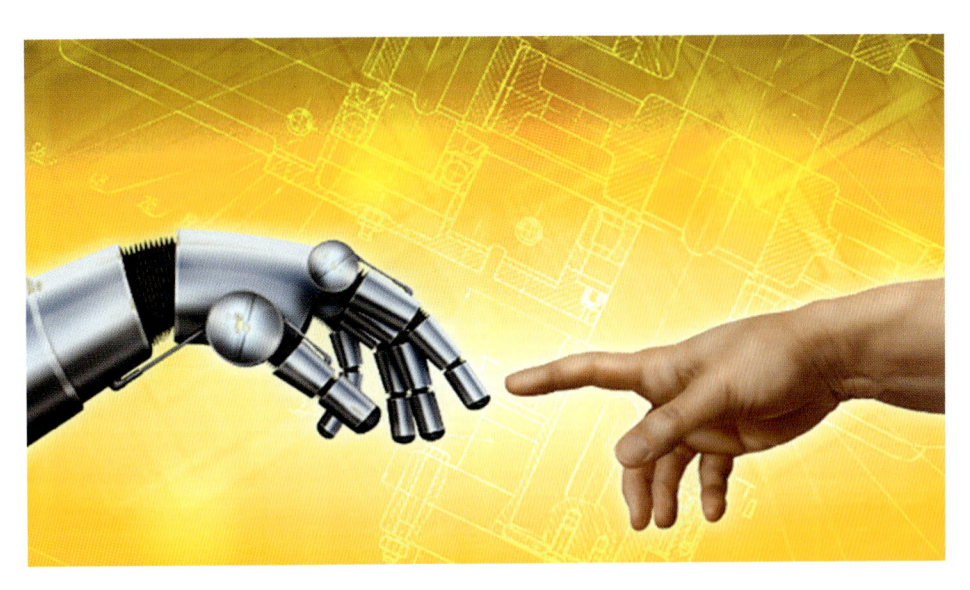

Damit dies gelingt, ist eine noch engere Zusammenarbeit zwischen Schulen, Universitäten und Unternehmen (auch im Mittelstand) unerlässlich, um die hierfür erforderlichen Fachkräfte, Spezialisten und Ingenieure praxisorientiert auszubilden.

So muss auch die Bedeutung einer ganzheitlichen Energiewende mit ihren positiven Auswirkungen in die Lehrpläne sämtlicher Schulen aufgenommen werden und kann so auch zur Verbesserung unseres Bildungssystems insgesamt beitragen.

Zunehmende Bildung – gepaart mit der Einsetzung ausreichender Mittel für die Forschung und Entwicklung im Gesundheitswesen – kann auch dazu führen, dass wir die Volkskrankheiten auf unserer Erde schneller besiegen. Das gleiche gilt für Gehirn-, Muskel- und Nervenerkrankungen wie Alzheimer, Multiple Sklerose, Parkinson sowie Amyotrophe Lateralsklerose (ALS) und Bluterkrankungen wie Leukämie. Des Weiteren könnten wir lernen, auf Tierversuche zu verzichten und uns eine lebenswürdige Altenbetreuung leisten.

So schnell wie möglich besiegt werden muss auch *Ebola,* bevor die Tod bringende Krankheit zur Volkskrankheit wird. Das gleiche gilt für Aids. Weltweit leben 37 Millionen Menschen mit HIV. 2014 haben sich 2 Millionen

Menschen neu mit dem HIV-Virus infiziert. Über 40 Millionen Menschen sind insgesamt bis 2014 an den Folgen von Aids gestorben. 70 Prozent der Menschen mit HIV leben im südlich der Sahara gelegenen Teil Afrikas, das sind 25,8 Mio. Menschen. Die Zahl der Neuinfektionen ist hier weiter ansteigend.

Auch das Vertrauen in die Organspende muss wieder hergestellt werden. **Im Jahr 2014 gab es z. B. in Deutschland 864 Organspender. Damit kamen 10,7 Spender auf eine Million Einwohner.**

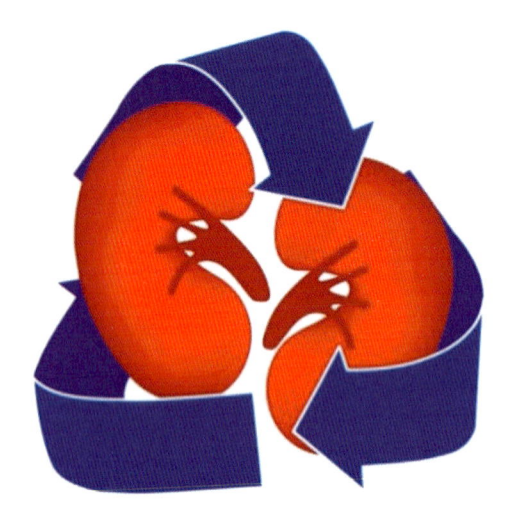

Menschen, die sich zu Lebzeiten für die Spendung ihrer Organe nach ihrem Tod entscheiden, wissen, dass ihre Organe in anderen Menschen weiterleben. Anderen Menschen zu helfen und deren Leiden zu lindern: Diese Vorstellung gefällt uns viel besser, als die innerhalb kurzer Zeit von Würmern und Maden verspeist zu werden.

Geld genug wäre da, wenn wir z. B. die unsinnige und menschenverachtende Herstellung und lebenzerstörende Anwendung von Massenvernichtungswaffen einstellen würden. Die Militärausgaben weltweit liegen seit Jahren in einer Größenordnung von 1,7 Billionen Dollar pro Jahr. Bei den Waffenexporteuren liegt Deutschland weltweit nach den USA, Russland und China auf Platz vier. Deutschland ist nach wie vor der größte Lieferant von U-Booten und nach Russland zweitgrößter Exporteur von Panzern. Nach einer Studie der Gesellschaft für Internationale Zusammenarbeit (GIZ) vom August 2015 passen „der vermeintliche deutsche Pazifismus und zeitgleich Deutschlands weltweite Waffenlieferungen" nicht zusammen.

Ein auszumerzendes Übel ist ferner die Menschen erniedrigende Billigproduktion von Konsumgütern zu Niedriglöhnen in den Ländern der zweiten und dritten Welt. Die Bildung kann auch hier ihren Beitrag leisten und mit anspruchsvolleren Arbeiten zu Mindestlöhnen führen, die von den Arbeitgebern und Konsumenten getragen werden.

Was ist Bildung? Wo und in welchem Alter findet sie statt? Hat jeder Mensch Zugang zu Bildung? Bildung – so wie wir sie verstehen – ist Aufklärung und Vermittlung von Wissen und Werten, Kreativität, Neugier und Phantasie sowie Weltoffenheit, Toleranz, Solidarität, Mitgefühl, Güte und Respekt gegenüber allen Lebewesen und den Schätzen der Natur.

Die Bildung beginnt im Elternhaus. Danach kommen z. B. Kindertagesstätten, Vorschulen, allgemein bildende Schulen, berufliche Schulen, Fachhochschulen und Universitäten. Nach diesen Abenteuern beginnt der berufliche Alltag. Hierbei sind diejenigen im Vorteil, die sich ihr ganzes Leben – z. B. in Volkshochschulen – weiterbilden und neugierig bleiben.

Günther Jauch sagt:

"Wissen wird erst zu Bildung durch die Persönlichkeit eines Menschen. Bildung ist mit Lernen verbunden, das kostet Zeit und Nerven, aber wissen Sie was? Bildung kann einen sehr glücklich und gelassen machen!"

Werner Biberacher sagt:

"Als Finanzdienstleister und Dozent habe ich die Intention, dass ich auch die jungen Leute unterstütze, sich im finanziellen Bereich weiterzubilden, zu informieren und auch den Berufsstand in ein positiveres Licht zu bekommen. Die jungen Leute kommen aus der Schule, kennen den Pythagoras, Hypotenuse und alles, was mit der Mathematik zusammenhängt. Sie können jedoch kein Darlehen, keinen Investmentfonds und keine Haftpflichtversicherung erklären. Sie wissen in dem Bereich eigentlich gar nichts. Dann lassen sie sich ein unwichtiges oder teures Produkt verkaufen, und nach einigen Jahren kommt das große Erwachen. Das möchten wir aufarbeiten. Wir wollen den jungen Menschen helfen, dass sie sich da bereits in den jungen Jahren zurechtfinden und eine gute Ausgangssituation für den späteren Finanzbereich haben. Mein Herz schlägt für Innovationen, die uns helfen, die Welt für unsere Nachkommen zu erhalten."

Wie schon in Botschaft 2 ausgeführt, haben die meisten Generationen vor uns durch Kriege, Vertreibung, Flucht und Naturkatastrophen mindestens einmal in ihrem Leben Hab und Gut verloren. Die beiden letzten Generationen wurden in großen Teilen unserer Erde in den kollektiven Wohlstand hineingeboren und sind darin aufgewachsen. Voraussetzung hierfür war ein mehr oder weniger *friedliches* Leben. Diesen jungen Menschen ist kollektives Leid bisher erspart geblieben. Sie müssen aber von klein auf lernen, dass sie ihren eigenen Wohlstand nachhaltig und selbst erarbeiten müssen und das soziale Netz nicht überstrapazieren dürfen. **Hierfür brauchen sie Vorbilder innerhalb und außerhalb der Familie. Gute Lehrer – innerhalb und außerhalb der Schulen – sowie der richtige Lehrstoff können dafür sorgen,**

- dass junge Menschen nicht auf der Straße landen oder auf die schiefe Bahn geraten,
- dass jungen Menschen Maßstäbe gesetzt werden und ein Ordnungsrahmen gegeben wird, durch die sie auch von der Gewalttätigkeit erlöst werden können,
- dass junge Menschen befreit werden von dem Gefühl der Mut-, Sinn- und Wertlosigkeit, die sie verbrennen, bevor ihr wertvolles Leben so richtig begonnen hat,
- dass junge Menschen einen Plan für ein selbst bestimmtes Leben bekommen – jenseits von Drogen, Fanatismus, Radikalismus und Terrorismus und
- dass junge Menschen auch den Sport und die kulturellen Werte als Schätze erleben und genießen.

Gregor Gysi sagt:
„Ausbildung mag teuer sein, aber Jugendgefängnisse sind viel teurer."
„Kopf hoch – nicht die Hände."

Carlos Benede sagt:

„Lebt euer Leben so, wie ihr seid, traut euch. Manchmal ist es das Einfachste auf der Welt, zu sich und zu seinen Entscheidungen zu stehen, wenn man es erst einmal gewagt hat. Chancen nutzen – Begabungen stärken – Defizite ausgleichen: Nach diesem Prinzip arbeiten wir in unserem Verein Weitblick-Jugendhilfe e. V. und eröffnen Kindern und Jugendlichen Chancen, die ihnen aufgrund ihrer Vergangenheit, insbesondere ihrer typischen 'Heimkarrieren' verwehrt waren. In einem entspannten Umfeld erlernen die Jugendlichen neue Handlungsstrategien und bekommen eine echte Chance auf ein erfülltes Leben mit Zukunftsperspektiven."

Vater und Sohn

Markus Wasmeier sagt:

„Es gibt keinen richtigen Sportunterricht mehr, das ist nur noch Larifari. Die Kinder sind übergewichtig und die Lehrer wissen nicht, dass Sport eine Lebensschule sein kann."

Henry Hübchen sagt zur Kultur „als Staatsziel" im Grundgesetz:

„Natürlich. Weil Kultur das ist, was unser Leben und unser Miteinander ausmacht. Und weil Bildung und Kultur zusammengehören."

Die wohl größte Herausforderung im Bildungssektor seit Menschengedenken

Lebenseinstellungen und Lebensbedingungen können insgesamt verbessert werden, wenn junge und junggebliebene Menschen sich mit neuen Ideen sowie kreativen, visionären und revolutionierenden Gedanken austoben dürfen. Was davon im realen Leben seinen Platz findet, bleibt abzuwarten. Eine Herausforderung an alle, die sich jung und berufen fühlen, dürfte es sein herauszufinden, wie groß der Unterschied in der DNA zwischen *Homo sapiens* und *Homo progressivus* ist. Wir tasten uns einmal vorsichtig heran und überlassen es Experten wie Axel Meyer, uns den Weg zu weisen, damit wir gemeinsam den entscheidenden Schritt tun können.

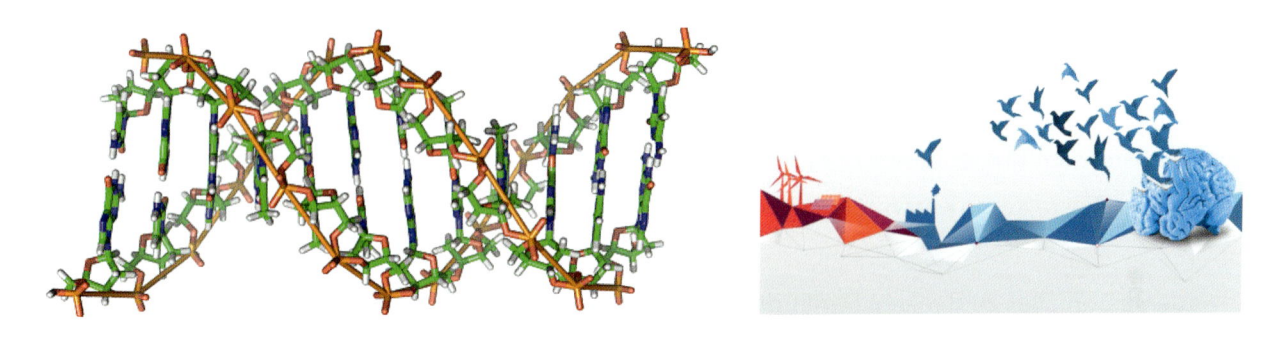

Schon so oft wurde darüber gesprochen, dass das menschliche Genom bereits entschlüsselt ist. Das ist jedoch nicht ganz richtig. Das Genom ist lediglich „sequenziert" worden. Damit kennen wir zwar die Abfolge der chemischen Grundbausteine (Basen) in der DNA. Wir wissen aber noch nicht, wofür all diese Sequenzen gut sind. Der größte Teil der DNA liegt noch im Dunkeln und wartet darauf, entschlüsselt zu werden. Schließlich enthält das menschliche Genom ungefähr 3 400 000 000 Basenpaare.

Die DNA zweier zufällig ausgewählter Menschen unterscheidet sich heute nur in etwa 0,1 Prozent. Die Gemeinsamkeit der DNA bei Mensch und Schimpanse beträgt 98,5 %. Der Neandertaler ähnelt uns genetisch zu 99,5 Prozent. Da *Homo sapiens* und der Neandertaler ungefähr 30 000 Jahre nebeneinander gelebt haben, ist eine Vermischung sehr wahrscheinlich. Dies wird durch aktuelle Forschungsergebnisse bestätigt. Hiernach befinden sich in den Genomen heute lebender Menschen etwa 1 bis 3 Prozent Neandertaler-DNA. In Botschaft 2 dieser Fibel haben wir von Pierre Teilhard de Chardin erfahren, dass die ersten Vertreter des Menschentyps *Homo progressivus* bereits unter uns leben. Die in dieser Fibel enthaltenen Zahlen, Daten, Fakten und Empfehlungen machen deutlich, dass eine **rasante** Vermischung zwischen *Homo sapiens* und *Homo progressivus* dringend notwendig ist.

Homo progressivus mit einer *Homo sapiens*-DNA von 1 bis 3 Prozent hätte gute Überlebenschancen!

Homo sapiens ist, biologisch gesehen, noch nicht fertig. Durch chemische Zufälle entstehen in den Genen immer wieder Mutationen, die die Funktionsweise unseres Gehirns nachhaltig erweitern. Im Rückblick auf die ausgestorbenen Menschenarten erscheint *Homo sapiens* als Siegertyp, der sich nicht mehr verändern muss. Beim Lesen dieser Fibel erfahren wir, dass das ein Trugschluss ist. Doch wie geht es weiter? Was bedeutet es, wenn sich die Zahl der Mutationen in einer riesigen Weltbevölkerung erhöht? Welche Möglichkeiten bietet der Genpool der Weltbevölkerung im Hinblick auf positive Veränderungen? Können bzw. sollten wir die natürliche Evolution des Menschen durch eine gerichtete Evolution ersetzen?

Unser Verstand sagt uns, dass sich unsere DNA nach einem Upgrade sehnt, mit dem wir uns von den Übeln befreien, die unsere Köpfe schon solange vergiften!

Wir wagen es, an alles zu denken. Damit die Zeit nicht glatt über uns hinwegschreitet, schließen wir Denkverbote und Tabus grundsätzlich aus. Der Mensch ist aus unserer Sicht noch nicht vollendet. Der Prozess der Menschwerdung ist noch nicht abgeschlossen. Der Mensch ist in der Lage, sich selbst weiter zu entfalten. Die Wandlung unseres Weltbildes kann tief greifende und weit reichende Folgen haben. Sie betrifft den ganzen Menschen in seinem Selbst- und Weltverständnis. **Der wichtigste evolutionäre Sprung der Zukunft wird wohl ein kultureller sein.** Aus *Homo sapiens* würde *Homo progressivus*, der ein kollektives Verständnis für sich als Art entwickelt und die Engstirnigkeit ablegt, zuerst an die eigene Nation, Religion oder Rasse zu denken.

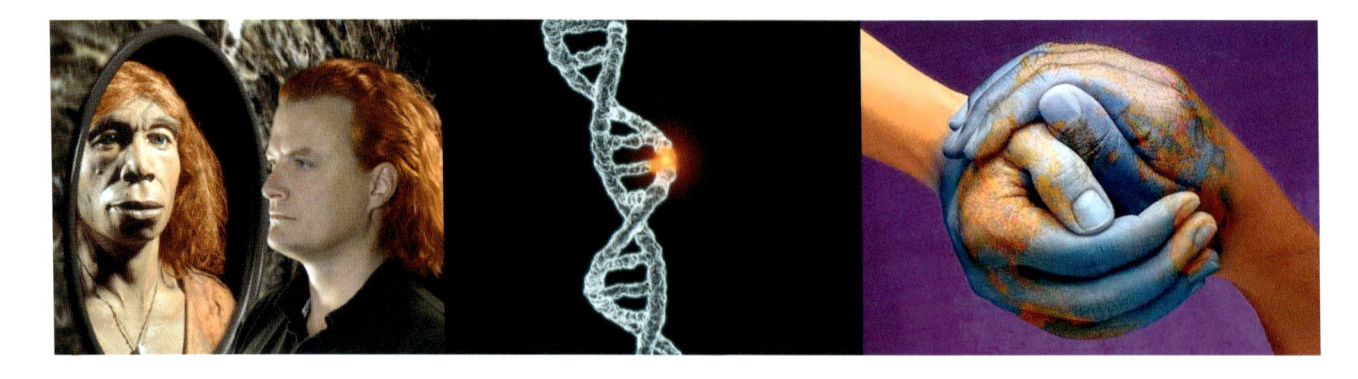

Axel Meyer sagt:

"Ich habe jahrzehntelang biologisch geforscht. Ich will herausfinden, wie neue Lebensformen entstehen, wie sich die Arten anpassen und wie sie durch Wandel ihrer Genetik ihr Überleben sichern. Was die Evolution des Menschen in Zukunft am meisten beeinflussen kann, sind **kulturelle** *Veränderungen. Wahrscheinlich ist die Tatsache wichtig, dass Menschen sich global vermischen, die sich früher nie begegnet wären – durch Migration, durch Tourismus. Auch neue Methoden aus der Genetik, der Medizin und der Fortpflanzungsbiologie können positive Impulse setzen – vorausgesetzt, sie werden für die Weiterentwicklung unserer Spezies nutzbringend angewendet."*

Michael Jungblut sagt:

"Es gibt viele gute Ideen zur Lösung von Problemen. Sie müssen nur umgesetzt werden. Und die erfolgreichen Lösungen müssen publik gemacht werden, damit andere, die ebenfalls etwas dazu beitragen wollen, das 'Rad nicht immer neu erfinden' müssen. So werden z. B. mit dem Deichmann-Preis für Integration jedes Jahr Unternehmen, Vereine und öffentliche Initiativen, Schulen und Privatpersonen geehrt, die sich besondere Verdienste im Kampf gegen die Jugendarbeitslosigkeit erworben haben. Sie unterstützen Jugendliche, die aus Einwandererfamilien oder bildungsfernen Schichten kommen, geistig oder körperlich behindert sind. Zahlreiche Beispiele beweisen: Durch gezielte Förderung können auch 'hoffnungslose' Fälle den Schulabschluss schaffen, geeignete Ausbildungsplätze finden. Oft erhalten die Initiatoren nicht einmal zusätzliche finanzielle Mittel. Das zeigt: Ideen, Initiative und guter Wille sind noch wichtiger als Geld."

Und wer kümmert sich um die Kinder und Jugendlichen in der dritten Welt?

Malala Yousafzai sagt:

"Ein Kind, ein Lehrer, ein Buch und ein Stift können die Welt verändern."

Mario Götze sagt:

„Kinder brauchen Fans! Jeder der kann, sollte eine Patenschaft für ein Kind in armen Ländern übernehmen. Insbesondere den Mädchen muss stärker geholfen werden. So erhalten sie durch Bildung die Chance auf eine bessere Zukunft. Auch hier gilt: Keine Verteilung von Almosen, sondern Hilfe zur Selbsthilfe für die Bedürftigen vor Ort."

obs/Plan International Deutschland e.V.

Friedrich von Thun sagt:

„Eine Patenschaft kann nur ein winziger Beitrag gegen die Ungerechtigkeit der Welt sein. Einem Kind in einem Entwicklungsland eine kleine Chance anzubieten und zu versuchen, sein Leben zu verbessern, kann ein erster Schritt sein, um diese Ungerechtigkeit zu besiegen."

Dieter Kürten sagt:

„Ich halte es für notwendig, Kindern eine angemessene Bildung und Erziehung zukommen zu lassen. Der regelmäßige Briefkontakt zu meinen Patenkindern ist mir besonders wichtig. Auf diese Weise erfahre ich das Wichtigste über deren Werdegang und ihr Schicksal. Für meine Patenkinder wünsche ich mir, dass sie die Unterstützung bekommen, die sie brauchen, um sich ein menschenwürdiges und zukunftsträchtiges Leben aufbauen zu können."

Anja Kling sagt:

„Die Zukunft unserer Gesellschaften in aller Welt liegt in den Händen der Kinder! Dass sie angemessen lernen können und neben einem umfangreichen Wissen auch viel Herzensbildung erhalten, muss uns ein großes Anliegen sein. Bildung ist der erste Schritt in ein Leben in Freiheit und Unabhängigkeit. Ich bin dankbar für das, was ich im Leben erreichen durfte, und froh, dass ich meinen eigenen Kindern ein sorgenfreies Aufwachsen ermöglichen kann. Man muss sein Glück teilen! Geteiltes Glück ist doppeltes Glück."

Die German Doctors sagen:

„Unser Name ist Programm: Wir sind eine international tätige Nichtregierungsorganisation, die unentgeltlich arbeitende Ärztinnen und Ärzte in Projekte auf den Philippinen, in Indien, Bangladesch, Kenia und Sierra Leone entsendet. Wir setzen uns für ein Leben in Würde ein und kümmern uns um die Gesundheitsversorgung und die Ausbildung benachteiligter Menschen in unseren Einsatzregionen. Durch Präventivmaßnamen wie begleitende Ernährungsprogramme oder Hygieneschulungen sind wir zudem bestrebt, die Gesundheit unserer Patienten auch langfristig zu verbessern. Unsere Ärzte arbeiten für uns in ihrem Jahresurlaub oder im Ruhestand für einen Zeitraum von sechs Wochen und verzichten dabei auf jegliche Vergütung. Seit 1983 wurden so rund 6800 Einsätze mit mehr als 3000 Medizinerinnen und Medizinern durchgeführt. Allein 2015 sind in den aktuell acht Projekten 296 Einsätze geleistet worden – einige Ärzte waren während des Jahres sogar mehrfach im Einsatz. Von Anfang an war uns klar, dass wir die Menschen nur in Zusammenarbeit mit den Einheimischen nachhaltig erreichen.

Deshalb fingen wir schon bald damit an, immer mehr Gesundheitsarbeiter aus den jeweiligen Regionen auszubilden – auch mit dem Ziel, die medizinische Versorgung einmal ganz in die Hände der einheimischen Kräfte zu legen. Wir nennen das: Hilfe, die bleibt!"

Nora Weisbrod und aktion tagwerk sagen:

„Die Idee von 'Dein Tag für Afrika' ist ganz einfach: Schülerinnen und Schüler gehen an einem Tag im Schuljahr anstatt zur Schule arbeiten und spenden ihren Lohn für Bildungsprojekte in sechs afrikanischen Ländern. Somit setzen sich die Kinder und Jugendlichen in Deutschland aktiv für Gleichaltrige in Afrika ein. In welcher Form und wann eine Schule teilnimmt, bestimmt sie selbst."

Fotos: Bernd Weisbrod

Uschi Glas und brotZeit e.V. sagen:

„Eine erschreckende Erkenntnis gab den Anstoß für die Gründung von brotZeit: Jeder dritte Grundschüler leidet während des Unterrichts an Hunger. Im Herbst 2008 startete unsere Hilfe für diese Kinder noch als Eigeninitiative, im Februar 2009 dann als eingetragener Verein. Unser ganzheitliches Konzept bildet auch den Vereinsnamen: Brot geben und Zeit geben. Kinder erhalten ein ausgewogenes Frühstück und starten motiviert in den Tag. Vorbereitet und betreut wird das Essen von Senioren, die darüber hinaus in den Freistunden und nach Schulschluss bei den Hausaufgaben helfen, sinnvoll die Freizeit gestalten oder in Absprache mit den Lehrern Nachhilfestunden geben. Auf eine einzigartige Weise verbindet brotZeit Kinderbetreuung mit aktiver Seniorenförderung. Der Verein hat seit seiner Gründung eine rasante Entwicklung genommen. Inzwischen fördern wir 165 Schulen in acht Regionen. 7500 Kinder erhalten dort jeden Morgen ein ausgewogenes Frühstück. Zum 31. Dezember 2015 waren insgesamt bereits mehr als 3,1 Millionen Essen ausgegeben worden. 2016 werden es 4,4 Millionen an dann 183 Schulen sein. Die Arbeit von brotZeit wird anhand der Entwicklung der Schulnoten und mit Hilfe von Lehrer-Interviews wissenschaftlich evaluiert. Demnach überholen die brotZeit-Kinder, die aus einem schwierigen sozialen Umfeld kommen, in ihren Leistungen in allen Fächern die Nichtteilnehmer. Dies gilt auch für Lern- und Arbeitsverhalten. Außerdem verbessern sich Konzentration und Sozialverhalten."

Herman van Veen und Hans-Werner Neske sagen:

„Unsere Stiftung gründeten wir im Jahre 2003, um Kindern und Jugendlichen, die in Folge ihres körperlichen, geistigen und oder seelisch-emotionalen Zustandes unserer Hilfe bedürfen – so gezielt wie möglich – zu mehr Mobilität und Lebensqualität durch die Förderung ihrer vorhandenen Talente und Begabungen zu verhelfen. Daneben sind uns die Anerkennung und Durchsetzung der Kinderrechte ein wichtiges Anliegen, denn

Kinder haben Rechte, aber Erwachsene Pflichten!

Da Erwachsene ihre verbürgten Pflichten* häufig vernachlässigen, müssen so viele Kinder in der Welt leiden."

Foto: Horst Wackerbarth

* Als am 29. Sept. 1990 181 Länder in New York die Kinderrechtskonvention unterzeichneten, pflanzten Herman van Veen und Sir Peter Ustinov im Garten der Vereinten Nationen den „Baum des Lebens" für die Entwicklung und Beachtung der Rechte der Kinder weltweit.

*Es gibt nur eins, was auf Dauer
teurer ist als Bildung,
keine Bildung.*

John F. Kennedy

Erfüllung der Botschaft: Das allerwichtigste Kriterium ist die Gewährleistung und Bewahrung der Chancengleichheit für alle Menschen. Um dieses sicherzustellen, benötigen wir die Bildung als Grundrecht in der Verfassung der „Vereinten Völker der Welt". Es gibt so viel Wissen und so viele gebildete Menschen die ihr Wissen teilen können und zwar so einfach wie nie zuvor. Hierzu müssen alle Menschen Zugang zu diesem Wissen erhalten – in den Schulen und Berufsstätten aller Art – sowie durch Zugriff u. a. auf das World Wide Web und auf zuverlässige soziale Plattformen. Die Umsetzung sollte von der noch zu gründenden Bildungskommission der „Vereinten Völker der Welt" vorbereitet und von diesen verabschiedet werden.

Botschafter und Vermittler: z. B. Franziska Giffey, Christine Hauskeller, Klaus Kornwachs, Peter Sloterdijk, Gerald Hüther, Thomas Brüsemeister, Klaus-Dieter Eubel, Julian Nida-Rümelin, Gesine Schwan, Michael Bordt, Elke Heydenreich, Rudolf Tippelt und Hartmut Ditton (mit ihren Kolleginnen und Kollegen), Günther Oettinger (via Internet), Klaus Buschkowsky (auch weil er jetzt Zeit hat), Peter Frey und Fritz Frey (auch weil es ihr Auftrag ist), Wolfgang Thierse, Karl Lagerfeld sowie alle Philosophen, Pädagogen, Schuleiter, Rektoren, Richter und Anwälte, die sich angesprochen fühlen und etwas zu sagen haben u. v. a. m.

Mark Twain sagte:

„Bildung ist das, was übrig bleibt, wenn der letzte Dollar weg ist."

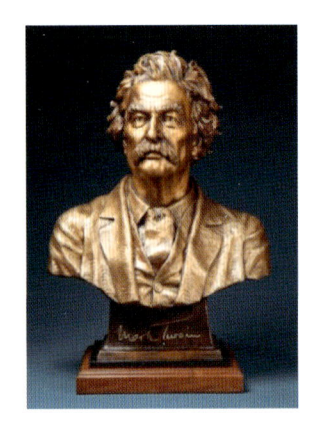

Mit unserer Bildung gewinnen wir dann den „Globus"!   **Weltwährung!**

5. Für erneuerbare Energie

Erneuerbare Energie ist für unsere technikbasierte Welt und das Leben auf dieser Erde vor allem für uns Menschen zunehmend von existentieller Bedeutung.

Wir müssen deshalb vernünftig und weitsichtig handeln mit der unmittelbaren Kraft der Sonne im Rücken, die unsere Existenz doch erst ermöglicht. Die Sonne ist unser Lebenselixier. Ohne die Sonne gäbe es uns gar nicht. Ohne unsere Sonne wäre die Erde wahrscheinlich ein nackter, kalter Gesteinsbrocken im Weltall. Wir sollten ihre unerschöpfliche Energie in Form von Sonnenlicht, Windenergie, Wasserkraft, Erdwärme und Biomasse (aus Reststoffen) unmittelbar gewinnen, speichern und nutzen. Wir müssen schnellstmöglich aufhören die uralte Sonnenenergie in Form fossiler Energieträger zu verbrennen, die sich in Millionen von Jahren im Inneren unserer Erde gebildet haben.

Der weltweite Energiehunger kann 2850-mal mit der Energie gestillt werden, die uns die Sonne direkt und *immer wieder aufs Neue* zur Verfügung stellt. Mit Windenergie kann dies 200-mal, mit Bioenergie 20-mal, mit Erdwärme 5-mal und mit der Energie aus der Kraft des Wassers 3-mal bewerkstelligt werden.

Erneuerbare Energie ist unerschöpflich. Energie ist für die Produkte in unserer technikbasierten Welt so wichtig wie Nahrungsmittel und Trinkwasser für uns Menschen. Wir erlauben uns richtigerweise die Subventionierung der Landwirtschaft, um Versorgungssicherheit zu haben. Die Versorgung unserer technischen Produkte zunehmend aus regenerativen Energiequellen wird für die Menschen mehr und mehr zur Überlebensgrundlage, so dass deren **vorübergehende** Förderung sinnvoll und notwendig ist.

Es wäre genug Geld für die Herstellung und Nutzung sinnvoller Produkte vorhanden, wenn wir die Vernichtung schwindelerregender Summen und die fragwürdige Verschuldung der Staaten stoppen würden:

- Nach einer Studie der Asiatischen Entwicklungsbank (ADB) aus dem Jahr 2009 sind in der jüngsten Finanzkrise weltweit 50 Billionen Dollar verschwunden bzw. vernichtet worden.

- Nach dem Quartalsbericht der Bank für Internationalen Zahlungsausgleich (BIZ) vom 9. März 2014 ist die Verschuldung aller Staaten der Welt seit Mitte 2007 um 43 Billionen Dollar gestiegen – insbesondere zur Rettung des Bankensystems.

- Nach dem Bericht der Globalen Wirtschafts- und Klimakommission vom September 2014 „BETTER GROWTH BETTER CLIMATE" werden in den kommenden 15 Jahren rund 90 Billionen Dollar weltweit in die Infrastruktur investiert. *Dieses Geld müsse sinnvoll und im Bewusstsein eines stärkeren Klimaschutzes ausgegeben werden,* fordern die Fachleute – *z. B. in die öffentlichen Verkehrssysteme von Städten. Das reduziere die Luftverschmutzung und Treibhausgas-Emissionen könnten reduziert werden. Auch in erneuerbare Energien müsse investiert werden. Dann ließen sich auch die Subventionen für fossile Brennstoffe abbauen.*

Durch die zunehmende Umstellung auf erneuerbare Energien können auch die Risiken sowie die schadstoffhaltigen Emissionen und Feinstäube reduziert werden, die bei der Gewinnung und Verteilung sowie bei der stationären und mobilen Verbrennung fossiler Energieträger entstehen. Diese führen noch immer zu einer erheblichen Umweltverschmutzung – vor allem in Großstädten. **Durch die Umstellung kann die Gesundheit der Menschen verbessert und können Kosten im Gesundheitswesen eingespart werden.**

Der Dokumentarfilm „Under the Dome" der Umweltaktivistin Chai Jing könnte Chinas Umweltpolitik nachhaltig verändern. Chai Jing setzt sich schon seit Jahren mit den Folgen der Umweltverschmutzung in China auseinander. Smog ist in China ein allgegenwärtiges Problem. Chai Jing ist es nun mit ihrem Dokumentarfilm gelungen, die Menschen aufzurütteln, indem sie das Thema aus einer persönlichen Perspektive behandelt und offen über ihre Ängste spricht.

Chai Jing sagt:
„Von dem Moment an, als ich den Herzschlag meiner Tochter hörte,
wünschte ich mir nichts mehr als ihre Gesundheit."

Doch nun fragt sie sich, in welche Welt sie ihre Tochter hineingeboren hat. An 175 Tagen des Jahres 2014 konnte sie ihr Kind wegen der hohen Luftverschmutzung in ihrer Heimatstadt Peking nicht ins Freie lassen. Fast die Hälfte des Jahres musste ihre Tochter „wie eine Gefangene" eingeschlossen zu Hause verbringen. Im Jahr 2015 war es nicht besser. Es müsse sich dringend etwas ändern, lautet die Botschaft der Journalistin. **Und die Chinesen hören sie** – das zeigen die hohen Zuschauerzahlen. Sie drängen die chinesische Regierung zum Handeln. Immerhin: Umweltminister Chen Jining kündigte an, die Durchsetzung neuer Umweltschutzgesetze sei das oberste Ziel der kommenden Jahre.

Die oben genannten Geldmengen – die entweder verloren sind oder zu weiterer enormer Verschuldung geführt haben – sind Schwindel erregend. Verantwortungslose Banker haben als Finanzjongleure mit dem sauerverdienten Geld ehrlicher und fleißiger Menschen gespielt und es verbraten. Sie haben gepokert, obwohl sie wussten, dass sie nur Schrott in der Hand hatten. Sie haben uns belogen und betrogen und unser Geld verbrannt.

Keinen Cent besser sind Banken, die mit Geldwäsche, Steuerhinterziehung und Terrorismusfinanzierung Geschäfte machen. Und die Bankaufsicht schläft oder sitzt mit im bereits schlingernden Boot.

Auch global agierende Konzerne müssen an die Kandare genommen werden, wenn sie skrupellos nach den niedrigstmöglichen Steuersätzen Ausschau halten.

Louka Katseli sagt:
„Geld genug ist da, wo die Steuerhinterziehung und die Schattenwirtschaft blühen. Dort, wo der Schmuggel und der illegale Handel ausufern. Dort, wo kleinere und größere Herde von Korruption existieren. Man muss das Geld nur finden, und: es dann richtig einsetzen."

Z. B. für Investitionen in die Energiegewinnung unter griechischer Sonne!

Kurzsichtige Politiker wollen uns nun weismachen, dass wir uns „gesundsparen" sollen, anstatt – mit fundierten und sauberen Krediten – in wirkliche Werte zu investieren.

Wir lassen uns nicht für dumm verkaufen, wenn uns jemand erklärt, für die Förderung der Entwicklung, Herstellung und Anwendung neuer, guter und nachhaltiger Produkte sei kein Geld vorhanden.

Gerd Salomon sagt:
„Die Rettung und die Stützung des weltweiten Bankensystems und des nach wie vor problematischen Investmentbankings haben uns viele Billionen Dollar gekostet und helfen doch nur einem kleinen Teil der Menschheit. Die Förderung der Energiewende sollte uns doch mindestens genauso viel wert sein! Dann wird es ein großer Schritt für die GESAMTE Menschheit."

Deutschland kann und muss sich die Investitionen in die ganzheitlich vernetzte Energiewende leisten – als Vorreiter sowie aus klimatischen und volkswirtschaftlichen Gründen! Die Idee der Energiewende in Deutschland ist sehr gut – die Umsetzung dagegen mangelhaft. Zu viele Entscheidungsträger sind der Meinung, wir könnten uns die Energiewende in Deutschland nicht leisten. Andere fallen zurück in Zeitalter der Kohlebarone und schieben den kurzfristigen und kurzsichtigen Erhalt von Arbeitsplätzen vor. Solche Meinungen spiegeln oft genug die Vertretung egoistischer Einzelinteressen wider – vor allem von bestimmten Branchen bzw. Bundesländern.

Was fehlt, ist ein wirksames Steuerungs- und Kontrollgremium auf Bundesebene sowie der Mut, sich den Herausforderungen zu stellen und die enormen Chancen gemeinwohlverträglich zu nutzen.

Ist die Schuldenlast in Deutschland wirklich so hoch, dass wir bald bankrott sind? Bankrott war Frankreich im Jahr 1714 unter dem „Sonnenkönig" Ludwig XIV. **Die Staatsschuld war damals 30-mal höher als die Steuereinnahmen.** Im Vergleich dazu steht Deutschland heute – trotz der hohen Staatsschulden – nicht schlecht dar. Setzt man nun die relevanten Zahlen (Steuereinnahmen, Schuldenstand und das nominale Bruttoinlandsprodukt (BIP)) ins richtige Verhältnis, erscheint die Situation in Deutschland sogar recht gut. Am besten würde es in zwanzig bis dreißig Jahren aussehen, wenn wir die Importkosten für fossile Energieträger in Höhe von durchschnittlich **90 Milliarden Euro pro Jahr** einsparen könnten. Was für ein Gewinn wäre das für die Bilanz der deutschen Wertschöpfungskette!

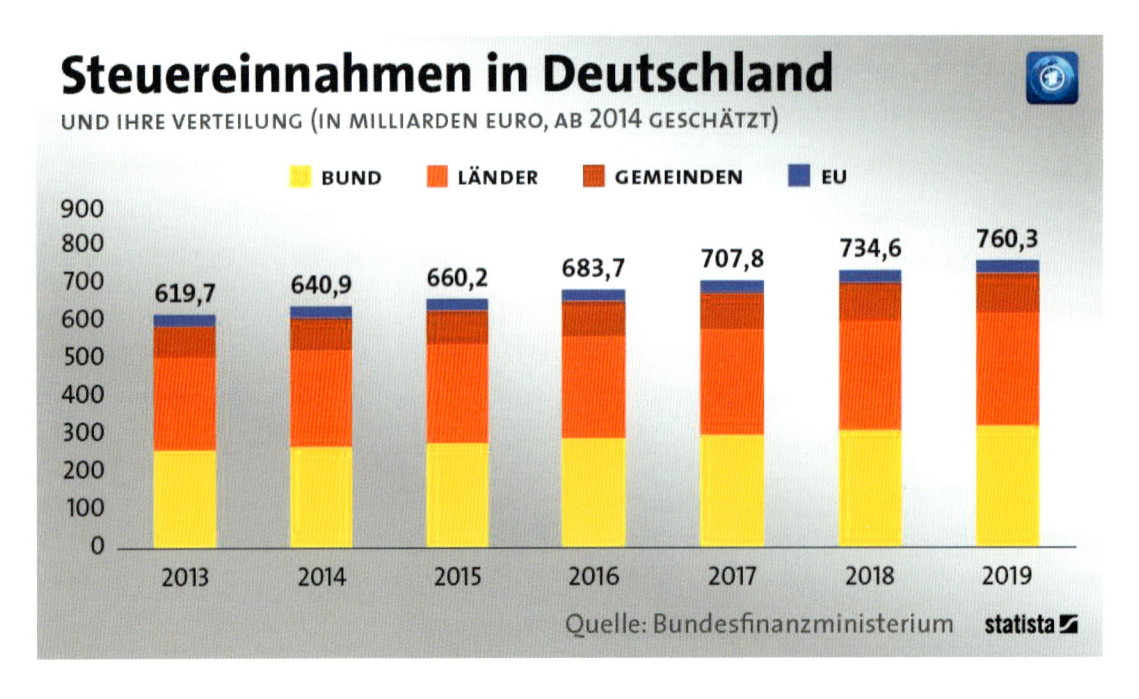

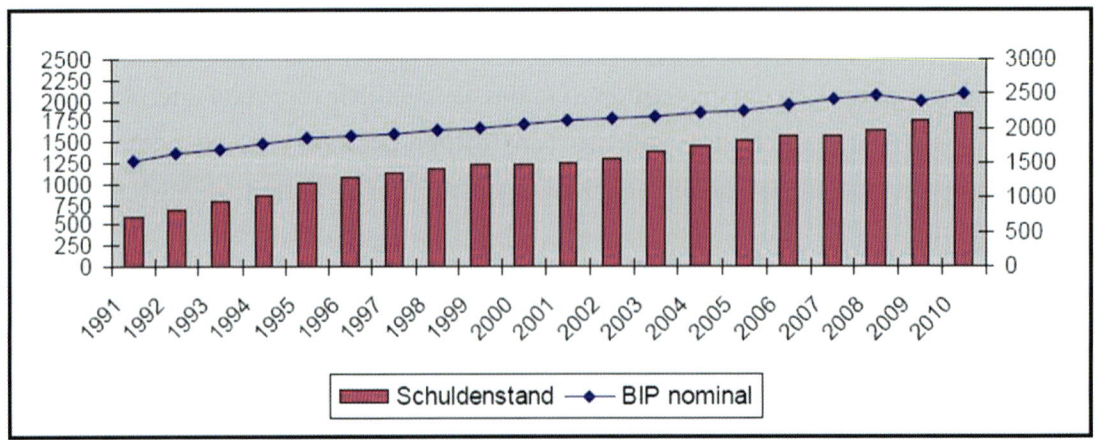

Das Deutschland ein reiches Land ist, zeigen auch die privaten Geldvermögen, die im Jahr 2015 ein neues Rekordniveau erreicht haben. Im ersten Quartal 2015 hat das Geldvermögen der privaten Haushalte gegenüber dem Vorquartal um knapp 140 Milliarden Euro zugenommen und ist damit – nach den Statistiken der Deutschen Bundesbank – auf 5,212 Billionen Euro gestiegen. Am Jahresende 2014 waren 16,8 Billionen Euro Bruttoanlagevermögen zu Wiederbeschaffungspreisen in der deutschen Volkswirtschaft vorhanden. Preisbereinigt hat sich das Bruttoanlagevermögen von 1991 bis 2014 um 52,7 Prozent erhöht. Die volkswirtschaftlichen Nettoanlagevermögen – einschließlich Forschung und Entwicklung – haben einen Zeitwert von 9,5 Billionen Euro (einschließlich Wohnen). Die privaten Haushalte besaßen langlebige Gebrauchsgüter – Fahrzeuge, Möbel und andere Haushaltsausstattungsgüter – im Wert von fast einer Billion Euro (Neuwert fast zwei Billionen Euro). Wichtig ist auch das Verhältnis von Bruttoanlagevermögen zu Erwerbstätigen. Im Jahr 2014 waren je Erwerbstätigen – im Durchschnitt der Volkswirtschaft – Anlagegüter mit einem Neuwert von rund 392 700 Euro vorhanden. Im Zeitraum von 1991 bis 2014 ist der Kapitaleinsatz je Erwerbstätigem preisbereinigt um 38,7 Prozent gestiegen. Die privaten Konsumausgaben lagen im Jahr 2015 bei 1,63 Billionen Euro. Das deutsche Bruttoinlandsprodukt (BIP) betrug im Jahr 2015 3,03 Billionen Euro. Angenommen, wir investieren gezielt 50 Milliarden Euro pro Jahr in die Energiewende über einen Zeitraum von zwanzig Jahren, dann wäre das – über die Aufnahme von zinsgünstigen Krediten – eine Neuverschuldung von etwas mehr als 600 Euro pro Jahr und Einwohner. Das erscheint im Vergleich zur derzeitigen Pro-Kopf-Staatsverschuldung von über 25 000 Euro und den finanziellen Risiken, ausgelöst durch die noch andauernde Finanzkrise, eine kalkulierbare und sinnvolle Investition – gerade auch im Hinblick auf die Einsparungspotentiale beim Import fossiler Energieträger.

Die Werte unserer Welt lassen sich nicht allein mit Geld bezahlen. DOLLAR, DIRHAM, BAHT, EURO, FRANKEN LIRA, YEN, KRONE, PESO, PFUND, RAND, REMIMBI YUAN, RIYAL, RINGIT, RUBEL, RUPIE, SCHEKEL, etc.:

Lasst uns als „Vereinte Völker der Welt" aufbrechen in eine Zukunft mit einer gemeinsamen Währung, in der *Homo progressivus* mit dem „*GLOBUS*" einkauft. Mit den Gewinnen aus dem **Wegfall der Wechselkursverluste** können wir uns dann auch etwas Gutes leisten, z.B. um unseren Globus richtig kennen zu lernen und die wahren Schätze zu entdecken und zu bewahren.

Der Mensch erträgt und erleidet die zum Teil zerstörerische Kraft der Naturgewalten von jeher. Es ist nicht nur an der Zeit, sondern längst überfällig, dass wir die Energie der natürlichen Ressourcen im positiven Sinne nutzen.

Die Vereinigung der Kräfte aus den Elementen *Feuer, Wasser, Erde und Luft* ergibt die größte nutzbare Kraft, oder anders ausgedrückt:

Das Fünfte Element!

Der damit verbundene Anblick von Kollektoren und Panels für Photovoltaik und Solarthermie sowie von Windrädern ist aus unserer Sicht keine Landschaftsverschandelung, sondern die Visualisierung von natürlicher Energiegewinnung – **vorausgesetzt, diese Produkte werden an umweltverträglichen und effizienten Stellen platziert** – sowohl mit anorganischen als auch organischen Materialien.

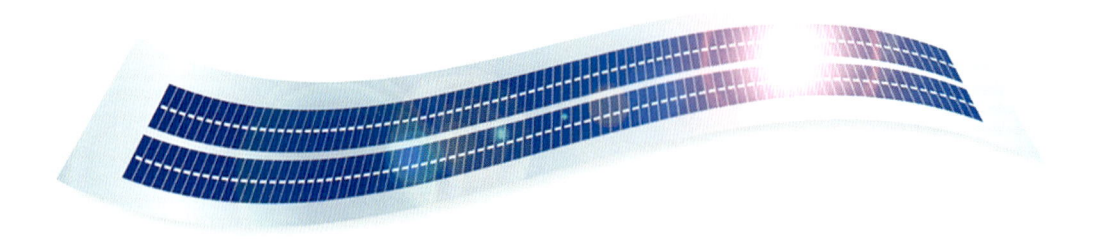

Organische Photovoltaik!

Die leichten und flexiblen organischen Solarfolien können Sonnenenergie überall dorthin bringen, wo sie gebraucht wird.

Andreas Löschel sagt:
„Wir müssen bei der Energiewende durch Vorteile auftrumpfen,
die wir durch Innovationen generieren, und nicht durch niedrige Preise."

Zu diesen Innovationen gehört auch, das riesige Energiepotenzial der Höhenwinde zu nutzen. Weltweit arbeiten derzeit um die 70 Forschungsinstitute und Unternehmen an solchen Projekten (u.a. Google). Die Präsentation von marktreifen Systemen ist bereits ab 2018 angekündigt. Die Techniker verfolgen bei ihren Entwicklungen unterschiedliche Umsetzungskonzepte. Neben Flugdrachen, Segeln oder Gleitern sind auch Heliumringe – mit einem Windrad in der Mitte – zur Energiegewinnung vorstellbar.

Weit oben ist die Energiedichte des Windes fünf- bis achtmal höher. Zudem weht der Wind in Höhen zwischen 300 und 600 Metern wesentlich verlässlicher. So wären rund 5000 Volllaststunden erreichbar.

Einige Herausforderungen gilt es noch zu meistern. So muss die Computer- und Steuerungstechnik noch optimiert werden, um die Technologien effektiv zu unterstützen. Ziel ist es, viel Energie bei vergleichsweise niedrigen Betriebskosten zu gewinnen. Aufgrund der einfachen Logistik können die oben genannten Anlagen auch in abgelegenen Gebieten zum Einsatz kommen.

Seit 1950 hat sich die Menschheit von 2,5 Milliarden auf heute 7,3 Milliarden fast verdreifacht. 7,3 Milliarden Menschen verbrauchen heute das 1,5 fache von dem, was die Erde zur Verfügung stellen kann. Bei den zu erwartenden fast 10 Milliarden Menschen bis 2050 wird es mehr als das Doppelte sein.

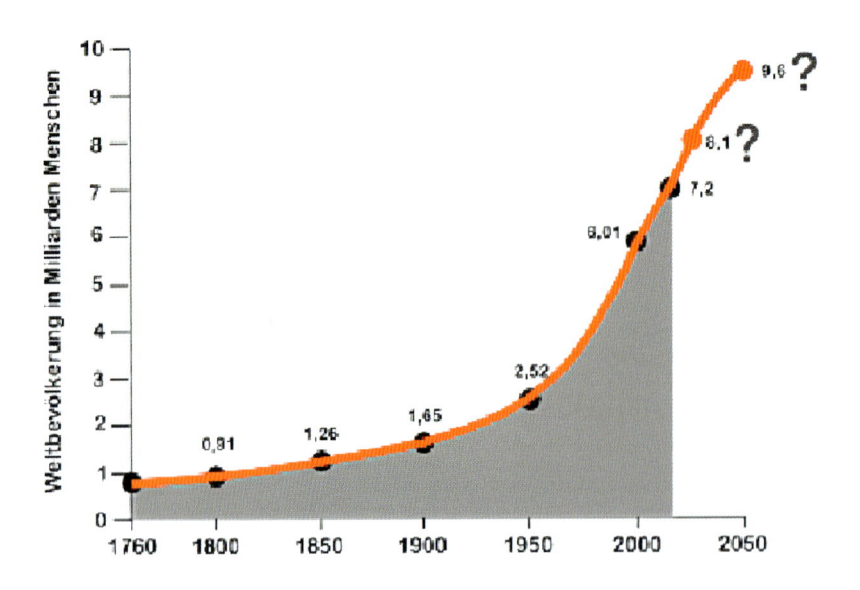

Unter Berücksichtigung dieses Bevölkerungszuwachses und Ressourcenverbrauchs in Verbindung mit der industriellen Entwicklung in den Industrie- und Schwellenländern können wir zur Erzeugung von größerem Wachstum nicht überwiegend fossile und herkömmliche Energieträger einsetzen. Ohne die Entwicklung, Optimierung und Anwendung neuer Technologien würden wir dann auch unsere technikbasierte Zukunft gefährden – spätestens wenn die fossilen und herkömmlichen Energieträger nicht mehr ausreichen bzw. verbraucht sind.

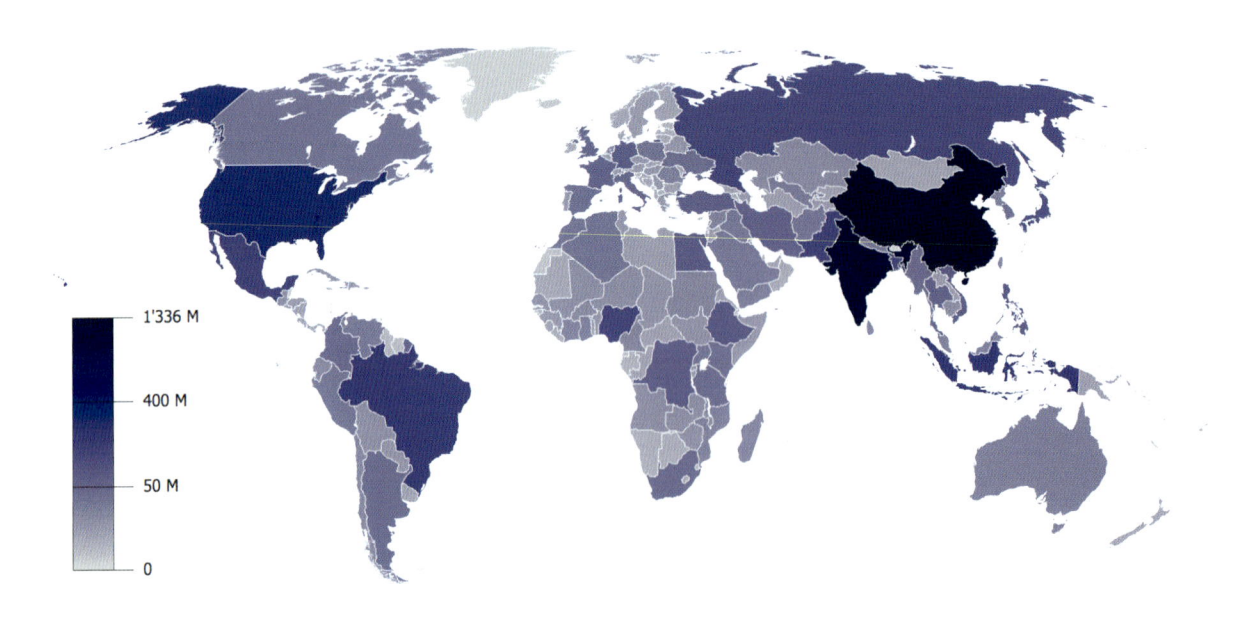

Übersicht über die Staaten der Welt und ihre Bevölkerungsdichte!

Noch einmal zurück zur Bevölkerungsentwicklung: 1850 lebten 1,25 Milliarden Menschen auf der Erde. 1950 hatte sich die Menschheit auf 2,5 Milliarden verdoppelt. 2015 bevölkerten 7,3 Milliarden Menschen unseren Planeten. 2050 werden 10 Milliarden Menschen die Erde beim derzeitigen Lebensstil übervölkern. Die Prognosen für 2100 liegen zwischen 11,2 und 26 Milliarden Menschen – in Abhängigkeit von der zukünftigen globalen und regionalen Geburtenentwicklung (Geburtenrate). Die Weltbevölkerungszunahme ist kein unbeeinflussbares Naturereignis, wir machen sie selbst. Interessant sind vor allem die Parameter, die sie beeinflussen, und wie sich die Weltbevölkerung in Zukunft regional verteilt. Hierzu führt die *Deutsche Stiftung Weltbevölkerung* folgendes aus: *„Die unterschiedlichen Varianten der Bevölkerungsprojektionen unterscheiden sich hauptsächlich durch die ihnen zugrunde liegenden Annahmen über die zukünftige Geburtenentwicklung. Für die mittlere Variante gehen die UN davon aus, dass die durchschnittliche Kinderzahl pro Frau von heute 2,5 Kindern weltweit bis zum Jahr 2100 auf zwei Kinder pro Frau sinken wird. Die Weltbevölkerung würde demnach bis zum Ende des Jahrhunderts auf 11,2 Milliarden Menschen anwachsen. Wenn die durchschnittliche Kinderzahl pro Frau um ein halbes Kind höher läge, würde die Weltbevölkerung bis 2100 auf 16,6 Milliarden Menschen anwachsen (hohe Variante). Bei einem halben Kind weniger würden im Jahr 2100 nur noch 7,3 Milliarden Menschen auf der Erde leben (niedrige Variante). Angenommen, die Kinderzahl pro Frau in jedem einzelnen Land der Erde bliebe bis 2100 konstant auf dem heutigen Niveau, würde die Weltbevölkerung zur Jahrhundertwende auf 26 Milliarden Menschen anwachsen.*

Weltbevölkerungsprojektionen bis 2100 in Milliarden

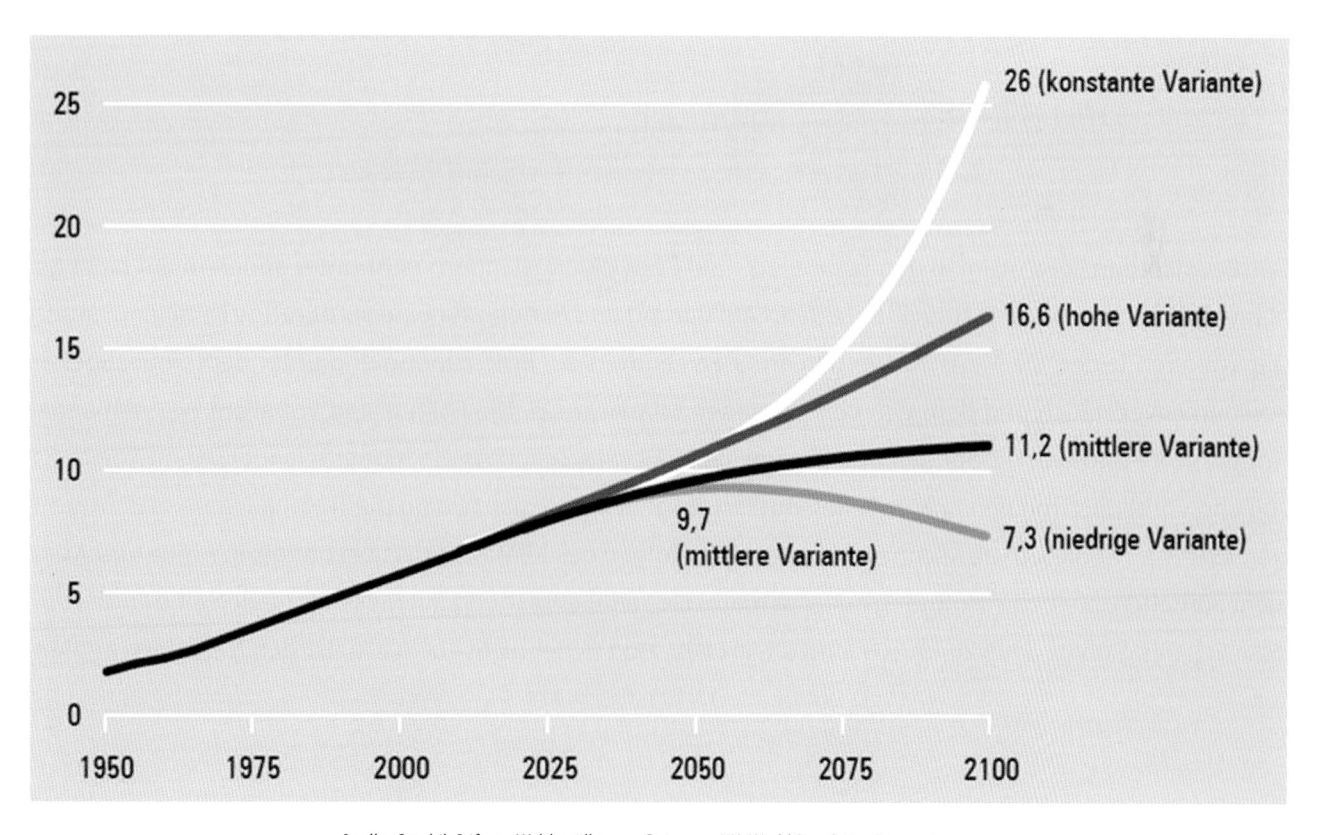

Quelle: Graphik Stiftung Weltbevölkerung, Daten aus UN: World Population Prospects 2015

Auch in Zukunft wird Asien die bevölkerungsreichste Region der Erde sein. Allerdings wird der asiatische Anteil an der Weltbevölkerung zurückgehen: Lebt heute noch deutlich mehr als die Hälfte der Menschheit in Asien, werden es im Jahr 2100 voraussichtlich nur noch 44 Prozent sein. Die stärksten Wachstumsraten verzeichnet Afrika. Bis 2100 wird sich die Bevölkerung auf dem Kontinent von heute 1,2 Milliarden Menschen auf 4,4 Milliarden Menschen wohl fast vervierfachen. In Europa wird die Bevölkerung im gleichen Zeitraum zurückgehen. Da die Kinderzahlen pro Frau in vielen europäischen Ländern sehr niedrig sind, wird der europäische Anteil an der Weltbevölkerung von heute rund zehn Prozent auf voraussichtlich etwa sechs Prozent im Jahr 2100 schrumpfen."

Regionale Verteilung der Weltbevölkerung 2015 und 2100 (mittlere Variante)

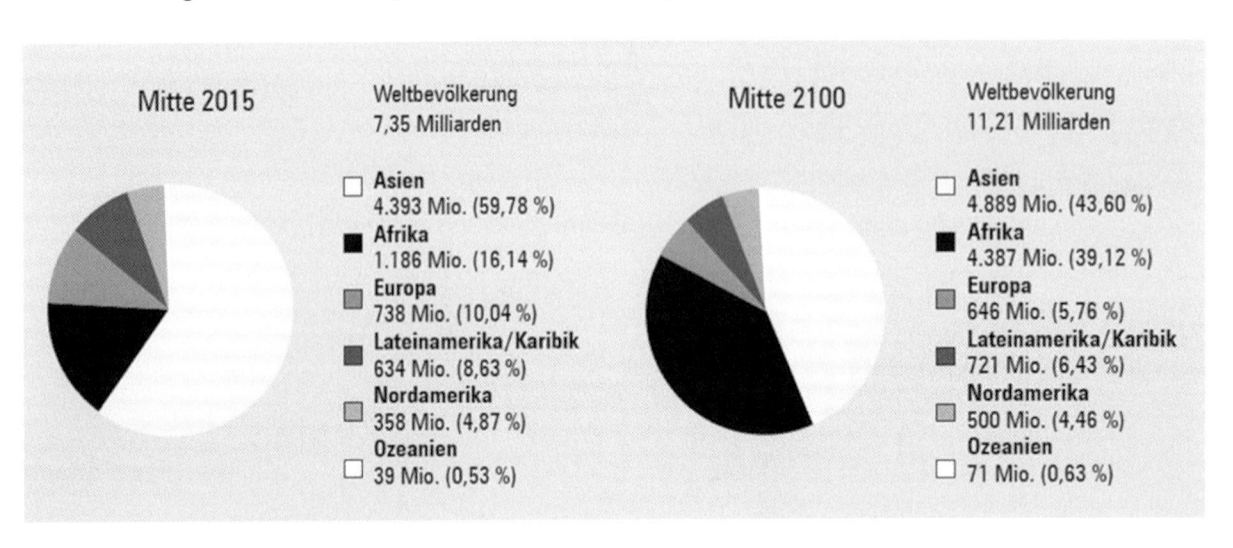

Mitte 2015	Mitte 2100
Weltbevölkerung 7,35 Milliarden	Weltbevölkerung 11,21 Milliarden
Asien 4.393 Mio. (59,78 %)	Asien 4.889 Mio. (43,60 %)
Afrika 1.186 Mio. (16,14 %)	Afrika 4.387 Mio. (39,12 %)
Europa 738 Mio. (10,04 %)	Europa 646 Mio. (5,76 %)
Lateinamerika/Karibik 634 Mio. (8,63 %)	Lateinamerika/Karibik 721 Mio. (6,43 %)
Nordamerika 358 Mio. (4,87 %)	Nordamerika 500 Mio. (4,46 %)
Ozeanien 39 Mio. (0,53 %)	Ozeanien 71 Mio. (0,63 %)

Quelle: Graphik Stiftung Weltbevölkerung, Daten aus UN: World Population Prospects 2015

Das Bevölkerungswachstum in den Schwellen- und Entwicklungsländern geht unter anderem auf nicht geplante Schwangerschaften zurück. Es fehlt an Aufklärung und Bildung für eine vernünftige Familienplanung. Des Weiteren leiden die Menschen in den ärmsten Ländern der Erde zunehmend unter dem ungezügelten Ressourcenverbrauch und dem sich verstärkenden Klimawandel. Die Folgen sind vor allem Wassermangel, Hungersnöte und Brandrodungen des Regenwaldes. Es wird Zeit, dass die Industrieländer verantwortungsvoll und vorbildlich mit den knappen Ressourcen umgehen und gleichzeitig die Treibhausgase massiv reduzieren. Wenn wir die sich abzeichnenden negativen Folgen des Klimawandels besonders in Afrika und Asien nicht aufhalten, bleibt die Hoffnung auf eine maßvolle Familienplanung auf diesen Erdteilen eine Illusion. So lässt sich das globale Bevölkerungswachstum im Jahr 2100 sicher nicht auf 11,2 Milliarden Menschen begrenzen.

Sascha Maské sagt:

„Die Energiewende ist nur mit allen Menschen realisierbar und nicht nur mit ein paar wenigen, die aus der Energiewende Kapital schlagen. Somit müssen Konzepte, Programme und Technologien geschaffen werden, die es jedem ermöglichen, an der Energiewende teilzuhaben."

An dieser Stelle sei folgende Wiederholung erlaubt: Hierbei müssen dezentrale Lösungen vor Ort den Vorzug erhalten vor der zentralen Macht in den Händen von Konzernen, Kartellen und Staaten.

Bastian Becker sagt:

„Bei jeder Inbetriebnahme einer Photovoltaikanlage durchströmt mich ein Gefühl der Freude und der Gewissheit, der Energiewende wieder ein kleines Stück näher gekommen zu sein. Jede gewonnene Kilowattstunde verhindert eine konventionell hergestellte Kilowattstunde und die daraus resultierenden CO_2-Emissionen oder radioaktiven Abfälle. Das lässt mich jeden Morgen aufstehen und den Tag mit Vorfreude auf die nächste Inbetriebnahme beginnen. Diese Technologie ist zu genial, um verhindert zu werden. Den längeren Atem hat die Sonne!"

Bei dezentralen Lösungen hat die Energiespeicherung eine Schlüsselrolle. Sie ist unverzichtbar um die Volatilität der Sonnen- und Windenergie auszugleichen. Sie sorgt für die gewünschte Reichweite von Elektrofahrzeugen und schafft Unabhängigkeit vom herkömmlichen Netz. Für die Eigennutzung im kommunalen Bereich bieten sich Energiespeicher wie Pumpspeicherkraftwerke, Druckluftspeicher, Brennstoffzellen, Wasserstoff- und Power-to-Gas-Anlagen an. Für die Eigennutzung im privaten, gewerblichen und kommunalen Bereich eignet sich auch der Einsatz von Batterien als Zwischenspeicher für den Solar- und Windstrom.

Hilmar-Andreas Holland sagt:

„Im Bereich der dezentralen Energieerzeugung ist die Brennstoffzellentechnologie nach heutigem Technikstand durch nichts zu schlagen und in Zeiten steigender Strom- und Wärmepreise eine gute Alternative sowohl für Firmen wie auch Privatpersonen. Diese Technologie bietet viele Vorteile und Möglichkeiten, weswegen sie es nicht verdient hat, erneut in Vergessenheit zu geraten. Bei der Brennstoffzelle entfällt die Umwandlung in Wärme und Kraft. Die gespeicherte Energie der Brennstoffe wird direkt in elektrischen Strom umgewandelt. Brennstoffzellen dienen primär der Stromerzeugung. Sie können aber auch ans Wärmenetz der Gebäude sowie an Warmwasserspeicher angeschlossen werden. Mit einem elektrischen Wirkungsgrad von knapp 60 Prozent und einem thermischen Wirkungsgrad von 24 Prozent, beträgt der Gesamtwirkungsgrad einer Brennstoffzelle unschlagbare 84 Prozent."

Dieter Weber sagt:

„Unser Ziel sollte es sein, den Nachwuchs, also unsere Kinder, auf unserem Planeten zu unterstützen und die Betrachtungsweise sowie die Kultur, die Bildung und vor allem das Bewusstsein unseres energetischen Handelns voran zu treiben. Kinder sind eigenartig – Kinder beobachten Ameisen, während die Erwachsenen sie zertreten. Spiegelbildlich gehen wir aktuell mit unserer Erde und dem Thema Energie um. Lasst uns deshalb als tragende Säule der Energiewende den Strom dort erzeugen und bereitstellen, wo und wann er auch benötigt wird. Aus diesem Grund brauchen wir durchdachte ganzheitliche Energiekonzepte in Kombination mit langlebigen und zuverlässigen Speicherlösungen zum Stromeigenverbrauch, zur Netzstabilität und Versorgungssicherheit als wesentliche Bausteine und Schlüsseltechnologien für eine effiziente Energiewende. Das Ergebnis ist die clevere Lösung – Energiemanagement und intelligente Vernetzung von Strom, Wärme und Mobilität – rundum die Immobilie und das Gewerbe. Das sind wir uns sowie unseren Kindern und Nachkommen schuldig. Fangt an, euch und eure Denkweise zu verändern. Habt keine Angst vor Versagen. Versagen ist, etwas erst gar nicht zu beginnen!"

Eicke R. Weber sagt:

„Je geringer der Netzausbau, desto mehr Speicher sind erforderlich, und umgekehrt. Letztendlich kann ein stabiler Energiespeichermarkt in Deutschland auch als Modell für weitere Märkte in Europa und weltweit dienen und somit zu einem bedeutenden wirtschaftlichen Faktor werden."

Arndt Kirchhoff sagt:

„Bei der Energiewende müssen wir den 'Dreiklang' herstellen: sauber, sicher, bezahlbar. Wenn wir hinterher sauberere, ökologischere und effizientere Produkte und Prozesse haben, dann haben wir auch zukünftig Produkte, die wir am Weltmarkt erfolgreich verkaufen können."

Wir würden uns sehr freuen, wenn die Bedeutung der ganzheitlichen Energiewende den Fernsehzuschauern noch stärker und dauerhaft auf einem prominenten Sendeplatz vermittelt würde. Die öffentlich-rechtlichen Sendeanstalten können ihrem Auftrag als meinungsbildende Leitmedien qualitativ gerecht werden in dem sie das Thema positiv auf der Bildfläche halten. „Energie ohne Grenzen" in ARD und ZDF – abwechselnd und ergänzend – unter dem Motto: „Qualität bringt Quote". Beim ZDF könnte eine gerade entstandene Lücke geschlossen und mit neuen Formaten gefüllt werden. Es sollten Sendungen sein, die anspruchsvoll sind und gleichzeitig Spaß machen auch in Form einer Show oder eines Quiz mit prominenten Botschaftern und Paten. Es sollte nicht nur im Studio gedreht werden, sondern auch an wechselnden Drehorten mit Beiträgen aus Wissenschaft und Praxis, Kunst und Kultur sowie mit Musik, wobei in spielerischer Atmosphäre durch Wettbewerb Spannung erzeugt werden kann. „Konkurrenten" unterschiedlicher Kategorien spielen gegeneinander. Ob Privatpersonen, Experten, Prominente, Gemeinden, Städte, Länder oder Nationen: Diese Spielidee bietet Raum für vielschichtige Variationen des Wettbewerbs mit intelligenten Inhalten. Die Ergebnisse lassen sich durch Internet, Telefon und auch durch direkte Publikumsbeteiligung ermitteln. Einfach ausgedrückt: „Energie ohne Grenzen".

Renate Schmidt sagt:

„Lasst unsere Kinder wählen. Die Generation, die von den Folgen aktueller Entscheidungen am längsten betroffen ist, sollte ein stärkeres Mitspracherecht bekommen."

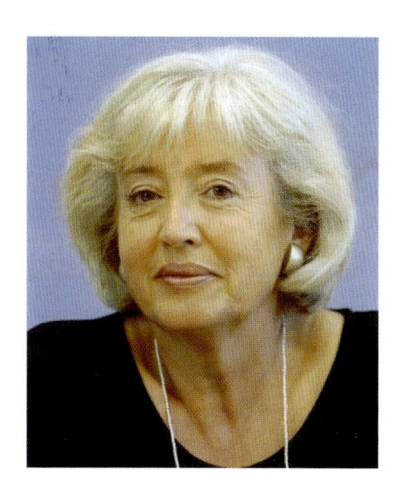

Sven Plöger sagt:

„Wir sind über 7 Milliarden Menschen auf diesem Planeten. Wir verbrauchen derzeit die nachwachsenden Ressourcen von 1,4 Erden und emittieren pro Jahr 36 Milliarden Tonnen Kohlendioxid in unsere Atmosphäre. Das ist alles andere als nachhaltig und verändert zunehmend unser Klima. Wir müssen die undurchdringliche Vielfalt an Meinungen und Einzelinteressen endlich gemeinwohlfördernd überwinden und damit den Blick frei machen für die Möglichkeiten, die sich uns eröffnen. Damit schaffen wir eine erfolgreich gemachte Energiewende – und stellen Sie sich vor, China macht sie nach …"

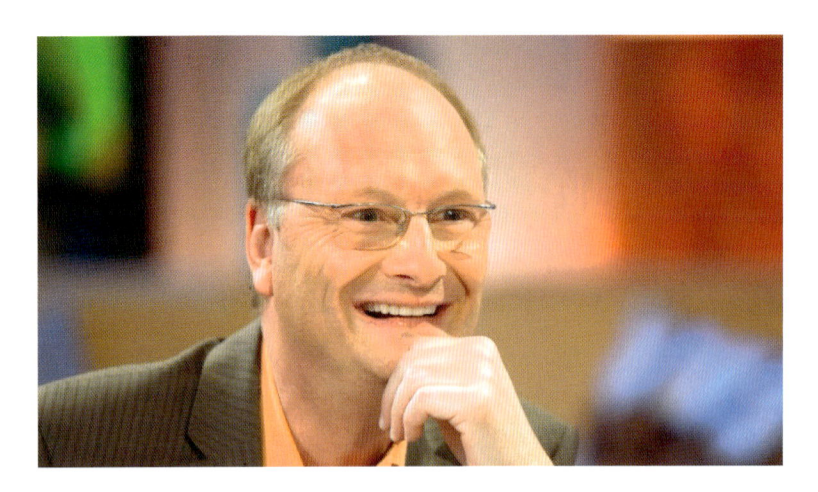

Der ZDF-Intendant Thomas Bellut sagte in seiner Leipziger Rede zur Freiheit und Zukunft der Medien am 14.10.2014: *„Es gibt keine politische Freiheit ohne die Freiheit der Medien. Die öffentlich-rechtlichen Sender haben einen Programmauftrag: Ihre Rundfunkfreiheit ist als 'dienende Freiheit' ausdrücklich gebunden an den Gesellschaftsauftrag einer medialen Grundversorgung mit Information, Bildung, Unterhaltung und Kultur. Auf ein Gesamtbild der deutschen Wirklichkeit ausgerichtet und die Wiedervereinigung als Fernziel im Auge, hatten ARD und ZDF über viele Jahre und Jahrzehnte hinweg sicher keinen geringen Anteil an der Friedlichen Revolution. Ohne Selbstüberschätzung und Selbstgefälligkeit kann man sagen: Die Wiedervereinigung war auch ein historischer Programmerfolg des öffentlich-rechtlichen Fernsehens. Er ist nicht zu messen an Quote und Attraktivität des Programms, sondern an seiner gesellschaftlichen Relevanz."*

(Quelle: http://www.newsroom.de/news/detail/$IWDPDNKSJPMQ/).

Entscheidungsträger aus allen Bereichen sind sich einig, dass auch die Energiewende von gesellschaftlicher Relevanz ist. Die Wiedervereinigung Deutschlands hat viel Geld gekostet. Nach 25 Jahren dürfen wir sagen, dass sich die Investitionen von mehr als 1,5 Billionen Euro gelohnt haben – in finanzieller, kultureller, gesellschaftlicher und in menschlicher Hinsicht. Das sagt auch jeder, der uns Deutsche und Deutschland aus dem Ausland betrachtet und bewertet. Die Energiewende in Deutschland hat eine ähnliche Dimension besonders im Hinblick auf das Zeitfenster von mehreren Jahrzehnten und die notwendigen Investitionen über diesen Zeitraum. Damit auch diese Herkulesaufgabe erfolgreich gemeistert werden kann, können ARD und

ZDF ihren Gesellschaftsauftrag auch in diesem Bereich noch stärker wahrnehmen. So sitzen wir in der ersten Reihe und sehen besser – am besten in den Hauptprogrammen!

Dieter Dörr sagt:

„Der öffentlich- rechtliche Rundfunk ist nicht nur eine Säule der Demokratie, sondern auch ein Kulturträger. Auch in der digitalen Welt ist er unverzichtbarer Bestandteil der elektronischen Medien im Interesse der Informationsvielfalt und damit einer funktionsfähigen Demokratie. Er ist darauf angewiesen, angemessenen Anteil an neuen Übertragungswegen bzw. -arten zu haben, weil er nur so die Bevölkerung weiterhin erreichen kann. Gerade im Informationszeitalter ist ein unabhängiger, föderaler und gemeinnütziger öffentlich-rechtlicher Rundfunk so wertvoll wie nie zuvor."

Es ist so einfach, wenn wir die naturgegebenen und technologischen Vorteile in den unterschiedlichen Regionen der Erde richtig nutzen, wie die folgenden Beispiele zeigen:

- In Norwegen wird nahezu der gesamte Strombedarf durch heimische Wasserkraftwerke gewonnen.
- Island deckt mit Erdwärme und Wasserkraft 100 Prozent seines Strombedarfs aus erneuerbaren Quellen. Auch Costa Rica strebt dieses Ziel an und setzt dabei vor allem auf Wasserkraft und Sonnenenergie.
- In Dänemark hat Samsö die Wende zur „Grüne-Energie-Insel" geschafft – mit einer Kombination aus Sonnen- und Windenergie für stationäre und mobile Anwendungen.
- Australien, Afrika, Indien, Südeuropa, der Nahe und Mittlere Osten sowie große Teile Südamerikas und der USA sind dank der Kraft der Sonne prädestiniert für den Einsatz von Photovoltaik und Solarthermie.
- Rund um die Welt gibt es windexponierte Regionen an den Küsten und in Hochlagen für den effizienten Einsatz von Windkraftanlagen.
- Deutschland – wie auch Nordamerika und viele Länder in Asien – können dank einer großen Technologievielfalt und hohen Produktqualität einen ausgewogenen Mix bei der Gewinnung, Speicherung und Nutzung der erneuerbaren Energien zum Einsatz bringen.
- Auch Russland und andere europäische Länder sollten sich der Tatsache stellen, dass das fossile Zeitalter zu Ende geht und so schnell wie möglich den Umbau der Wirtschaft mit einer verbesserten Wertschöpfung im technologischen Bereich voranbringen.
- In allen Regionen und Bereichen können die vielfältigen Energiespeicher für mobile und stationäre Anwendungen eingesetzt werden. Die Energiespeicherung ist ein essentieller Baustein der ganzheitlichen Energiewende – insbesondere für dezentrale Lösungen.

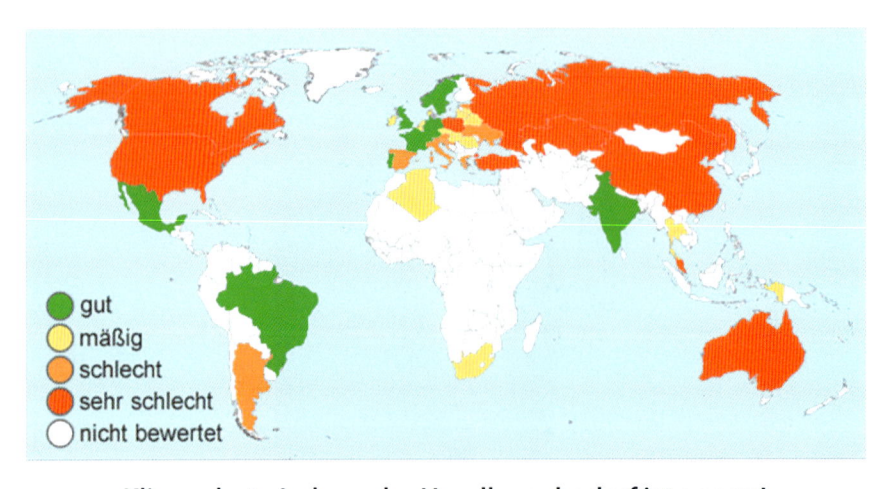

Klimaschutz-Index – der Handlungsbedarf ist enorm!

Kaoru Kobayashi sagt:

"Fast 80 % der Japaner wollen langfristig den Atomausstieg. Wir binden unsere Bürger in lokale Energieprojekte ein und machen uns damit unabhängig von den großen Stromversorgern. Wir wollen eine Vorreiterstadt für erneuerbare Energien werden. Die Stadt Fukushima liegt zwischen Hügeln und hat gute Voraussetzungen für Wasserkraft. Zehn solcher Anlagen laufen bereits, weitere sind geplant. Eine Touristenattraktion sind die vielen heißen Quellen, dessen Wärme wir jetzt in einem Pilotprojekt auch zur Stromerzeugung nutzen. Wir haben mit einem Energieunternehmen einen Solarpark auf eine große Freifläche gebaut und erstellen gerade eine Windkarte für das Stadtgebiet. Ansonsten sind wir gut vernetzt mit Modellregionen für grünen Strom – mit der Stadt Freiburg zum Beispiel. Die Stadt fördert viele kleine Photovoltaikanlagen auf Wohnhäusern mit 240 Euro pro installiertem Kilowatt – zusätzlich zur staatlichen Einspeisevergütung. Wer kein eigenes Gebäude hat, kann sich als Bürger an lokalen Energieprojekten beteiligen. Ich halte Atomkraft schon lange für riskant. Stromversorger argumentieren, Atomunfälle seien seltener als Flugzeugabstürze. Aber wie wir jetzt wissen, ist ein solcher Unfall eben auch dramatischer als ein Flugzeugabsturz. Wenn die Regierung vorrechnete, wie billig Atomstrom ist, konnte ich das nicht glauben, weil die Kosten für Urangewinnung und Entsorgung der Brennelemente nicht eingerechnet waren."

Der Bürgermeister von Fukushima

Die Energiewende kann auch zu einem Wachstums- und Jobmotor werden, der gut ausgebildete ausländische Fachkräfte anzieht. Das könnte ein Argument für die Zuwanderung sein, da die negativen Folgen der demographischen Entwicklung gerade in Deutschland auf diese Weise gemildert werden können.

Clemens Hoffmann sagt:
„Die Energiewende ist eine große, globale Geschäftschance, und ein erfolgreiches deutsches Energiewende-Projekt kann dem Kampf gegen den Klimawandel weltweit entscheidenden Aufwind verleihen".

Der deutsche Bundespräsident Joachim Gauck forderte bei der Eröffnung der 50. Münchner Sicherheitskonferenz am 31.01.2014, dass Deutschland mehr Verantwortung übernehmen müsse. Dies geschieht am besten in friedlicher Mission – von Deutschland aus. Eine vorbildlich gelebte Energiewende in Deutschland kann viel mehr erreichen, als es auf den ersten Blick erscheint. **Wenn es uns gelingt, den vom Menschen verursachten Klimawandel und die daraus resultierenden negativen Auswirkungen zunehmend zu begrenzen, können dadurch auch wachsende Ströme von Klimaflüchtlingen sowie der Ausbruch von Kriegen zur Beschaffung von Nahrungsmitteln und Trinkwasser verhindert werden.**

John Kerry sagt:

„Das gegenwärtige Drama um Flüchtlinge und Einwanderer in Europa wird dereinst als harmlos gelten, sollten Klima-Flüchtlinge auf die Reise gehen, weil Wasser und Nahrung fehlen und Stämme gegeneinander ums bloße Überleben kämpfen. Der Klimawandel ist eine 'seismische Herausforderung', und zwar hier und heute, nicht in einer unbestimmten Zukunft."

Die Energiewende in den Industriestaaten kann den Menschen in ärmeren Ländern als Vorbild dienen und zur Veränderung des Lebensstils insgesamt führen – inklusive

- einer wachsenden Großzügigkeit von vermögenden Menschen,
- einer Verminderung von Neid und Raffgier,
- einem besseren Zugang zur Bildung,
- der Reduzierung der einseitigen Wohlstandserzeugung sowie
- einer nachhaltigen, gerechteren Lebensmittel- und Trinkwasserversorgung.

Die Zukunft ist erneuerbar.
Gemeinsam.

Vielleicht gelingt es ja *Homo progressivus* in Zukunft, auch die Energie der Blitze anzuzapfen und zu speichern – anstatt wie *Homo sapiens* im Treibsand der Kernspaltung festzustecken und verzweifelt, aber vergebens nach der Kernfusion zu suchen. Nach den im Dezember 2015 veröffentlichten Experimentergebnissen und dem offiziellen Start des Projekts „Wendelstein 7-X" am 3. Februar 2016 können wir hoffen, dass vielleicht in 35 Jahren Kernfusionsreaktoren zu Grundlast-Kraftwerken werden. Die Hände in den Schoß legen und darauf warten dürfen wir aber nicht.

Ein Blitz hat eine Leistung von etwa einem Giga-Watt. Die dabei umgesetzte Energie wäre tatsächlich, wenn sie sich speichern ließe, für eine Stadt ausreichend. Das Problem dabei ist, dass die durchschnittliche Dauer eines Blitzes nur **0,07 Sekunden** beträgt. Für *Homo sapiens* ist dies bisher eine unlösbare Aufgabe. Aber wer hätte vor 50 Jahren – **also vor etwa 0,1 Sekunden im komprimierten Kalenderjahr** – die Technik vorausgesehen, die heute unser Leben bestimmt und mit der wir Tag und Nacht um den Globus surfen.

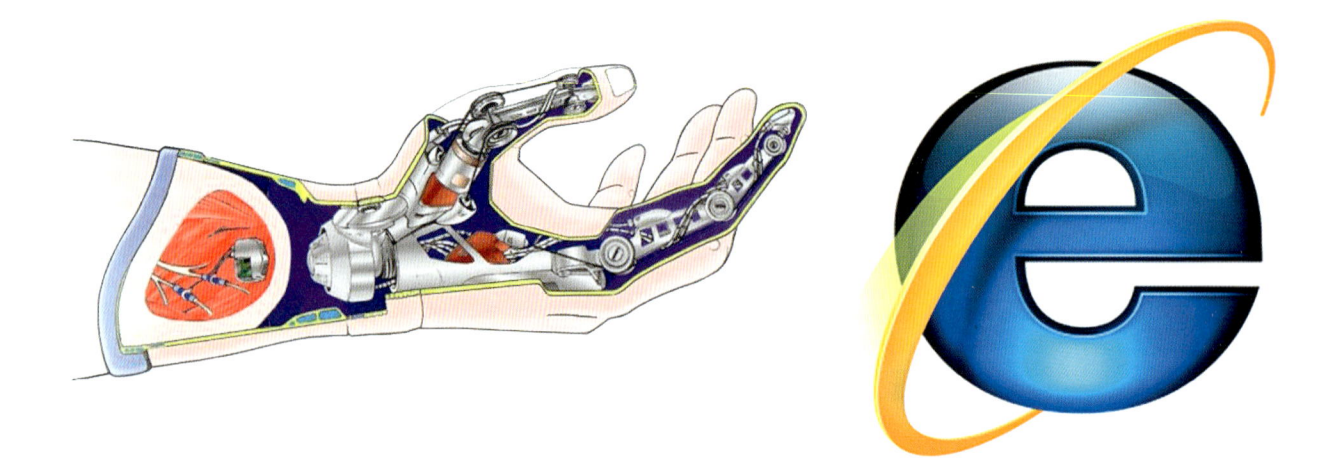

Erfüllung der Botschaft: Erneuerbare Energie ist unerschöpflich und umweltverträglich. Wir brauchen einen verbindlichen globalen Energie- und Klimaschutzfonds. Dieser sollte nach dem Klimagipfel Ende 2015 in Paris im Jahr 2016 beschlossen werden. Die erforderlichen Mittel sollten nach der jeweiligen Pro-Kopf-Emission industrieller Treibhausgase bemessen und von den „Vereinten Völkern der Welt" sowie von vermögenden Menschen bereitgestellt werden. Die Botschaft ist einfach: Die Staaten fördern, damit Unternehmen planungssicher investieren und die Bürger Energie und energieeffiziente Produkte günstig einkaufen können. Also ein gefördertes, auf die nachhaltige Zukunft ausgerichtetes **Investitions- und Konsumprogramm. Neu und gut gegen alt, schädlich und ineffizient mit Austauschprämie.** Die Förderung erfolgt, bis die Energiewende-Produkte konkurrenzfähig sind. Nach dem Marktdurchbruch sinken deren Preise, wie es z. B. bei Digitalkameras, Flachbildfernsehern und Mobiltelefonen der Fall war. Die Umsetzung dieser Schritte kann als Bestandteil eines optimierten Klimavertrages von der noch zu gründenden Klimaschutz- und Energiekommission der „Vereinten Völker der Welt" entwickelt und von diesen **verbindlich** verabschiedet werden.

Heike Müller, Andreas Pfaff und Manfred Scherer sagen:

„Ressourcen sollen den Bedürfnissen der jetzigen Generation dienen, ohne die Möglichkeiten künftiger Generationen zu gefährden. Viele der global formulierten Umweltziele können nur regional mit Inhalten gefüllt werden. Somit wird die praxisnahe Formulierung von Klimaschutzzielen, -konzepten und -projekten sowie deren Umsetzung zur zentralen Aufgabe nationaler, regionaler und vor allem lokaler Akteure mit bevorzugt dezentralen Lösungen. 'Global denken – lokal handeln' heißt die Prämisse, mit der wir unsere Verbandsgemeinde Sprendlingen-Gensingen zur 'Null-Emissions-Gemeinde' machen werden."

Ban Ki Moon sagt:

"Wenn wir nur einen Teil der neuen Finanzpakete in eine grüne Wirtschaft investieren, können wir die heutige Krise in das nachhaltige Wachstum von morgen umwandeln."

Al Gore sagt:

"Die Ressourcen zur Bewältigung der Klimakrise haben wir, uns fehlt nur die Bereitschaft zum Handeln."

Botschafter und Vermittler: z. B. Al Gore, Jeremy Rifkin, IPCC Weltklimarat, Internationale Energieagentur, Hans Joachim Schellnhuber, Paul Crutzen, Mojib Latif, Dieter Walch, Jörg Kachelmann, Claudia Kleinert, Sven Plöger, Karsten Schwanke, Donald Bäcker, Gunter Tiersch, Inge Niedeck und Sanaz Saleh-Ebrahimi, Uwe Wesp, Elon Musk, Tim Cook, Harald Krüger, Dieter Zetsche, Matthias Müller, Karl-Thomas Neumann und Matthias Wissmann (die letzten fünf mit immer mehr Strom und Wasserstoff im Blut – sonst werdet ihr von Tesla, Google und Apple überholt), Giovanni Di Lorenzo, Sandra Maischberger, Maybrit Illner, Anne Will, Barbara Schöneberger, Hubertus Meyer-Burckhardt, Jörg Pilawa, Günther Jauch, Thomas Gottschalk, Thomas Bellut, Lutz Marmor, Tom Buhrow, Thomas Roth, Maria Furtwängler und Hubert Burda (**auch weil sie die Auftaktsendung der neuen Show „Energie ohne Grenzen" gemeinsam moderieren könnten**), Ekkehard Schulz, Heinrich von Pierer, Ulrich Grillo, Klaus Mittelbach, Martin Winterkorn, Hans-Olaf Henkel (auch um sich zu besinnen), Rene Obermann, Matthias Willenbacher, Udo Möhrstedt, Gerhard Knies, Kurt Sigl, Michael Hofmann, Christian Hinsch, Christian Heep, Burkhard Duttlinger, Markus Schächter und Dieter Stolte (auch weil sie die Energie grenzenlos erscheinen lassen können – Wetten dass.. ?) u. v. a. m.

6. Gegen fossile Energie

Die Einsicht wächst, dass wir mit Öl, Kohle, Gas und Uran seit über 100 Jahren auf dem Holzweg sind.

Berthold Brecht sagte:
„Und sie sägten an den Ästen, auf denen sie saßen, und schrien sich zu ihre Erfahrungen, wie man besser sägen könne. Und fuhren mit Krachen in die Tiefe, und die ihnen zusahen beim Sägen, schüttelten die Köpfe und sägten kräftig weiter."

Die Verbrennung fossiler Energie ist die Ursache für den ungebremsten Klimawandel, der sich in nie dagewesenem Tempo vollzieht. Die Folgen sind katastrophal. Nüchtern betrachtet sind wir auf dem Weg, uns umzubringen.

Mojib Latif sagt:

„Wir müssen zeigen, dass es möglich ist, dem Klimawandel mit Hilfe der sauberen Energien Herr zu werden. Denn das Klimaproblem ist letzten Endes ein Energieproblem – und mit sauberer Energie können wir es auch lösen. Deutschland hat weltweit die besten Ingenieure und kann hier einen wichtigen Beitrag leisten. Und wenn wir es hinkriegen, dann werden alle anderen es auch nachmachen."

Dass wir uns tatsächlich auf einem Irrweg befinden, zeigt auch die von den Kohle-, Gas-, Uran- und Ölbaronen betriebene logistische Verteilung der fossilen Energieträger rund um den Erdball bis zu ihren Verbrennungsanlagen.

Beispiel: Die Steinkohle wird u. a. in Kolumbien unter Tage abgebaut, an die Erdoberfläche gefördert und auf LKW verladen. Anschließend fahren die Laster zu den Exporthäfen, wo die Kohle vom LKW auf Schiffe umgeladen wird. Danach geht`s per Schiff zu den Bestimmungshäfen u. a. in Europa. Dort wird die Kohle vom Schiff wieder auf LKWs und Züge verladen. Nun fahren die Laster und Züge die Kohle zu den Kohlekraftwerken, wo die Kohle am Ende verbrannt wird.

Nicht nur logistisch ein Irrweg! Sind wir noch zu retten?

Christoph Bautz und Campact sagen:

„Die Kohleverstromung, die ist ein Relikt aus dem letzten Jahrhundert. Die Zukunft gehört nicht einer Steinzeittechnologie. Die Zukunft ist erneuerbar, sie gehört Sonne und Wind! Das, was hier passiert, das ist ein Verbrechen! Ein Verbrechen an unserer Landschaft, am Klima auf unserem Planeten und an künftigen Generationen. Wir sagen: Schluss mit diesem Kohle-Irrsinn. Macht die Tagebaue und Kohlemeiler so schnell wie möglich dicht! Wenn wir vermeiden wollen, dass die Klimaerwärmung unbeherrschbar wird, dass es zu einem massenhaften Artensterben kommt, dass überall Staaten von Dürren oder Stürmen gepeinigt auseinander fallen und noch viel größere Flüchtlingsströme als dieser Tage entstehen, wenn wir unendliches Leid verhindern wollen – dann müssen wir sehr, sehr schnell und sehr, sehr konsequent handeln. Gemeinsam haben wir eine Botschaft an die Konzerne: Die Zeiten sind vorbei, in denen ihr Profite machen konntet auf Kosten des Klimas – jetzt trefft ihr überall rund um den Globus auf unser aller Widerstand! Wir alle haben es in der Hand, gemeinsam auch in Deutschland eine kraftvolle Klimabewegung in ihrer ganzen Vielfalt entstehen zu lassen."

Beim Öl ist die Logistik von den Stätten der Erzeugung bis zu den Stätten der Verwendung im Prinzip die gleiche:

Plattform, Tanker, Prügelknabe, Raffinerie, Pipeline, Tanklager, Tankwagen, Tankstelle, Verbrenner – sind wir noch bei Sinnen?

Bleiben wir noch einen Augenblick beim Öl. 1973 vor der ersten Ölkrise kostete das Barrel Öl (149 Liter) weniger als fünf Dollar. Die Ölscheichs waren damals schon steinreich. 2014 kostete das Barrel Öl auf dem Weltmarkt bis zu 115 Dollar, bevor es im Jahr 2015 auf unter 40 Dollar abstürzte. Hauptursachen sind der Fracking-Boom vor allem in den USA und das Festhalten an der Förderquote seitens der OPEC-Staaten – angetrieben von Saudi-Arabien. Die Erzeugungskosten für das US-Fracking liegen im Durchschnitt bei 60 Dollar pro Barrel. Die Erzeugungskosten in der Wüste Saudi-Arabiens liegen teilweise unter 5 bis maximal 15 Dollar.

Das heißt, die Ölscheichs können eine weitere Preisreduktion locker aushalten, bis die Fracking-Firmen pleite sind. Danach werden die Preise durch die OPEC wieder langsam auf ein neues Rekordniveau gehoben. Das zumindest erhoffen sich die Menschen besonders in Russland, Venezuela und im Iran. In diesen Ländern ist ein Ölpreis von ca. 100 Dollar pro Barrel erforderlich, um deren Staatshaushalte zu füllen und deren Bevölkerung zu ernähren und bei Laune zu halten. So hat Venezuela Mitte Januar 2016 bei einem Ölpreis von unter 30 Dollar pro Barrel den „ökonomischen Notstand" erklärt. Von Mitte 2014 bis Ende 2015 haben die Öl-Förderer an den Börsen mehr als eine Billion Dollar verloren. Das ist etwa so viel, wie alle deutschen Dax 30 Unternehmen im Januar 2016 an der Börse wert waren. Die derzeitigen Vorteile für die USA und Saudi-Arabien auf der einen Seite und die enormen Nachteile für Russland, Venezuela und den Iran auf der anderen Seite erzeugen neue Spannungsfelder. In einem ohnehin schon angespannten Verhältnis zwischen diesen Staaten könnten zeitgleich mehrere Pulverfässer auf der Welt entstehen. Damit einhergehende Inflationen und Rezessionen wären dann noch das kleinere Übel. Auch diese Wiederholung sei hier erlaubt: Gott bewahre uns vor einem Ölkrieg!

Es kann aber auch ganz anders kommen: Werden die Signale des Pariser Weltklimavertrages vom 12. Dezember 2015 richtig gedeutet, so sind diejenigen im Vorteil, die sich schon heute zunehmend von Kohle, Öl und Gas verabschieden. Dann könnte auch der Ölpreis noch weiter fallen, weil die noch großen Ölreserven durch den Klimavertrag entwertet werden. Dies könnte auch der Grund dafür sein, dass wichtige OPEC-Staaten die Ölförderquote hoch halten: um von dem „schwarzen Gold" so viel wie möglich so schnell wie möglich zu verkaufen. So betrachtet, sehen wir die Vorboten eines neuen Zeitalters mit mehr erneuerbarer Energie. Danach hätten wir nicht zu wenig, sondern zu viel Öl. Es muss dann nur darauf geachtet werden, dass eine Panik unter den Ölaktionären nicht das Finanzsystem ins Wanken bringt. Wenn sich die großen Konzerne strategisch neu aufstellen, wie das zur Zeit bei E.On abläuft, kann so etwas verhindert werden.

E.On spaltet gerade Kohle, Gas und Atomkraft, also das traditionelle Kerngeschäft, ab. Was auch immer die Beweggründe des größten deutschen Energieriesen sein mögen, die Quintessenz ist: Mit fossilen Kraftwerken lässt sich kein Geld mehr verdienen.

Im Jahr 2015 hat E.On wegen der weggebrochenen Gewinnaussichten für Großkraftwerke Abschreibungen in Höhe von 8,8 Milliarden Euro gebucht. Am 10. März 2016 lag der Aktienkurs bei 8 Euro. Am 11. Januar 2008 betrug er 148 Euro. E.On will sich künftig auf das Geschäft mit erneuerbaren Energien konzentrieren. Der Vorstandsvorsitzende von E.On Johannes Teyssen sagte am 30.11.2014: *„Die drastische Veränderung der globalen Energiemärkte erfordert einen mutigen Neuanfang".* (Quelle: http://www.n-tv.de/wirtschaft/Eon-spaltet-Kohle-und-Atomstrom-ab-article14064751.html).

Die alte E.On heißt „Uniper". Aktionäre bezeichnen diese abgespaltene Gesellschaft für Kohle-, Gas- und Atomkraftwerke als „bad bank" – eine Art Deponie für „faule Eier", weil sie mit Technik von gestern in die Energiewelt von morgen geht. „Uniper" muss sich nun mit den unrentablen Großkraftwerken herumschlagen und sich vor allem auch um den Atomausstieg kümmern.

Auch bei RWE hat die Abspaltung der fossilen und atomaren Geschäftsfelder im Jahr 2015 begonnen. Aus gutem Grund: RWE musste für das Jahr 2015 wegen der immer schlechteren Aussichten für das Geschäft mit Kohle-, Atom- und Gaskraftwerken rund 2,1 Milliarden Euro abschreiben. RWE hat daraufhin die Dividende für Aktionäre gestrichen. Der Börsenkurs fiel am 17. Februar 2016 um 12,42 Prozent. Der Ausbau der Stromerzeugung aus erneuerbaren Energien soll dagegen ein Eckpfeiler der Wachstumsstrategie werden. Auf der Halbjahrespressekonferenz der RWE AG am 13.08.2015 sagte Peter Terium: *„Die Energiewelt wird elektrischer, sie wird mehr dezentral und somit komplexer. Sie wird über intelligente Netze und Produkte enger vernetzt sein, und sie wird mit dem Ausbau der erneuerbaren Energien nachhaltiger".* (Quelle: http://www.rwe.com/web/cms/mediablob/de/2847058/data/2847158/4/rwe/investor-relations/Rede-zur-Pressetelefonkonferenz.pdf (Seite 11)).

RWE hat am 17.08.2015 in Ibbenbühren eine Pilotanlage zur Speicherung von Wind- und Sonnenstrom in Betrieb genommen. Diese Anlage produziert aus Strom Wasserstoff. Das Gas wird gespeichert und kann in einem Blockheizkraftwerk wieder zu Strom umgewandelt werden. Es soll sich um die effizienteste Power-to-Gas-Anlage in Deutschland handeln – mit einem Wirkungsgrad von 75 Prozent.

Garrelt Duin sagt:

„Solche Anlagen können eine Schlüsselrolle für die Energiewende einnehmen. Die Wende zu den erneuerbaren Energien kann nur gelingen, wenn wir deren Energie auch speichern können. 'Power-to-Gas' ist eine solche Möglichkeit. Erneuerbare Energien, Gasnetz und Fernwärme miteinander verbunden – das ist ein wirkliches Pilotprojekt. Jetzt kann daran gearbeitet werden, das Power-to-Gas-Verfahren wirtschaftlich zu machen."

Das letzte Gipfeltreffen der G7-Staaten fand am 7. und 8. Juni 2015 in Deutschland statt.

Vor diesem Gipfeltreffen hatten wir unsere Bundeskanzlerin Angela Merkel auch als Gastgeberin um folgende Initiative gebeten:

Die aus der Verbrennung fossiler Energieträger resultierenden Treibhausgase sollten so schnell wie möglich – spätestens bis zum Jahr 2050 – verboten werden. So, wie wir auch FCKW aufgrund ihrer Ozon schädigenden Wirkung und Asbest wegen seiner Krebs erzeugenden Wirkung verboten haben.

Wir interpretieren das Ergebnis des G7-Gipfels zum Klimaschutz wie folgt:

Empfehlung bzw. Ankündigung, aus der Gewinnung und Verbrennung fossiler Brennstoffe endgültig auszusteigen zu Gunsten einer globalen Energiewende durch die Erzeugung, Speicherung und Nutzung von erneuerbaren Energien im Laufe des 21. Jahrhunderts. Bei der Energiegewinnung sollen Kohle und Öl bis 2050 deutlich zurückgefahren werden. Die Treibhausgase sollen bis 2050 im Vergleich zu 2010 um bis zu 70 Prozent reduziert werden. Daraus ergibt sich konsequenterweise ein schrittweises Verbot von Treibhausgasemissionen aus der Verbrennung fossiler Energieträger. Eine andere Deutung in Richtung Kompensation, z. B. durch Kohlendioxidspeicherung in Kavernen, können wir uns nicht mehr erlauben, da hierdurch eine weitere unverantwortbare Erblast entstehen würde. Auch die Aufforstung oder Ozeandüngung dürfen nicht zum Ausgleich fossiler Treibhausgasemissionen angerechnet werden.

Mit Spannung haben wir auf die UNO-Vollversammlung im September 2015 in New York geblickt. 193 UN-Staaten haben 17 Ziele zur Verbesserung der Welt verabschiedet, die seit dem 1. Januar 2016 gelten. Der Klimaschutz und der Ausbau erneuerbarer Energien sind auch dabei. Die Umsetzung ist – wie so oft – **nicht verpflichtend**. Jeder Mitgliedsstaat soll so gut wie möglich zur Realisierung beitragen. Der jeweilige Staat kann dabei selbst entscheiden, mit welchen Maßnahmen er die Ziele erreichen will. Der G20-Gipfel am 15. und 16. November 2015 in der Türkei hat gezeigt, wie ernst die Industrienationen ihre Ziele und Verpflichtungen nehmen. In der Abschlusserklärung hieß es lapidar: „Wir unterstützen energische und wirksame Aktionen, um den Klimawandel anzupacken". Wir hatten hingegen auf eine große Anstrengung gesetzt, vor allem China, Indien und Russland zu überzeugen, sich den Klimaschutzempfehlungen des G7-Gipfels zur Dekarbonisierung der Welt im Laufe des 21. Jahrhundert anzuschließen. Da dies nicht gelungen ist, war abzusehen, dass es auch beim Abschluss des globalen Klimaschutzvertrages am 12. Dezember 2015 in Paris keinen Durchbruch in diese Richtung geben würde. Die Empfehlungen des G7-Gipfels zur Dekarbonisierung der Welt müssen zwingend in ein **verbindliches und messbares Instrument** umgewandelt werden, dass schnellstmöglich in Kraft tritt und umgesetzt wird. Um dieses Ziel zu erreichen, hätten die Verantwortlichen bereits vor dem **G20**-Gipfel ein Signal aussenden müssen, mit dem die Weiche im Jahr 2016 wieder von G7 auf **G8** gestellt wird. Dass Wladimir Putin ohne Abendessen vorzeitig den G20-Gipfel 2015 verließ, spricht Bände. Mit dem Wissen von heute können wir voraussehen, dass uns der selbst verursachte Klimawandel in den kommenden Jahren und Jahrzehnten noch die eine oder andere gelbe oder rote Karte zeigt und uns zwingt, die Spielzeit zu verkürzen. Die Unbelehrbaren werden dann das Spielfeld verlassen müssen. Unsere Hoffnung gilt den Regierungsverantwortlichen, die als Hauptfiguren vorgewarnt im Spiel bleiben, damit wir am Ende alle als Sieger vom Platz gehen dürfen. Vor allem die G20-Chefs stehen in der Pflicht, die Absichten der Kohle-, Öl- und Gasbarone, wie sie u.a. in der Dokumentation *Das Blut der Welt – Kampf um Öl* gezeigt werden, zu vereiteln – **und zwar jetzt zu ihren Lebzeiten!**

Elizabeth Kolbert sagt:

„Das Leben wird weitergehen. Aber es wird nicht die Welt sein, die wir Menschen haben wollen. Vieles wird passieren, egal, wie sehr wir uns jetzt anstrengen. Aber es gibt einen Unterschied zwischen schlimm und verheerend. Unsere letzte Chance ist jetzt, die ganz große Katastrophe zu verhindern. Es muss eine breite politische Aktion initiiert werden. Weltweit und mit allen Ländern. Wir müssen diesen riesigen ökonomischen Motor, der auf fossilen Brennstoffen basiert, komplett umbauen zu einem, der das nicht mehr tut. Es gibt derzeit ein paar Funken der Hoffnung, mehr aber auch nicht. Die Ankündigungen der G7-Staaten vom 8. Juni 2015 zur Dekarbonisierung der Welt im laufenden Jahrhundert sind leere Versprechen, da keiner der Regierungschefs der G7 zum Ende dieses Jahrhunderts noch leben wird. Wichtiger ist, was die Regierungen konkret tun. Deutschland unternimmt viel, aber es reicht längst nicht. Auch die Deutschen lieben das Autofahren und das Fliegen. Mit der Energiewende macht das Land jedoch vor, was möglich sein könnte. Ein starkes Signal, das vielleicht in die Geschichtsbücher eingehen wird. Wenn wir nicht endlich vernünftig werden, kann es gut sein, dass wir nur ein verrückter Unfall der Evolution sind, der inkompatibel mit dem Leben auf der Erde ist. Ich glaube, die Erde wäre froh, wenn sie uns – in unserer jetzigen Verfassung – abschütteln könnte. Der Mars als neuer Lebensraum des Menschen wäre für die Erde eine gute Lösung – nicht aber für uns Menschen. Ich verstehe ehrlich gesagt das ganze Marsprojekt nicht. Warum sollten wir von einem Planeten mit Sauerstoff auf einen ohne ziehen? Eigentlich ist es eine lächerliche Idee. Besser wäre es, die Milliarden zu nehmen und sie für die Rettung der Erde zu nutzen. Ich sehe zwei Extrem-Szenarien: Entweder wir lösen ein Massensterben aus, das wir selbst nicht überleben, oder wir entgehen mit dem uns eigenen Erfindergeist der Katastrophe."

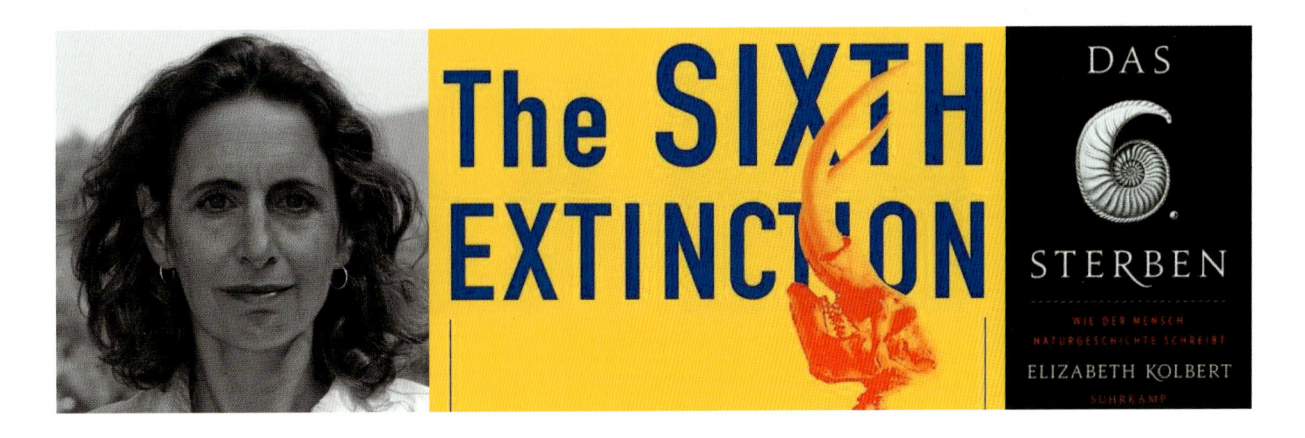

Reiner Klingholz sagt zum Buch *Das sechste Sterben*:

„Wir haarigen Zweibeiner sind jetzt dabei, uns wie ein neuer Asteroid aufzuführen und ein Massensterben von erdgeschichtlichem Ausmaß zu inszenieren. Beängstigend wird es, wenn Elizabeth Kolbert schildert, wie die heutigen <u>Kohlendioxid-Emissionen die Weltmeere langsam, aber sicher versauern</u>. In gerade mal 100 Jahren haben wir mehr Kohlendioxid in die Atmosphäre geblasen, als unter natürlichen Umständen in ein paar Hunderttausend Jahren entstehen würde. In 50 Jahren haben wir eine Ozeanversauerung herbeigeführt, wie es sie vermutlich seit 50 Millionen Jahren nicht gegeben hat. Wir sollten das Thema, über das so viel geschrieben ist und das Elizabeth Kolbert in ihrem Buch fantastisch aufbereitet hat, ernst nehmen, weil mit dem Verschwinden der Tier- und Pflanzenarten eine fundamentale Veränderung der Lebensgrundlagen für uns Menschen einhergeht. Wir sollten den verträumten Begriff des Naturschutzes ablegen und uns dringend dem Menschenschutz widmen. Selbst wenn wir weitere Lücken in die Biodiversität reißen, mit dem Verschwinden der kompletten Homo-sapiens-Sippe ist vorerst nicht zu rechnen. Aber die Gefahr ist groß, dass wir uns an extreme, unangenehme Lebensbedingungen anpassen müssen. Es geht nicht darum, ob wir aussterben oder nicht, sondern was wir tun können, um den Schaden an unserer Umwelt im eigenen Interesse zu minimieren."

Und nun zur so genannten zivilen und friedlichen Nutzung der Atomkraft und zum Umgang mit radioaktiven Abfällen: Vor 30 Jahren, am 26. April 1986, explodierte Block 4 des Atomkraftwerks Tschernobyl. Rund fünf Millionen Menschen waren betroffen, ein Gebiet von 145 000 Quadratkilometern wurde kontaminiert. Die 30-Kilometer-Zone rund um den Reaktor ist nach wie vor unbewohnbar. Allein der volkswirtschaftliche Verlust wird auf 180 Milliarden US-Dollar geschätzt. Offiziell hat Tschernobyl 4000 Todesopfer gefordert. Mediziner vermuten jedoch, dass insgesamt 1,4 Millionen Menschen an den Folgen der Katastrophe starben. Der Gau im Atomkraftwerk von Fukushima am 11. März 2011 verursachte den bislang größten volkswirtschaftlichen Schaden. Schätzungen zu Folge liegt er bei 250 bis 260 Milliarden Dollar.

Beim Rückbau stillgelegter Atomkraftwerke (AKW) werden als erstes die Brennstäbe entfernt und irgendwo zwischengelagert. Damit werden 99 Prozent der Radioaktivität aus den AKWs entfernt. **Um das letzte 1 Prozent Radioaktivität in den AKWs zu kontrollieren und zu dekontaminieren, dauert der Rückbau stillgelegter AKW 20 Jahre und länger.** Wie viele Milliarden Euro hierbei tatsächlich verschlungen werden, wissen wir wohl auch erst in 20 Jahren. Die Rückstellungen der AKW-Betreiber für den AKW-Rückbau werden hoffentlich reichen. Die Rückstellungen für die Atommüllendlagerung mit Sicherheit nicht. **Und das müssen Sie auch nicht, weil der Steuerzahler in die Bresche springt.** So will das jedenfalls der Vorschlag der Kommission zur Finanzierung des Atomausstiegs vom 27. April 2016. Gut 23 Milliarden Euro sollen die Betreiber demnach in einen kontrollierten Fonds einzahlen. Trotz anfänglicher Verweigerung ist es unwahrscheinlich, dass die vier großen Energiekonzerne am Ende den von der Kommission vorgelegten Kompromiss ablehnen werden. Zu verlockend ist das Angebot, dem selbst die Vertreter der Gewerkschaften und der Grünen zustimmten. Der Atom-Deal hat einen klaren Gewinner: die Atomwirtschaft, die sich damit ihrer Verantwortung entledigen und von ihrer Entsorgungspflicht freikaufen kann. Das Risiko bleibt beim Steuerzahler, und das könnte richtig teuer werden. Eine Expertenkommission rechnet in den kommenden Jahrzehnten mit einem Kostenanstieg auf 50 bis 70 Milliarden Euro. Bis 2099 sollen sich die Kosten für den AKW-Rückbau und die Entsorgung der Brennstäbe auf 170 Milliarden Euro auftürmen. Die 19-köpfige Expertengruppe der Kommission sah wohl auch die Gefahr, dass die Stromkonzerne bei einer höheren Belastung mit ihren ohnehin schon roten Zahlen das Handtuch werfen und Insolvenz anmelden. Dann würde das Risiko ganz auf den Steuerzahler übergehen.

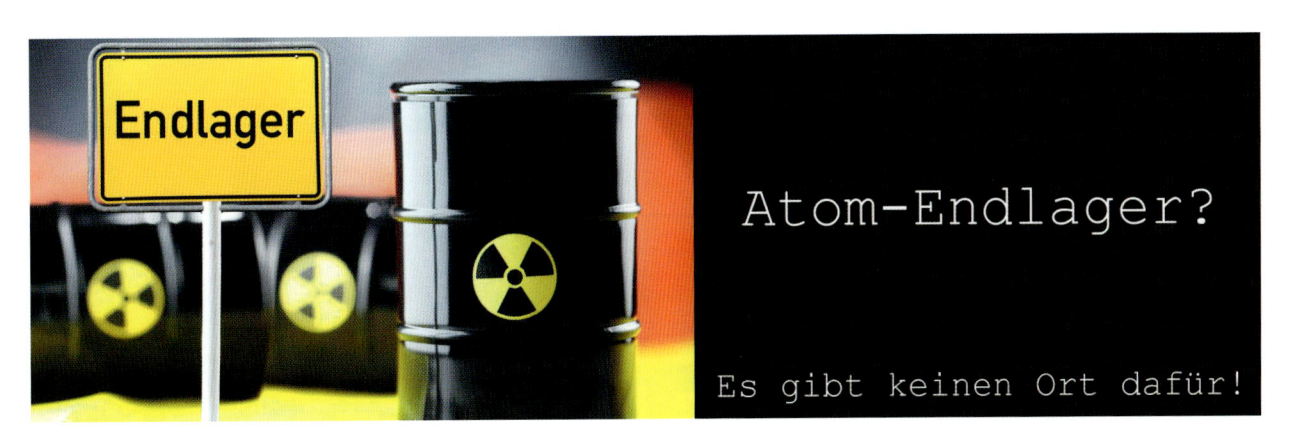

Im deutschen Abfallrecht ist die Industrie nach dem Kreislaufwirtschaftsgesetz verpflichtet Abfälle zu vermeiden, schadlos zu verwerten oder ordnungsgemäß zu beseitigen. Für radioaktive Abfälle gilt diese Grundpflicht nicht. Das war von vornherein eine fehlerhafte Geburtshilfe bzw. ein gravierender Geburtsfehler für die vor über 50 Jahren politische gewollte zivile Atomkraftnutzung. Weltweit fallen in Kernkraftwerken jährlich gut 12 000 Tonnen des gefährlichsten Mülls an, davon rund 450 Tonnen in Deutschland. Im hochradioaktiven Abfall finden sich neben Plutonium einige extrem langlebige, neu entstandene Elemente. Die Halbwertzeiten liegen zwischen 24 000 und über einer Million Jahren. Bis zum heutigen Tag existiert weltweit kein einziges Endlager für hochradioaktive Abfälle. Die Prüfung von Entsorgungsmöglichkeiten wie das Verklappen in den Ozeanen, die Entsorgung im Weltall oder das Einschmelzen im Eis der Antarktis zeigt die Hilflosigkeit der Verantwortlichen. Atomkraft ist weder billig noch sauber, sondern viel zu teuer und viel zu gefährlich. Die Experten sind sich einig: die Endlagerung des deutschen Atommülls wird sich noch hinziehen und nicht vor dem Jahr 2170 abgeschlossen sein. **Insgesamt beträgt der volkswirtschaftliche Schaden durch die zivile Nutzung der Atomkraft bisher über eine Billion Dollar und wird auch dadurch zum Desaster.**

Sebastian Pflugbeil sagt:

„Nach Fukushima haben wir heute die gleiche Situation. Dass wieder die internationalen Gremien, die gleichen Fragen aufwerfen. Die gleichen skeptischen Dinge publizieren, wie das nach Tschernobyl war, wo man nichts wissen wollte von irgendwelchen Gesundheitsschäden. Weil das eben die weitere Nutzung der Kernenergie gefährdet hätte. Hans Blix, Chef der IAEA (Internationale Atomenergiebehörde), hat nach Tschernobyl gesagt: 'In Anbetracht der großen Bedeutung der Kernenergie für die Menschheit würde ich es für akzeptabel ansehen, dass jedes Jahr ein Unfall von der Dimension Tschernobyl passiert.' Eine Kollegin von mir hat ihn nach Fukushima am Rande einer Wiener Talkshow gefragt: Was Sie damals gesagt haben nach Tschernobyl, würden Sie das heute immer noch sagen? Da sagt er: 'Ja, natürlich'. Bis heute gibt es die Vorstellung, dass es nach Tschernobyl ungefähr 30 Tote gab und ein paar Kinder mit Schilddrüsenkrebs, die man gut behandeln kann. Wenn man sich aber die Mühe macht und nach Weißrussland oder die Ukraine fährt, dann findet man Belege dafür, dass das einfach gelogen ist. Ich habe Anfang der 90 er Jahre einen Bericht über Entschädigungszahlungen für Familien gelesen, deren Väter durch den Einsatz im verstrahlten Gebiet um Tschernobyl gestorben sind: das waren 19 000 Menschen allein in der Ukraine. Die Liquidatoren kamen aber aus der gesamten Sowjetunion. Und dann die totgeborenen Kinder, die Embryonen – da kommen wir dann in den Millionenbereich. Dass einem die Politiker nicht immer die Wahrheit sagen, überrascht nicht. Dass aber Wissenschaftler dazu bereit sind, öffentlich Lügen zu verbreiten, das ist bitter. Und das Gleiche erleben wir in Fukushima wieder."

Eveline Lemke sagt:

„Atomenergie und fossile Energieträger haben keine Zukunft, ja, sie gefährden sie sogar. 'Gestalten, um zu verbessern', bedeutet, den Ausbau der erneuerbaren Energien zu forcieren, um die Auswirkungen des Klimawandels zu begrenzen. Der Klimaschutz ist eine der zentralen Herausforderungen unserer Zeit. Der voranschreitende Klimawandel hat gravierende Folgen und stellt eine existenzielle Bedrohung für unser Leben dar. Klimaschutz ist daher in einem fundamentalen Sinne Artenschutz."

Bello sagt:

„Herr Otto Mohl fühlt sich (un)wohl am Pol ohne Atomstrom."

… und freut sich mit dem Eisbären, dass die Ölbarone unter den Polkappen nicht nach Öl bohren werden – sofern der Eisschutzschild hält und der Ölpreis so niedrig bleibt. Der britisch-niederländische Ölkonzern Shell hat seine umstrittenen Erkundungen vor der Küste Alaskas gestoppt. Als Gründe nannte Shell Ende September 2015 mangelnden Erfolg und zu hohe Kosten.

Im Jahr 2011 wurden weltweit mehr als 60 Millionen Neufahrzeuge in den Verkehr gebracht. 2014 waren es bereits 75 Millionen. Bis 2020 soll die Anzahl auf 100 Millionen und bis 2050 sogar auf über 200 Millionen Neufahrzeuge pro Jahr anwachsen. Im Jahr 2050 sind dann um die drei Milliarden Fahrzeuge auf der Welt unterwegs – meistens weniger als eine Stunde am Tag. Diese Zahlen verdeutlichen, wie notwendig in Zukunft eine nachhaltige Mobilität sein wird, das heißt eine, in der der ölbasierte Antrieb und der Individualverkehr die heutige Dominanz verlieren – besonders in unseren Großstädten und künftigen Megacities.

Hellmuth Karasek sagte:
„Das Auto hat dem Menschen die Freiheit versprochen,
aber durch die ungeheure Vermehrung hat es die Freiheit wieder genommen."
„Vor Gott sind alle Menschen gleich, vor dem Stau alle Autos."

Elon Musk sagt auf die Frage zur völligen Freigabe aller Tesla-Patente:
„Es wäre kurzsichtig, das alles für uns zu behalten".

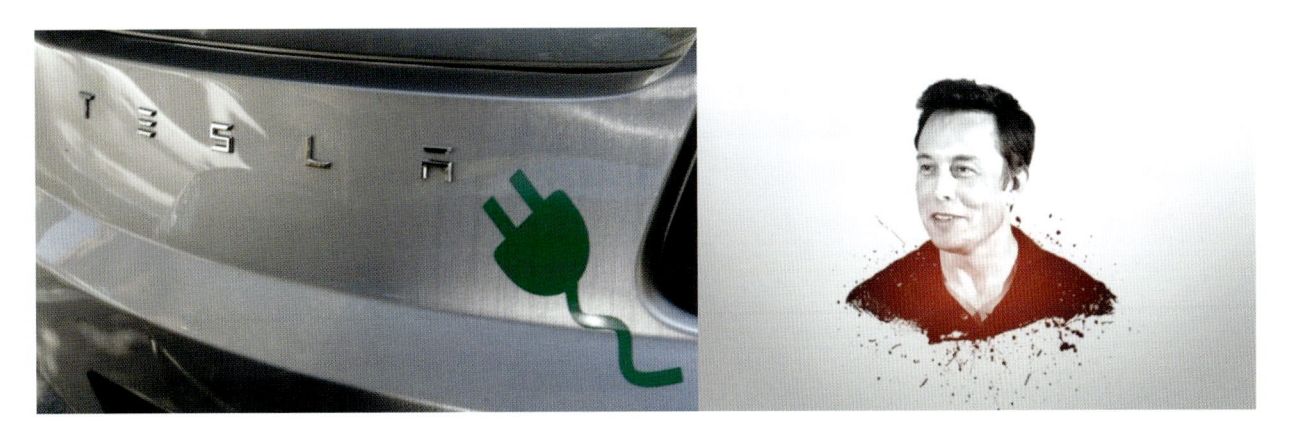

Statt seine Konkurrenten auszubremsen,
will er sie ermutigen, auf den Elektrozug aufzuspringen!

Auch Apple verfolgt das Ziel, Elektroautos zu entwickeln. Solche Pläne großer IT-Konzerne dürften die traditionellen Autobauer unter Druck setzen, gelten doch der Elektro-Antrieb und die Vernetzung der Fahrzeuge als Zukunftsgeschäft der Branche. Zur Bereitstellung von grünem Strom, mit dem auch Elektroautos „aufgetankt" werden können, baut Apple derzeit eine riesige Solaranlage in Kalifornien und investiert dafür 850 Millionen Dollar. Das über fünf Quadratkilometer große Solarzellen-Feld soll auch genug Strom für den neuen zentralen Apple-Bürokomplex in Cupertino produzieren.

Tim Cook sagt:

„Wir machen das, weil es das Richtige ist. Wir bei Apple wissen, dass der Klimawandel Realität ist. Die Zeit des Redens ist vorbei, nun muss gehandelt werden."

Udo Möhrstedt sagt:

„Wir setzen uns für eine nachhaltige und umweltverträgliche Stromversorgung ein – und das seit 1982. Denn uns war schon bei der Unternehmensgründung klar: Wir benötigen eine neue Art der Energieversorgung, unabhängig von fossilen Brennstoffen und Atom. Wir beweisen gesellschaftliche Verantwortung: Das Wohl der Gesellschaft, Umwelt und soziale Belange werden neben rein wirtschaftlichen Aspekten stets in der Strategiegestaltung berücksichtigt."

Michael Otto sagt:

„Wir haben in Deutschland eine Umwelttechnologie, mit der wir in der Welt führend sind und die inzwischen auch zu einem Exportschlager wird. Das ist einer der wenigen innovativen Bereiche, die wir haben."

Kurt Sigl sagt:

„Elektromobilität ist viel mehr als nur ein Thema für vier Räder. Es geht hierbei um die Erhaltung der Mobilität als Voraussetzung und Treiber unseres Wohlstands. Die Voraussetzung dafür ist eine effizientere Nutzung der zur Verfügung stehenden Ressourcen, Infrastrukturen und Räume bei gleichzeitiger Reduktion schädlicher Emissionen. Rund 20 Prozent des deutschen Treibhausgasausstoßes resultiert aus dem zunehmenden Transport von Menschen und Gütern, ein Großteil dabei aus dem Straßenverkehr, insbesondere durch PKW. Wer mehr Klimaschutz und weniger Abhängigkeit von importiertem Erdöl will, muss erneuerbare Energien auch im Verkehrssektor verstärkt zum Einsatz bringen."

Der neunzehnjährige Lukas Horn sagt:

„Bei meinem ersten Fernsehauftritt beim Fahrschulprojekt von EnORM e. V. im Sommer 2013 ist mir folgendes klar geworden: Jeder, der es elektrisch probiert, ist begeistert. Egal ob mit Fahrrad, Roller oder Auto – trotz des fehlenden Motorgeräusches oder gerade deswegen. In jedem Fall müssen die Menschen in der Praxis noch stärker an die Elektromobilität herangeführt werden. Dies gilt auch und besonders für die nächste Generation der Autofahrer. In Deutschland werden in über 13 000 Fahrschulen jedes Jahr mehr als eine Million Fahrschüler für ihre Teilnahme im Straßenverkehr ausgebildet. Hier finden wir einen idealen Multiplikator und Wegweiser, um die Elektromobilität in die Köpfe und Herzen der zukünftigen Autofahrer zu transportieren – vorausgesetzt, die Autoindustrie und die Fahrschulen spielen mit. Dies setzt die Verfügbarkeit geeigneter Elektrofahrzeuge und Schulungsinhalte voraus. Firmen wie Audi, BMW, Daimler, Opel und Volkswagen sollten das Heft in die Hand nehmen und die deutschen Fahrschulen schnellstmöglich mit elektrisch angetriebenen Fahrzeugen versorgen. Die Fahrschulen warten nur darauf. Schließlich sind die Fahrschüler von heute die Autofahrer und Konsumenten von morgen. Enorm wichtig sind auch intelligente Kaufanreizsysteme, die von den Autoherstellern und den politischen Entscheidungsträgern gemeinsam entwickelt und umgesetzt werden sollten. Hierdurch würde die Elektromobilität so richtig ins Rollen kommen."

Wolfgang Bühring sagt:

„Wind- und Sonnenenergie werden zu 90 Prozent in die regionalen Verteilnetze der Stadtwerke eingespeist. Diese Netze müssen deshalb leistungsfähig gemacht werden."

Marc Zoellner sagt:

„Die zunehmende Nutzung regenerativer Energien und die Umstellung auf emissionsfreie Antriebe steigert die Bedeutung wiederaufladbarer Energiespeicher. Wir entwickeln marktfähige Zukunftskonzepte und leisten damit einen wichtigen Beitrag zur Lösung der gesellschaftlichen Herausforderungen, die sich aus der Umsetzung der globalen Klimaschutzziele ergeben."

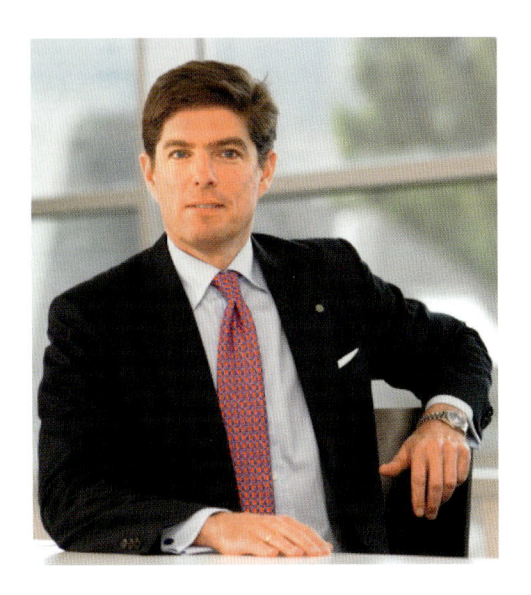

Herbert Schein sagt:

„Die wichtigste Antwort auf den Klimawandel ist saubere Energie. Damit sie immer und überall verfügbar wird, arbeiten wir an innovativen Speichern und ihrem intelligenten Management. Das hilft dem Weltklima – und auch der deutschen Wirtschaft."

Renzo Sciullo sagt:

„Die weltweite Zunahme der Fahrzeug-Zulassungen in den letzten Jahrzehnten und die sich daraus ergebenden Prognosen bis ins Jahr 2050 deuten in eindrucksvoller Weise darauf hin, dass die Massenmotorisierung Dimensionen erreichen könnte, deren Folgen für Mensch und Klima drastische Ausmaße annehmen dürften, sofern das durchschnittliche CO_2-Emissionsniveau der im Verkehr befindlichen Fahrzeuge bis dahin nicht deutlich und auch kontinuierlich abnimmt. Sollte sich der Motorisierungsumfang der Weltbevölkerung bis zum Jahre 2050 hin zu einem derzeit lediglich EU-weit verzeichneten Niveau von durchschnittlich ca. 45 Prozent entwickeln, würde somit der weltweite Fahrzeugbestand auf 4,185 Milliarden anwachsen. Demzufolge müssten im Hinblick auf die in der EU angestrebten Zielsetzungen für 2050 die Emissionswerte bei gleichbleibender km-Fahrleistung konsequenterweise weltweit zwischen 20 und 30 g CO_2/km liegen."

Über den Verband der Automobilindustrie (VDA) kommunizierte die deutsche Autoindustrie im Jahr 2015 folgendes: *Die deutsche Automobilindustrie treibt die Entwicklung der Elektromobilität mit großem Engagement voran, denn Klimaschutz, knapper werdende fossile Brennstoffe und ein erhöhter Mobilitätsbedarf durch steigende Bevölkerungszahlen erfordern neue Lösungen und alternative Antriebe. Elektrifizierte Fahrzeuge können einen wesentlichen Beitrag zum Umweltschutz und zur Emissionsvermeidung leisten. Deshalb sind sie fester Bestandteil der Fächerstrategie der deutschen Hersteller und Zulieferer. Im Jahr 2015 steht Deutschland nun an einer neuen Wegmarke: Die Elektromobilität ist markttauglich. Schritt für Schritt formiert sich ein junger, noch kleiner Markt mit einer hohen Marktdynamik. In keinem anderen Land steht den Kunden dabei eine solche segmentübergreifende Fahrzeugvielfalt zur Auswahl. Die Elektrifizierung von Fahrzeugen der Zukunft gewinnt zunehmend an Bedeutung und unterstützt die Entwicklung des Gesamtsystems Elektromobilität. In diesem Gesamtsystem werden elektrische Fahrzeuge von Plug-In-Hybriden, über Range-Extender-Fahrzeuge bis hin zu batterieelektrischen Fahrzeugen und Brennstoffzellenfahrzeugen mit dem Energiesystem und dem Verkehrssystem vernetzt. Sie ergänzen damit die Mobilität der Zukunft.*

Im Jahr 2015 bestätigten die Vorstandsvorsitzenden der deutschen Autohersteller im Rahmen ihrer jeweiligen Produktpalette die optimistische Darstellung ihres Verbandes. Sie kündigten ein wahres Produktfeuerwerk zur Elektromobilität an und ließen sich in den Medien entsprechend zitieren. **Doch im Markt ist davon nichts zu spüren.** Die innovativen Konkurrenten schlafen nicht und haben im Hinblick auf ihren Marktwert ebenfalls enorme Potentiale (Marktkapitalisierung in Milliarden Euro am 13.11.2015: Apple 619,40; Google 439,50; Tesla 25,75; Volkswagen 52,76; Daimler 82,37; BMW 61,99; General Motors 50,50).

In den Medien wird bereits über mögliche Kooperationen zwischen führenden deutschen Autoherstellern (insbesondere BMW und Daimler) und Apple berichtet. Entscheidend ist dabei auch die Frage, inwieweit der Vorsprung der herkömmlichen Autohersteller bei Fahrzeugen mit Verbrennungsmotoren und deren Fahrzeugbau noch von Bedeutung ist. Schließlich werden bei der Elektromobilität und beim autonomen Fahren die Karten neu gemischt. Das betrifft sowohl die Produktionstechnik als auch die Datenverfügbarkeit und die Datenvernetzung. Es ist eher zu erwarten, dass nach Tesla auch Apple und Google sich in den relevanten Marktsegmenten der etablierten Autohersteller breit machen. Am Ende bleibt der klassischen Autoindustrie – wenn überhaupt – die Rolle der verlängerten Werkbank der Digitalbranche. Wer die Daten hat, … .Wer zu spät kommt, …

Joschka Fischer sagt:

„Der Verbrennungsmotor wird unter Druck geraten, was ich gut finde. Bei der Elektromobilität darf man den Zug diesmal nicht verpassen. Hier müssen die deutschen Fahrzeughersteller die richtigen Lösungen finden. Die Zukunft liegt vor allem auf dem asiatischen Kontinent, sprich China. Die chinesische Bevölkerung strebt einen westlichen Lebensstandard an, auch und gerade im Bereich Mobilität. Die emissionsfreie Mobilität, gepaart mit erneuerbarer Energie, ist eine der größten gesellschaftlichen Herausforderungen überhaupt – insbesondere in den Megacities, die gerade rund um den Globus entstehen. Genauso wichtig ist aber auch der Heimatmarkt, und dies ist der ganze EU-Raum. Wenn der anfängt sich zu desintegrieren, wird das negative Auswirkungen auch auf den Export haben. Ohne Innovationen wird man schnell überholt. Auch die deutsche Elektro- und Batterieindustrie ist einmal führend in der Welt gewesen, ehe diese wichtigen Industriezweige nahezu vollständig nach Asien abgewandert sind."

Lars Thomsen sagt:

„In den kommenden Jahrzehnten werden wir in unterschiedlichen Bereichen einen radikalen Wandel erleben – zum Beispiel in den Bereichen Mobilität, Energie und Kommunikation. Künstliche Intelligenz, technischer Fortschritt bei regenerativen Energieerzeugungs- sowie Energiespeichertechnologien und neue Materialien werden dabei eine Schlüsselrolle spielen. Ich kann Unternehmen und auch Investoren nur raten, sich rechtzeitig auf diese Umbrüche einzustellen. Ich gehe davon aus, dass es bereits 2017 keinen wirtschaftlichen oder qualitativen Grund mehr geben wird, ein Neufahrzeug mit Verbrennungsmotor zu kaufen. Dies gilt für Flottenfahrzeuge wie Busse, Lieferfahrzeuge und Taxis genauso wie für Privat-PKWs. E-Autos sind nicht nur klima- und umweltschonender, sondern vor allem spritziger, komfortabler und günstiger als vergleichbare Konzepte mit Verbrennungsmotor. Dann 'kippt' der Markt, und ab 2020 werden Verbrenner uns so alt erscheinen wie heute Schreibmaschinen im Vergleich zu Computern. Der Elektro-Pionier Tesla Motors führt in zahlreichen Märkten im Luxussegment mit seinem Model S die Verkaufslisten an und verkauft dort bisweilen mehr Fahrzeuge als jeder der deutschen Premiumhersteller. Die Entwicklung wird auch vor dem Massenmarkt nicht haltmachen. Dank einsetzender Skaleneffekte fallen die Preise für Akkus und E-Antriebe massiv. Auch Langstrecken sind mit Gleichstrom-Schnellladestationen kein Problem mehr – mit dem Tesla Model S kommt man so pro Tag über 2200 Kilometer weit. Wie schon immer in der Geschichte, kommen Umbrüche in Technologien und Industrien nicht ganz gemächlich, sondern massiv, wenn der 'Tipping Point' erreicht wird."

Wie massiv und wie schnell sich Umbrüche beschleunigen können, sehen wir an den absehbaren Auswirkungen des Fiaskos bei Volkswagen rund um den Diesel-Abgas-Skandal, der im September 2015 bekannt wurde. Die gesetzeswidrigen Abgastests und strafbaren Handlungen werden zwangsläufig dazu führen, dass die gesetzlichen Vorgaben bei den Abgasmessungen verschärft und weltweit harmonisiert werden. Die angegebenen Abgaswerte von Diesel- und Benzinfahrzeugen in den Hochglanzprospekten der Autohersteller müssen nachweislich den Werten entsprechen, die tatsächlich während des Betriebs im Straßenverkehr ausgestoßen werden. **Die Emissionen aus dem Auspuffrohr sind entscheidend und nicht die Zahlen, die der Bordcomputer ausspuckt oder der Prüfstand im Leerlauf anzeigt.** Kein Wunder, dass die Grenzwerte für Feinstaub in vielen Städten nicht eingehalten werden. Es muss Schluss sein mit der Schönfärberei, den Tricksereien und Manipulationen bei den Angaben zum Verbrauch und zu den Abgaswerten – und zwar in der Autoindustrie weltweit. Wenn die tatsächlichen Kohlendioxidemissionen zukünftig ermittelt werden, wird der Druck auf die Autohersteller noch größer. **Beispiel Europäische Union:** Bis 2021 muss der Grenzwert von 95 g Kohlendioxid pro Kilometer erreicht werden. Dieser Grenzwert lässt sich **in der Praxis** (im Flottendurchschnitt) nur durch den breiten Einsatz alternativer Antriebstechnologien erreichen. Damit wird das Ausrollen der Elektromobilität (mit zunehmend grünem Strom) über die gesamte Fahrzeugpalette in Form von Plug-In-Hybrid-, Range-Extender- und Voll-Elektrofahrzeugen zur großen Herausforderung und enormen Chance auch für die Autoindustrie. So wird aus Wunsch Wirklichkeit – für die proaktiven Autohersteller, die Autofahrer und zunehmend auch für unsere Umwelt. Es liegt nun an den Gesetzgebern, die Mobilität der Zukunft – gemeinsam mit der Autoindustrie – nachhaltig zu gestalten und zu fördern. Gleichzeitig realistisch und ambitioniert für alle Beteiligten ist die Festlegung eines Grenzwertes von 60 g Kohlendioxid pro Kilometer ab 2025. Dies entspricht einem Verbrauch von 2,5 Liter Benzin bzw. 2,3 Liter Diesel je 100 Kilometer (im Flottendurchschnitt). Danach werden die Verbrenner von Benzin und Diesel schon bald ein Teil der automobilen Geschichte sein. Das kann viel schneller passieren, als wir heute annehmen, besonders wenn der Wettbewerb und der Konsum durch gezielte Förderprogramme unterstützt werden.

Das von uns entwickelte Förderprogramm haben wir im November 2015 an die Bundeskanzlerin und die zuständigen Bundesminister sowie an die Entscheider in der Wirtschaft geschickt. Unser Vorschlag geht konsequenterweise zu Lasten der CO_2-Verursacher und zu Gunsten einer nachhaltigen Mobilität.

Der politisch beim G7-Gipfel 2015 in Deutschland anvisierte Ausstieg aus der Kohlenstoffwirtschaft (Kohle, Öl und Erdgas) im Laufe des 21. Jahrhunderts gibt Hoffnung auf weitere Anstrengungen, die über den symbolischen Weltklimavertrag vom 12. Dezember 2015 hinausgehen. Die „Dekarbonisierung" darf keine Worthülse bleiben. Den Worten müssen nun auch Taten folgen. Mit der Umsetzung unseres Förderprogramms könnte Deutschland einen weiteren Impuls auslösen, der weltweit ankommt. Dieses Förderprogramm berücksichtigt folgende Aspekte und enthält nachstehende Leitparameter:

- Ein Großteil der Verantwortlichen in der Automobilindustrie und der Bundesregierung setzen sich für ein geeignetes Förderprogramm mit Kaufanreizen ein.

- Die Kaufprämien sollten in Abhängigkeit von der elektrischen Reichweite bis zu 5000 Euro pro Fahrzeug betragen.

- Das Förderprogramm sollte zur Entlastung des Bundeshaushalts zu 50 Prozent über eine neue CO_2-Abgabe bis 2020 finanziert werden.

- Die CO_2-Abgabe sollte von sämtlichen CO_2-Verursachern **in der Wirtschaft** getragen werden – also auch von stationären Verursachern. Letztere, weil sie den Strom an der Börse bzw. im außerbörslichen OTC-Handel viel billiger einkaufen als der private Bürger. Im Juli 2015 kostete die Megawattstunde (MWh) im OTC-Handel durchschnittlich um die 40 Euro. Das entspricht 4 Cent pro kWh. Der mittlere Strompreis fiel an der Börse im Mai 2015 auf den tiefsten Stand seit zwölf Jahren. In Deutschland lag der durchschnittliche Börsenpreis für eine kWh Grundlaststrom im Mai 2015 bei 2,54 Cent. **Davon profitieren allerdings die meisten Endverbraucher bisher nicht.** Der Strompreis für private Verbraucher betrug zu Beginn des Jahres 2015 durchschnittlich 28,81 Cent pro Kilowattstunde (inklusive EEG-Umlage).

- Die nachstehende Grafik zeigt die CO_2-Emissionen nach Verursachern im Jahr 2013 in Deutschland.

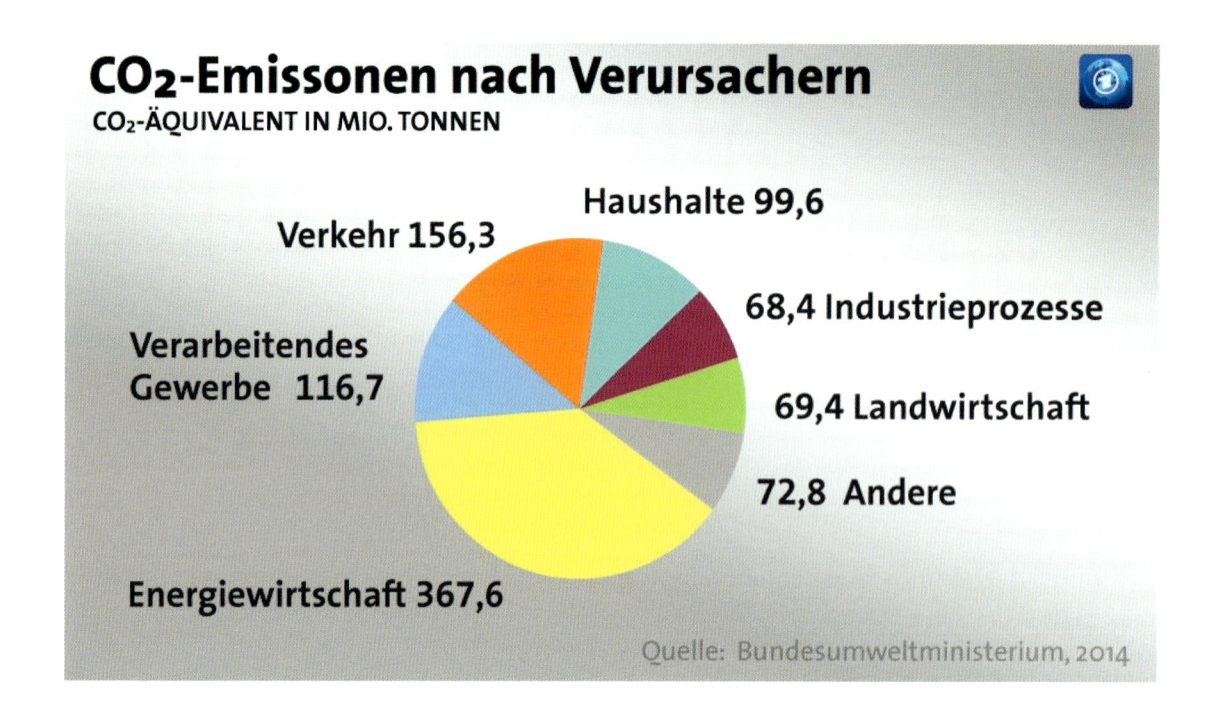

CO_2-Emissonen nach Verursachern
CO_2-ÄQUIVALENT IN MIO. TONNEN

- Verkehr 156,3
- Haushalte 99,6
- 68,4 Industrieprozesse
- Verarbeitendes Gewerbe 116,7
- 69,4 Landwirtschaft
- 72,8 Andere
- Energiewirtschaft 367,6

Quelle: Bundesumweltministerium, 2014

- Auf der Basis dieser Verteilung und der oben genannten Argumente gehen wir davon aus, dass (mit Ausnahme der privaten Verbraucher und der wirklich energieintensiven sowie existenzbedrohten Betriebe) 80 Prozent der Verursacher in die CO_2-Abgabe einbezogen werden können. Bei einer Abgabe von 5 Euro pro Tonne CO_2 ergeben sich, bezogen auf 912 Millionen Tonnen CO_2 im Jahr 2014, etwa 3,65 Milliarden Euro, die als Lenkungsabgabe für die Förderung einer nachhaltigen Automobilität eingesetzt werden könnten. Kommen nun noch 3,65 Milliarden Euro aus dem Bundeshaushalt dazu, steht das Förderprogramm auf den breiten Schultern der deutschen Politik und der deutschen Wirtschaft – zu Gunsten der deutschen Verbraucher.

- Eine Abgabe von 5 Euro pro Tonne CO_2 ist vergleichsweise niedrig. In der Schweiz wurde die CO_2-Abgabe zum 1. Januar 2016 von 60 auf 84 Franken pro Tonne CO_2 erhöht und bezieht sich auf Brennstoffe wie Heizöl und Erdgas, deren Preise entsprechend steigen.

- Die CO_2-Abgabe ist auch wegen des auf absehbare Zeit niedrigen Ölpreises wirtschaftlich zumutbar und allgemeinwohlverträglich.

- Das Förderprogramm hat einen doppelten Effekt: Die „Bestrafung" der CO_2-Emissionen und die „Belohnung" einer nachhaltigen Automobilität. Hieraus ergeben sich positive Impulse in beide Richtungen.

- Die Kaufprämie für Elektrofahrzeuge soll der Elektromobilität zum Marktdurchbruch verhelfen. Es geht dabei nicht um einen kurzfristigen Mitnahmeeffekt wie bei der Abwrackprämie im Jahr 2009. Vielmehr sollen die aus den hohen Stückzahlen resultierenden Preissenkungen dazu führen, dass sich jeder, der einen Neuwagen kaufen will, ein Elektrofahrzeug leisten kann.

- Am Ende sind alle zufrieden – die Politik, die Industrie und vor allem die Konsumenten.

Je stärker wir bei der Energiewende aufs Tempo drücken, umso schneller sinken die Importkosten für fossile Energieträger, und das hier vorgeschlagene Förderprogramm macht sich mehr als bezahlt.

Rudolf Diesel würde heute bestimmt sagen:

„Ich verurteile die Verantwortlichen in der Autoindustrie, die meine Erfindung in krimineller Weise manipuliert haben. Wenn ich gewusst hätte, wie sich unsere Erde entwickelt – insbesondere im Hinblick auf die Milliarden von Menschen und Fahrzeugen und die damit verbundene Luftverschmutzung und Klimaveränderung – hätte ich viel lieber die Elektromobilität erfunden und auf den Weg gebracht."

Petra Pinzler sagt ja zur Kaufprämie für Elektroautos:

„Deutschland und Saudi-Arabien sind sich gar nicht so unähnlich: Beide Länder sind abhängig von einer altmodischen Industrie, die nebenbei noch das Klima ruiniert. Saudi-Arabien exportiert Öl. Deutschland verkauft die passenden Autos. Viele Regierungen wollen jedoch das Ende des Autos, wie wir es kennen. Sie fördern Fahrradfahren, öffentlichen Nahverkehr und bauen die nötige Infrastruktur für Elektroautos. Sie zahlen den Kunden Kaufprämien. Norwegen tut das und Kalifornien, China, Japan, die Niederlande und sogar Portugal. Ihnen fällt es leicht, das Neue zu fördern, weil sie keine traditionelle Automobilindustrie haben. Oder weil bei ihnen, wie in Kalifornien, eine neue entsteht. Dort investiert Apple massiv in die Elektromobilität. Das ist gefährlich für Deutschland. Erinnert sich noch jemand an die Schreibmaschine? Die wurde hier produziert, dann gab es sie plötzlich nicht mehr, sondern nur noch Computer. Und die bauen andere. Von der Autoindustrie sind wir abhängiger, als wir es von der Schreibmaschinenindustrie jemals waren. Es ist höchste Zeit, dass Deutschland signalisiert: Wir werden das Labor für die Autos von morgen sein. Hier lohnt es sich, Batterietechnik zu entwickeln, Apps für vernetztes Fahren und Konzepte. Wir nennen es Verkehrswende. Gute Wirtschaftspolitik ist, wie wir wissen, zur Hälfte Psychologie. Warum also nicht die Kunden mit einer Kaufprämie locken? Das steigert die Nachfrage, die Autos werden Massenware, die nötige Infrastruktur entsteht. Das Ganze könnte wie ein Geschenk an eine verwöhnte Branche aussehen. Aber die Regierung könnte dem Vorwurf begegnen, wenn sie im Gegenzug die Steuerbegünstigung für den Diesel streicht. Und in Brüssel die strengeren CO_2-Grenzwerte für die Flotten der Konzerne durchsetzt, statt als Lobby für dicke, alte Autos aufzutreten. Saudi-Arabien investiert übrigens jetzt in Solarkraftwerke."

Quelle: DIE ZEIT, Ausgabe 6/2016, Artikel „Soll der Staat eine Kaufprämie für Elektroautos zahlen?"

Susanne Weiß sagt:

„Es stimmt schon bedenklich, dass wir Menschen laut Studie 'Living Planet' der Umweltorganisation WWF jedes Jahr 50 Prozent mehr Ressourcen verbrauchen, als die Erde innerhalb dieses Zeitraums erneuern und damit nachhaltig zur Verfügung stellen kann. Ressourcen wie Kohle, Erdöl und Erdgas hat unser Planet dabei vor 100–350 Millionen Jahren 'produziert'. Umso erfreulicher, dass sich mehr und mehr Menschen, einzeln und in Gemeinschaft, diese großen Zusammenhänge vor Augen führen und sich zum Handeln aufgerufen f ü h l e n. Hier sehe ich auch ein Erstarken weiblicher Energie – übrigens bei Frauen wie bei Männern gleichermaßen: spüren, dass wir die eigenen Lebensgrundlagen in einen 'planetarischen Burnout' treiben. Der drängende Wunsch nach Gegensteuern und Bewahren. Dabei Integrieren und Gemeinschaften bilden. Diese weibliche, kooperierende Kraft wirkt meines Erachtens auch, indem das Elektroauto nicht nur isoliert als Frage des Antriebs diskutiert wird. Und in der Tatsache, dass sich bei der Umsetzung von Elektromobilität mehrere Branchengrenzen aufheben und ganz neue Verbindungen entstehen im Kontext Energiegewinnung, -speicherung und -verwendung."

Stephan Weil sagt:

„Wir sind mit der Elektromobilität insgesamt noch nicht wirklich aus dem Quark gekommen. Fast überall auf der Welt wird sie staatlich gefördert. Und ausgerechnet das Automobil-Land Nummer eins meint, darauf verzichten zu können. Ich halte das für fatal. Es könnte zum ersten Mal passieren, dass zentrale technologische Entwicklungen auf dem Automobilsektor außerhalb Deutschlands stattfinden. Wir brauchen Kaufanreize. Ein Weg dafür wäre, dass der Staat als Kaufprämie die Mehrkosten der Elektrofahrzeuge teilweise ausgleicht. Schon wenn Kunden die Hälfte der zusätzlich eingenommenen Mehrwertsteuer beim Kauf eines Elektroautos zurückbekämen, würde das für einen Schub sorgen. Eine andere Möglichkeit wäre, Autos noch stärker nach ihrem Verschmutzungsgrad zu besteuern."

Quelle: stern Ausgabe Nr. 52 vom 17.12.2015, Seite 108.

Bernd Osterloh sagt:

„Wir haben riesige Zukunftsaufgaben vor uns. Nicht nur der Diesel-Skandal ist eine Gefahr für Arbeitsplätze. Auch der prognostizierte Anstieg von Elektrofahrzeugen oder die Digitalisierung machen Veränderungen bei Produkten und damit in unseren Werken notwendig. Wenn wir uns jetzt nicht bewegen und Weichen stellen, werden wir als Belegschaft in drei, vier oder fünf Jahren zu spüren bekommen, dass uns die richtigen Produkte fehlen. Deshalb wollen wir den Weg nach vorn beschreiben. Nur mit den richtigen Produkten sind unsere Arbeitsplätze sicher. Momentan ist uns da die Umsetzungsgeschwindigkeit nicht hoch genug. Der Markenvorstand ruft zwar nach mehr Produktivität, gibt aber keine konkreten Zusagen für künftige Produkte oder Zukunftstechnologien. Nur wenn wir als Unternehmen erfolgreich sind, sind auch die Arbeitsplätze sicher. Wir haben immer wieder mehr Dynamik und Veränderungen eingefordert. Durch das bisherige Vorgehen des Markenvorstands verlieren wir nur weitere kostbare Zeit. Und da mündliche Zusagen derzeit nichts wert sind, wollen wir Verträge."

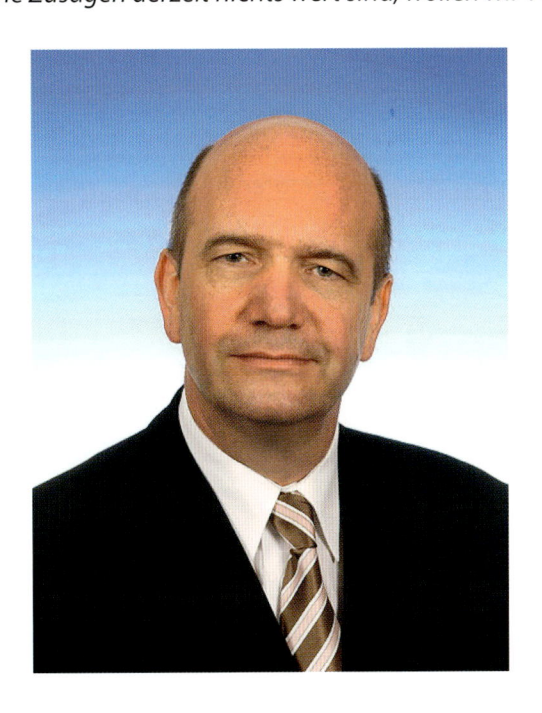

Oliver Blume sagt:

„Elektromobilität hat bei uns einen hohen Stellenwert. Entsprechend wichtig ist der Mission E für uns. Im Hinblick auf die notwendige Schnelllade-Infrastruktur sind wir gemeinsam mit dem Volkswagen-Konzern in Gesprächen sowohl mit der Bundesregierung wie auch mit anderen Herstellern. Der Staat möchte Elektromobilität fördern und wird deshalb Investitionen in die Infrastruktur tätigen müssen. Aber als Hersteller haben wir auch ein großes Interesse an einem schnellen Ausbau des Ladenetzes. Ich will nicht ausschließen, dass wir selbst in Lade-Infrastruktur investieren. Wichtig ist, dass ein solches Netz nicht nur in Deutschland, sondern auch in anderen Ländern schnell entsteht. Für uns liegt die Priorität dabei auf einem flächendeckenden Schnellladenetz mit einer Leistung von über 150 kW pro Ladestation. Bis zum Ende des Jahrzehnts werden wir in den wichtigsten Weltmärkten ein Schnellladenetz für Elektroautos haben. Das halte ich auch für das zentrale Argument für den Kunden, auf ein Elektroauto umzusteigen. Und da wir bei Porsche nicht die Einzigen sind, die an einer funktionstüchtigen Infrastruktur interessiert sind, sondern letztlich alle Hersteller und Staaten, glaube ich, dass wir das schaffen werden."

Winfried Hermann sagt:

„Was die Förderung von Elektroautos betrifft, so fordern wir seit über einem halben Jahr die Sonderabschreibung für gewerblich genutzte Fahrzeuge. Ich verstehe nicht, warum der Bund sich da so ziert. Der Steuerausfall ist insgesamt gering, der Nutzen groß. Der Betriebsvorteil ist in gewerblichen Flotten größer als bei privaten Nutzern, die nicht so viel fahren. Durch die Sonderabschreibung in den ersten Jahren entsteht automatisch ein Gebrauchtwagenmarkt für Private. Ich glaube übrigens, dass wir das Ziel, bis 2020 eine Million Elektroautos auf deutschen Straßen zu haben, nur dann erreichen werden, wenn wir in diesem Jahr bei der Lade-Infrastruktur schnell und flächendeckend vorankommen."

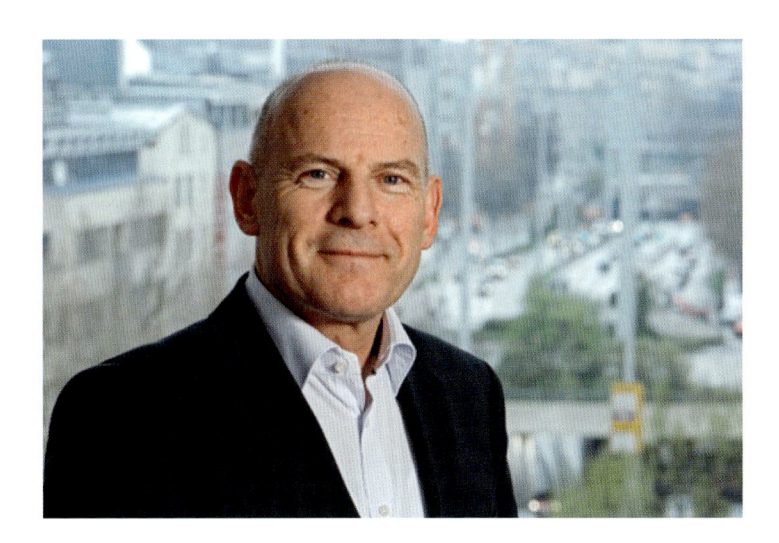

Michael Bolle und Thorsten Ochs sagen:

„Unsere Batterie-Experten schaffen eine wesentliche Voraussetzung für den Durchbruch der Elektromobilität. Schon 2020 sollen unsere Batterien mehr als doppelt so viel Energie speichern können und dabei deutlich weniger kosten. Unser Ziel ist, 50 Kilowattstunden in 190 Kilogramm unterzubringen. Zudem wollen die Forscher die Zeit, die ein Fahrzeug zum Aufladen benötigt, deutlich verkürzen. Unsere neuen Batterien sollen in weniger als 15 Minuten auf 75 Prozent geladen werden können. Wir verfügen nun über entscheidendes Know-how bei der Umsetzung neuartiger Festkörperbatterien. Diese haben noch einen weiteren entscheidenden Vorteil: Sie kommen ohne flüssigen Elektrolyten aus, der in herkömmlichen Lithium-Ionen-Akkus enthalten ist und dort unter ungünstigen Bedingungen zu Sicherheitsproblemen führen kann."

Karl-Thomas Neumann sagt:

„Elektromobilität ist und bleibt eine wichtige Option für die Zukunft. Mit dem Ampera waren wir in Deutschland ein Vorreiter. Doch die Technologie hat mit ihrem hohen Preis und der geringen Reichweite zu kämpfen. Diese Probleme müssen wir lösen. Opel wird ein neues E-Auto auf den Markt bringen, das deutlich günstiger sein wird. Auch bei Opel wird Carsharing künftig eine wichtige Rolle spielen. Das Konzept setzen wir 2015 um. Es wird anders sein als das, was man von anderen Herstellern kennt. Es ist sicher eine gute Lösung für Kunden, die ein Auto nur sporadisch nutzen oder sich kein Auto leisten wollen oder können."

Getrieben durch den Abgasskandal und zukünftige Grenzwertverschärfungen scheint sich auch bei BMW, Daimler und Volkswagen die Zielsetzung zu ändern, so dass die Elektromobilität ab 2016 so langsam Fahrt aufnehmen könnte. Erst recht, wenn die nachstehenden Ausführungen der Vorstandsvorsitzenden in die Tat umgesetzt werden:

- Harald Krüger sagte im Dezember 2015: *„Es wird der Zeitpunkt kommen, an dem es unwirtschaftlich sein wird, den Dieselantrieb immer weiter an die Anforderungen einer zunehmend ambitionierten Gesetzgebung anzupassen. Dann wird Elektromobilität die entscheidende Rolle spielen. Wir bereiten derzeit eine neue Offensive bei Stromautos vor. Wir brauchen deutliche Impulse von der Politik und plädieren in Deutschland für Unterstützung in Form von Kaufzuschüssen, Steuererleichterungen und Hilfen beim Aufbau der Ladeinfrastruktur für Elektrofahrzeuge. Sonst schaffen wir das Ziel von einer Million Elektroautos bis 2020 in Deutschland nicht."*

(Quelle: http://www.manager-magazin.de/unternehmen/autoindustrie/bmw-plant-neues-i-modell-und-i8-als-cabrio-e-auto-offensive-a-1065380.html.)

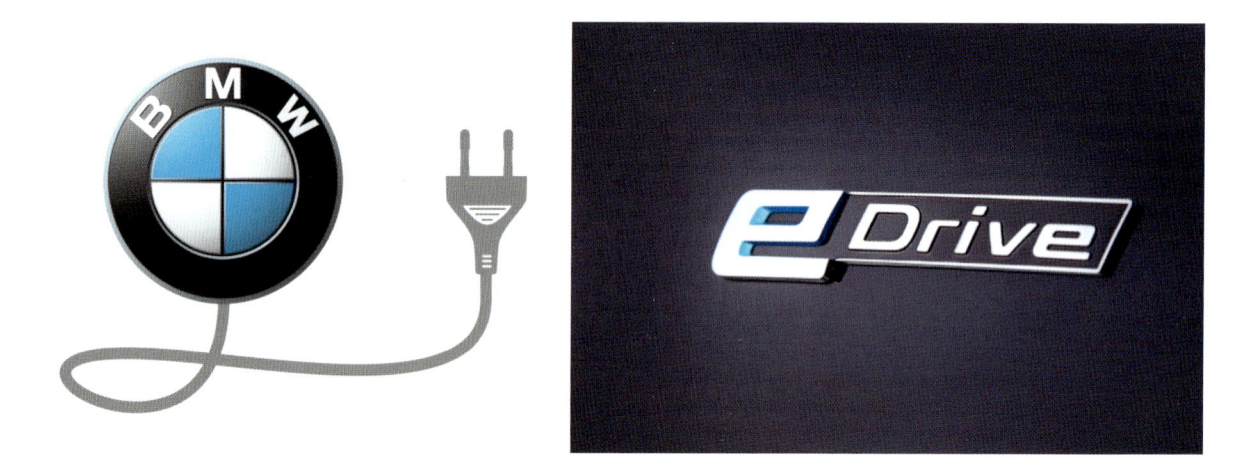

Hierzu passt auch die Aussage vom Bundesminister für Wirtschaft und Energie Sigmar Gabriel vom 27.01.2016: *„Wir müssen uns entscheiden: Wollen wir das Ziel von 1 Million Elektrofahrzeuge im Jahr 2020 aufrecht erhalten? Dann brauchen wir ein Marktanreizprogramm wie Kaufprämien oder steuerliche Anreize. Wenn wir das nicht machen, sollten wir ehrlich sein und uns von diesem Ziel verabschieden."*

(Quelle: http://www.merkur.de/wirtschaft/gabriel-kaufpraemien-fuer-e-autos-oder-eine-million-ziel-beerdigen-zr-6070572.html.)

- Dieter Zetsche sagte im Januar 2011 und im September 2015: *„Wenn ich sehe, dass sich in China ein zunehmender Wohlstand entwickelt und wir dort perspektivisch mit mehr als 30 Millionen Neuzulassungen pro Jahr zu rechnen haben, ist es klar, dass dies mit dem heutigen Fahrzeugtyp nicht möglich ist. Wir haben weder genug Öl, noch können wir mit den Emissionen leben. Der Erfolg des Autos ist also sein größtes Problem. Deshalb müssen wir diese Veränderung zur Elektromobilität schaffen. Ich glaube nicht, dass wir uns beim Elektroauto eine Zeitschiene wie zu Zeiten von Carl Benz leisten können. Wir müssen schneller vorankommen, schneller entscheiden und die richtigen Signale setzen. In Ländern wie China, USA, Frankreich und anderen Märkten wird der Kauf von Elektroautos mit einer Prämie gefördert. Ich betone: Wir reden hier nur von einer zeitlich befristeten Übergangslösung, um die Technologie anzuschieben. Die Automobil-Industrie hat 29 verschiedene Elektrofahrzeuge im Angebot und damit ihren Beitrag geleistet. Trotzdem: Unter den derzeitigen Bedingungen ist das Millionen-Ziel nicht erreichbar. Wenn die Politik bis 2020 auf diese Zahl kommen möchte, müsste sie die Bedingungen ändern. Wenn die Bundesregierung wirklich eine Leitfunktion für Deutschland anstrebt, wird sie um direkte Kaufprämien nicht herumkommen."*

    (Quellen: http://www.handelsblatt.com/unternehmen/industrie/dieter-zetsche-es-fehlt-ein-marktanreiz-fuers-elektroauto-seite-2/3818198-2.html; http://www.automobil-produktion.de/2015/09/daimler-zetsche-keiner-verdient-an-e-autos-auch-tesla-nicht/).

- Matthias Müller antwortete im Dezember 2015 auf die Frage – Werden die neuen VWs Elektroautos sein? *„Auf jeden Fall. In wenigen Jahren werden wir eine neue, leistungsfähigere Batteriegeneration haben. Die werden leichter und billiger sein. Gleichzeitig werden die gesetzlichen Vorgaben immer anspruchsvoller. Und damit werden Verbrennungsmotoren immer teurer. Irgendwann kreuzen sich die Kurven. Das wird der Zeitpunkt sein, wo die Masse der Menschen sagt: Jetzt gibt es keinen Grund mehr, nicht elektrisch zu fahren. Die Reichweite wird bei über 500 km liegen, man wird die Batterie in 15 Minuten laden können. Ich war erst skeptisch, aber es wird in absehbarer Zeit möglich sein. Die Zukunft ist elektrisch."*

(Quelle: *stern* Ausgabe Nr. 50 vom 03.12.2015, Seite 48).

Wir haben den Vorstandsvorsitzenden von BMW, Daimler und Volkswagen angeboten, sich aktiv mit ihren Aussagen in unserer Fibel zu beteiligen und sich zitieren zu lassen, so wie das die Chefs von Opel und Porsche getan haben. Wir sind gespannt auf die Reaktionen und Antworten. Da wir mit dem Druck unserer Fibel nicht länger warten wollten, werden wir über die Ergebnisse unserer Anfragen erst in der 2. Auflage unserer Fibel berichten können.

Spätestens nach dem 23. April 2016, der als schwarzer Freitag in die Geschichte der deutschen Automobilindustrie eingehen wird, sollten die Autohersteller die Grauzone verlassen, in die sie sich durch manipulierte Abgastechnik und realitätsferne Abgasprüfungen bei Benzin- und Dieselfahrzeugen selbst hineinmanövriert hat. Nicht nur Volkswagen, sondern nahezu die gesamte Fahrzeugindustrie hat bei den Abgasmessungen getrickst. Der Bundesverkehrsminister hat fast alle deutschen Autohersteller verpflichtet 630 000 Dieselfahrzeuge zur Nachmessung zurückgerufen. Die Autohersteller stehen unter Beobachtung. Sie sollten jetzt – unterstützt vom Staat – Gas geben bei der Kostenreduktion, Reichweitenverlängerung, Ladeinfrastruktur und Kaufprämie für Elektrofahrzeuge.

Na bitte, es geht doch: Ankündigung einer Kaufprämie für Elektrofahrzeuge am 27.04.2016

Es war eine schwere Geburt mit einer enorm langen Tragzeit. Doch am Ende hat sich die Einsicht durchgesetzt, dass notwendige und richtungsweisende Produkte bis zu ihrem Marktdurchbruch gefördert werden müssen. Wie von EnORM e.V. am 24. November 2015 vorgeschlagen, wird die Kaufprämie von der Industrie und vom Staat jeweils zur Hälfte finanziert. Private und gewerbliche Käufer erhalten ab Mitte Mai 2016 (nach Beschluss des Bundeskabinetts) einen Zuschuss in Höhe von 4000 Euro beim Kauf eines reinen Elektroautos. Diese Prämie gilt auch für Brennstoffzellen-Fahrzeuge. Plug-In-Hybrid- und Range-Extender-Fahrzeuge werden mit 3000 Euro gefördert. Diese Kaufprämien gelten für Fahrzeuge, die maximal 60 000 Euro netto kosten. Das Gesamtbudget für die Kaufprämien ist auf 1,2 Milliarden Euro begrenzt und läuft spätestens 2019 aus. Um das Vertrauen der Verbraucher zu erhöhen, sollen darüber hinaus 200 Millionen Euro für eine Schnellladeinfrastruktur und 100 Millionen Euro für normales AC-Laden ausgegeben werden. Die nachstehende Abbildung zeigt die Situation vor der Einigung über die Kaufprämie.

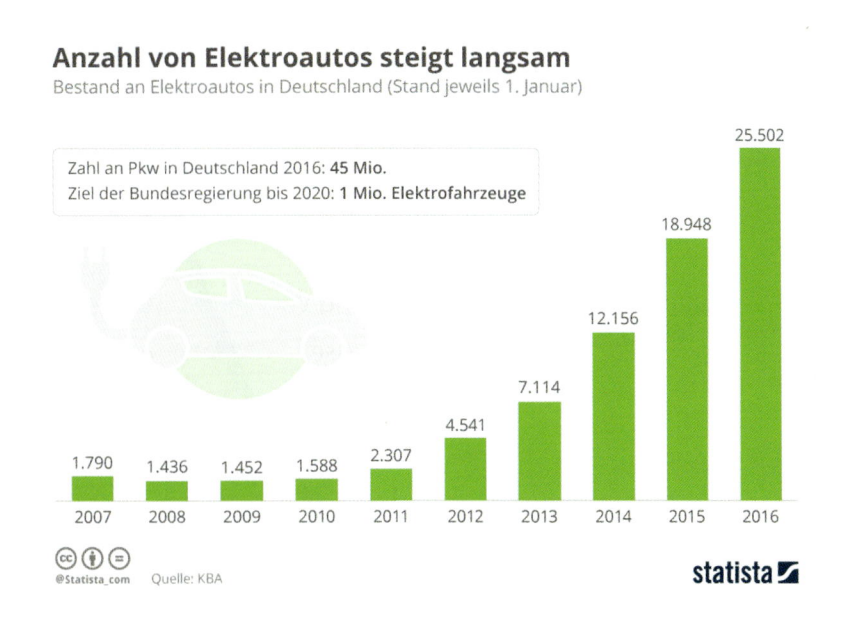

Anzahl von Elektroautos steigt langsam
Bestand an Elektroautos in Deutschland (Stand jeweils 1. Januar)

Zahl an Pkw in Deutschland 2016: **45 Mio.**
Ziel der Bundesregierung bis 2020: **1 Mio. Elektrofahrzeuge**

Jahr	Bestand
2007	1.790
2008	1.436
2009	1.452
2010	1.588
2011	2.307
2012	4.541
2013	7.114
2014	12.156
2015	18.948
2016	25.502

Quelle: KBA / statista

Der große Wurf sind diese viel zu spät kommenden Fördermaßnahmen nicht, die Regierung selbst gibt als Ziel inzwischen nur noch 500 000 statt der ursprünglich avisierten 1 Million Elektrofahrzeuge bis 2020 aus. Zumindest haben potenzielle Käufer nach langem Warten nun endlich Klarheit und zögern ihre Kaufentscheidung nicht länger hinaus. **Wir wagen uns aus dem Fenster:** Die Zahl von 1 Million Elektrofahrzeuge wird bis 2020 deutlich überschritten, da die Definition von Elektrofahrzeugen laut Bundesregierung Plug-In-Hybrid- und Range-Extender-Fahrzeuge einschließt, und **ab 2021 ein CO_2-Grenzwert von 95 g/km gilt.**

Die nachstehende Abbildung verdeutlicht den exponentiellen Anstieg des weltweiten Energieverbrauchs im letzten Jahrhundert und zu Beginn dieses Jahrhunderts und die erschreckende Abhängigkeit von endlichen fossilen Energieträgern.

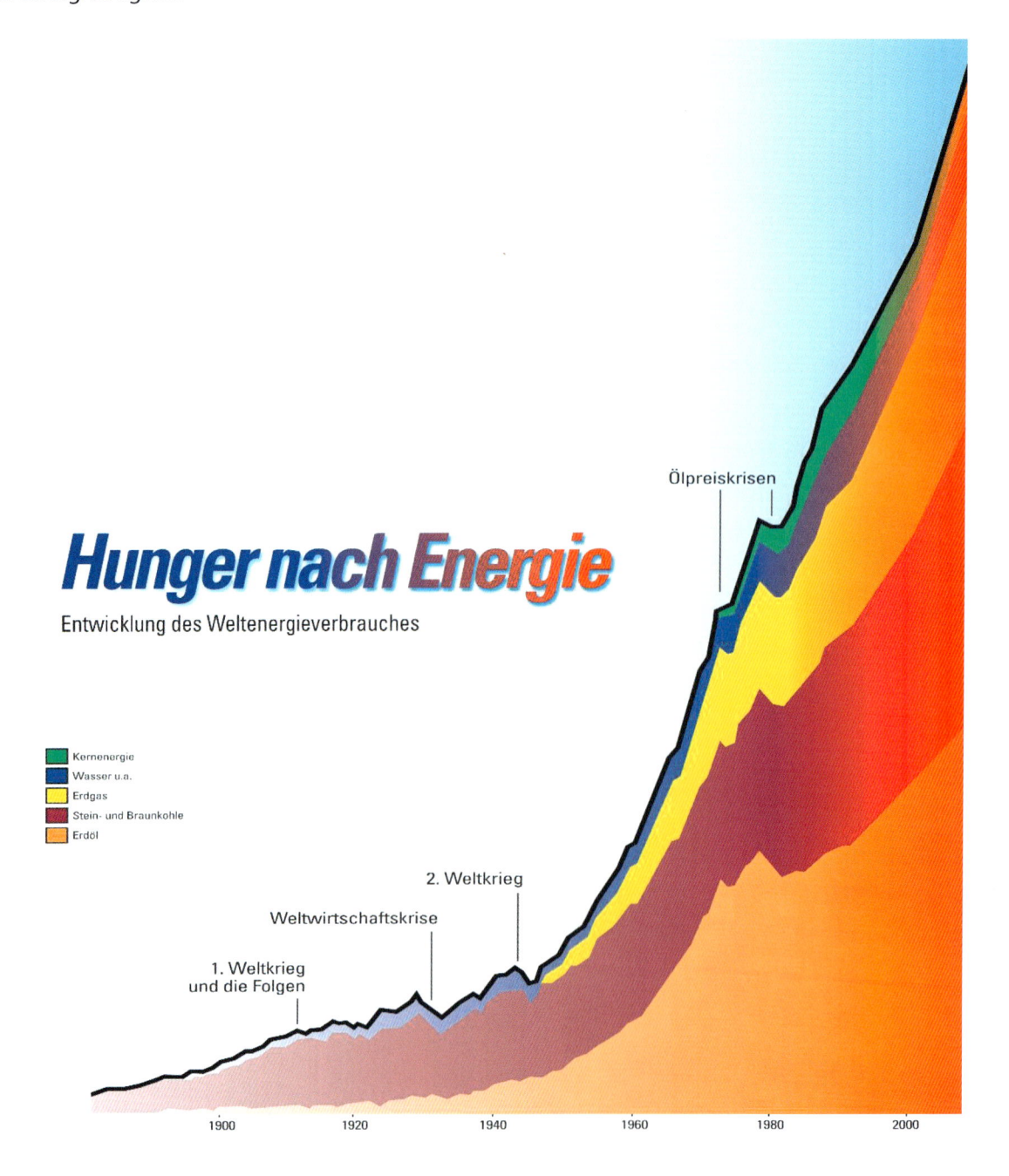

Hunger nach Energie
Entwicklung des Weltenergieverbrauches

- Kernenergie
- Wasser u.a.
- Erdgas
- Stein- und Braunkohle
- Erdöl

1. Weltkrieg und die Folgen
Weltwirtschaftskrise
2. Weltkrieg
Ölpreiskrisen

BP sagte in den Jahren 2015 und 2016, dass wir im Jahr 2035 ein Drittel mehr Energie verbrauchen werden als heute. Goldman Sachs sagte 2015, dass bei einem Ölpreis von weniger als 70 Dollar pro Barrel nur noch ein Drittel aller Investitionen in neue Ölfelder profitabel sei. Fast eine Billion Dollar seien „Zombie-Investments", die sich nicht rechneten.

Klaus Töpfer sagt:

„Wir Industrieländer haben diese Probleme geschaffen, wir tragen auch die Hauptverantwortung für ihre Lösung. Wir können nicht untätig zusehen, wie uns die Folgen unseres wirtschaftlichen Wohlstandes überrollen. Wir müssen die Menschen von der Wirksamkeit moderner Umwelttechnologie überzeugen."

Die Zukunft ist Strom – im Haushalt, in der Wirtschaft und im Verkehr!

Energie aus erneuerbaren Quellen für die stationäre und mobile Versorgung mit Elektrizität und Wärme / Kälte statt fossiler Energie und Atomkraft. So werden auch die Produktion von Wasserstoff und der Betrieb von CO_2-freien Fahrzeugen nachhaltig.

Die Notwendigkeit einer Abkehr von unserer herkömmlichen Energieversorgung liegt auf der Hand. Die internationalen Klimaforscher und Meteorologen haben aufgezeigt:

Der menschliche Einfluss
- auf die Erwärmung der Atmosphäre und die Aufheizung, Versauerung und Vergiftung der Ozeane,
- auf die Veränderungen des globalen Wasserkreislaufs,
- auf die Abnahme von Schnee und Eis,
- auf den Anstieg des mittleren globalen Meeresspiegels und
- auf die Zunahme von extremen Wetter- und Klimaereignissen

ist nachgewiesen und vollzieht sich in nie dagewesenem Tempo. **All Jene, die an den diesbezüglichen Fakten, Daten und Zahlen gezweifelt haben sind nahezu verstummt!**

Wenn wir so weitermachen, werden uns nachkommende Generationen zu Recht vorwerfen, durch Trägheit und Ignoranz sehenden Auges in die Katastrophe geschlittert zu sein!

Schockierende Subventionen für fossile Energien von über 5 Billionen US-Dollar pro Jahr

Die Internationale Energie-Agentur (IEA) in Paris wirbt bereits seit Jahren für die Beendigung der Subventionen für fossile Energien. Die Agentur nannte zuletzt eine Summe von über 500 Milliarden US-Dollar, die pro Jahr zur künstlichen Verbilligung von Kohle, Öl und Gas eingesetzt wurde. Das ist sechs Mal mehr Geld als 2015 zur Förderung erneuerbarer Energien ausgegeben wurde. Die Summe von über 500 Milliarden US-Dollar der IEA ist zehn Mal niedriger als die vom Internationalen Währungsfonds (IWF) ermittelte Summe, weil die IEA nur die direkten monetären Beihilfen misst.

Nach einer IWF-Studie vom 18. Mai 2015 sind die globalen Subventionen für fossile Energien höher als die Gesundheitsausgaben aller Regierungen der Welt. Die Gesamtsumme dieser Subventionen wurde für das Jahr 2015 auf 5,3 Billionen US-Dollar geschätzt. Das bedeutet, dass in jeder Minute des Jahres etwa 10 Millionen US-Dollar in die Förderung von fossilen Energien gesteckt werden. Der IWF vergleicht den Preis für fossile Energieträger mit den "wahren Kosten", die durch ihre Förderung, die Verteilung und den Verbrauch von Kohle, Gas und Öl entstehen. Das schließt auch Umwelt-, Gesundheitsschäden und die Klimaerwärmung mit ein. In die Neuberechnung der Subventionen wurden jetzt aktualisierte Daten dieser "externen Kosten" der fossilen Energien einbezogen. So beruft man sich auf Angaben der Weltgesundheitsorganisation, wonach allein in China eine Million Menschen pro Jahr infolge der Luftverschmutzung vorzeitig sterben. Die lokalen Schäden, die sich nicht in der Höhe der Brennstoffpreise widerspiegeln, werden vom IWF allein auf 2,7 Billionen US-Dollar geschätzt. Die Kosten der globalen Erwärmung, die eigentlich auf die Benzin- und Kohlepreise draufgeschlagen werden müssten, werden auf rund 1,3 Billionen Dollar geschätzt. Direkte staatliche Subventionen, um die Preise unter die Produktionskosten zu drücken, werden mit 333 Milliarden Dollar angegeben.

Der Großteil der Subventionen fließt in die Kohle. 59 Prozent der 5,3 Bio. US-Dollar werden in die Energiegewinnung aus Stein- oder Braunkohle gepumpt. 28 Prozent fließen in den Erdöl-Sektor und zehn Prozent der Subventionen in den Bereich Erdgas. Besonders stark werden fossile Energien in Russland, Japan, China, Indien und einigen Ländern Nordafrikas gefördert, so beträgt der Anteil, den diese Subventionen im Vergleich zum gesamten Bruttoinlandsprodukt ausmachen, jeweils mehr als acht Prozent. In den US wird eine Quote von etwa vier bis acht Prozent erreicht, während der Anteil in den Ländern Westeuropas überwiegend unter zwei Prozent beträgt. In Deutschland betragen die Subventionen laut IWF im Jahr 2015 55,6 Milliarden US-Dollar. Der Hauptanteil entfällt dabei mit 40,8 Milliarden US-Dollar auf die Kohle. Zum Vergleich: Die erneuerbaren Energien werden hierzulande 2015 über das EEG mit umgerechnet etwa 23,2 Milliarden US-Dollar gefördert – gerade einmal gut die Hälfte dessen, was in die Kohle fließt.

Dass Kohle, Öl und Gas sichere und kostengünstige Energieträger sind, hat sich spätestens nach den Zahlen des IWF als Märchen entpuppt. Statt Energieträger ohne Zukunft zu fördern und damit erneuerbare Energien zu bremsen, müssen die schädlichen Subventionen für umweltschädliche Brennstoffe schnellstmöglich abgebaut werden. Mit dem eingesparten Geld könnten die Staaten ihre Finanzen, die Gesundheit ihrer Bürger und das Klima schonen. Insgesamt würden sich die Einnahmen der Staaten um 2,9 Billionen Dollar verbessern. Damit könnten Steuern gesenkt, Schulden abgebaut und Investitionen in die Erzeugung, Speicherung und Nutzung von erneuerbaren Energien getätigt werden.

IEA und IWF haben vor dem Weltklimagipfel in Paris im Dezember 2015 dringend dazu aufgerufen, den Subventionswahn für fossile Energien zu beenden. Am 22. April 2016 sind die 196 Nationen dieser Welt gefordert, den Experten zu folgen. An diesem Tag soll der am 12. Dezember 2015 in Paris beschlossene neue Weltklima-Vertrag ratifiziert werden.

Wir haben es in der Hand: Untergang mit rauchenden Schloten oder Nutzung der Rettungsboote mit erneuerbaren Energien!

Am 9. November 2015 teilte die Weltorganisation für Meteorologie (WMO) folgendes mit: „Die Konzentration von Treibhausgasen in der Erdatmosphäre hat einen neuen Höchststand erreicht. Hauptgrund ist der anhaltend starke Ausstoß von Kohlendioxid (CO_2). Die Treibhausgase sind allein zwischen 1990 und 2014 um 36 Prozent gestiegen. Die Gase stammen unter anderem aus Industrie, Landwirtschaft und Autoverkehr. Der weitaus größte Teil wird durch den Kohlendioxid-Ausstoß verursacht. Als Hauptursache gilt der Verbrauch fossiler Brennstoffe wie Kohle, Gas und Öl."

WMO-Generalsekretär Michel Jarraud sagt:

„Jahr für Jahr berichten wir von einem neuen Rekord bei der Konzentration von Treibhausgasen. Wir werden bald einen globalen Durchschnitt von 400 ppm als permanente Realität erleben. Jedes Jahr warnen wir, dass uns die Zeit davonläuft. Wir müssen jetzt endlich handeln, um die Emissionen von Treibhausgasen einzudämmen, wenn wir noch eine Chance haben wollen, die Temperaturerhöhung der Erde in erträglichen Grenzen zu halten."

Eine CO_2-Konzentration von 400 ppm gilt als „bedeutender Meilenstein" auf dem Weg zu einer gefährlichen Klimaveränderung. Der Weltklimavertrag von Paris vom 12. Dezember 2015 muss dringend nachgebessert werden, weil uns sonst die Zeit davonläuft. Ab einer CO_2-Konzentration von 450 ppm wird die globale Oberflächentemperatur um zwei Grad im Durchschnitt steigen. Danach wird sich die Erderwärmung verselbständigen. Wir können hier nicht auf alle Kippelemente des Klimawandels eingehen. Wir konzentrieren uns daher auf die Arktis und den Permafrostboden in Sibirien und Nordamerika. Unter dem Permafrostboden befinden sich Abermilliarden Kubikmeter Methan. Bei einer Freisetzung würde der Klimawandel dramatisch verstärkt. **Der Treibhauseffekt von Methan ist 21-mal stärker als der von Kohlendioxid. Wir zündeln bereits an der Lunte dieser tickenden Bombe!**

Das Wintereis in der Arktis schrumpft seit Jahrzehnten. Doch in diesem Jahr war die Eisfläche so klein wie nie zuvor. Am 24. März 2016, dem Tag der größten Ausdehnung, bedeckte das Eis im Nordpolarmeer nur 14,52 Millionen Quadratkilometer. Seit 37 Jahren wird die Eisfläche mit Satelliten vermessen. Die letzten 13 Jahre bilden die Schlusslichter. Die Lufttemperatur lag im Winter 2015/2016 bis zu 6 Grad über dem Durchschnitt in der Arktis.

Klimarelevant wird das Ganze dadurch, dass der stärkere und frühere sommerliche Rückgang des Eises dazu führt, dass weniger Sonnenstrahlung zurück in den Weltraum reflektiert wird, und das freie Wasser stärker erwärmt wird. Dadurch wird mehr Energie im Klimasystem der Erde gespeichert. So werden auch die umliegenden Landmassen weiter erwärmt. In Sibirien und Nordamerika wird schon seit vielen Jahren beobachtet, wie sich der Permafrostboden immer weiter polwärts verschiebt. Die zu erwartenden Folgen sind die Freisetzung zusätzlicher Treibhausgase aus den sich bildenden Sümpfen (insbesondere Methan), der weiter steigende Meeresspiegel – weil Grönland aufgrund der Erwärmung mehr Eis verliert – und die weitreichenden Wetterveränderungen insbesondere in Nordamerika und Europa. Zusammengefasst beeinflusst das Arktis-Eis das Klima der Erde in erheblicher Weise, weil es Sonnenlicht und Hitze reflektiert, die ansonsten das Wasser aufnehmen würde. So blieb die Nordhalbkugel bisher kühler. Doch nun schrumpft das Eis. Hierdurch wird die globale Erwärmung zusätzlich angeheizt, weil die dunklen Meerflächen sehr viel mehr Wärme absorbieren als die hellen Eisflächen. Diese Rückkoppelung dürfte die Eisschmelze in der Region und den ohnehin schon extremen Temperaturanstieg in den nächsten Jahren weiter beschleunigen. Die gierigen Ölkonzerne befinden sich bereits in Lauerstellung!

Der Lebensraum vieler einzigartiger Wildtiere, wie dem Eisbären und verschiedener Meeressäuger, ist maßgeblich von der geringen Eisfläche betroffen.

Einer muss weichen! Ein anderer kommt – gierig nach Öl unter dem schmelzenden Eis!

Wolf Dieter Blümel sagt:

„Es haben sich frappierende Veränderungen in der Zentralarktis vollzogen: Durchschnittlich verminderte sich die Mächtigkeit der sommerlichen Eisdecke von 3,1 auf 1,8 Meter. So verringerte sich in der Arktis das Volumen im Jahr 2012 um 72 Prozent gegenüber dem Mittel seit 1979. Eisecholotmessungen von U-Booten aus den Jahren 1958–1976 und 1993–1997 belegen eine Abnahme der Eisdicke um 43 Prozent im zentralen Nordpolarmeer. Besonders zu beachten ist wegen der multiplen Klimawirksamkeit der beschleunigte flächenhafte Rückgang der nordpolaren Meereisdecke. Um das Jahr 1900 umfasste diese im sommerlichen Mittel etwa 8,5 Millionen Quadratkilometer. Bis 1950 blieb der Zustand stabil; ab 1978 zeigt sich ein deutlicher Abwärtstrend. Das Netzwerk Klimakampus Hamburg meldete, dass 2012 nur noch 3,37 Millionen Quadratkilometer mit Eis bedeckt waren – gegenüber durchschnittlich 7,5 Millionen Quadratkilometern im Zeitraum 1979–2000. Das bedeutet einen Rückgang der Bedeckung um mehr als die Hälfte. Grönland mit einer Fläche von 1,74 Millionen Quadratkilometern hat die größte festländische Eiswüste der Arktis. Das Eisvolumen beträgt drei Millionen Kubikkilometer, das entspricht einem Zehntel des arktischen Eisschildes. Es bedeckt etwa 81 Prozent der Insel und würde bei völligem Abschmelzen den Meeresspiegel um sieben Meter ansteigen lassen. Im überraschend schnellen Abbau der arktischen Meereisdicke und im dramatisch beschleunigten Schmelzprozess des grönländischen Inlandseises liegt nicht nur eine gravierende Bedrohung von Küsten- und Tiefländern, sondern eine zukünftig veränderte Rolle der Eiswüsten und Polarozeane als ein Steuerungsinstrument des bisherigen globalen Klimas. Es ist dringend geboten, den ausgelösten Veränderungsprozessen verstärkt durch Verminderung von Treibhausgasemissionen entgegenzuwirken und pragmatische Anpassungsstrategien für die globale Gesellschaft zu entwickeln."

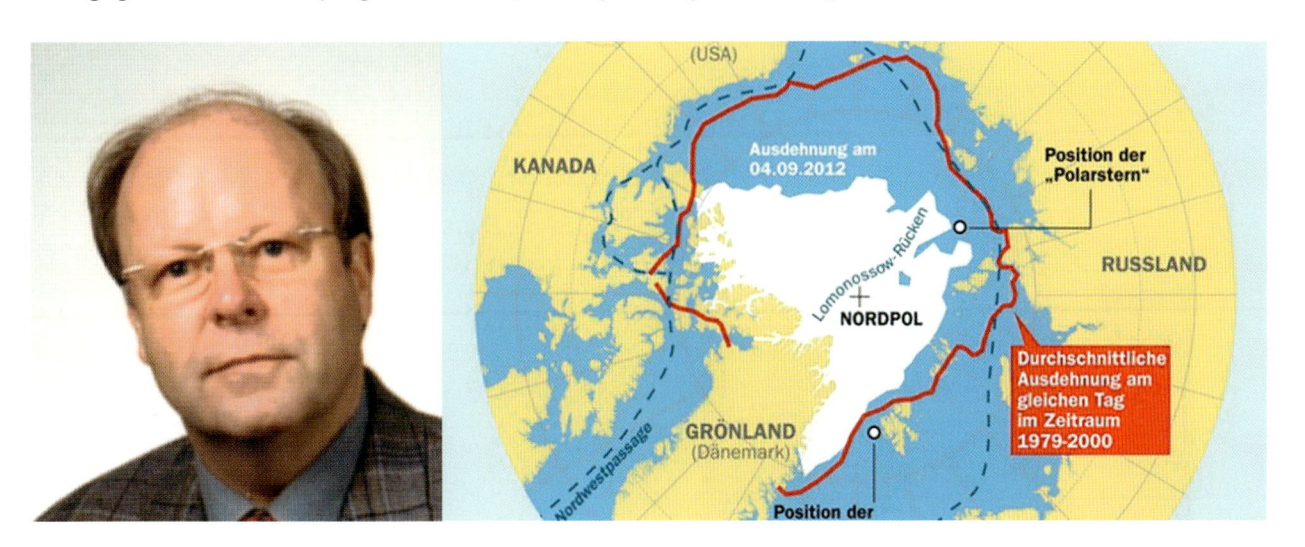

Ulf von Rauchhaupt sagt:

„Heute wirkt der Mensch so tief in das Naturgeschehen ein, dass die Folgen über geologische Zeiträume hinweg nachweisbar bleiben werden. Gravierender als Müll und Beton sind dabei die Eingriffe in biologische und geochemische Kreisläufe. So entfallen heute 38 Prozent der Nettopflanzenproduktion der Biosphäre auf die Nutzung durch den Menschen. Die Rate, mit der Tier- und Pflanzenarten derzeit aussterben, liegt um das Hundert- bis Tausendfache über dem erdgeschichtlichen Durchschnitt. Die Freisetzung von Kohlendioxid aus fossilen Brennstoffen hat den Säuregrad des Meerwassers auf Werte gebracht, wie es sie zuletzt vermutlich vor 300 Millionen Jahren gegeben hat."

Paul Crutzen sagt:

„Es erscheint mir angemessen, die gegenwärtige, vom Menschen geprägte Epoche als Anthropozän zu bezeichnen. Der Mensch ist zur größten Naturgewalt geworden und der stärkste Treiber für die Zerstörung der Erde."

Hans Joachim Schellnhuber sagt:

„Wir plündern zugleich die Vergangenheit und die Zukunft für den Überfluss der Gegenwart – das ist die Diktatur des Jetzt."

Es ist unbestritten, dass sich das Klima und der CO_2-Gehalt in der Atmosphäre seit Anbeginn verändert haben mit drastischen Auswirkungen auf die Natur und ihre Lebewesen. **Der Mensch ist jedoch die erste Spezies, die die Klimaänderungen und deren Auswirkungen heute bewusst wahrnimmt.** Kennt der Mensch die Ursachen und erkennt er die negativen Auswirkungen, dann kann er gegensteuern. Sind die Ursachen natürlich, müssen die negativen Auswirkungen eingedämmt werden. Resultieren die Ursachen jedoch aus menschlichem Handeln, muss diesem Handeln entgegengewirkt werden.

Wir müssen so schnell wie möglich aufhören, unseren Planeten zu plündern. Die Erkundung und Ausbeutung immer neuer und tiefer liegender fossiler Quellen entbehren jeglicher Vernunft. Die bedenkenlose Zerstörung der Natur weltweit ob durch Kohleabbau, Fracking oder Bohrungen in der Tiefsee und unter den Polkappen, fördert nur eines zutage: die Profitgier des vom Egoismus geprägten Menschen.

Stephen Emmott sagt:

*„Wenn wir eine globale Katastrophe verhindern wollen, müssen wir irgendetwas Radikales tun – und ich meine wirklich **tun.** Es geht um jeden Einzelnen von uns. Und um unser Versagen als Individuen, das Versagen der Wirtschaft und das unserer Politiker. Es geht um den beispiellosen Notfall planetarischen Ausmaßes, den wir selbst geschaffen haben. Es geht um unsere Zukunft. Wir stehen vor riesigen Problemen von extremer Dringlichkeit. Warum wir nicht endlich mehr unternehmen, um aus dieser Situation herauszukommen, will mir einfach nicht in den Kopf. Ich glaube, wir sind nicht mehr zu retten."*

Diese Aussagen von Stephen Emmott stammen aus seinem Buch *Zehn Milliarden*. In diesem Buch geht es um uns. Es geht darum, wie wir all unsere globalen Probleme selbst vorantreiben. Darum, wie wir jedes dieser Probleme verschärfen, indem wir einfach weitermachen und wachsen. Die Fakten, die Stephen Emmott auf fast jeder Seite zitiert, sind erschreckend: Vor dem Ende dieses Jahrhunderts werden mindestens zehn Milliarden Menschen auf dieser Erde leben. Ein Planet mit zehn Milliarden Menschen wird der reinste Albtraum sein: Es drohen globale Klima- und Hungerkatastrophen. Stephen Emmott sieht zwei Möglichkeiten: Wir können versuchen, uns aus dem Schlamassel herauszutechnologisieren, oder wir ändern unser Verhalten, und zwar radikal. **Wir sagen: Nicht entweder oder, sondern beide Möglichkeiten müssen sich effizient ergänzen – und zwar sofort!** Der Schlusssatz des obigen Zitats lautet im englischen Original „I think we're fucked." Durch seine pessimistische und zynische Bewertung des menschlichen Nichtstuns gelingt es Emmott in drastischer und beabsichtigter Weise zu provozieren. Was dem Buch *Zehn Milliarden* aus unserer Sicht fehlt, sind konkrete Ideen und Lösungsansätze. Was vor allem fehlt, ist der Glaube an die Energie der Sonne, die uns unser himmlisches Kraftwerk durch Kernfusion ständig zur Verfügung stellt. Das Stephen Emmott die Kernspaltung in Atomkraftwerken grundsätzlich als Teil der Lösung in Betracht zieht, ist dagegen – in Anbetracht der nicht beherrschbaren Risiken – ernüchternd.

Angela Merkel sagte in ihrer Regierungserklärung am 29. Januar 2014:

„Eine Große Koalition ist eine Koalition für große Aufgaben. Und wenn es eine politische Aufgabe gibt, bei der nicht Partikularinteressen im Mittelpunkt zu stehen haben, sondern der Mensch, dann ist das die Energiewende. Deutschland hat den Weg der Energiewende eingeschlagen. Deutschland hat sich entschieden, eine Abkehr vom jahrzehntelangen Energiemix – einem Energiemix aus vornehmlich fossilen Energieträgern und Kernenergie – zu vollziehen. Es gibt kein weiteres vergleichbares Land auf dieser Welt, das eine solch radikale Veränderung seiner Energieversorgung anpackt. Diese Entscheidung wird von der überwältigenden Mehrheit der Deutschen unterstützt. Doch machen wir uns nichts vor: Die Welt schaut mit einer Mischung aus Unverständnis und Neugier darauf, ob und wie uns diese Energiewende gelingen wird. Wenn sie uns gelingt, dann wird sie – davon bin ich überzeugt – zu einem weiteren deutschen Exportschlager. Und auch davon bin ich überzeugt: Wenn diese Energiewende einem Land gelingen kann, dann ist das Deutschland."

(Quelle: https://www.bundesregierung.de/Content/DE/Regierungserklaerung/2014/2014-01-29-bt-merkel.html)

Es liegt an ihr, ob sie als Kanzlerin und Vorreiterin der Energiewende und des Klimaschutzes in die Geschichte eingehen wird oder als Regierungschefin, die – neben vielen anderen – an dieser Jahrhundertaufgabe gescheitert ist. Die Inhalte des Weltklimavertrages vom 12. Dezember 2015 sind ermutigend, aber nicht befriedigend. Ein totales Scheitern wie beim UN-Klimagipfel in Kopenhagen im Jahr 2009 wäre in nationaler und globaler Hinsicht unverzeihlich gewesen. Der Aufruf von **60 Nobelpreisträgern** aus aller Welt einen Monat vor dem UN-Klimagipfel in Kopenhagen hatte seinerzeit zwar seine Wirkung verfehlt, nicht aber seine Wahrheitskraft – heute mehr als je zuvor: ***Die bisherige kohlenstoffintensive Wirtschaftsweise muss durch eine nachhaltige und gerechtere ersetzt werden. Wir müssen die unerbittliche Dringlichkeit des Jetzt begreifen.***

Naderev M. Saño sagt:

"Und alles schaut auf Deutschland: Der Klimawandel bedroht die Lebensgrundlagen der Menschheit, und deshalb ist die deutsche Energiewende von so großer Wichtigkeit. Wenn ein Land mit einem solchen im Weltmaßstab sensationellen Wohlstand es nicht schafft, seine Wirtschaft und seine Energiesysteme auf einen klimafreundlichen Entwicklungspfad umzubauen, wie können wir dann Ähnliches vom Rest der Welt erhoffen?"

Barack Obama sagt:

"Dieses Jahr muss das Jahr sein, in dem die Welt endlich ein Abkommen erzielt, um den einen Planeten zu schützen, den wir haben, so lange wir das noch können. Der UN-Klimagipfel im Dezember 2015 in Paris muss ein Erfolg werden. Der Klimawandel geschieht hier, er geschieht jetzt. Menschliche Aktivität zerstört das Klima schneller, als wir dachten. Der Kampf gegen die Erderwärmung hat für mich oberste Priorität. Wir wissen, dass menschlicher Erfindungsreichtum etwas dagegen tun kann. Wir sind die erste Generation, die die Folgen des Klimawandels spürt. Und die letzte, die etwas dagegen tun kann."

Narendra Modi sagt:

„Unser gemeinsames Ziel ist, in Paris ein globales Klimaschutz-Übereinkommen zu verabschieden. Die Bewältigung des Klimawandels ist von entscheidender Bedeutung für das Wohl der heutigen Welt und künftiger Generationen."

Pierre Trudeau sagt:

„Ich werde mit einem neuen Klimaschutz-Konzept für Kanada zum Klimagipfel nach Paris reisen. Unsere neue Regierung wird die CO_2-Emissionen künftig besteuern und aus der Subventionierung fossiler Brennstoffe aussteigen."

Dilma Rousseff sagt:

„Als Erstes wollen wir zwölf Millionen Hektar Waldfläche im Amazonas-Regenwald wiederaufforsten. Daneben haben wir uns vorgenommen, die illegalen Rodungen im Regenwald bis zum Jahr 2030 auf Null zu bringen. Und drittens wollen wir bei der Energiegewinnung bis zum Ende des Jahrhunderts auf fossile Brennstoffe völlig verzichten."

Vladimir Putin sagt:

„Wir sind ein zuverlässiger Partner für die gesamte Weltgemeinschaft bei der Lösung globaler Probleme. Und wir sind interessiert an einer Zusammenarbeit zum gegenseitigen Nutzen in allen Bereichen: im Sicherheitsbereich, in der Wissenschaft, in der Energieversorgung, bei der Lösung der Klimaprobleme."

Xi Jinping sagt:

„Den Anteil von erneuerbaren Energien am Energiemix werden wir bis 2030 auf 20 Prozent steigern. Wir sollten den nachfolgenden Generationen eine Lebens- und Arbeitsumwelt hinterlassen, die von blauem Himmel, grünen Feldern und sauberem Wasser geprägt ist."

Diese Ankündigungen sind nur ein Mindestmaß an Klimazielen und alles andere als ausreichend. Vor allem müssen die Ziele in einem globalen Klimavertrag verbindlich festgeschrieben werden sowie kontrollierbar und messbar sein. Die Erde erträgt uns. Aber wir werden das drohende Klima nicht vertragen, das wir uns selbst einbrocken!

**Sting, Coldplay, David Bowie, Yoko Ono, Björk
und mehr als 300 weitere Künstler sagten Ende November 2015
drei Tage vor dem Weltklimagipfel in Paris:**

„Wir sind tief besorgt darüber, dass die globale Wirtschaft zu einem irreversiblen Klimawandel führen könnte. Wir wollen bei unserer eigenen Arbeit auf Umwelt- und Klimaschutz achten und unsere Zuhörer und Kunden animieren, dies ebenfalls zu tun. Im Teamwork wollen wir Politiker und andere Menschen, die einen positiven Wandel beschleunigen können, zu richtigen Entscheidungen bewegen. Und wir wollen unsere Kreativität und gemeinschaftliche Kultur dazu nutzen, Lösungen für einen globalen Umweltschutz zu finden. Wir müssen, wir können und wir wollen gemeinsam gegen den Klimawandel handeln. Der Weltklimavertrag muss verbindlich sein, realistische Zeitpläne enthalten und den ärmeren Staaten zum Aufbau einer klimafreundlichen Infrastruktur verhelfen."

Ergebnisse des Welt-Klimagipfels vom 12. Dezember 2015 in Paris:

Die weltweite Aufmerksamkeit und das enorme Engagement vieler Menschen und Organisationen sowie die Bedeutung eines globalen Klimavertrags für das Leben auf unserer Erde hatten einen enormen Einigungsdruck erzeugt. Zwischen dem 30. November und dem 12. Dezember 2015 wurde mit harten Bandagen gekämpft. Im Ring standen die Vertreter der fossilen und der erneuerbaren Energien. Als Ergebnis haben sich die Ringrichter auf ein Unentschieden geeinigt. Das Risiko ist hoch, dass die fossilen Durchhalteparolen und die dabei erschwindelten Punkte zu Keulen des Klimawandels werden, die unsere Zukunft existenziell gefährden. 196 Länder haben sich auf ein Abkommen verständigt, das alle Staaten zu Klimaschutzmaßnahmen verpflichtet. Welche das sind, entscheiden die Länder selbst. Sanktionen bei Nichterfüllung sind nicht vorgesehen. Es sind wie so oft magere Ergebnisse nach vielen Kompromissen. Die Anstrengungen der Länder sollen alle fünf Jahre überprüft und mit der Zeit erhöht werden. Nun bleibt abzuwarten, ob der Klimawandel uns diese Zeit lässt oder ob er uns vorher einen Strich durch die Rechnung bzw. den Vertrag macht. Der am 12. Dezember 2015 in Paris verkündete Klimavertrag kann sowohl negativ als auch positiv interpretiert werden.

Negativ betrachtet: Das wesentliche Ergebnis des G7-Gipfels vom 8. Juni 2015 nämlich die „Dekarbonisierung" der Welt im Laufe des 21. Jahrhunderts ist im Klimavertrag von Paris nicht enthalten. Stattdessen sollen Kompensationslösungen wie die Kohlendioxidspeicherung in Kavernen zur Senkung des CO_2-Gehalts in der Atmosphäre und die Aufforstung oder Ozeandüngung zum Ausgleich fossiler Treibhausgasemissionen angerechnet werden. Zudem fehlt ein richtungsweisender Beschluss zur Einstellung der Subventionierung fossiler Energieträger. Es gibt eine große Diskrepanz zwischen dem Ziel, die Erderwärmung auf 1,5 bis 2 Grad zu begrenzen und der tatsächlichen Klimaschutzpolitik der einzelnen Staaten. Die Inhalte des Weltklimavertrages von Paris entsprechen im Wesentlichen den Empfehlungen der UNO-Vollversammlung aus dem Jahr 2015. Das ist zu wenig für den betriebenen Aufwand mit über 130 Staats- und Regierungschefs sowie 40 000 Experten und 15 000 Sicherheitskräften. Unsere Sorgen sind groß, dass wir zwingend erforderliche Maßnahmen einmal mehr rückwärtsgewandt vor uns herschieben – mit moralischen Appellen und Lippenbekenntnissen.

Positiv betrachtet: Die Signale, dass Diejenigen im Vorteil sind, die sich schon heute von Kohle, Öl und Gas verabschieden kommen immer stärker an. Mut und Hoffnung macht z. B., dass alle Nachkommen von John D. Rockefeller dem schwarzen Gold der Vorfahren den Rücken gekehrt haben. Sie investieren – wie viele andere reiche Amerikaner – nur noch in erneuerbare Energien, vor allem in Sonne und Wind. Unter Ihnen ist auch Börsenguru Warren Buffet, der seinen Betrag von 15 Milliarden US Dollar aus dem Frühjahr 2014 noch einmal verdoppeln will. **Denn Sie wissen was sie tun – bei kalkuliertem Risiko.** Das Ziel der „Breakthrough Energy Coalation" ist, innovative Energieunternehmen zu fördern, die Energie CO_2-frei für jedermann zu einem erschwinglichen Preis zur Verfügung stellen. Zu den 25 privaten Investoren aus 10 Ländern gehören u. a. Bill Gates, Jeff Bezos, Mark Zuckerberg, Jack Ma und Hasso Plattner. Wir brauchen Investoren, die vorbildlich und vorausblickend handeln. Länder wie Deutschland haben die große Chance mit ihrer Wertschöpfung zu zeigen, dass die Energiewende funktioniert inklusive Speichertechnologien für mobile und stationäre Anwendungen. Die Industrieländer müssen den Entwicklungs- und Schwellenländern alternative Lösungen anbieten, damit die im Nachhinein erkannten Fehler von diesen nicht wiederholt werden. Das dient dem Export und den Ländern der Erde für eigene gemeinwohlverträgliche Lösungen zum Klimaschutz.

Paris war erst der Anfang!

Wir brauchen verbindliche Verpflichtungen zur Emissionsminderung und keine freiwilligen Zusagen, deren Nichterfüllung ohne Folgen bleibt. Gemessen an der Klimakonferenz 2009 in Kopenhagen ist Paris ein Erfolg, gemessen an den Herausforderungen des Klimawandels jedoch bei weitem nicht ausreichend. Paris ist der Anfang, der entschieden nachgebessert werden muss. Die G20-Staaten müssen jetzt an den nächsten Schritten arbeiten. Hierzu gehört vor allem, dass der Preis für Kohlendioxidemissionen durch eine weltweite Steuer oder Abgabe nach oben getrieben wird. Das Tempo der Emissionsminderung in den 196 Ländern muss bis 2023 drastisch erhöht werden. Die Lücke zwischen Anspruch und Wirklichkeit muss geschlossen werden. Das Wort „Dekarbonisierung" muss in den Weltklimavertrag aufgenommen werden – als deutliches Signal für ein baldiges Ende des fossilen Zeitalters. Schnellstmöglich müssen all jene Energiekonzerne unter Druck gesetzt werden, die ihr Geld mit fossilen Brennstoffen verdienen und **die ihr Geschäftsmodell nicht ändern wollen**. Die im Weltklimavertrag völkerrechtlich verbindlich festgeschriebene Begrenzung der Erderwärmung auf deutlich unter zwei Grad lässt sich nur erreichen, wenn die noch vorhandenen Mengen an Kohle, Öl und Gas weitestgehend ungenutzt bleiben. Diese Aussicht schreckt Finanzinvestoren ab. Die Allianz-Versicherung hat beispielsweise schon angekündigt, dass sie nicht mehr in fossile Energien investieren will. **Gut so!**

Bereits im September 2014 hatte der Rockefeller Brothers Fund angekündigt, sich schrittweise von Anlagen in fossile Energien zu trennen. Die Rockefeller-Familie trennt sich nun auch von Firmenanteilen, die ihr Geschäft mit fossilen Brennstoffen machen – und damit auch vom Ölriesen Exxon, der sein Geschäftsmodell nicht ändern will oder kann. Der weltgrößte Ölkonzern soll Öffentlichkeit und Anleger jahrelang über mögliche Folgen des Klimawandels belogen und damit die Risiken seines fossilen Geschäftsmodells verschleiert haben. Seit November 2015 laufen diesbezüglich Ermittlungen der New Yorker Staatsanwaltschaft. Der Rockefeller Family Fund gab im März 2016 bekannt, seine Anteile an dem Ölkonzern Exxon abzustoßen. Auch von Beteiligungen im Bereich Kohle und kanadischem Ölsand will man sich so schnell wie möglich trennen.

David Rockefeller und der Rockefeller Family Fund sagen:

„Wir können nicht mit einem Unternehmen in Verbindung gebracht werden, das dem öffentlichen Interesse anscheinend Verachtung entgegenbringt. Grund für den Schritt ist die existenzielle Bedrohung, der sich die Menschheit und das natürliche Ökosystem durch den Klimawandel ausgesetzt sehen. Es macht keinen Sinn – weder finanziell noch ethisch – weiter in diese Unternehmen zu investieren, während die globale Gemeinschaft die Abkehr von fossilen Brennstoffen vorantreibt. Es ist überfällig, dass alle Menschen ihre Kräfte bündeln und diesen neuen Weg bestreiten, der den Zusammenhang zwischen der Zukunft der Menschheit und der Gesundheit unseres Ökosystems anerkennt."

Am 14. April 2016 hatten in London mehr als 400 Investoren, die Vermögenswerte von 24 Billionen Dollar vereinen, die Staats- und Regierungschefs der Welt aufgerufen, am 22. April 2016 in New York nicht nur den Weltklimavertrag zu unterzeichnen, sondern sich auch für eine schnelle Ratifizierung durch die nationalen Parlamente einzusetzen.

Die Organisationen Institutional Investors Group on Climate Change (IIGCC), Investor Group on Climate Change (IGCC), Investor Network on Climate Risk (INCR), Driving Sustainable Ecconomies (CDP), Principles for Responsible Investment (PRI) und UNEP Finance Initiative, die diese 400 Investoren vertreten, hatten am 14. April 2016 den nachstehenden gemeinsamen Brief an die Staats- und Regierungschefs der Welt gesandt:

„Dear President

„The global investor networks signing this letter collectively represent more than 400 institutional investors with more than USD 24 trillion of assets under management. Since 2009, investors have been calling for an effective global agreement through the Global Investor Statement on Climate Change. In particular, we have been calling on governments to:

- Provide stable, reliable and economically meaningful carbon pricing that helps redirect investment commensurate with the scale of the climate change challenge.
- Strengthen regulatory support for energy efficiency and renewable energy, where this is needed to facilitate deployment.
- Support innovation in and deployment of low carbon technologies, including financing clean energy research and development.
- Develop plans to phase out subsidies for fossil fuels.
- Ensure that national adaptation strategies are structured to deliver investment.
- Consider the effect of unintended constraints from financial regulations on investments in low carbon technologies and in climate resilience.

In 2015, ahead of the G7 summit in Elmau, Germany, the CEOs of more than 120 institutional investors lent their support to the adoption of a long-term decarbonisation goal by the G7 summit, and ultimately by the Paris climate conference.

We believe that the Paris Agreement is an historic breakthrough that delivered an unequivocal signal for investors to shift assets towards the low-carbon economy. In conjunction with its national-level implementation, the Paris Agreement provides the right framework to trigger substantial investment and thus keep the door open to a well-below 2 degrees pathway.

It is now essential that the strong political consensus between 195 countries captured in Paris is made actionable through the rapid entry into force of the Paris Agreement.

The global investor networks would like to encourage your country to sign the Paris Agreement on April 22nd at the United Nations in New York. We would also like to encourage, and stand ready to support, your country to complete domestic preparations for accession, and to accede to the Paris Agreement as soon as possible. It is essential that the political momentum arising out of the Paris conference is sustained.

Countries that accede early to the Paris Agreement will benefit from increased regulatory certainty, which will help attract the trillions of investments to support the low-carbon transition. The early entry into force of the Agreement *will send an important signal to investors that governments are translating into concrete action the momentous political will represented by the adoption of the Paris Agreement.*

We encourage you to sign and accede to the Paris Agreement as soon as possible.

Yours sincerely"

Aus dem in Botschaft 5 „Für erneuerbare Energie" genannten Bericht der Globalen Wirtschafts- und Klimakommission vom September 2014 „BETTER GROWTH BETTER CLIMATE" können wir entnehmen, dass in den kommenden 15 Jahren rund 90 Billionen Dollar weltweit in die Infrastruktur investiert werden. Es ist also genug Geld vorhanden, dass wir für den Ausbau erneuerbarer Energien zur Stärkung des Klima- und Umweltschutzes ausgegeben können.

Am „Tag der Erde", am 22. April 2016, haben Vertreter von 175 Staaten den Weltklimavertrag bei einer Sitzung der Vereinten Nationen in New York unterzeichnet. Die für das in Kraft treten des Vertrages erforderliche Ratifizierung in den nationalen Parlamenten steht in den meisten Ländern allerdings noch aus. Diese Ratifizierung hatten am 22. April 2016 erst 15 Staaten vollzogen. Darunter vor allem Inselstaaten wie die Marshallinseln, Granada, Nauru, Palau und Fidschi sowie Palästina und Somalia. Chinas Vizepremier Zhang Gaoli kündigte an, sein Land werde noch vor dem G20-Treffen im September 2016 den Klimavertrag ratifizieren. US-Außenminister John Kerry, der von seiner Enkelin begleitet wurde, erklärte: "Ab heute sind wir auf dem Vormarsch, für unsere Kinder und Enkelkinder." Der französische Präsident François Hollande peilt für Frankreich den Sommer 2016 an und hofft, dass die EU-Staaten bis Ende 2016 ratifizieren werden.

Der Weltklimavertrag von Paris darf nicht erst in fünf Jahren in Kraft treten, nachdem das Kyoto-Protokoll Ende 2020 ausgelaufen ist. Wir dürfen die Zeit bis dahin nicht verstreichen lassen, sonst droht – wie nachstehend am Beispiel Kohle beschrieben – ein unverantwortliches Szenario.

Vor dem Weltklimagipfel haben wir erfahren, dass weltweit 2500 neue Kohlekraftwerke bis 2030 geplant sind. Einige Hundert sind schon im Bau. Hierdurch wird ein völlig falsches Signal gesetzt. Im Hinblick auf seine Wirtschaftlichkeit ist ein Kohlekraftwerk auf eine Betriebsdauer von mehreren Jahrzehnten ausgelegt. Damit sind wir weit davon entfernt, das Problem des Klimawandels zu lösen, und investieren massiv in Technologien, die das Problem verschlimmern.

Nach dem Weltklimavertrag müssen die betroffenen Regierungen jetzt einschreiten und die Kohlekraftwerke in der frühen Planungsphase stoppen. Die großen Schwellenländer planen und bauen gleichzeitig Kohlekraftwerke und erneuerbare Energieträger. Am besten wäre es, jetzt die massive und irrsinnige Subventionierung der Kohle zu beenden – wie von der Internationalen Energieagentur (IEA) und vom Internationalen Währungsfonds (IWF) gefordert. Das hätte zur Folge, dass die Kohle vor allem aus ökonomischen Gründen den Kürzeren zieht. Auch weil durch die ausgebauten Kapazitäten der erneuerbaren Energien im Netz die Strompreise verfallen – so wie wir das in Deutschland bereits kennen.

Fazit: Wir müssen den Begriff Klimaschutz richtig deuten. Genau genommen müssen wir nicht das Klima, sondern uns Menschen und die mit uns lebenden Arten schützen – nämlich vor einem drastisch veränderten Klima. Gefährlich sind die schleichenden Klimaveränderungen, die wir nicht unmittelbar spüren oder die wir nicht wahrnehmen, weil unser Alltag uns gefangen hält. Schleichende Prozesse, die wir nicht auf- oder anhalten. Prozesse, deren negative Auswirkungen sich bald verselbständigen, aufschaukeln und dann unumkehrbar sind. Danach wird sich die geschundene Erde erst einmal von uns erholen, bevor sie das Leben wieder neu erfindet. **Es liegt an uns, ob es soweit kommt.** Hören wir auf, den Planeten mit Füßen zu treten. Fangen wir an, ihn mit grüneren Fußabdrücken zu schützen.

Erfüllung der Botschaft: Fossile Energie ist endlich, und ihr umweltschädlicher Verbrauch muss schrittweise eingestellt werden. **1. Schritt**: Die Subventionierung fossiler Energieträger muss weltweit nach dem Klimagipfel Ende 2015 in Paris beendet werden. Es ist Unsinn, auf der einen Seite die erneuerbaren Energien zu fördern, und auf der anderen Seite mit über 500 Milliarden US-Dollar pro Jahr den Preis der umweltschädlichen Energie zu drücken. **2. Schritt**: Die Kosten für die Schäden durch das Verbrennen fossiler Energie und für Unfälle als Folge der Nutzung von Kernenergie sowie der Endlagerung von radioaktiven Abfällen sollten der Öl-, Kohle-, Gas- und Uran-Industrie in Rechnung gestellt werden. Die Höhe dieser Kosten für das Jahr 2015 hatte der Internationale Währungsfonds (IWF) in einer Studie vom 18. Mai 2015 zu Lasten der Verbrennung von Öl, Kohle und Gas ermittelt. Die Summe der so ermittelten Subventionen beträgt insgesamt **5,3 Billionen US-Dollar**. **3. Schritt**: Die aus der Verbrennung fossiler Energieträger resultierenden Treibhausgase sollten so schnell wie möglich – spätestens bis zum Jahr 2050 – verboten werden. **So, wie wir auch FCKW aufgrund ihrer ozonschichtschädigenden Wirkung und Asbest wegen seiner krebserzeugenden Wirkung verboten haben.**

Die Umsetzung dieser Schritte kann als Bestandteil eines verbesserten globalen Klimavertrages von der noch zu gründenden Klimaschutz- und Energiekommission der „Vereinten Völker der Welt" entwickelt und von diesen **verbindlich** verabschiedet werden.

Leonardo di Caprio sagt zu Politikern und Wirtschaftsbossen:
„Sie können Geschichte schreiben, oder von der Geschichte verdammt werden. Regierungen und Industrieunternehmen auf der ganzen Welt müssen sofort entschiedene und klare Maßnahmen treffen. Der Klimawandel ist die 'größte Herausforderung der Menschheit'. Es geht dabei nicht einfach nur um Politik, sondern es geht um unser Überleben."
„Ja, wir haben das Paris-Abkommen erreicht, das ist ein Grund zur Hoffnung. Aber es reicht nicht aus. Wir können nur bestehen, wenn wir die fossilen Energiequellen im Boden lassen, wo sie hingehören. Jetzt ist die Zeit für kühnes, beispielloses Handeln. Nach 21 Jahren Debatten dürfen wir keine Ausreden mehr zulassen, keine weiteren Zehnjahresstudien, keine Manipulationen der fossilen Energiekonzerne."

Botschafter und Vermittler: z. B. Angela Merkel, Sigmar Gabriel, Igor Setschin, Ali bin Ibrahim al-Naimi, Vize-Kronprinz Mohammed bin Salman, die Vorstandsvorsitzenden der Öl-, Kohle-, Gas- und Energiekonzerne wie E.ON, RWE, ENBW und Vattenfall, Al Gore, Greenpeace sowie Nate Silver (um die Zukunft von *Homo sapiens* energetisch zu berechnen) und Schriftsteller wie Dan Brown, Joanne K. Rowling und Stephen King (um gemeinsam ein Buch zu schreiben, welches die auf uns zukommenden Szenarien des unkontrollierten Klimawandels realistisch beschreibt), Regisseure wie Kevin Costner, Steven Spielberg, Quentin Tarantino, Joel und Ethan Coen, Christopher Nolan, Roland Emmerich, Andy und Lana Wachowski, Peter Jackson, David Cameron und Clint Eastwood (um diese Fibel mit den zehn Botschaften zu verfilmen), die Hauptdarsteller von *Matrix*, *Herr der Ringe* und *Harry Potter* (um den Film mit Energie zu würzen), u. v. a. m.

Amy Macdonald sagt:

„Erzähl mir nicht, dass es das war mit der Welt, denn Leute können es ändern, aber zu ihren Bedingungen. Klimawandel und Unruhen in Afrika machen mich betroffen, aber ich will etwas machen, weil ich es will. Ich hasse es, wenn Leute Untergangsszenarien malen. Leute können sehr viel in ihrer Hand haben, wenn sie daran glauben."

Kevin Costner sagt:

„Ich möchte Filme machen mit Bildern, die man nie mehr vergisst."
„Der Gedanke, etwas nicht zu riskieren, ängstigt mich zu Tode."

Riskanter Film oder große Chance?
„Homo progressivus – Der energische Aufstand"!

In „Power to Change – Die Energierebellion", einem 90minütigen Dokumentarfilm des Regisseurs Carl A. Fechner, geht es darum, den Menschen aufzuzeigen, dass die Energiewende mit der bereits jetzt zur Verfügung stehenden Technik möglich ist. Eine wichtige Voraussetzung ist: Die staatliche Subventionierung fossiler Brennstoffe muss weltweit gestoppt werden. Der Film beinhaltet eine große Vision – und Menschen, die sie umsetzen. Die Rebellen zeigen: Die Zukunft der Energieversorgung der Welt ist dezentral, sauber und zu 100 Prozent aus erneuerbaren Quellen. Der Film zeigt den Aufbruch in eine Zukunft, die ohne fossile und atomare Energieträger auskommt – und er zeigt es berührend, bewegend und überzeugend verbunden mit der Botschaft: Lasst uns gemeinsam etwas ändern! Die Dokumentation greift auch die persönlichen Geschichten von Menschen auf, die die Erhaltung ihrer natürlichen Lebensgrundlage selbst in die Hand nehmen. Unumstößliche Fakten lassen die Zuschauer erleben, warum die rasche Umstellung der Weltenergieversorgung auf erneuerbare Energien entscheidend für das Überleben der Menschheit ist und uns alle betrifft. Nach diesem spannenden und visuell überwältigenden Film werden die Zuschauer die Energiewende mit anderen Augen betrachten.

Carl A. Fechner sagt:

„'Power to Change – Die Energierebellion' ist ein Film mit einer klaren Botschaft:
Die Energiewende ist möglich und zwar viel schneller als ihre Gegner behaupten.
Wir müssen es nur wollen und dafür kämpfen!"

7. Gegen Hunger und Durst

Die Aufnahme von Wasser und Nahrung ist ein Grundbedürfnis aller Lebewesen auf unserer Erde. Wasser ist seit Anbeginn das wertvollste Gut auf unserem Planeten. Im Wasser liegt der Ursprung allen Lebens. Vom Einzeller bis zum Säugetier existiert im Wasser seit Milliarden von Jahren eine Artenvielfalt deren Ausmaß wir – bis in die Tiefen der Ozeane – auch heute noch nicht kennen. In der frühen Erdgeschichte hat es Millionen von Jahren ununterbrochen geregnet. So sind die Ozeane entstanden, in denen das Leben geboren wurde. Aus dem Wasser kriechend hat das Leben dann das Land erobert und die Erde bevölkert mit Pflanzen, Insekten, Vögeln, Dinosauriern und Affen, aus denen sich die ersten Menschen vor nicht einmal zwei Millionen Jahren entwickelt haben.

Es gibt die „natürliche" Grausamkeit aller Lebewesen: Groß und Stark frisst Klein und Schwach, um zu überleben. Und es gibt die „menschliche" Grausamkeit, die nicht dem Überleben dient, sondern der Raffgier und der Eitelkeit entspringt.

Es würde den Rahmen dieser Fibel sprengen, alle Facetten der menschlichen Grausamkeit aufzuzeigen. Wir bringen daher nur zwei Beispiele, die für unzählige andere stehen:

Homo sapiens tötet jedes Jahr über 100 Millionen Haie. Den Haien werden beim sogenannten **FINNING** die Flossen abgeschnitten. Durch diese Verstümmelung manövrier- und damit lebensunfähig werden die Fische anschließend von völlig abgestumpften Menschen ins Meer zurückgeworfen, wo sie jämmerlich und qualvoll verenden. Hauptgrund für dieses grauenvolle Gemetzel ist die Steigerung der menschlichen Potenz durch den zweifelhaften Genuss von Haifischflossensuppe. In Wahrheit werden die Menschen durch deren Verzehr eher impotent aufgrund der schwermetallverseuchten Ozeane und seiner Lebewesen.

Gut, dass sich mittlerweile 100 Millionen Menschen in den Aquarien der Welt am Anblick der Meeresräuber erfreuen, die seit 400 Millionen Jahren für das Gleichgewicht der Ozeane von elementarer Bedeutung sind. Diese Betrachtungsweise hat dazu geführt, dass heute viele Kinder und Jugendliche Patenschaften für den Haifischnachwuchs übernehmen.

Tom Vierus sagt:
„270 000 getötete Haie pro Tag – eine Ausrottung mit Folgen

Seit über 400 Millionen Jahren streifen Haie durch unsere Meere und kontrollieren das marine Ökosystem wie eine Art Meerespolizei. Sie sind unabdingbar für eine gesunde Balance in den Ozeanen. An der Spitze der Nahrungskette haben sie wenige Feinde und etablierten sich im Laufe der Evolution zu einer der erfolgreichsten Tiergruppen überhaupt. Doch aufgrund der industriellen Fischerei des Menschen und der gestiegenen Nachfrage nach Haifischflossensuppe werden laut Statistiken der Food and Agriculture Organization FAO jährlich unglaubliche 100 Millionen Haie getötet, die Dunkelziffer dürfte traurigerweise bei nahezu der doppelten Menge liegen. Illegale Fischerei und unvollständige Angaben vieler Länder zu ihren Fängen machen es schwer, genaue Zahlen zu erstellen.
Heutzutage kennen wir fast 500 verschiedene Haiarten, die sich in ihren Formen, Fressgewohnheiten und Größen deutlich voneinander unterscheiden. Während der größte Vertreter, der Walhai, fast 14 m lang werden kann und sich von Plankton ernährt, wird der Zwerglaternenhai nur ca. 20 cm groß. Haie bevölkern alle Weltmeere: Sie durchstreifen die Tropen genauso wie die kalten polaren Zonen der Erde. Einige Arten leben in kompletter Dunkelheit in bis zu 1000 m Tiefe, andere wiederum bevorzugen flachere Küstengewässer, das offene Meer oder den Boden als Lebensraum.
Wir sollten uns also im Klaren sein, dass es nicht DEN Hai gibt, sondern viele verschiedene, die völlig unterschiedlich voneinander sein können. Das oft in den Medien verbreitete Bild des Menschen fressenden Monsters, dass sich auf alles stürzt, was es sieht, ist völlig verfälscht und nicht richtig. Nur von sehr wenigen Haien ist überhaupt bekannt, dass sie Menschen attackiert haben, und Gründe für Haiangriffe sind sehr unterschiedlicher Natur – nicht wenige von ihnen sind durch den Menschen selbst verschuldet.

Knorpel statt Knochen, Elektrosensoren und das Seitenlinienorgan –
Haie besitzen erstaunliche Eigenschaften

Allen Haien gleich ist das Knorpelskelett, das sie als auffälligstes Merkmal von den Knochenfischen unterscheidet, sowie das Seitenlinienorgan, das von der Kopfregion bis zur Schwanzspitze verläuft. Mithilfe dieses den Fischen vorbehaltenen Organs können kleinste Temperatur- und Druckschwankungen festgestellt werden. Das ist insbesondere hilfreich beim Aufspüren von verletzten Tieren oder beim Verfolgen von Beute. Haie besitzen außerdem noch eine andere faszinierende Fähigkeit: Durch spezialisierte Zellen in ihren Schnauzen sind sie in der Lage, winzige elektrische Felder wahrzunehmen, wie sie zum Beispiel beim Herzschlag entstehen. Sie können so quasi durch uns hindurchschauen – haben wir Angst? Sind wir ruhig? Sind wir panisch und signalisieren somit Verletzungen?

Als Topräuber haben große Haie keine Feinde, bis auf größere Haie und den Schwertwal, der sogar schon beobachtet wurde, wie er Jagd auf weiße Haie machte. Um den Bestand daher stabil zu halten und nicht durch zu viele Räuber die Populationen der Beutefische zu bedrohen, hat die Natur es so eingerichtet, dass die meisten Haie erst sehr spät ihre sexuelle Reife erlangen, wenige Jungtiere zur Welt bringen und wenn, dann oft enorm lange Tragzeiten haben (bis zu 24 Monaten!). Würden große Haie mehr Nachkommen und vor allem in schnelleren Zyklen zur Welt bringen, so könnte das dazu führen, dass die dann steigenden Haipopulationen über kurz oder lang ihre eigene Nahrungsgrundlage auffressen. Gute 400 Millionen Jahre hat dieses System der Natur funktioniert. Erst in den letzten rund 150 Jahren, in denen wir Menschen anfingen stark in das marine Ökosystem einzugreifen als neuer Feind des Hais, wurde das natürliche Gleichgewicht zerstört. Die Reproduktionsraten dieser faszinierenden Tiere können nicht mit der Überfischung und den Tötungen mithalten. Werden weiterhin um die 100 000 000–150 000 000 Haie pro Jahr abgeschlachtet, so droht den meisten Arten das Aussterben. Und ein Meer ohne Haie ist ein unkontrolliertes Meer, das zum Untergang verdammt sein wird.

Der Mensch als größte Bedrohung – Finning ist an Grausamkeit kaum zu überbieten

Besonders gefährdet sind die Haie durch die gezielte Befischung und durch das Sportangeln, das leider immer noch in vielen Teilen der Welt Anklang findet. Haiflossen gehören zu den teuersten Fischprodukten der Welt und die Art, wie viele von ihnen gewonnen werden, ist an Grausamkeit kaum zu überbieten: Boote legen Langleinen aus, die bis zu 100 km lang sein können und mit Tausenden beköderten Haken bestückt sind. Diese Leinen werden mit GPS Sendern versehen und für einige Stunden sich selbst überlassen. Wie man sich vorstellen kann, ist diese Fangmethode äußerst unselektiv. Unzählige Schildkröten, Schwertfische, Vögel, Rochen und andere Meerestiere verenden oft qualvoll an diesen mit Ködern bestückten Leinen, viele von ihnen durch Ertrinken. Die Leine wird Stück für Stück eingezogen, und man ist nur auf die wertvolleren Flossen aus. Beim so genannten **Finning** *werden den Haien bei lebendigem Leibe (!) die Flossen abgeschnitten und der für die Fischer dagegen wertlose Körper zurück ins Meer gestoßen. Mehr Platz auf dem Boot bedeutet mehr Platz für Flossen, was wiederum mehr Gewinn bedeutet. Der noch lebende Hai sinkt zu Boden und wird entweder von Artgenossen gefressen oder aber er muss noch Stunden oder sogar Tage auf seinen Tod warten. Das alles für eine geschmacklose Suppe… Welche Qualen müssen das sein! Eine solche Art zu sterben hat niemand verdient, egal ob Mensch oder Tier.*

Jeder kann helfen – werdet aktiv, spendet und verzichtet auf Haiprodukte jeglicher Art!

Wir brauchen Haie in unseren Ozeanen und müssen verstärkt für ihren Schutz sorgen. Sie überstanden mehrere Massensterben in der Geschichte unseres Planeten und laufen nun Gefahr, den Menschen zu erliegen. Es ist die traurige Wahrheit, dass wir uns im Laufe der Menschheitsgeschichte einen selbstzerstörerischen Lebensstil angeeignet haben, der darauf aus ist, die Früchte der Natur auszubeuten und zu verbrauchen, anstatt sie nachhaltig zu nutzen und so das Überleben der Menschen auch in Zukunft zu sichern. Der Hai ist nur ein Beispiel von vielen. Eines ist klar: So wie es jetzt läuft, kann es nicht weitergehen! Und auch wenn wir vielleicht nichts mehr davon mitbekommen werden, so werden unsere Kinder und die darauf folgende Generation unter den Folgen unserer heutigen maßlosen, verschwenderischen und rücksichtslosen Lebensart zu leiden haben. Viele Tiere, inklusive der Haie, werden sie wohl so nicht mehr zu Gesicht bekommen, und ich möchte, dass meine Enkel nicht nur von ihren Opas Geschichten hören, wie wunderschön, intelligent und graziös diese Tiere sind und wie wunderbar es ist, sie unter Wasser beobachten zu dürfen, sondern ich möchte, dass auch sie die Chance haben, Haien zu begegnen und eine intakte Welt über sowie unter Wasser vorzufinden. Wir sind es ihnen schuldig."

Ein weiteres Beispiel dafür, dass sich Homo sapiens nicht weiterentwickelt hat, ist das barbarische „Grindadràp" auf den Färöer Inseln. Hierbei fallen jedes Jahr Hunderte Weißseitendelfine, Grindwale, und große Tümmler einem blutigen Gemetzel zum Opfer – **nur weil die Tradition es so will!** Vor allem Grindwale sind eine leichte Beute für die Jäger. Nachdem sie die Tiere in die flachen Buchten getrieben haben, stoßen sie den Meeressäugern einen Stab ins Blasloch, damit ihr Orientierungssinn aussetzt. Das Grausamste ist jedoch die eigentliche Tötung. Mit speziell für den Grindadràp hergestellten Messern schneiden die Färinger den Tieren die Kopfarterie durch. Da die Tiere auch unter Wasser etwa 20 Minuten ohne Sauerstoff bleiben können, verbluten sie bei vollem Bewusstsein. **Die Büchse der Pandora ist noch immer weit geöffnet!**

Der Mensch besitzt die Fähigkeit zum Denken und kann damit Wissen generieren. Er hat mehrfach bewiesen, dass er in der Lage war, Katastrophen zu verhindern oder zumindest beherrschbar zu machen, selbst wenn alles verloren schien. Wir müssen lernen, die menschliche Grausamkeit gegen die Solidarität mit Schwächeren auszutauschen und damit zu „humanisieren".

Eine ausreichende Trinkwasserversorgung für alle Lebewesen können wir nur sicherstellen, wenn wir den von uns selbst ausgelösten Klimawandel so weit wie nötig stoppen. So kann die Versalzung von Grundwasser durch Überschwemmungen in Küstenregionen rund um den Erdball verringert und die viel zu schnelle Gletscherschmelze weltweit eingedämmt werden. Gleichzeitig kann durch **solare** Meerwasserentsalzung eine kostengünstige Lösung eingesetzt werden – besonders in den trinkwasserarmen Regionen etwa von Afrika und Asien.

Ausgerechnet der Umgang mit Wasser ist ein weiteres Paradoxon menschlichen Handelns. Nicht nur, dass wir die Weltmeere – die Quelle allen Lebens – versauern und verschmutzen. Auch der Umgang mit Trinkwasser in Südamerika ist äußerst bedenklich. Durst zu stillen, ist ein lebensnotwendiges Bedürfnis. Sauberes Trinkwasser ist dafür die essentielle Grundlage. Doch wie gehen wir damit um. Nur ein Beispiel: Der Titicacasee ist mehr als dreimal so groß wie das Saarland oder 15 Mal so groß wie der Bodensee. Er ist das größte Trinkwasser-Reservoir in Südamerika. Dieses kostbare Gut wird seit Jahren durch legale und illegale Geschäfte durch Öl und Schwermetalle verseucht und vergiftet. Die peruanische Zeitung La República titelte im Jahr 2015: „Der Titicacasee verwandelt sich in einen Friedhof."

Wir müssen endlich aus unseren Fehlern und den von Menschen verursachten Katastrophen lernen – auch im Hinblick auf den sicheren Umgang mit Chemikalien. Die größte zivile Giftgaskatastrophe ereignete sich vor über dreißig Jahren am 03.12.1984 im indischen Bhopal. Über dreißigtausend Menschen kamen ums Leben. Noch heute sterben Menschen an den Folgen und der noch immer giftverseuchte Boden breitet sich über das Grundwasser aus. Die ansässigen Menschen wurden mit viel zu geringen Schadenersatzzahlungen seitens des Verursachers im Stich gelassen.

Unsere Erde ermöglicht uns allen eine ausreichende Nahrungsmittelversorgung, wenn wir die natürlichen Fähigkeiten und die technischen Möglichkeiten in Einklang bringen (Bionik = die Intelligenz der Schöpfung verbunden mit der Kreativität der Natur). So wird Technik ein Bestandteil der Evolution und der natürlichen Fähigkeiten. Hierbei sollten wir auch unsere natürlichen Ur-Gene und Ur-Instinkte einbinden, wie sie noch bei den Naturvölkern vorhanden sind – einschließlich deren Kenntnisse der Naturheilkräfte.

Zu einer humanen Erzeugung von Nahrungsmitteln gehört auch eine artgerechte und lebenswürdige Tierhaltung, was eine Abkehr von den Dumpingpreisen für Lebensmittel und der unsäglichen Massentierhaltung bedeutet.

Godo Röben sagt:

„Die Produktionskosten der vegetarischen Wurst sind eins zu eins mit der Wurst aus Fleisch. Unser vegetarisches Konzept kommt in den Läden gut an. Wir hatten uns ursprünglich zum Ziel gesetzt, bis 2020 rund ein Drittel unseres Umsatzes mit fleischfreien Artikeln zu erzielen. Weil es so gut läuft, sollen die vegetarischen Produkte nun bereits im Herbst 2016 30 Prozent der Wochentonnage ausmachen. Damit wollen wir den Wurstmarkt revolutionieren."

„Wurst ist die Zigarette der Zukunft."

Leonie Rupprecht sagt:

*„Über 60 Milliarden Tiere werden weltweit jährlich geschlachtet und verzehrt. Bis dahin waren sie ihr ganzes Leben meistens auf engstem Raum eingepfercht ohne jegliche Bewegungsfreiheit und ohne Erfüllung ihrer Grundbedürfnisse. Dies ist eines der größten Verbrechen der Menschheit. Gleichgültig und stumpfsinnig stopfen wir alles in uns hinein, was uns angeboten wird, ohne zu fragen, wo das alles herkommt und wer dafür leiden musste. **Dies müssen wir jetzt gemeinsam stoppen.** Wir müssen gemeinsam einen lebenswürdigen Umgang mit unseren tierischen Mitbewohnern fordern, was bedeutet, dass jeder von uns dazu bereit sein sollte, den eigenen Fleischverzehr einzuschränken oder für die artgerechte Haltung der Tiere mehr zu zahlen. Nachdem wir die mit uns lebenden Tiere einmal domestiziert haben, sollten wir sie wenigstens von ihren psychischen und physischen Leiden befreien, die durch die elende Massentierhaltung verursacht werden."*

Johnny Depp sagt:

„Wenn Du nicht magst, dass Bilder gepostet werden, auf denen Gewalt gegen Tiere zu sehen ist, dann solltest Du die Gewalt gegen Tiere bekämpfen, aber nicht die Bilder."

Sarah Wiener sagt:

„Der Großteil der Menschen in unseren Breitengraden ernährt sich von Produkten, die den Namen Lebensmittel gar nicht verdienen. Die haben gar keine Inhaltsstoffe mehr, dafür aber bis zu 300 Zusatzstoffe. Wir haben unsere Nahrung in den letzten 40 Jahren so stark verändert wie in der gesamten Menschheitsgeschichte nicht. Unsere heutige Nutztierhaltung ist so grauenhaft, dass ich mir sicher bin, dass man in dreißig Jahren sagen wird: Das war das schwarze Zeitalter der Barbarei! Um hier ein Zeichen zu setzen, und mit gutem Beispiel voranzugehen, praktizieren und pflegen wir auf Gut Kerkow in der Uckermark eine ganzheitliche Landwirtschaft mit kurzen Wegen. Der gesamte Aufzucht- und Produktionsvorgang findet an einem Ort statt, unserem Hof. Damit sorgen wir für Transparenz und vermeiden unnötige Transportwege. Wir sind überzeugt, dass eine gesunde und bewusste Ernährung (von sowohl Mensch als auch Tier) nur mit der eigenen Erzeugung von Lebensmitteln sichergestellt werden kann. Diese Überzeugung und Expertise möchten wir teilen. Auf einem Hof, der gut ist. Für Tier, Mensch und Umwelt. Des Weiteren verfolgen wir mit unserer Stiftung das Ziel, Kindern und Jugendlichen Appetit auf gesunde Ernährung zu machen und ihnen zu zeigen wie einfach, lecker und vielseitig diese sein kann. Die Kinder sollen auch ein Gefühl für die Herkunft unserer Lebensmittel bekommen, die auf dem Teller landen. Mit der aktuellen Initiative '**Ich kann kochen**' wollen wir Kindern gesundes Essen und die Lust am Kochen praktisch näher bringen, damit sie ihr Leben lang davon profitieren."

© Marco Urban © Christian Kaufmann

Sarah Wiener Stiftung

„Für gesunde Kinder und was Vernünftiges zu essen."

Hans-Ulrich Grimm sagt:

„Es läuft was schief zwischen Stall und Pfanne. Mensch und Tier haben sich gemeinsam entwickelt – bis der Mensch zum Störfaktor wurde, indem er die Logik des Profits über alles gestellt hat. Fleisch ist reich an Eiweiß, Mineralien und anderen wertvollen Bestandteilen. Vergleichbares gilt für Milch, Eier und Fisch. Doch zu viel Fleisch schadet. Krebs, Alzheimer, Diabetes sind nur einige Krankheiten, die häufiger Fleischgenuss auslösen kann. Grund für den übermäßigen Verzehr sind die extrem günstigen Preise. Und nicht nur die Mengen stellen ein Problem dar. Denn der überwiegende Teil unserer Nahrungsmittel stammt aus industrieller Erzeugung. Auf Leistung gezüchtete Rassen, aufgezogen mit chemisch angereichertem Futter, routinemäßig mit Medikamenten behandelt, liefern Lebensmittel von bedenklicher Qualität. Ich prangere die ökologisch und ethisch mehr als fragwürdigen Machenschaften der Tierindustrie an und plädiere für einen überlegten, reduzierten und genussfreudigen Umgang mit Fleisch, Fisch und Co. Ein Beitrag zur Lösung ist vielleicht die symbiotische Landwirtschaft, die vom ehemaligen Wurstfabrikanten Karl Ludwig Schweisfurth praktiziert wird. Hierbei geht es um das Zusammenwirken zwischen Mensch und Tieren, Pflanzen und Boden: Was unsere spezialisierte Hochleistungsgesellschaft getrennt hat, wird in der symbiotischen Landwirtschaft wieder zusammengeführt. Fernab von Massenfabrikation und Tötung am Fließband. Einmal pro Woche Fleisch essen statt zweimal täglich. Dieser Königsweg zu Gesundheit und einem langen Leben, er würde die Massenställe überflüssig machen. Im Grunde kommt es darauf an, sich mit allen Lebewesen gut zu stellen, allen mit Respekt zu begegnen. Damit es allen gut gehen kann."

© 2016 Verlagsgruppe Droemer Knaur GmbH & Co. KG, München 978 3 426 27641 9

Karl Ludwig Schweisfurth und die Schweisfurth Stiftung sagen:

„Fleisch muss wieder kostbar und wertvoll werden. Lieber halb so viel, aber doppelt so gut! Die symbiotische Landwirtschaft kann ein wichtiger Impuls sein für die weitere Entwicklung des ökologischen Landbaus. Symbiose ist Leben, Symbiose hat Zukunft. Symbiose ist ein wissenschaftlicher Begriff aus der Biologie. Sie bedeutet das dauerhafte Zusammenleben artverschiedener, einander angepasster Organismen zu gegenseitigem Nutzen. Die symbiotische Landwirtschaft ist eine radikal andere Form der Landnutzung, insbesondere bei der Haltung von Tieren. Ein mutiger, neuer Ansatz für anderes Denken und Handeln bei der Erzeugung von Lebensmitteln. Ziel der symbiotischen Landwirtschaft ist höchstmögliche Geschmacks- und Gesundheitsqualität des Fleisches, die Wahrung ethischer Grundwerte im achtsamen Umgang mit allem Lebendigen – und nicht der niedrigste Preis."

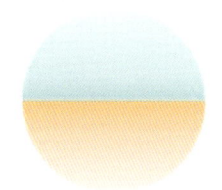

Götz Rehn sagt:

„Ich habe mich schon mit 21 Jahren entschieden, etwas Sinnvolles zu machen. Etwas in der Wirtschaft, das die Erde nicht zerstören und den Menschen Beachtung schenken sollte. Bioprodukte passen bestens zum Lebensgefühl einer größer werdenden Bevölkerungsgruppe, die gesundheits- und umweltbewusst ist und die Welt durch ihren Konsum ein klein wenig besser machen will. Von einem Bio-Boom sind wir jedoch noch weit entfernt. Gerade einmal vier Prozent aller Lebensmittel in Deutschland stammen aus ökologischem Anbau. Das ist doch jämmerlich! Hier ist noch viel Potential nach oben."

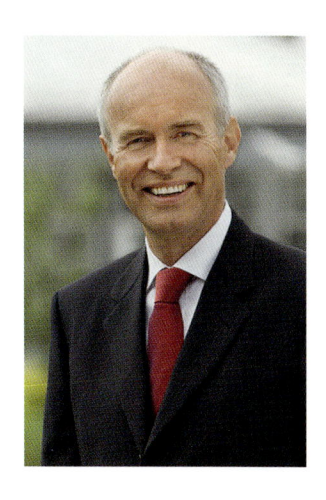

Wir müssen lernen, eine Symbiose mit der Natur einzugehen, anstatt sie zu missbrauchen.

Eine Symbiose!

Abgesehen von dem Kindheitsidol „Biene Maja" scheinen wir mit der Welt und dem Werk der Honigbienen wenig vertraut. Jeden dritten Bissen, den wir zu uns nehmen, verdanken wir der Bestäubungsarbeit der Bienen. Die Lage ist ernst: Je nach Land und Region sterben zurzeit 30 bis 70 Prozent der Bienenvölker. Stellen wir uns einmal vor, jede dritte Kuh läge tot auf der Weide. Der Aufschrei wäre groß. Aber dass die Bienen uns regelrecht unter den Händen wegsterben, ist den wenigsten Menschen bewusst. Die Honigregale im Supermarkt nebenan sind ja noch voll. Wenn die Bienen verschwunden sind, dann verschwinden auch die Menschen. Dieses endzeitliche Szenario will sich niemand vorstellen. Regisseur **Markus Imhoof** erzählt in seiner beeindruckenden Dokumentation *More than Honey* über das Leben, die Menschen und die Bienen, von Fleiß und Gier, von Superorganismen und Schwarmintelligenz. Sein Film rüttelt auf, denn es geht um weit mehr als Honig. Eingeschleppte Parasiten, neue Pestizide, zerstörte Lebensräume und der Klimawandel sind nur einige der Gründe, die zum Sterben von Millionen von Bienen jedes Jahr führen.

Greenpeace sagt:

„Rettet die Bienen: Ein Drittel unserer Lebensmittel – Gemüse, Früchte, Nüsse, Gewürze und Pflanzenöle – ist auf die Bestäubung von Insekten angewiesen. Von den 100 Nahrungspflanzen, die für 90 Prozent der globalen Nahrungsmittelproduktion sorgen, werden 71 Prozent von Bienen bestäubt. Allein in Europa hängen mehr als 4000 Gemüsesorten von Bienen ab. Wer würde all diese Pflanzen ohne die Bienen bestäuben? Der ökonomische Wert der Bienenbestäubung beträgt weltweit ungefähr 256 Milliarden Euro. Bienenschutz zahlt sich also auch aus ökonomischer Sicht aus. Wir verfügen über einfache, aber effektive Lösungen zur Rettung der Bienen. Wir müssen sie nur anwenden!"

Tom Kruse sagt:

„Der Schutz der Bienen ist unerlässlich. Es gibt viele Gründe, warum unsere Honigbienen, Wildbienen, Hummeln und Hornissen so stark gefährdet sind. Mit dem Wissen von heute können wir viel tun und aus den Fehlern unserer Vergangenheit lernen. So können wir gemeinsam für die Bienen und die Natur eine positive Entwicklung fördern. Die Honigbiene ist nur eine von über 500 allein in Deutschland lebenden Bienenarten. Auf der Erde leben insgesamt über 20 000 Bienenarten. Alle Bienen, ob Honig- oder Wildbienen oder Hummeln, sind intensive und unverzichtbare Blütenbestäuber. Viele Obstsorten und Früchte wie z. B. Äpfel, Brombeeren, Erdbeeren, Heidelbeeren, Himbeeren, Kirschen und Pfirsiche sind besonders abhängig von der Bestäubungsleistung der Honigbienen, Wildbienen und Hummeln. Gleiches gilt für Bohnen, Erbsen, Gurken und Kürbisse, diese werden ausschließlich von Bienen bestäubt. Auch die übrigen Lebewesen, wie etwa die Vögel, sind auf Bienen angewiesen. Nur wenn Pflanzen bestäubt werden, gibt es genug Samen und Beeren, von denen sich Vögel ernähren können. Die größten Gefährdungen der Bienen und Hummeln gehen von der industriellen großflächigen Landwirtschaft aus. An die Stelle vielfältiger, kleinflächiger Nutzungen sind heutzutage monotone Großkulturen (z. B. Mais) getreten, wodurch viele andere Wirtspflanzen verdrängt werden. Die Ausbringung von Mineraldüngern und Gülle hat viele Pflanzenarten verdrängt und unterdrückt, die unverzichtbare Nahrungsquellen für Wildbienen sind. Hinzu kommt der Einsatz von Pestiziden und Insektiziden (Pflanzen- und Insektenvernichtungsmittel). Ihre Inhaltsstoffe (Nervengifte) können sich schädigend auswirken und sind *für den Rückgang der Bienen mitverantwortlich. Eine weitere Gefährdung besteht durch die Varroamilbe. Wird sie nicht nachhaltig bekämpft, sterben die Honigbienenvölker ab bzw. werden stark dezimiert. Nicht zuletzt rauben auch wir den Wildbienen das Nahrungsangebot durch unser antrainiertes Verständnis von Ordnung und Sauberkeit auf Privatgrundstücken im Außenbereich. Warum lassen wir der Natur nicht ihre Freiheit? Über natürlich angelegte Parkanlagen und Gärten freuen sich nicht nur die Wildbienen viel mehr als über sezierte, kahlgeschorene große Grünflächen und Steingärten mit großen Pflasterflächen. Lasst die Wiesen und Gärten wieder blühen."*

Corinna Hölzer, Cornelis Hemmer und „Deutschland summt!" sagen:

„Mit unserer Initiative 'Deutschland summt! Wir tun was für Bienen' haben wir schon viele Menschen inspirieren können, Wild- und Honigbienen und ihre enorme Bestäubungsleistung überhaupt einmal wertzuschätzen. Sich bewusst zu werden, welchen Schatz wir da gerade zerstören. Wir möchten dabei vor allem auch das Verantwortungsgefühl bei Entscheidern aus Kultur, Wissenschaft, Wirtschaft, Politik, Verwaltung und Kirche wecken. Denn: Die Erhaltung unserer Ökosysteme ist eine gesamtgesellschaftliche Aufgabe. Für die Gesunderhaltung unserer natürlichen Ressourcen sind nicht nur Umweltschützer, Naturfreunde und, im Fall der Honigbienen, Imker zuständig. Wir alle sind gefordert! Die internationale Strategie zur biologischen Vielfalt gibt jedem den politischen Rückhalt, sich für Naturschutz stark zu machen. Unser freundliches Maskottchen lädt deshalb Alt und Jung im privaten oder beruflichen Alltag ein, in ihrem Umfeld und nach ihren Möglichkeiten tätig zu werden, sei es heimische Flora zu pflanzen, umweltpolitische Entscheidungen zu fällen oder Öko-Landbau an der Ladentheke zu fördern. Ganz nach dem Motto: Wenn viele kleine Menschen viele kleine Schritte tun … kann sich das Gesicht dieser Welt verändern. Es erstaunt uns bei unserer Stiftungsarbeit immer wieder, wie interessant naturentfremdete Führungskräfte z. B. die Wollbienen, Furchen- oder Blattschneiderbienen finden! Sie müssen Schritt für Schritt hingeführt werden zu einem Grundverständnis für natürliche Zusammenhänge. Dann verbieten sich manche Entscheidungen von selbst. Unserer Vision scheinen wir ein Stück näher zu kommen. Es schließen sich immer mehr Aktive dem Reigen an! Mit jeder konkreten Maßnahme, die dem Schutz der Bienen bzw. dem Erhalt unserer Biodiversität dient, kommen wir unserem Ziel ein Stück näher. Deutschland summt! Summen Sie mit?"

Anna, Leah, und Rebecca Bremer sowie Michel Acker sagen zur Ökologie im Weinbau:
„Mit der Natur und nicht gegen sie!

Der Natur etwas abringen: Das war und ist in vielen Weinbergen und Kellern ein alltäglicher Kampf des Menschen gegen die Natur. Doch statt aggressiver Gegnerschaft geht es im ökologischen Weinbau um ein Verständnis für die Natur, um ein nachhaltiges Zusammenspiel von Mensch, Boden und Rebe. Ringen muss der Mensch weiterhin – aber mehr mit sich. Dabei kann er sich Verbündete schaffen, wenn er auf die Natur hört. Wenn er sie zu seinem Verbündeten macht. Dies bedeutet zuvorderst, Verzicht üben. Auf chemisch-synthetischen Pflanzenschutz. Auf Mineraldünger. Auf Turbohefen und Enzyme. Es bedeutet aber auch, dem Wein Zeit zu lassen, ganz zu sich zu kommen. Da ist der Winzer Geburtshelfer. Es bedeutet aber auch, Zeit und Geduld mitzubringen, um einen geschundenen Rebberg wieder zu einem lebendigen Organismus zu machen. Was gar nicht so einfach ist, wenn man nicht nur einen Jahreslauf braucht, um den Boden wieder zu einer Vielfalt an Lebewesen und Mikroorganismen zu verhelfen, die dann die Pflanzen stärken. Begrünung, mechanische Bearbeitung, Gabe von Mist und Mistkompost: Es dauert, bis sich aus der reduzierten Artenarmut wieder ein Gleichgewicht entwickelt, das auch Nützlingen eine Lebensbasis bietet, damit diese dann zu natürlichen Helfern werden. Wir erleben gerade im Weingut Bremer, wie dieser Transformationsprozess fordert. Aber auch Freude über erste Erfolge auslöst. Wer nachhaltig wirtschaften will, den Boden für künftige Generationen erhalten will, kann keine schnellen Erfolge erwarten. Wenn man aber erlebt, wie Pflanzen widerstandsfähiger werden, unempfindlicher gegen Trockenstress, gehaltvollere Trauben liefern, dann ist dies ein Lohn, der glücklich macht.

Wenn dann die Weine ihre Persönlichkeit ausprägen, mit uns ins Gespräch kommen, wir den Charakter des Weinbergs ergründen, wie wir den Charakter von Kindern auch erst erkennen müssen, erfüllt uns diese Arbeit im Weinberg und im Keller in besonderer Weise. So sehr wir dabei auf den Faktor Zeit setzen, so sehr müssen wir uns bewusst werden, dass der Mensch selten mehr als 30 oder 40 Jahre hat, in denen er seine Kenntnis, sein Wissen und seine Passion in ein Produkt umsetzen kann. Deshalb sollten wir keinen Tag versäumen, diesen Weg zu beschreiten."

Wie und wo möchten wir in Zukunft Leben?

Wir Menschen versuchen seit der kognitiven Revolution vor 70 000 Jahren dem Leben einen Sinn zu geben. Wir benutzen dazu mannigfaltige schriftliche, mündliche und bildliche Geschichten und Malereien aller Art, die oft von einer Generation an die nächste weitergegeben werden oder visuell erhalten bleiben. Sie sollen uns auch helfen, die Geheimnisse des Lebens zu verstehen und herauszufinden, wer wir sind, was wir wollen und was wir können. So erkennen wir die Zusammenhänge in einer oft chaotischen Wirklichkeit und können unseren Platz in der Welt und in der Zukunft immer besser verstehen. Wir brauchen Zukunftsbilder, die uns herausfordern, die mehr sind als die bloße Weiterentwicklung von Produkten und Themen, die gerade im Trend liegen. Wir sollten die Reise ins Unbekannte wagen, um den Geheimnissen unseres Lebens weiter zu folgen. Wie möchten wir in Zukunft leben? Wie können wir unsere Zukunft gemeinsam gestalten – in der Stadt bzw. auf dem Land? Eine Auseinandersetzung mit diesen Fragen ist ein wichtiger Schritt hin zu einer zukunftsfähigen Gesellschaft. **Dabei geht es nicht um bloße Appelle an Moral und Gerechtigkeitssinn, sondern vielmehr um praktizierte Fairness und Rücksicht zum Wohle der Gemeinschaft.** Die Welt ist aus den Fugen geraten. Wir haben unsere Balance verloren. Das Fundament bröckelt und löst sich schleichend auf. Das Elend auf der Erde ist so sichtbar wie nie zuvor. In unserer globalisierten und digitalisierten Welt wird uns dieses durch Krieg, Flucht, Religionsmissbrauch, Rassismus, Raffgier, Intoleranz und Ressourcenverschwendung verursachte Elend täglich vor Augen geführt. Und dennoch verharrt der Mensch – in der breiten Masse – in Lethargie und schaut diesem eigennützigen und verantwortungslosen Treiben ohnmächtig und hilflos zu. Wir müssen und können das ändern, wenn wir zusammenhalten – gemeinsam mit Menschen, die es gut meinen, und die die Fähigkeit besitzen uns zu leiten und zu führen. **Sie leben bereits unter uns und in den Botschaften dieser Fibel. Wir brauchen sie als Botschafter und Vermittler sowie als Sympathieträger. Wir fordern sie auf, diese Rollen zu übernehmen!**

Die, die es gut meinen, sind aufgerufen und stehen in der Pflicht, gemeinsam eine Zukunftsperspektive aufzuzeigen, auf die wir uns gemeinsam freuen können, mit der dann auch Politik gemacht werden kann!

Wir benötigen einen epochalen Wandel. Hierfür müssen wahrscheinlich Millionen von Menschen zusammenschwärmen und zusammenarbeiten, um Milliarden von Menschen zu begeistern für Frieden, Freiheit und Gerechtigkeit. Das System der Gerechtigkeit, so wie wir es verstehen, sei eine Illusion, hören wir von vielen Seiten. Dazu sei die Welt der Finanzen, der Wirtschaft, der Politik und der Religion viel zu sehr miteinander verstrickt – mit kriminellen und korrupten Auswüchsen bis tief in alle Bereiche der Gesellschaft hinein.

Vor diesem Hintergrund sollten wir uns daran erinnern, dass wir Menschen diese Welt mit ihren Hierarchien und den damit verbundenen Diskriminierungen, Trennungen und sonstigen Ungerechtigkeiten selbst erfunden und gestaltet haben. Werfen wir die überflüssige Bürokratie und das Kästchendenken über Bord. Wir können und wir müssen uns neu erfinden. Freie Assoziation und ganzheitliches Denken – basierend auf ethischen Grundsätzen – werden uns dabei helfen. **Ohne ethische Prinzipien würde das Nachdenken über den Sinn unseres Lebens wertlos, und wir würden in einem noch tieferen Chaos der Unsicherheit und Gleichgültigkeit versinken!**

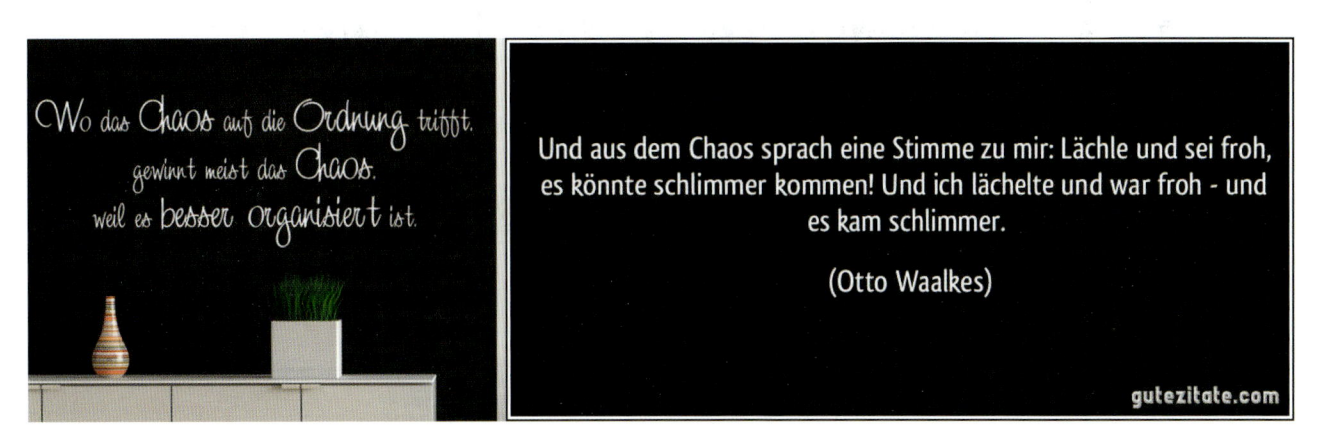

> Wo das Chaos auf die Ordnung trifft, gewinnt meist das Chaos, weil es besser organisiert ist.

> Und aus dem Chaos sprach eine Stimme zu mir: Lächle und sei froh, es könnte schlimmer kommen! Und ich lächelte und war froh – und es kam schlimmer.
>
> (Otto Waalkes)

Der Dalai Lama (Tenzin Gyatso) sagt:

„Ethik ist wichtiger als Religion. Ich denke an manchen Tagen, dass es besser wäre, wenn wir gar keine Religionen mehr hätten. Wir kommen nicht als Mitglied einer bestimmten Religion auf die Welt. Aber Ethik ist uns angeboren. Ethik geht tiefer und ist natürlicher als Religion. Ethik ist eine in den Menschen angelegte Neigung zur Liebe, Güte und Zuneigung. Ich glaube, dass wir alle unsere inneren Werte entwickeln können, die keiner Religion widersprechen, die aber auch – und das ist entscheidend – von keiner Religion abhängig sind."

Werner Bartens sagt:

„Mitfühlen tut nicht nur anderen gut, sondern ist gesund – Menschen, die sich einfühlen können, leiden zum Beispiel seltener an Depressionen und sind weniger schmerzempfindlich. Die gute Nachricht: Empathie hilft nicht nur uns selbst, sondern hält auch die Gesellschaft im Innersten zusammen."

André Uhl sagt:

„Die Entwicklung von gesellschaftlichen Zukunftsbildern ist eine der wichtigsten Aufgaben der modernen Zukunftsforschung. Zukunftsbilder müssen anschaulich, detailliert und faszinierend sein. Wer eine plausible und zugleich spannende Geschichte erzählt, schafft eine gute Grundlage für Handlungsbereitschaft."

Heute leben 3,65 Milliarden Menschen, also 50 Prozent der Menschheit in Städten. In 50 Jahren sollen es 7 Milliarden Menschen sein – also 70 Prozent. In diesem Zeitraum werden allein in China und Indien 800 Millionen Menschen in Städte ziehen, die darauf eingerichtet bzw. die diesbezüglich neu erbaut werden müssen – eine große Herausforderung für Städteplaner, Architekten und Lebensmittelexperten. **Damit die Städte nicht zu Parasiten der Welt werden, brauchen wir – neben dem ökotechnologischen Ausbau (Internet der Energie oder Smart City) – auch eine mit der Bevölkerungsentwicklung einhergehende Lebensmittelproduktion, und zwar vor Ort.** Die Lebensmittelverteilung rund um den Erdball sowie der damit verbundene logistische und energetische Aufwand sollten auf das notwendige Maß reduziert werden. Unter dem Stichwort „Vertikale Landwirtschaft" oder „Vertical Farming" laufen bereits heute Projekte, bei denen Lebensmittel in Hochhäusern bei Sonnenlicht und LED-Licht angebaut werden. In einer Kombination aus blauem, rotem und infrarotem LED-Licht sind sogar schon Disco-Farmen entstanden. Die heute noch hohen Kosten für die so angebauten Lebensmittel sinken wie bei anderen Produkten, die sich am Anfang nur die wenigsten leisten konnten und die nach Serienproduktion und Massenanwendung heute so viele besitzen – z.B. Digitalkameras, Flachbildschirme und Smart Phones.

Vertikale Farmen!

Über die Bedeutung unserer Böden und ihre Gefährdung:

Die Lebensmittelproduktion in den Städten in die Höhe zu verlegen, bringt uns auch die dringend notwendige Entlastung unserer Böden. Land und Boden werden immer knapper. Durch Versiegelung, Erosion, Überdüngung und intensive Landwirtschaft gefährden wir die dünne Schicht, von der unser Überleben abhängt. Und Böden sind nicht nur wichtig für die Lebensmittelproduktion. Sie filtern Regenwasser und schaffen so neues, sauberes Trinkwasser. Sie regulieren das Klima, denn sie sind nach den Ozeanen der größte Kohlenstoffspeicher der Erde: Sie speichern mehr Kohlenstoff als alle Wälder der Welt zusammen. Und Böden sind höchst lebendig: In einer Handvoll Erde leben mehr Organismen als Menschen auf unserem Planeten. Zwei Drittel aller Arten der Welt leben versteckt unter der Erdoberfläche. Um den Landverbrauch zu bremsen, müsste jeder Mensch mit 0,2 Hektar auskommen, die ihn ernähren. In Deutschland werden aber 4,6 Hektar pro Kopf verbraucht, und in den USA sind es sogar 7,2 Hektar. Die Weltgemeinschaft hat sich drei wichtige Ziele gesetzt: Der Verlust der Biodiversität soll gestoppt werden, die Klimaerwärmung soll auf höchstens 2 °Celsius ansteigen und jeder Mensch soll das Recht auf ausgewogene Nahrung haben. Die globale Gefährdung der Böden und die daraus resultierenden Auswirkungen verlangen nach globalen Antworten. Die Generalversammlung der Vereinten Nationen hatte das Jahr 2015 zum „Internationalen Jahr des Bodens" erklärt. Damit sollte die Bedeutung der Böden für die Ernährungssicherung in der Welt und für den Wohlstand unserer Gesellschaft verdeutlicht werden. Wir befürchten, dass die UN mit dieser großen Baustelle ein weiteres Mal überfordert ist. **Die Hoffnung auf vernünftige Lösungen bleibt trotzdem.**

Die drei Bilder sollen zeigen, wie *Homo sapiens* mit einer Sehhilfe erkennt, wie alles mit allem zusammenhängt und wie wir unsere größten Sorgen mit erneuerbaren Energien lösen können – gesteuert von der Kraft unserer Sonne!

Peter Harry Carstensen sagt:

„Ein zentraler Schlüssel, nachhaltig mehr Lebensmittel für die wachsende Weltbevölkerung zu produzieren, ist das Wissen um die Pflanze. Das ist die Lebensgrundlage für Mensch und Tier auf der Erde. Deshalb ist es für mich eine Herzensangelegenheit, mich in der Gregor Mendel Stiftung für eine intelligente Pflanzenzüchtung zu engagieren."

GREGOR MENDEL
STIFTUNG

Stefano Mancuso sagt:

„Ohne die Pflanzen, die uns mit Nahrung, Energie und Sauerstoff versorgen, könnten wir Menschen auf der Erde nicht einmal Wochen überleben. Erst seit kurzem erkennt die Forschung, was schon Darwin vermutete: dass Pflanzen trotz ihrer (scheinbaren) Unbeweglichkeit über verblüffende Fähigkeiten verfügen, ja über Intelligenz. Denn außer den fünf Sinnen des Menschen besitzen sie noch mindestens 15 weitere, mit denen sie nicht nur elektromagnetische Felder erspüren und die Schwerkraft berechnen, sondern zahlreiche chemische Stoffe ihrer Umwelt analysieren können. Mit Duftstoffen warnen sie sich vor Fressfeinden oder locken Tiere an, die sie davon befreien; über die Wurzeln bilden sie riesige Netzwerke, in denen Informationen über den Zustand der Umwelt zirkulieren. Ohne Organe können sie so über eine Form von Schwarmintelligenz Strategien entwickeln, die ihr Überleben sichern. Von wegen 'vegetieren'! Ein besseres Verständnis der Intelligenz der Pflanzen könnte uns lehren, auf Pestizide zu verzichten, ja bessere Computer und Netzwerke zu entwickeln."

Die Konzentration der Bevölkerung in großen Städten darf keine neuen Probleme mit sich bringen. Wir müssen daher Erstens darauf achten, dass die Landflucht nicht zum Problem für die Dagebliebenen wird. Und wir müssen zweitens dafür sorgen, dass in oder neben dem Asphaltdschungel, in dem wir wohnen und arbeiten, keine riesigen Slums entstehen bzw. fortbestehen.

Und nicht zuletzt: Wir müssen aufhören die grünen Lungen unserer Erde zu zerstören. **Es ist doch im wahrsten Sinne des Wortes schizophren, dass wir uns selbst die Luft abschnüren, um unfruchtbaren Boden zu bewirtschaften.** Wir wissen doch längst, dass die Bäume der Regenwälder ihre Nährstoffe aus der Luft und nicht aus dem Boden holen. Dort würden sie nicht viele finden, denn der Boden ist karg und arm an Nährstoffen.

Senta Berger sagt:

„Wir müssen einsehen, dass das Holz im Regenwald uns mehr nützt, wenn es lebendig Kohlendioxid konsumiert und Sauerstoff produziert und nicht tot im Schrank hängt."

Michael Otto sagt:

„Eine intakte Natur ist das Fundament, auf dem unsere Zukunft gebaut ist."

Seit Beginn der menschlichen Zivilisation hat sich die Zahl der Bäume weltweit nahezu halbiert. Jedes Jahr fallen 15 Milliarden Bäume durch Abholzung und Brandrodung der Landnutzung und Holzwirtschaft, also dem Faktor Mensch, zum Opfer. So schrumpft die Baumdichte, je stärker die menschliche Bevölkerung zunimmt. Heute liefern uns noch drei Billionen Bäume auf der Welt sauberes Wasser, saubere Luft und wunderschöne Landschaften. Die Bäume sind auch maßgebliche Indikatoren für die CO_2-Speicherkapazität, die Reaktion auf den Klimawandel oder die Verbreitung von Tieren und Pflanzen. Das heißt, an der reduzierten Zahl der Bäume auf unserem Planeten lassen sich die Folgen für das Klima, die Artenvielfalt und die menschliche Gesundheit ablesen. Es sind also viel mehr Anstrengungen nötig als bisher, um weltweit wieder gesunde Wälder herzustellen und den Baumbestand zu erweitern.

Eugen Roth sagte:

"Zu fällen einen schönen Baum, braucht's eine halbe Stunde kaum.
Zu wachsen, bis man ihn bewundert, braucht er, bedenk' es, ein Jahrhundert."

Hannelore Elsner sagt:

"Es ist wichtig, dass wir achtsamer mit unseren Ressourcen umgehen. Wir stehen in der Pflicht, unseren Planeten so zu erhalten, dass auch unsere Nachkommen gut auf dieser einzigartigen kleinen Erde leben können. Unter dem Motto – 'Gut für mich – gut für die Umwelt.' – will ich als Umweltbotschafterin meinen Teil unserer gesellschaftlichen Verantwortung übernehmen und unterstütze das Umweltzeichen Blauer Engel. Dieser hilft in vielen Bereichen – z. B. bei der Erhaltung unserer Wälder, damit wir diese in Zukunft nicht nur in Filmen sehen."

Etwas sehr Wichtiges zum Schluss dieser Botschaft: Humanitäres und gütliches Teilen bedeutet keine Verteilung von Almosen, sondern Hilfe zur Selbsthilfe für die Bedürftigen vor Ort.

David!

Thilo Bode, Geschäftsführer der Verbraucherschutzorganisation Foodwatch, hat einmal gesagt: *„Die Leute sind immer für David, nie für den Riesen".* **Der kleine David sagt danke – wenn es so kommt!**

Malala Yousafzai sagt:

„Im Guten oder im Schlechten: An 2015 wird man sich als Wendepunkt erinnern. Diese Kampagne versucht zu erreichen, dass man sich an das Jahr aus den richtigen Gründen erinnert. action/2015 ist ein Versuch, der so vorher nie dagewesen ist, um die unterschiedlichen Ziele, um die es 2015 geht, zu einer öffentlichen Welle von Forderungen zusammenzuführen. Sie verdient unser aller Unterstützung."

Auch im Jahr 2016 und den folgenden Jahren!

Mats Hummels sagt:

„Als Fußballer weiß ich, wie wichtig ein gemeinsames Ziel ist. Wenn alle ihr Bestes geben, kann man sogar Weltmeister werden! Mit eurem Einsatz könnt ihr Projekte eurer Schule unterstützen und Kindern in Entwicklungsländern helfen. Hier sterben Tag für Tag noch immer viele Kinder, weil sie zum Trinken und Waschen kein sauberes Wasser haben. Doch gemeinsam mit UNICEF können wir etwas dagegen tun – Brunnen bauen und für mehr Hygiene sorgen. Ich freue mich sehr, dass ich Schirmherr dieser tollen Aktion sein darf."

Roger Moore sagt:

„Über Millionen Kinder gibt es nicht mehr zu berichten als 'Es war einmal …' – denn sie sterben bevor ihre Lebensgeschichte beginnt. Die Gründe dafür heißen Lungenentzündung, Durchfall, Masern und Hunger. Denn täglich sterben in den ärmsten Ländern der Welt Kinder an Ursachen, die leicht zu verhindern sind. Helfen Sie uns, diese Geschichte zu verlängern. Mit nur 10 Euro im Monat schenken Sie einem Kind das Leben."

Erfüllung der Botschaft: Die Grundvoraussetzungen für die Erzeugung und Verwertung von Nahrungsmitteln und Trinkwasser sollten in der noch zu gründenden Ernährungskommission der „Vereinten Völker der Welt" geregelt und von diesen umgesetzt werden.

Botschafter und Vermittler: z. B. Claus Kleber, Thilo Bode, Dickson Despommier, James von Klemperer, Anil Menon, Carlo Ratti, die Vorstandsvorsitzenden der größten Nahrungsmittelerzeuger, der -importeure und der -exporteure der Welt (auch um die dürftigen Ergebnisse der Letzten G20 Agrargipfel im Sinne aller Verbraucher zu verbessern), alle Agrarminister der Welt, die Vorsitzenden der großen Notenbanken wie Mario Draghi, Janet Yellen sowie Christine Lagarde, Ben Bernanke und Dominique Strauss-Kahn (auch weil er noch etwas gut machen kann), Renate Künast, Ilse Aigner, Dietrich Grönemeyer und die vielen Köche in der Welt wie Jamie Oliver, Johann Lafer, Horst Lichter, Christian Rach, Nelson Müller, Eckart Witzigmann (weil sie auch ohne viele Sterne neue Ideen vitaminreich und lecker anrichten können) sowie alle Nahrungsmittelforscher und Naturwissenschaftler, die etwas zu sagen haben und tun können u. v. a. m.

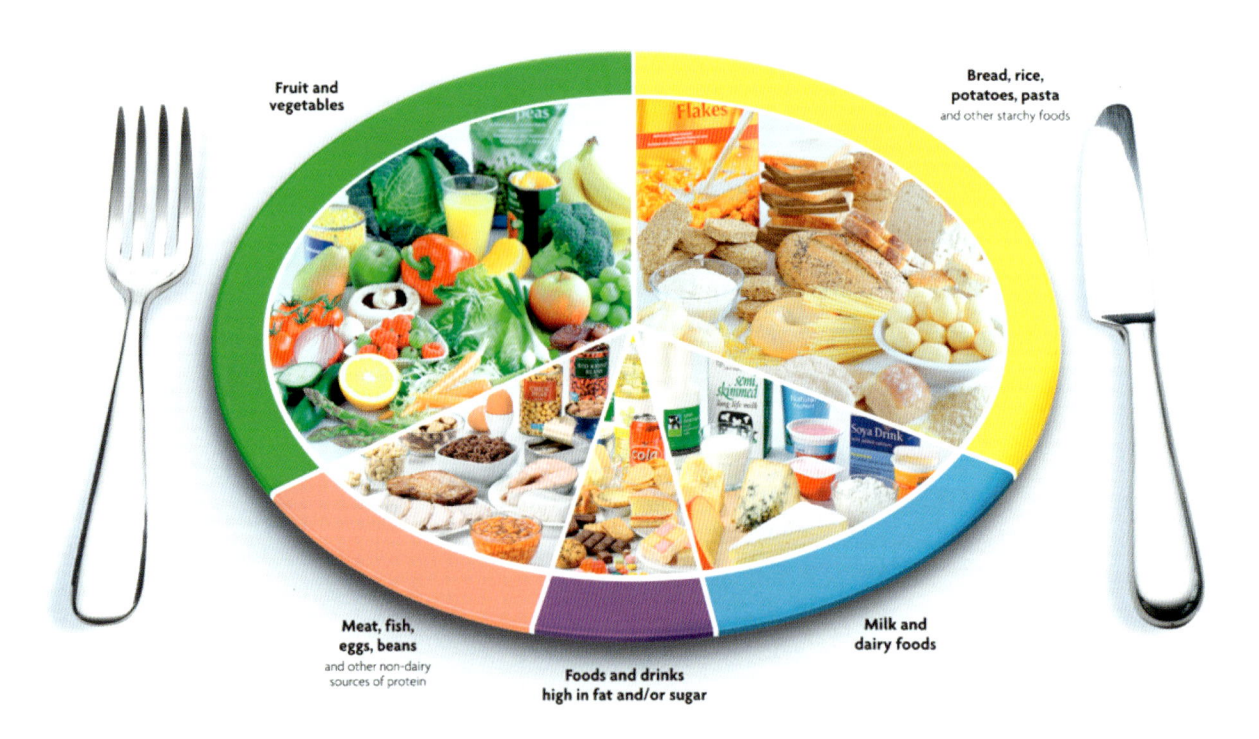

Gegen Hunger und Durst!

Valentin Thurn sagt:

„Im Laufe dieses Jahrhunderts wird die Weltbevölkerung auf zehn Milliarden anwachsen. Wo soll die Nahrung herkommen, die jeder Einzelne täglich zum Überleben benötigt, und von der ja bereits heute jeder Sechste zu wenig hat. Wie können wir verhindern, dass die Menschheit allein durch ihr Wachstum die Grundlage für ihre Ernährung zerstört? Mit meinem letzten Film 'Taste The Waste' habe ich aufgezeigt, welche immensen Mengen an Lebensmitteln heutzutage ungenutzt auf den Müll wandern. Damit konnte ich eine breite Öffentlichkeit ansprechen und eine intensive gesellschaftliche Debatte über Deutschland hinaus entfachen. Jetzt gehe ich einen Schritt weiter und rücke in meinem neuen Dokumentarfilm '10 Milliarden' die Landwirtschaft als Basis der Welternährung in den Mittelpunkt. Wie kann zukünftig genug Nahrung für zehn Milliarden Menschen erzeugt werden? Zwei Lager behaupten, die Lösung zu kennen: Einerseits die industrielle Landwirtschaft, die global immer weiter expandiert und hocheffizient auf Massenproduktion setzt. Demgegenüber stehen die biologische und die traditionelle Landwirtschaft, die zwar weniger Masse produzieren, dafür aber schonend mit den begrenzten Ressourcen umgehen. Von beiden Seiten wollte ich wissen, wie sie die Welt künftig ernähren wollen. Der Film zeigt die globalen Wechselwirkungen in der Landwirtschaft anhand von Protagonisten aus den zentralen Produktionsbereichen Saatgut, Düngung, Schädlingsbekämpfung, Futtermittelherstellung, Tierproduktion und Handel. Dabei wird kritisch die derzeit gängige Praxis beider Seiten hinterfragt, aber auch unvoreingenommen ihre Lösungsansätze und Visionen für die Zukunft vorgestellt. Am Ende des Films stehen innovative Ansätze für die Ernährungssicherung auf lokaler oder regionaler Ebene. Sie alle offenbaren, welch enormen Einfluss wir mit unserem Essverhalten haben. Jeder von uns entscheidet aktiv mit, welcher Weg zukünftig die Landwirtschaft dominieren wird."

8. Gegen den Missbrauch der Religionen

Die von Menschen erschaffenen verschiedenen Religionen sollten zu *einem* Glauben vereint werden, vor allem weil sie wegen der in sie hinein interpretierten Unterschiede und Widersprüche und daraus entstehender Differenzen mehr Unheil als Heil gestiftet haben.

Thomas Jefferson sagte:
„Ich habe Angst um die Menschheit, wenn ich daran denke, dass Gott gerecht ist."

Karl Lehmann sagt:
„Niemand weiß, welche Wege die Geschichte geht und wie der Geist uns führt. Uns ist die Last auferlegt, alles zu tun, dass wir in den kommenden Jahren und Jahrzehnten auch wirklich weiterkommen. Wir wissen, dass das Stunden und Jahre des Scheiterns und der verpassten Gelegenheiten werden können, aber auch Sternstunden. Ich könnte die ganze Arbeit nicht tun, wenn ich nicht davon überzeugt wäre, dass es einmal Sternstunden werden können."

Hans Küng sagt:
„Es wird keinen Frieden zwischen den Völkern geben, wenn es keinen Frieden gibt zwischen den Religionen."

Religionen gibt es, seit es Menschen gibt, und sie wurden alle von Menschen erfunden. In den verschiedenen Regionen der Welt hatte jede Epoche und Kultur ihre Götter oder einen Gott mit entsprechenden göttlichen Geboten und Regeln, nach denen mehr oder weniger gelebt wurde.

Hierzu zählen z. B. die griechischen und die römischen Götter, die Gottheiten der Hindus, der Gott der Muslime, der Buddhisten und der Christen oder Manitu, der Gott der Indianer.

Derzeit Leben auf unserer Erde ca. 2,3 Milliarden Christen, 1,6 Milliarden Muslime, 1,1 Milliarden Hindus, 500 Millionen Buddhisten und 14 Millionen Juden. Die anderen ca. 1,8 Milliarden Menschen sind Anhänger von Naturreligionen und kleineren Religionen, religionslos oder nicht zuordenbar, teilweise dennoch gottgläubig und religiös.

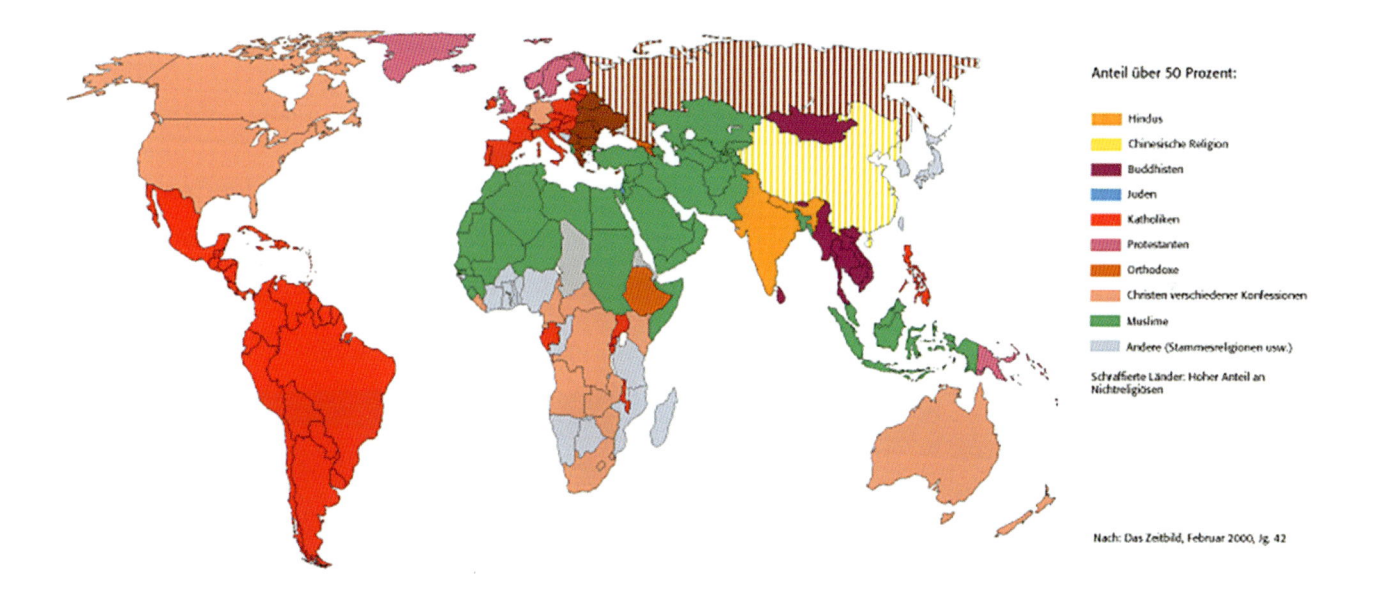

Religionen sind nichts anderes als Glaubens- und Interessengemeinschaften und unterscheiden sich diesbezüglich nicht wesentlich von anderen Machtgebilden.

Die Führer der einzelnen Religionen waren oder sind nicht selten Demagogen, einäugige Pharisäer oder barmherzige Samariter. Einige Beispiele:

- Glaubenskriege wie die Kreuzzüge unter dem Deckmantel des Christentums gegen den Islam und umgekehrt. Mehr als 400 Jahre herrschten Muslime über das Heilige Land, als Papst Urban II. im November 1095 Europas Christen zu einer bewaffneten „Pilgerfahrt" nach Palästina aufrief. Sie sollten den Ungläubigen endlich Jerusalem entreißen. Viele Adelige, Ritter und Könige lockte Urban mit dem Versprechen, dass ihnen Gott zum Lohn ihre Sünden erlassen werde. Der Appell des Kirchenfürsten, der als Vertreter Christi auf Erden die kirchliche Macht über die weltliche stellte, entfachte einen blutigen Krieg der Religionen, der zwei Jahrhunderte lang im Nahen Osten tobte.

- Der Aufruf Papst Urbans II. zum ersten Kreuzzug brachte die bis dahin nur schwelenden Spannungen zwischen Christen und Juden zur Explosion. Der Fanatismus der Kreuzritter wurde angeheizt durch die Vorstellung, dass mit den Kreuzzügen die Wiederkunft des Messias bevorstehe, der von den Juden ans Kreuz genagelt wurde.

Gabriele hat nicht nur am Rande getrauert. Sie hat sich auch christlich geschämt!

- Beim vierten Kreuzzug von 1202 bis 1204 wurde das damals christliche Konstantinopel eingenommen und geplündert. Das Ereignis vertiefte die ohnehin bereits vorhandene Spaltung in griechisch-orthodoxe und römisch-katholische Christen, die bis heute andauert.

- 1484 erließ Papst Innozenz VIII. die „Hexenbulle", die den Auftakt zur Hexenverfolgung in ganz Europa bildete. Um den Inquisitoren die Arbeit zu erleichtern, verfassten zwei Dominikaner den so genannten „Hexenhammer", eine aberwitzige und barbarische Anleitung zur „Erkennung", Folterung und Hinrichtung von Hexen. Der Glaube war im Mittelalter längst zum Aberglauben degeneriert. Dank seiner Zementierung durch die Kirche entwickelte sich eine Art Massenhysterie, der über drei Jahrhunderte hinweg Millionen von Menschen, in erster Linie Frauen, auch Kinder, zum Opfer fielen, häufig durch grausamste Lynchjustiz.

- Martin Luther war eher ein barmherziger Samariter. Aber auch er hat einmal mehr eine Kirchenspaltung herbeigeführt, obwohl seine Absicht sowie sein Durchhalte- und Durchsetzungsvermögen löblich waren. So lehnte er u. a. das „Fegefeuer" und die „Ablassbriefe", mit denen sich die Menschen von ihren Sünden „freikaufen" konnten, vehement ab.

Heute wäre er ein revolutionärer Geist, der die Bühne, das Publikum und die gefüllten Stadien der Welt rockt!

In unserer Zeit sind es vor allem die selbsternannten Gotteskrieger von Al-Kaida, Boko Haram und IS, die im globalen Dschihad, dem neuen Kreuzzug gegen den Westen, im Namen Gottes töten – auf abscheuliche Weise und in eklatantem Widerspruch zu den Lehren des Korans und der Botschaft Allahs. Für ihre barbarischen Taten müssen sie vor Gericht gestellt und zur Rechenschaft gezogen werden.

Jürgen Todenhöfer sagt:

„Der IS hat mit dem Islam so viel zu tun wie Vergewaltigung mit Liebe."

Die Brisanz, die in der Ausrichtung und in den Ambitionen des IS verborgen ist, dürfen wir um Gottes Willen nicht unterschätzen. Es ist bereits ein Pseudostaat entstanden, der sich im Jahr 2015 über weite Teile des Irak (ein Drittel der Landesfläche) und Syrien (die Hälfte der Landesfläche) ausgebreitet hat. Dieser Pseudostaat hat eine Fläche, die in der Größenordnung der Bundesrepublik Deutschland vor 1990 liegt. Sowohl in Syrien als auch im Irak herrschen entweder Bürgerkrieg oder blutige Kämpfe vor allem zwischen Schiiten und Sunniten. Die anhaltende Unterdrückung und Hilflosigkeit der Menschen in beiden Ländern bilden einen gefährlichen Nährboden für die salafistischen Menschenjäger.

Die Terrormiliz hat im Jahr 2014 das „Kalifat" ausgerufen und sich in Islamischer Staat umbenannt. IS-Anführer ist Abu Bakr al-Bagdadi – auch bekannt als „Kalif" Ibrahim. Mit dem Titel „Kalif" beansprucht er die Rolle als „Stellvertreter Gottes" oder „Nachfolger des Propheten Allahs". Das Kalifat stellt dabei eine islamische Regierungsform dar, bei der der Kalif weltlicher und geistlicher Führer in einer Person ist. Über dem Kalifen steht allein das religiöse Gesetz, die Scharia. Der IS ist finanziell derzeit die stärkste Terrororganisation der Welt. Mit den Zeichen der Stärke und der Unterdrückung wird den Sympathisanten und Zulaufkandidaten in der ganzen Welt vorgegaukelt, der IS könne mit weiteren Eroberungen – auch in der westlichen Welt – zu den goldenen Zeiten des Islam zurückkehren. Der IS wird sich weder durch Bomben aus der Luft noch durch Spione der Geheimdienste vertreiben lassen. **Dies kann nur durch eine vollkommen neue Nahostpolitik gelingen, die unter dem Dach der „Vereinten Völker der Welt" festgelegt und umgesetzt wird!** Immerhin sieht die überwältigende Mehrheit der 1,6 Milliarden Muslime in den Worten des Korans keinerlei Rechtfertigung für Mord und Terror und lehnt offensive Gewalt als auch eine Unterwerfung aller „Ungläubigen" das heißt Nicht-Muslime ab.

Notwendigkeit einer „Allianz der humanitären Kräfte" gegen den IS

Am Freitag, dem 13. November 2015, hat der IS mit den Attentaten und Massakern in Paris nicht nur Frankreich und die Werte der westlichen Welt angegriffen, sondern der ganzen Welt den Krieg erklärt. Dem IS und seinen verrohten Schergen stehen für die Rekrutierung potentieller „Krieger" alle Möglichkeiten offen, die das digitale Netz bietet. Nach ihrer Auswahl werden die Verblendeten radikalisiert, auf Gewaltbereitschaft getrimmt, an Waffen trainiert und zu skrupellosen Killern abgerichtet. Die Anzahl der Opfer, ob auf eigener oder gegnerischer Seite, und die Brutalität der Ermordung oder Selbsttötung spielen dabei keine Rolle. Dies zeigen auch die Attentate in Beirut am 12. November, der Anschlag auf eine Friedensdemonstration in Ankara am 10. Oktober und der Flugzeugabsturz in Ägypten am 31. Oktober 2015, der mutmaßlich durch einen vom IS an Bord geschmuggelten Sprengsatz verursacht wurde. Auch die Attentate vom 12. Januar 2016 in Istanbul und vom 22. März 2016 in Brüssel zeigen, wie Menschen in der Menge Attentätern ausgeliefert sind, die sich – aus ihrer verblendeten Sicht – als Märtyrer opfern.

Vor diesem grenzenlosen Terror scheint niemand gefeit – nirgendwo auf der Welt. Die Eskalationsstufen, die wir seit dem 11. September 2001 auf beiden Seiten erleben, sind für eine humanitäre Weltgesellschaft völlig inakzeptabel. Nach den Kriegen in Afghanistan und im Irak folgten die Anschläge in Madrid und London sowie die Hinrichtung von Osama Bin Laden. Kaum glaubt man, eine Gefahr beseitigt zu haben, entsteht auch schon eine neue.

Die Fehler nach dem 11. September 2001, unter anderem der Einsatz der „Allianz der Willigen" gegen den Irak, und die grauenhafte Bilanz vom 13. November 2015 in Paris sollten uns endlich zur Vernunft und zu mehr Weitsicht kommen lassen.

Lassana Diarra sagt:

„In diesem Klima des Terrors ist es für uns alle, die wir dieses Land mit seiner Vielfältigkeit repräsentieren, wichtig, das Wort zu ergreifen und vereint zu bleiben gegen einen Horror, der weder Farbe noch Religion hat. Lasst uns alle zusammen die Liebe verteidigen, den Respekt und den Frieden."

Bastian Schweinsteiger sagt:

„Ich bin immer noch fassungslos darüber, was am Freitag passiert ist. Ich möchte allen, die von dieser Tragödie betroffen sind, mein tiefstes Mitgefühl aussprechen. Zusätzlich möchte ich aller Opfer in Beirut gedenken, die bei den Anschlägen am Tag zuvor ums Leben gekommen sind. Egal, aus welchem Teil der Erde man kommt oder welcher Religion man angehört – wir sind vereint."

Lionel Messi sagt:

„All meine Gedanken sind bei den Opfern und ihren Verwandten der gestrigen Tragödie. Wir müssen immer wieder wiederholen, heute öfter denn je, dass es nur einen Weg gibt: Liebe und Frieden unter den Menschen und ein Zusammenschluss der Welt."

'Abdul-Baha' sagte:

„O du gütiger Herr! Vereinige alle. Gib, dass die Religionen in Einklang kommen und vereinige die Völker, auf dass sie einander ansehen wie eine Familie und die ganze Erde wie eine Heimat. O dass sie doch in vollkommener Harmonie zusammenlebten!"

"Die Erde ist nur ein Land und alle Menschen sind ihre Bürger."

Damit dies gelingt, benötigen wir jetzt die Aufstellung einer „Allianz der humanitären Kräfte", die zum Selbstschutz und mit einer gemeinsamen Strategie gegen den IS vorgeht. Die Saat des Bösen muss besiegt und demaskiert werden, so wie das Böse im Dritten Reich besiegt worden ist und, sobald es erneut irgendwo aufkeimt, immer wieder ausgemerzt wird. Wir können den IS nicht besiegen, wenn wir uns provozieren und von unseren Hass- und Rachegefühlen leiten lassen. Wir besiegen den IS effektiver mit unserem Verstand und mit Aufklärung als mit Bomben und Kanonen, auch wenn es ganz ohne sie – zur Erlösung der gequälten und verzweifelten Menschen – am Ende nicht gehen wird. Wir müssen die barbarische Ideologie des IS aus den Köpfen der hierfür empfänglichen Opfer löschen. Dazu müssen wir den verblendeten IS-Anhängern eine Alternative zu ihrem oft verkorksten oder perspektivlosen Leben anbieten. Das schließt natürlich die Vermittlung der positiven Werte von Liebe, Vergebung, Teilen, Frieden und Freiheit unter dem Dach der „Vereinten Völker der Welt" ein. **Im ersten Schritt muss die „Allianz der humanitären Kräfte" mit einem UN-Mandat ausgestattet werden. Keinesfalls darf dies ein Bündnisfall für die Nato werden. Schließlich müssen Länder wie Russland, China und die betroffenen Länder im Nahen Osten einbezogen werden.**

Nicolas Hénin sagt:

„Sie fürchten unsere Einheit mehr als unsere Luftangriffe. Die Sieger dieses Kriegs werden nicht die Parteien sein, die die neuesten, teuersten, höchstentwickelten Waffensysteme haben, sondern die Partei, der es gelingt, die Menschen auf ihre Seite zu bringen. Mit den Bomben treiben wir die Menschen in die Arme des IS. Warum machen wir im Nahen Osten alles falsch? Warum verstehen die Leute die Region so falsch? Wir machen unsere Feinde groß, wir vergrößern das Leid und die Katastrophe für die Menschen dort. Was wir tun müssen – und das ist der wirkliche Schlüssel – wir müssen die Menschen vor Ort miteinbeziehen. Sobald die Menschen Hoffnung auf eine politische Lösung haben, wird der Islamische Staat zusammenbrechen. Ihm wäre das Fundament entzogen. Ich bin nicht dafür, auf militärische Mittel zu verzichten. Aber im Rahmen einer Antiterrorstrategie können sie nur einen sehr kleinen Teil der Mittel darstellen."

Von Mitte Juni 2013 bis April 2014 war Nicolas Hénin Geisel des IS in Syrien.
Alle seine Mitgefangenen wurden enthauptet.

Ergebnisse des G20-Gipfels 2015 in der Türkei

Am Ende des G20-Gipfels am 15. und 16. November 2015 in der Türkei wurden folgende Beschlüsse bekannt gegeben:

- Die G20-Staaten beschließen gemeinsame Maßnahmen gegen den IS-Terror. Dazu zählen die stärkere Zusammenarbeit und der Informationsaustausch beim Einfrieren des IS-Vermögens, die strafrechtliche Verfolgung der Terrorfinanzierung sowie Sanktionen gegen Staaten, die mit Terrorismus und Terrorfinanzierung verbunden sind.
- Die G20-Staaten wollen enger zusammenarbeiten, um die Bewegungsfreiheit von Terroristen einzuschränken. Intensiviert werden soll der Informationsaustausch über mögliche Reiseaktivitäten. Darüber hinaus soll der Grenzschutz verbessert werden, ebenso die Sicherheit im Luftverkehr.
- Im Kampf gegen terroristische Propaganda im Internet wollen die G20-Staaten eng zusammenarbeiten, um der Radikalisierung entgegenzuwirken. Die G20 verpflichten sich im Kampf gegen den Terror internationales Recht und die UN-Konventionen für Menschen- und Flüchtlingsrechte einzuhalten.

In Anbetracht der Attentate und Massaker des IS im Jahr 2015 sind diese Beschlüsse das absolute Minimum und bleiben ohnehin nur Lippenbekenntnisse und Worthülsen, bevor sie nicht umgesetzt und in der Praxis gelebt werden.

Und dann das: 8 Tage nach dem G20-Gipfel in der Türkei wird am Vormittag des 24. November 2015 ein russisches Kampfflugzeug an der syrisch-/türkischen Grenze von der Türkei abgeschossen. Die Hoffnung der Weltgemeinschaft eine vernünftige gemeinsame Lösung für das Ende des IS zu finden, hat einen Dämpfer bekommen – auch durch die von Saudi-Arabien im Dezember 2015 organisierte islamische Anti-IS-Militärallianz. Hinzu kommt der Abbruch der diplomatischen Beziehungen zwischen Saudi-Arabien und dem Iran Anfang Januar 2016. Grund war die Hinrichtung eines schiitischen Geistlichen in Saudi-Arabien am 2. Januar 2016 und die darauf folgende Inbrandsetzung der saudi-arabischen Botschaft im Iran. Auch in diesem Konflikt geht es weniger um Religion, sondern viel mehr um knallharte politische und wirtschaftliche Interessen und die von beiden Ländern angestrebte Vormachtstellung im Nahen Osten. Und trotzdem wird die Kluft und die Verwüstung zwischen Sunniten und Schiiten immer größer. Ein Grund mehr, dass der Arabische Frühling derzeit überwintert.

Das sind schwere Schläge für die Syrer, die schon auf ein UN-Mandat für einen Kampfeinsatz gegen den IS gesetzt hatten. Und der IS lacht sich ins Fäustchen. Die Opferbereitschaft der Zivilbevölkerung sinkt gegen Null. Die Sehnsucht nach Frieden und Freiheit in Europa steigt weiter. Übrig bleibt ein Armutszeugnis für die Weltpolitik, die einfach unfähig zu sein scheint, eine humanitäre Lösung für das Problem zu finden. Wir lassen uns gerne eines Besseren belehren und hoffen auf den angekündigten UN-Friedensplan im Jahr 2016. Stellen wir uns besser nicht vor, dass Donald Trump im Jahr 2017 Nachfolger von Barack Obama wird.

Ein Alptraum!   **Weiter so!**

Der Leiter der Münchner Sicherheitskonferenz, Wolfgang Ischinger sagte am 5. Januar 2016: *„Wir brauchen eine bessere Fähigkeit, internationale Konflikte zu behandeln, bevor ihre Folgen an unserer eigenen Haustüre ankommen. Da ist die Unfähigkeit des UN-Sicherheitsrates, rechtzeitig kriegsbeendende Entscheidungen zu treffen. Da ist die Inaktivität der EU in der Großkrise des Nahen und Mittleren Ostens in den letzten Jahren. Es ist ein unglaubliches Versagen, dass sich die EU jetzt, nach vier Jahren eines mörderischen Bürgerkriegs, erstmals um Syrien kümmert. Es wäre für die EU ein politisches wie moralisches Gebot gewesen, in diesen Bürgerkrieg frühzeitig einzugreifen, statt wieder – wie vor 20 Jahren in Bosnien – auf die Amerikaner zu warten.*

In einem Zeitraum von Wochen oder wenigen Monaten werden wir keinen Frieden in Syrien bekommen. Dazu ist die Lage jetzt viel zu verfahren. Das russische Eingreifen hat die Situation noch komplizierter gemacht, als sie durch die vielen verfeindeten Splittergruppen schon war. Der Friedensplan denkt in Kategorien von sechs, zwölf und 18 Monaten. Das ist sehr ambitioniert, aber es ist richtig.

Es wird schwer, den IS militärisch zu stoppen. So wie George W. Bush es nicht geschafft hat, den nach den Anschlägen vom 11. September ausgerufenen 'Krieg gegen den Terror' zu gewinnen, so vermessen wäre die Annahme, nach den Anschlägen von Paris den Terror des 'Islamischen Staats' eliminieren zu können. Das wird nicht funktionieren. Das ist wie eine Hydra mit immer wieder nachwachsenden Köpfen. Es ist zu hoffen, dass dem IS die Existenzmöglichkeit in Syrien entzogen wird. Aber er wird sich dann an anderer Stelle wieder festsetzen."

(Quelle http://www.allgemeine-zeitung.de/vermischtes/vermischtes/ein-puzzle-fuer-die-besten-diplomaten_16519883.htm).

Marwan Abou-Taam sagt:

„Charismatische Prediger und Gewaltvideos aus Syrien und dem Irak machen den Salafismus für viele Jugendliche zu einer Art Popkultur. Ausgerechnet der gewaltpredigende Salafismus gibt seinen Anhängern das Versprechen einer konfliktfreien Gesellschaft, einer Art Gleichstellung aller, die auf den wahren Weg zu Gott zurückfänden. Je kritischer sich junge Muslime durch die Mehrheitsgesellschaft beäugt oder ausgegrenzt fühlen, desto stärker werden sie in die Hände von Extremisten getrieben. Dieser Vielschichtigkeit von Versuchungen kann nur gesamtgesellschaftlich begegnet werden. Die Aufnahmegesellschaft muss eine neue Vielfalt anerkennen, die den jungen Muslimen eine Teilhabe ermöglicht, die nicht die Aufgabe ihrer Doppelidentität erzwingt."

Michael Wolffsohn sagt:

„So wie es im Dreißigjährigen Krieg zwischen Katholiken und Protestanten in Europa nicht um Religion ging, kämpfen Sunniten und Schiiten wie eh und je um die Vormacht einzelner Staaten."

Abdullah Öcalan sagt:

„Es ist an der Zeit, die grausame und zerstörerische Geschichte zu beenden und eine Ära des Friedens, der Brüderlichkeit und der Demokratie zu beginnen."

Herr Öcalan, bitte wiederholen Sie dieses Versprechen im Jahr 2016 –
vor allem in Richtung der türkischen Regierung!

Hassan Rohani sagt:

„Während die Sonne hier in Teheran untergeht, wünsche ich allen Juden, besonders den iranischen Juden, ein gesegnetes Rosch Haschana. Die absolute Mehrheit der Menschen hat mich gewählt, weil ich mich entschieden gegen Extremismus, Gewalt, Instrumentalisierung der Religion und Slogans, deren Kosten dann das Volk bezahlen musste, ausgesprochen habe. Die Menschen haben nun mal Fragen und Zweifel, und man sollte ihnen die Möglichkeit geben, sie auch frei äußern zu dürfen. Man muss den Menschen die Wahrheit sagen."

„Heute, am 14. Juli 2015 ist ein Tag des Aufbruchs in eine bessere Zukunft. Wir wollen keine Massenvernichtungswaffen, wir wollen keine militärischen Spannungen, sondern euch mit Brüderlichkeit entgegentreten und bessere Beziehungen und Freiheit."

Herr Rohani, bitte wiederholen Sie diese Ansprache im Jahr 2016 –
vor allem in Richtung Saudi-Arabien und Israel!

Shimon Peres sagt:

„Liquidierungen von Terrorführern sind keine Liquidierung des Terrors.
Die Frage ist nicht, war der Anschlag berechtigt. Die Frage lautet:
Facht er den Terror an oder dämpft er ihn? Und er facht ihn an!"
„Besser reden, reden, reden als schießen, schießen, schießen."

Wie wahr, wie wahr, wie wahr!

Allein die katholische Kirche hat mit dem Papst einen Führer, der für alle Katholiken auf der Welt spricht. Die Vertreter der Evangelischen Kirche, des Islam, der Hindus und des Buddhismus haben in der Regel nationale Führer.

Der jetzige Papst Franziskus scheint in der Lage zu sein, nicht nur die katholische Kirche von ihren Lasten und Lastern zu befreien. Wir wünschen ihm ein noch langes Leben. Somit kann er heute gemeinsam mit anderen wohlwollenden Religionsführern beginnen, uns von den vielen oft falsch verstandenen Religionen zu befreien – hin zu einem einzigen Glauben für alle Erdenbürger im Namen einer vereinten Kirche und im Namen des Herrn oder der Frau. Dies wäre auch im Sinne unseres gemeinsamen Urvaters Abraham.

Am 6. Juni 2014 in Jerusalem, der Stadt mit den drei monotheistischen Weltreligionen (Christen, Juden und Muslime)!

Jürgen Erbacher sagt:

„Dieser Papst ist anders. Wegen seiner Offenheit und Bescheidenheit fliegen ihm die Herzen der Menschen zu. Der Kardinalsekretär Pietro Parolin drückt es einfach aus: 'Franziskus ist das, was er sagt'. Die Substantive dieses Papstes sind Zärtlichkeit und Barmherzigkeit sowie Wahrheit und Gerechtigkeit. 'Die Diener der Kirche müssen barmherzig sein, sich dem Menschen annehmen, sie begleiten – wie der gute Samariter, der seinen nächsten wäscht, reinigt und aufhebt', sagt Franziskus. Er vermittelt ein Bild von Kirche, das von Offenheit, Dialog und der Akzeptanz des anderen in seiner Andersartigkeit geprägt ist. Statt Ausgrenzung propagiert Franziskus eine Kultur der Begegnung. Das gilt für die Kirche intern ebenso wie für das Verhältnis der Kirche zur Welt. Zwei Punkte sind für Franziskus wichtig: Der Mensch muss im Mittelpunkt wirtschaftlichen Handelns stehen, nicht der Profit, und Eigentum soll der Allgemeinheit dienen. Wer besitzt muss mit denen teilen, die nichts haben. Franziskus kritisiert die Gier nach Macht und prangert Korruption an, die er als 'gesellschaftlichen Krebs' bezeichnet, sowie 'egoistische Steuerhinterziehung'. Als Antwort auf die globalen Exzesse fordert Franziskus ein radikales Umdenken, das alle Ebenen betrifft: angefangen vom Einzelnen in seinem alltäglichen Handeln über die Verantwortlichen in Politik und Wirtschaft bis hin zu den globalen Strukturen, die letztendlich aber von Menschen verantwortet werden. Als politischer Papst mahnt Franziskus gerechtere Strukturen weltweit an. Bis dahin bleibt der Papst bei seiner Aussage: 'Diese Wirtschaft tötet' – nicht 'die' Wirtschaft an sich, aber eine, die von Profitgier und Korruption geprägt ist, die ganze Teile der Gesellschaft ausgrenzt. Zur Begegnung der Religionen sagt Franziskus: Der interreligiöse Dialog ist eine notwendige Bedingung für den Frieden in der Welt und darum eine Pflicht für die Christen wie auch für die andren Religionsgemeinschaften. Dieser Dialog ist zuallererst ein Dialog des Lebens."

Am 12. Februar 2016 traf sich Franziskus mit Kirill, dem russisch-orthodoxen Patriarchen. Ein erstes Gespräch und eine Annäherung nach 1000 Jahren Spaltung. Am 31. Oktober 2016 will Franziskus in Schweden an Feiern zum 500. Jahrestag der Reformation teilnehmen. Zusammen mit dem Präsidenten des Lutherischen Weltbundes, Bischof Munib Younan, will Franziskus dort eine ökumenische Veranstaltung leiten. Franziskus sagt zur Gemeinschaft der Kirchen: „Wir sind eins, im Geiste und auch im Blut". **Pontifex heißt Brückenbauer!**

Unser Gefühl sagt uns, dass Abraham, Moses, Jesus und Mohammed und viele andere Propheten sowie der Jesuitenpater Pierre Teilhard de Chardin sich da oben geeinigt haben, wer ihre gemeinsamen Interessen hier unten vertreten soll.

Miteinander Glauben und Leben. Mit dieser Einstellung finden auch die traditionsreichen Wormser Religionsgespräche statt. Vom 15. bis 17. April 2016 werden mindestens 500 Gäste in der Lutherstadt Worms erwartet. Das Thema lautet diesmal – in Anlehnung an das Themenjahr „Reformation und die eine Welt" in der Lutherdekade der Evangelischen Kirche in Deutschland: „Mein Gewissen und unsere/eure Welt".

Ulrich Oelschläger sagt:
„Unser Ziel ist es, einen gelingenden Dialog in Gang zu setzen, der sich in Bezug auf das Gewissen der Probleme dieser Welt annimmt. Wir wollen Religionen an einen Tisch bringen, die in der öffentlichen Diskussion völlig falsch beurteilt werden, weil man nur deren Extreme sieht. Das Gewissen, der Respekt vor der Gewissensentscheidung eines anderen ist eine feste Größe. Wir hoffen, dass dies in allen Religionen und Konfessionen präsent ist."

Jacob Emmanuel Mabe sagt:
„Aus den Wormser Religionsgesprächen soll ein Appell für alle Gläubigen und Nichtgläubigen hervorgehen, dass die Völker der Welt den Frieden, die Freiheit und die Gerechtigkeit nur durch interkulturellen Austausch von Wissen und Erfahrungen dauerhaft sichern können. Die Veranstaltung selbst hat eine pädagogische Botschaft, die darin besteht, den Teilnehmern zur Einsicht der Notwendigkeit der Interkulturalität auf allen Gebieten des Wissens und Lebens zu verhelfen."

Peter Ustinov sagte:

*"Wenn man so sieht, was der liebe Gott auf der Erde alles zulässt,
hat man das Gefühl, das er immer noch experimentiert."*

Oder uns auf die Probe stellt?

Martin Luther King sagte:

"Kein Problem wird gelöst, wenn wir träge darauf warten, dass Gott sich darum kümmert."

»Fürchte dich nie, nie, niemals davor, das zu tun, was richtig ist, speziell dann, wenn das Wohl eines Menschen oder eines Tieres auf dem Spiel steht. Die Strafe der Gesellschaft ist nichts verglichen mit den Wunden, die wir unserer Seele zufügen, wenn wir wegschauen.«

Martin Luther King
US-Bürgerrechtler, 1929-1968

Mahatma Ghandi sagte:

„Ich bin Christ, Hindu, Moslem und Jude."

Wir glauben, dass Mahatma Gandhi mit dieser Aussage nicht den Gottesglauben meinte, sondern die Normen und Werte, die jede Religion hat. **Er ging bestimmt davon aus, dass jede Religion im Grunde die gleichen Ziele und Werte verfolgt.**

Erfüllung der Botschaft: Die von Menschen erschaffenen verschiedenen Religionen sollten zu einem Glauben vereint werden, vor allem weil sie wegen ihrer Unterschiede, Widersprüche und daraus entstehender Differenzen mehr Unheil angerichtet als Heil gestiftet haben. Diese Unterschiede und Widersprüche sollten in der noch zu gründenden Glaubenskommission der „Vereinten Völker der Welt" aufgelöst werden und zur „Empfehlung" eines gemeinsamen Glaubens führen. **Danach bleibt es jedem überlassen, dem Glauben oder dem Zufallsprinzip zu folgen.**

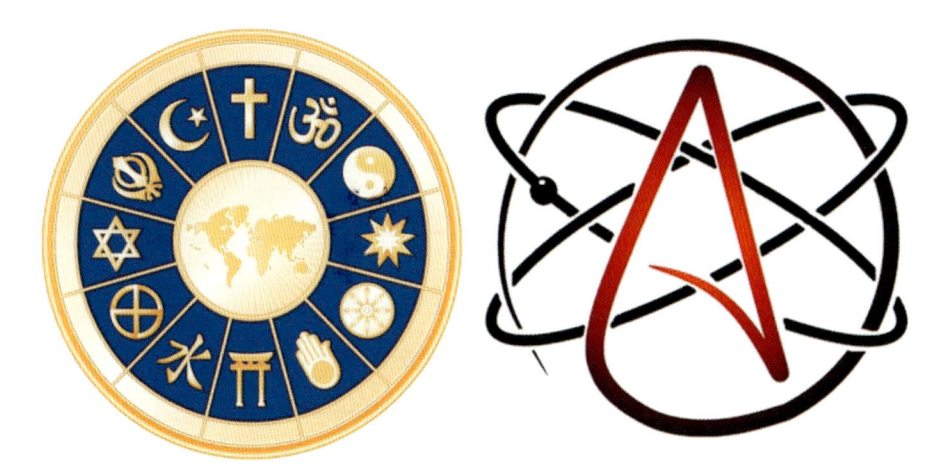

Botschafter und Vermittler: z. B. Papst Franziskus, Andreas Englisch, Franz-Peter Tebartz-van Elst (mit Bescheidenheit zur Besinnung kommen), Karl Lehmann, Roland Koch und der Dalai Lama sowie Religionsführer und Gelehrte der Muslime, Hindus, Buddhisten und Christen, Eugen Drewermann, Hans Küng, Kathrin Göring-Eckhardt u. v. a. m.

9. Gegen die Raffgier

Die Gier und ständiges Streben nach Wachstum und Profit jeglicher Art – und der dadurch zu erreichende Machtgewinn – sind als Triebkräfte zweifellos ein wesentlicher Bestandteil des menschlichen Daseins. Das hat sich seit der wissenschaftlichen Revolution vor über 500 Jahren immer weiter verstärkt. Die Gier und das Streben nach neuen Erkenntnissen haben der durch Kapital befeuerten Wissenschaft enorme Impulse verliehen, mit denen wir das Leben auf unserer Erde immer besser verstehen. Daraus können wir schließen, dass Wachstum, Profit und Macht per se nicht negativ sind. **Es kommt aber darauf an, auf welche Weise wir Wachstum generieren, Profit erzeugen und Macht anwenden.** In der Vergangenheit ist die Gier durch ungerechtfertigte Besitzansprüche zur Raffgier verkommen. Hierbei wurden Menschen ausgebeutet und vernichtet vor allem durch Kriege, Sklaverei und Leibeigenschaft. Das ist passiert, weil skrupellose Herrscher aus der Politik und der Wirtschaft ihre Macht missbraucht haben. Ursache hierfür sind u. a. ungezügelte Kräfte eines nicht kontrollierten Marktes. **Diesen himmelschreienden Unsinn müssen wir gemeinsam stoppen – jetzt, hier und überall auf unserem Planeten.** Wachstum und der Einsatz der Profite in nachhaltige Investitionen für die Herstellung von sinnvollen Produkten sind für Arbeitgeber und Arbeitnehmer ein Gewinn. **So schaffen verantwortliche Unternehmer Arbeitsplätze mit angemessenen Löhnen, die für Kaufkraft bei den Konsumenten sorgen.** Dies ist ein Wirtschaftskreislauf – der, staatlich kontrolliert – auch ein sicheres Netz für die sozial Schwächeren und Kranken bietet – ohne das Vorwärtsstreben des Menschen abzuwürgen. Dieses System, dass durch ein funktionstüchtiges Kreditwesen und ein **sinnvolles Konsumieren** bestimmt wird, ist als „soziale Marktwirtschaft" bekannt.

Im Buch von Friedrich Schorlemmer *Die Gier und das Glück – Wir zerstören, wonach wir uns sehnen* haben wir gelesen, dass die Gier auch etwas zu tun hat mit „Begehren" und mit „Sehnsucht". Wir erfahren in diesem Buch aber auch, dass dem Wachstum Grenzen gesetzt werden müssen.

Friedrich Schorlemmer sagt:

„Ohne die Kraft des Begehrens gäbe es zu wenig Selbstanstrengung und Selbstentfaltung. Das daraus resultierende Glückserleben bleibt allerdings aus, wenn sich das Begehren in Gier verwandelt. Dann führt das Erreichte nicht zu Genuss, sondern zum Getriebensein nach immer mehr. Die Frage an uns als Einzelne wie als Gesellschaft ist: Wie können wir gewinnen, wonach wir uns sehnen: ein intensives, glückendes Leben? Wie können wir der Sehnsucht aus innerem Antrieb ein Maß geben und damit eine Gelassenheit zurückgewinnen, die nicht in Leblosigkeit, Emotionslosigkeit, Begeisterungslosigkeit mündet? In den entscheidenden Etagen ist kein Gedanke daran, dass das Wachstumsprinzip des kapitalistischen Systems den ressourcenbegrenzten Globus überfordert, quält und auspresst. So sorgt Wachstumsideologie nicht mehr dafür, dass wir Ziele erreichen, nein, wir kommen lediglich ans Ende. Aber wer hat politisch den Mut, die Konsequenzen zu ziehen? Und wer hätte den Mut, jene zu wählen, die bereit wären, notwendige Konsequenzen in alle bindenden Gesetze zu gießen? Wer also wäre bereit, die Dinge bis an ihr mögliches Ende zu denken und selber danach zu leben? Es werden Helden eines neuen Rückzugs benötigt, der doch ein Vormarsch wäre: voneinander lernen, im Anderen, im schier Verfeindeten sich selber sehen. Differenz ertragen – auch als Ertrag für sich selber. Kommt der Gierige in einer Partnerschaft mit dem Asketen, so wird der Gierige zurückhaltender und der Asket weiß wieder, was Lust und Genuss ist. Ein Märchen, ja – aber: Politisch werden, wenn die Welt gerettet werden soll, Koalitionen auf uns zukommen, die man sich derzeit kaum vorstellen kann. Aber das muss – und wird! Wenn die Zeiten absehbar noch katastrophaler werden. Wir ähneln derzeit dem Trupp, der aufsteigt und aufsteigt und fortwährend nach dem Gipfel fragt. Bis alle merken, dass es immer weiter in die Tiefe geht. Ein Mensch, der kräftige, hohe Bäume betrachtet, schaut in die Zeit seiner Vorgeburt, meist auch auf etwas, das ihn überlebt. Im Baum sind wir lebend, wie wir im geschlachteten Baum ein Stück gestorben sind. Bäume können sich nicht aufbäumen – der Mensch sehr wohl."

Pink sagt:

„Maßloser Konsum hält uns davon ab, über Frauenrechte, den Irak und über das, was in Afrika passiert, nachzudenken – es hält uns generell vom Denken ab."

Andreas Mayer sagt:

„Unter dem Begriff Luxus verstehen wir heute Dinge wie Luxusautos, Luxuswohnung, Luxusreisen etc. In Zukunft bedeutet Luxus: saubere Luft, sauberes Trinkwasser, ausreichende Nahrungsmittelversorgung, verträgliches Klima und ein Leben in Frieden und Freiheit auch im Sinne der mit uns lebenden Arten. Wenn wir das nicht gemeinsam zu unserem Grundgedanken machen und danach leben, wird die Menschheit keine Zukunft haben."

Es ist für alle genug da, wenn wir lernen, gerecht zu teilen und genügsam mit unseren Ressourcen umzugehen.

„Teilen" und „Wertschöpfung" müssen im Vordergrund stehen. Weg mit den Mogelpackungen und dem ständigen Streben nach Wachstum, das wild wuchert und mit dem wir die Schätze der Erde viel zu schnell verbrauchen zu Lasten derer, die uns folgen.

Raffgier schürt Neid. Daraus entstehen Fanatismus, Hass, Gewaltbereitschaft, Rachsucht, Terror und Krieg.

Ungläubig, wütend und mit Unverständnis sehen wir die ungerechte und moralisch nicht vertretbare Verteilung der Vermögen. **Im Jahr 2016 besitzt das oberste Prozent der Menschheit mehr Vermögen, als die übrigen 99 Prozent zusammen.**

Bob Dylan singt:

„*All das Geld, das ihr gescheffelt habt, wird niemals eure Seele zurück kaufen können.*"

Im Jahr 2014 besaßen die 85 reichsten Menschen der Erde so viel wie die ärmere Hälfte der Menschheit von 3,6 Milliarden Menschen. Im Jahr 2015 waren es 80 Menschen und im Jahr 2016 sind es 62 Menschen, die so viel besitzen, wie die ärmere Hälfte der Menschheit von derzeit 3,65 Milliarden Menschen. Das heißt, die Verteilungsungerechtigkeit nimmt dramatisch zu. **Diese sehr reichen Menschen sollten ein Signal setzen und zeigen, dass sie bereit sind, etwas abzugeben und mit dem Rest der Welt zu teilen.**

Bono sagt:

„*Ihr könnt in die Geschichte eingehen, indem ihr Armut Geschichte werden lasst. Wir wollen kein Mitleid, wir wollen Gerechtigkeit. Wir können nicht alle Probleme lösen, aber wenn wir sie lösen können, müssen wir das tun.*"

Plan International sagt:

"Nur gemeinsam kann das globale Problem von Armut und Hunger gelöst werden. Die Regierungschefs sind angehalten, konkrete Entscheidungen zu treffen, um die Entwicklungsländer dabei zu unterstützen, extreme Armut, Hunger, Diskriminierung und vermeidbare Krankheiten zu überwinden. Wir von Plan International fordern, dass insbesondere die Themen Mütter-, Frauen-, Kinder- und Jugendgesundheit einschließlich sexueller und reproduktiver Gesundheit und Rechte, ein Ende von Aids bis 2030 und der Globale Fonds zur Bekämpfung von Aids, Tuberkulose und Malaria auf die politische Agenda mit aufgenommen werden."

Bob Geldof sagt zum Hunger in Afrika:

"Bitte keine Tränen – die ändern nicht das Geringste."
"Ich ertrage den voyeuristischen Blick auf die Armut einfach nicht."

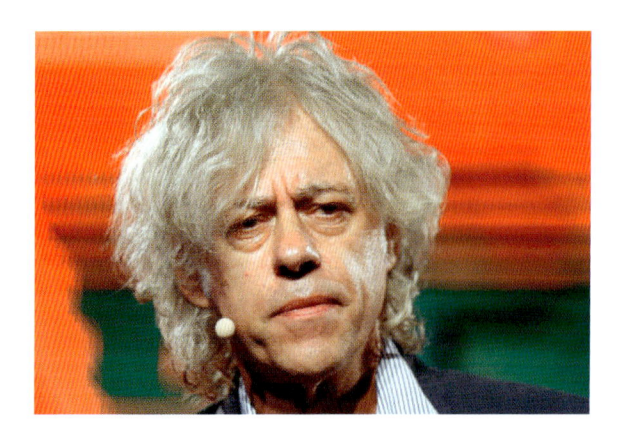

Thomas Mann sagte:

„Es gibt keinen Besitz, der Nachlässigkeit vertrüge."

Synonyme für Nachlässigkeit:
Verantwortungslosigkeit, Pflichtvergessenheit, Gewissenlosigkeit!

Immanuel Kant sagte:

„Reich ist man nicht durch das, was man besitzt, sondern mehr noch durch das, was man mit Würde zu entbehren weiß."

Das heißt nicht, dass es sich nicht lohnen soll, Spitzenleistungen zu bringen. Die Einkommen sollten jedoch ab einer festzulegenden Größe gemeinwohlfördernden Maßnahmen zufließen und den noch zu bildenden Geldfonds unter dem Dach der „Vereinten Völker der Welt" zur Verfügung stehen.

Denzel Washington sagt:

„Ich bin damit gesegnet, dass ich mehrere Hundert Millionen Dollar verdienen kann. Aber ich kann sie nicht mit mir nehmen, und das könnt ihr auch nicht. Es geht nicht darum, wie viel man hat, sondern darum, was man mit dem anstellt, was man hat."

Matt Damon sagt:

„Ich bin eines Tages aufgewacht und habe gemerkt, dass ich Einfluss habe. Wir Schauspieler sind quasi ein Sprachrohr für unsere Gesellschaft. Und genau deshalb wurde mir bewusst, dass wir uns für die Welt einsetzen müssen. Es macht mir Spaß und ich sehe es nicht als Arbeit an. Ich bin dafür verantwortlich, von meinem Glück etwas zurück zu geben und damit Menschen in Not zu helfen."

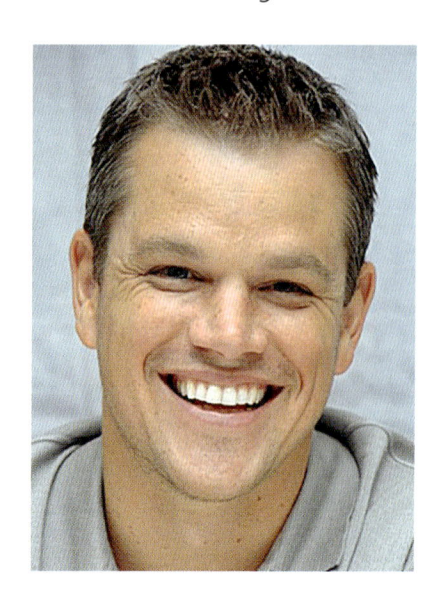

Es geht nicht um Gleichmacherei. Aber es ist einfach unanständig und unangemessen, wenn der Vorstandsvorsitzende eines Industrieunternehmens oder der Geldfondmanager einer Bank das Hundert- oder gar Tausendfache eines normalen Arbeiters oder Bankangestellten für sich beansprucht.

Wolfgang Gerhardt sagt:
*„Wir möchten ein Bewusstsein dafür schaffen, dass die Marktwirtschaft
einen sozialen Wert und einen sozialen Auftrag hat."*

Zu vernünftigen und gerechten Teilungsregelungen gehört auch der Umbau der weltweiten Finanz- und Börsenwelt.

Die Finanzwelt sollte auf das reduziert werden, wofür sie ursprünglich gedacht war, nämlich den Fluss und die Bereitstellung von Geldmitteln zu gewährleisten für gemeinwohlfördernde Investitionen, anstatt sich in Spekulationsgeschäften mit wertlosen Derivaten zu ergehen, die undurchschaubar sind und oft mit krimineller Absicht und faulen Tricks in Umlauf gebracht werden. Wir brauchen viel mehr positive Werte als Schmiermittel, damit die Welt – auch ohne Geldwäsche – rund läuft.

Thomas Jefferson schrieb im Jahr 1802:

„Sollte das amerikanische Volk es je Privatbanken überlassen, die Ausgabe seiner Währung zu steuern, zuerst durch Inflation, dann durch Deflation, dann werden die Banken und Konzerne, die um diese Banken heranwachsen, den Menschen ihren ganzen Besitz wegnehmen, bis ihre Kinder, auf dem Kontinent, den ihre Vorväter erobert haben, obdachlos aufwachen."

Thomas Jefferson war der dritte Präsident der Vereinigten Staaten von Amerika (1801–1809) und Verfasser der amerikanischen Unabhängigkeitserklärung. Sein Denken und Handeln war von den Prinzipien der Aufklärung bestimmt.

Die Federal Reserve Bank, die den Dollar ausgibt, ist eine Privatbank, bzw. wird von Privatbanken kontrolliert. In der jüngsten Finanzkrise ist es genau so gekommen, wie Thomas Jefferson es vorausgesagt hat: Millionen von Amerikanern haben durch die Hypothekenkrise ihr Dach über dem Kopf verloren.

Jimi Hendrix sagte:

„Die Menschen sehen nur das, was sie noch alles haben und bekommen könnten, schätzen aber nicht was sie haben, bis sie es verlieren. Wenn die Macht der Liebe die Liebe zur Macht überwindet, erst dann wird es Frieden geben."

Peer Steinbrück sagt zur jüngsten Finanzkrise:

„Ein maßloser Kapitalismus, wie wir ihn hier erlebt haben mit all seiner Gier, frisst sich am Ende selbst auf."

Bobby de Keyser sagt:

„Wir haben in unserer Gesellschaft viel Mist angesammelt. Die Wirtschafts- und Finanzkrise gibt der Jugend heute die Chance zu sagen: 'Wir lassen uns das nicht mehr aufbürden. Wir wollen anders leben.' Ich bin überzeugt: Wir stehen vor einer soften Revolution. Das ist gut. Der Ballast muss weg. Es muss zu Zusammenbrüchen kommen, die insbesondere die Finanzwelt nachhaltig umkrempeln."

Thomas Jefferson sagte während seiner Amtszeit (1801 und 1809):

„Eine kleine Rebellion ab und zu ist eine gute Sache und ebenso notwendig in der politischen Welt wie Stürme in der psychischen."

Georg Schürmann sagt:

„Die traditionellen Banken haben sich nach der Finanzkrise 2008 nicht wirklich geändert. Da war es ein Leichtes zu sagen: Jetzt gehe ich zu einer Bank und zeige, dass das Bankgeschäft auch anders geht, eben an Menschen und Werten orientiert. Unsere Währung heißt Wandel. Wir sind Teil einer Gemeinschaft von europaweit über 500 000 Menschen. Menschen, von denen jeder Einzelne, ob Sparer, Investor oder Kreditnehmer, einen essenziellen Beitrag zum großen Ganzen leistet. Boni, Eigenhandel oder Spekulation haben wir nicht im Programm. Dafür aber eine Mission, die wir gemeinsam mit unseren Kunden erfüllen."

Die Börsenwelt sollte dahingehend verändert werden, dass die positiven Werte von *Shareholder Value* und *Stakeholder Value* zusammengeführt und deren negativen Elemente und Schwächen gestrichen werden. So kann die ausschließliche Maximierung des Aktionärsnutzens an Unternehmen ausgeglichen werden – hin zu einem nachhaltigen und sinnvollen Arbeiten und Überleben von Unternehmen. Kurz gesagt, wir brauchen wieder mehr verantwortungsbewusste Unternehmer die längerfristig planen und Gründergeist zeigen, anstelle von Managern, die nur die Quartalszahlen und ihren eigenen Vorteil im Kopf haben.

Besonders wichtig ist es, dem gemeinwohlschädlichen Geschäft von habgierigen Börsenhaien einen Riegel vorzuschieben. Vor allem muss die Spekulation auf Lebensmittel gesetzlich verboten werden.

Es lohnt sich in diesem Zusammenhang, auch einen Blick auf unsere Textilindustrie mit ihrer Billigmode zu werfen und darauf, wie sie unser Konsumverhalten steuert. Das hat Andrew Morgan für uns übernommen.

Andrew Morgan sagt:

„Globalisierung ist nicht prinzipiell schlecht. Aber eben nur, solange eine kleine Gruppe von Menschen nicht alle Gewinne an sich reißt, während die meisten Menschen in Armut leben müssen. Es ist unglaublich, welche Massen an Kleidung überall verfügbar sind. Den Gewinn machen die Konzerne, indem sie uns überzeugen, immer mehr Mode in immer kürzeren Abständen zu konsumieren. Und es funktioniert: In den vergangenen beiden Jahrzehnten ist unser Verbrauch an Kleidung um 400 Prozent gestiegen. Gleichzeitig sinken die Preise für Billigmode kontinuierlich, aber damit verbunden auch die Qualität. So ein Teil tauscht man immer schneller wieder aus. Da Material und Transport nicht billiger werden, ist das einzige Glied in dieser Kette, bei dem man die Kosten auf ein Minimum drücken kann, der Arbeitsfaktor. Und da wird es dann zutiefst beunruhigend. Wir nutzen diese bitterarmen Menschen, die keine Alternative haben, aus. Diese andauernde Ausbeutung manifestiert ein System von Armut. Das System der Produktion von Billigmode ist unmenschlich. Warum können wir das nicht weiterentwickeln? Ich muss mir bewusst sein, dass ich in der Regel unmenschliche Arbeit unterstütze, wenn ich Billigmode kaufe. In der Textilindustrie hat Billigmode inzwischen den größten Marktanteil."

Andrew Morgan   **Bitte, macht auch ihr euren Einfluss geltend und tragt Verantwortung!**

Alfred Herrhausen sagte:

„Wir müssen das, was wir denken, auch sagen. Wir müssen das, was wir sagen, auch tun. Und wir müssen das, was wir tun, dann auch sein." „Entscheidend ist nicht die Frage, ob man Macht hat, entscheidend ist die Frage, wie man mit ihr umgeht." „Man kann auf Dauer Produkte nur verkaufen, wenn man einen guten Ruf hat. An dem Tag, an dem die Manager vergessen, dass eine Unternehmung nicht weiter bestehen kann, wenn die Gesellschaft ihre Nützlichkeit nicht mehr empfindet oder ihr Gebaren als unmoralisch betrachtet, wird die Unternehmung zu sterben beginnen."

Das Überraschende an diesen Zitaten ist, dass sie von einem ehemaligen Vorstandschef der Deutschen Bank stammen und dass vor zweieinhalb Jahrzehnten niemand herablassend lachte, der den sehr mächtigen und sehr geachteten Alfred Herrhausen so reden hörte.

Jürgen Fitschen, Co-Vorsitzender der Deutschen Bank bis zum 19. Mai 2016, sagte am 19. Oktober 2014: *„Die Reichen dürfen ihre Augen nicht vor den Sorgen der anderen verschließen. Irgendwann könnte der Geduldsfaden reißen, wenn die Vermögenden in Zukunft immer mehr verdienen, während zu viele Bürger das Gefühl entwickeln, nicht angemessen teilhaben zu können an dem gemeinsam erwirtschafteten Mehrwert."*

(Quelle: http://www.tagesspiegel.de/politik/deutsche-bank-chef-fitschen-warnt-arbeitnehmer-muessen-staerker-vom-wohlstand-profitieren/10859074.html).

Wir werden John Cryan, den neuen Vorstandsvorsitzenden, an den Aussagen von Alfred Herrhausen und Jürgen Fitschen messen. Die Freisprüche vor Gericht für ehemalige Vorstände der Deutschen Bank am 25. April 2016 reichen bei weitem nicht aus, das verspielte Vertrauen der Kunden und der Börse zurückzugewinnen. Am 26. April 2016 lag der Aktienkurs der Deutschen Bank bei 16,58 Euro. Am 11. Mai 2007 betrug er 117,96 Euro.

Das aus dem Ruder gelaufene Investmentbanking mit seinen zwielichtigen Geschäftspraktiken muss auch im Interesse der Deutschen Bank der Vergangenheit angehören. Ansonsten drohen weitere Milliardenstrafen – wie im Libor-Skandal um manipulierte Zinssätze. Die Deutsche Bank hat im Oktober 2015 angekündigt, sie werde sich aus dem Investmentbanking in Russland zurückziehen, wo sie mit einer Geldwäscheaffäre kämpft. Mindestens sechs Milliarden Dollar Schwarzgeld sollen von russischen Kunden über die Bank gewaschen worden sein. Das US-Justizministerium, mehrere Aufsichtsbehörden und die Deutsche Bank selbst ermitteln in dem Fall. **Gut so – weg mit den krummen Geschäften jenseits der Legalität.**

Gute Ergebnisse des G20-Gipfels 2015 zur Bankenregulierung und gegen Steuertrickserei

Die Teilnehmer des G20-Gipfels haben am 15. und 16. November 2015 beschlossen, dass die 30 weltweit größten Geldinstitute künftig ein größeres Kapitalpolster vorhalten müssen. Hierzu zählt auch die Deutsche Bank. Neben den bereits verschärften Anforderungen an das Eigenkapital soll es mindestens ebenso große Puffer aus Fremdkapital geben. Dabei geht es um Anleihen, die in einer Notlage schnell in Haftungsmasse umgewandelt werden können. So sollen auch Investoren in die Rettung von Banken einbezogen werden, um sicherzustellen, dass bei einem Zusammenbruch solcher Institute die Steuerzahler künftig nicht mehr zur Kasse gebeten werden. Die G20 einigten sich auch auf eine weltweite Bekämpfung der Steuerflucht durch multinationale Unternehmen. **In Zukunft sollen Firmen ihre Gewinne in dem Land versteuern, wo sie erzielt wurden.** Die jüngste Berichterstattung aus Luxemburg über dort operierende Firmen hatte deutlich gemacht, dass viele Konzerne Gewinne innerhalb des eigenen Unternehmens verschieben, um sie künstlich kleinzurechnen und den Rest am Standort mit dem niedrigsten Steuersatz zu versteuern.

Klaus Schwab sagt:

„Nach der Selbstzerstörung des kommunistischen Systems laufen wir nun Gefahr, dass der Kapitalismus zwar sich nicht selbst zerstört, dafür aber die moralischen Grundlagen unserer menschlichen Existenz."

Das Weltwirtschaftsforum in Davos wurde 1971 von Klaus Schwab gegründet und wird seit dem von ihm geleitet. Sein hehres Ziel ist: **„Den Zustand der Welt zu verbessern".** Hierzu bringt Klaus Schwab jedes Jahr im Januar rund 2500 international führende Wirtschaftslenker, Politiker, Intellektuelle und Journalisten zusammen, um über aktuelle globale Fragen zu diskutieren. Das diesjährige Forum vom 20.–23. Januar 2016 stand im Schatten der Flüchtlingskrise. Die Ergebnisse sind ernüchternd. Statt geeignete Lösungen zu präsentieren, droht die Rückkehr zum Nationalstaat und Protektionismus. Eine große Mehrheit der Top-Manager glaubt nicht an eine „Globalisierung" der Wirtschaft. Statt politischer oder wirtschaftlicher Unionen, weltweit geltenden Handelsrechten, gemeinsamen Werten und einer Weltbank in einem einzigen großen Weltwirtschaftsraum erleben und erwarten die Manager auch für Zukunft verstärkt national abgeschottete Märkte mit unterschiedlichen Wirtschaftssystemen, regionalen Wirtschaftsräumen, unterschiedlichen Gesetzen und Wertesystemen sowie lokalen Bank-Instituten. Wir hoffen gemeinsam mit Klaus Schwab, dass sich die verantwortlichen Politiker und Wirtschaftsbosse gemeinsam etwas einfallen lassen, um den Karren aus dem Dreck zu ziehen. **Vielleicht werden ja die bilateralen Gespräche und Vereinbarungen in den Hinterzimmern des Forums dazu beitragen, *„den Zustand der Welt zu verbessern".*** Das nächste Weltwirtschaftsforum findet vom 17.–20. Januar 2017 in Davos statt. In Anbetracht der großen internationalen Krisen und Katastrophen müssen wir die Zeit nutzen, um ein neues Wertesystem für die globale Wirtschafts- und Finanzwelt festzulegen.

Eine Gemeinschaft von Gleichgesinnten gibt uns Hoffnung, macht uns mutig und verleiht unserer gegenwärtigen Wut einen stärkeren Ausdruck.

Wütend sind wir auch auf scheinheilige Firmen, Politiker und Prominente, die ihre Vermögen verschleiern und in Steueroasen parken. Diejenigen, die sich hinter Briefkastenfirmen verstecken, um Geld zu waschen und Steuern zu hinterziehen gehören an den Pranger und vor Gericht gestellt. Um diese illegalen und kriminellen Aktivitäten zukünftig einzudämmen, müssen weltweit einheitliche Transparenz-Register eingeführt werden, in denen die wahren Eigentümer von Briefkastenfirmen aufgelistet werden. Ergänzend sind Steueroasen auf eine weltweite „Schwarze Liste" zu setzen.

Journalisten der Süddeutschen Zeitung verbunden mit einem internationalen Recherche-Netzwerk berichten seit dem 3. April 2016 über die sogenannten „Panama Papers". 2,6 Terabyte mit 11 Millionen Dateien und 214 000 Briefkastenfirmen waren ihnen ins Netz geraten. Durch eine enorme Rechercheleistung der involvierten Journalisten auf der ganzen Welt wurde aufgedeckt, wie die panamaische Kanzlei Mossack Fonseca den Reichen und Mächtigen hilft, ihr fragwürdiges Geld unauffällig außer Landes zu bringen und in Steueroasen unter falschem Namen zu verschleiern. Vermutungen über Geldwäsche und Steuerhinterziehung stehen damit im Raum. Wir hoffen, dass die politischen und juristischen Resultate dazu führen, dass ein Geflecht von illegalen und verbrecherischen Finanztransaktionen zerschlagen werden kann.

Auf der einen Seite kämpfen die Ärmsten ums nackte Überleben. Auf der anderen Seite stehen raffgierige reiche Menschen, die nie genug kriegen können. Die nichts Böses ahnend aus allen Wolken fallen, wenn ihre dunklen Machenschaften aufgedeckt werden. Wenn die „Panama Papers" etwas Gutes auslösen können, dann ist das die Erziehung der Erwischten und der potentiellen Kandidaten in Richtung Anstand, Vernunft und Gemeinwohl. Wir benötigen eine Welt mit viel mehr Philanthropen und philanthropischen Einrichtungen, die durch ihr großzügiges Verhalten Anerkennung und Popularität erfahren, anstelle von egoistischen Geizhälsen und Spekulanten, die durch das Aufdecken illegaler und krimineller Verschleierungstaktiken öffentlich zur Schau gestellt und gebrandmarkt werden.

Thomas Pogge sagt:

„Die Panama Papers zeigen, wie die internationale Geldelite ihr Vermögen vor den Staaten versteckt. Gerade Entwicklungsländer verlieren dadurch Jahr für Jahr Milliarden. (…) Wenn die Konzerne Steuern sparen, fließt mehr Geld an ihre Aktionäre. Dieses zusätzliche Einkommen wird dann meistens in den reicheren Ländern versteuert. Nur die Entwicklungsländer gehen weitgehend leer aus. (…) Während gleichzeitig rund 8 Prozent des europäischen Privatvermögens im Ausland versteckt werden, liegt dieser Prozentsatz in Afrika, dem Nahen Osten und Lateinamerika bei rund dreißig Prozent. (…) Das internationale System von Steueroasen, Briefkastenfirmen, falschen Treuhandgesellschaften, anonymen Konten und korrupten Banken, Anwälten und Lobbyisten ist keine Bagatelle, sondern ein entscheidendes Hindernis bei der Beseitigung der Weltarmut, zu der alle Staaten sich ja immer wieder verpflichten – zuletzt im September 2015 bei der UNO in New York bei der Verabschiedung der Nachhaltigen Entwicklungsziele. Um diese Ziele zu erreichen, wäre es hilfreich, die Entwicklungshilfe zu verdoppeln. Noch weit hilfreicher wäre es allerdings, die illegalen Abflüsse aus den Entwicklungsländern zu halbieren. Solche Reformen würden auch andere Arten von Kriminalität erschweren: die Veruntreuung von Geldern durch Politiker, Beamte und Führungskräfte in Unternehmen, den illegalen Handel mit Menschen, Drogen und Waffen, den internationalen Terrorismus, sowie auch die mit all diesen Aktivitäten einhergehende Geldwäscherei. Die Transaktionen in der Unterwelt der Überseefinanz haben starke ungleichheitsverschärfende Auswirkungen, sowohl national wie auch global. Versteckte und anonym verschobene Gelder gehören größtenteils Menschen, die zum reichsten Prozent der Menschheit gehören, oder Konzernen, die sich mithilfe von Briefkastenfirmen und anderen Tricks um ihre Steuern herumdrücken. (…) In den letzten Jahrzehnten ist die Ungleichheit der Einkommen und Vermögen fast überall erheblich angewachsen. Oxfam verkündete vor kurzem, dass das reichste Prozent der Menschheit jetzt über die Hälfte allen Privatvermögens besitzt. Der ärmeren Hälfte der Menschheit dagegen gehört gerade einmal so viel wie den reichsten 62 Milliardären. Und in diesen schockierenden Zahlen sind nur die bekannten Vermögenswerte berücksichtigt. Zählt man die versteckten hinzu, dann gehört dem reichsten Prozent sicherlich weit mehr als nur die Hälfte. Übermäßige Ungleichheit untergräbt demokratische Institutionen oder verhindert, dass solche überhaupt erst aufgebaut werden. Bei großer Ungleichheit sind die Interessen der Reichen weit von denen der übrigen Bürger entfernt, und es lohnt sich für die Ersteren, sich über Lobbyisten genug politischen Einfluss zu kaufen, um die Spielregeln zu ihren eigenen Gunsten einzurichten. Ein Clique von Politikern, Bankiers, Managern und Anwälten regiert – auch wenn diese Herrschaft durch regelmäßige Wahlen abgesegnet wird – und die Mitglieder dieser Clique geben ihre Führungsposition an ihre Kinder weiter: durch Geld, Eliteuniversitäten und karrierefördernde Beziehungen. Solche Zustände herrschen mittlerweile nicht nur in Entwicklungsländern wie Brasilien, Südafrika und Indonesien, sondern zunehmend auch in den beiden wichtigsten Ländern der Welt: China und den Vereinigten Staaten. Europa muss vermeiden, in diesen üblen Trend hineingezogen zu werden. Nach den Enthüllungen der vergangenen Jahre und insbesondere der Panama Papers ist die Empörung der Menschen so groß, dass die Regierungen unter Handlungszwang stehen. In der Tat wird – insbesondere in der OECD – ausgiebig über Reformen nachgedacht und verhandelt. Aber damit ist das Problem keineswegs abgehakt. Viele Leute in Führungspositionen profitieren von dem bestehenden System und wären froh, wenn die Reformbemühungen im Sande verliefen oder sich

in ein paar kosmetischen Reförmchen erschöpften. (…) Wirksame und bleibende Reformen wird es nur dann geben, wenn sachkundige Bürger sie aktiv einfordern. Und das ist, bei der Komplexität der Materie, gewiss nicht einfach. Zum Glück gibt es schon heute ein ganzes Netzwerk von hochkompetenten Akademikern, Think Tanks und Nichtregierungsorganisationen, die sich seit vielen Jahren mit diesem Thema beschäftigen. Sie haben die Probleme ausführlich analysiert und auch die besten Reformvorschläge genau ausgearbeitet – sowohl nationale Selbstschutzmaßnahmen gegen das bestehende System sowie auch tiefgreifende Reformen desselben. Diese Reformvorschläge gilt es jetzt, zu verstehen, kritisch zu verfeinern und dann politisch umzusetzen. Das ist sicherlich keine leichte Aufgabe, doch für den gesunden Fortbestand der demokratischen Staaten ist sie entscheidend."

Quelle: Ausschnitte aus einem Gastbeitrag von Thomas Pogge in der „ZEIT ONLINE" vom 7. April 2016

Titel: „Auf Kosten der Ärmsten".

Mehr Gerechtigkeit wa(a)gen.

Oswald von Nell-Breuning sagte:

„Unbestreitbar ist, dass wir auf Kosten der unterentwickelten Völker leben, dass unser Überverbrauch ihre Verbrauchsmöglichkeiten schmälert, weil sich so viel, wie wir für uns allein in Anspruch nehmen, für alle nicht verfügbar machen lässt."

Viele von uns, die geben können, fühlen sich wohler, als diejenigen, die nehmen müssen. Es ist genug da, dass wir davon alle gut leben können. Diejenigen, die viel und gut arbeiten, sollten wir dafür auch angemessen entlohnen und mit unserer Anerkennung belohnen. Wir haben den Eindruck, dass immer mehr wohlhabende Menschen Anteil nehmen an den millionen-fachen Schicksalen verzweifelter Menschen. Wir tun gut daran, dahinter keine bloße Eigen-PR zu vermuten, sondern die Wahrnehmung von Verantwortung zur richtigen Zeit.

„The Giving Pledge" ist eine Initiative von Bill Gates und Warren Buffet. Wer der Initiative beitritt, verpflichtet sich schriftlich dazu, mindestens die Hälfte seines Vermögens für wohltätige Zwecke zu spenden. Ziel ist es, die dringendsten gesellschaftlichen Probleme weltweit anzugehen. Auf der Liste der Mitglieder befinden sich Ende 2015 138 Milliardäre als großzügige Spender.

Warren Buffet sagt:

„Niemand sollte an seinem Vermögen kleben."

„Ich habe mich dazu verpflichtet, nach und nach alle meine Anteile
an Berkshire Hathaway an philanthropische Einrichtungen weiterzugeben.
Ich könnte mit dieser Entscheidung nicht glücklicher sein."

Bill Gates sagt:

„Wir wurden mit einem großen Vermögen gesegnet, das unsere Vorstellungskraft bei Weitem übersteigt. Aber so groß wie dieses Geschenk ist, so groß ist auch unsere Verantwortung, es sinnvoll einzusetzen. Darum sind wir sehr froh darüber, uns anderen anzuschließen und mit 'The Giving Pledge' eine klare Verpflichtung einzugehen."

Angelina Jolie sagt:

„Es fühlt sich wundervoll an, großzügig zu sein und jenen Geld zu geben,
die es viel dringender brauchen als ein Jaguarhändler."

Melinda Gates sagt:

*„Als eines der reichsten Paare der Welt fühlen wir uns verpflichtet, mit vielen anderen
Partnern zusammen den Kampf gegen die Armut aufzunehmen.
Von Anfang an wollten Bill und ich etwas dagegen tun, dass die Lebensbedingungen
in vielen Regionen der Welt so unvorstellbar schlecht sind.
Unsere Hochzeitsreise nach Afrika hat uns die Augen geöffnet."*

Auch Michael Otto und Tim Cook haben sich entschieden, dem Beispiel von Bill Gates und Warren Buffet zu folgen und ihr gesamtes Vermögen wohltätigen Zwecken gespendet.

Michael Otto sagt:

„Man muss auch einmal etwas zurückgeben."

Tim Cook sagt:

„Man will der Stein im Teich sein, der die Wellen der Veränderung auslöst."

Katrin Göring-Eckardt sagt:

"Werte wie Glück und Lebensqualität lassen sich nicht allein an hohen Einkommen und der Verfügbarkeit materieller Werte messen. Soziale und kulturelle Infrastruktur sowie eine intakte Umwelt gehören ebenso dazu wie der gleichberechtigte Zugang aller zu diesen Gütern."

(Quelle: http://goering-eckardt.de/detail/nachricht/fortschritt-wachstum-lebensqualitaet.html).

Martin Kneer sagt:

"Nicht die Beobachtung von Komplexität und Veränderung ist das eigentlich Bedeutsame; viel wichtiger sind die Messung des Tempos und die Stärke der Beschleunigung, durch die sich die Welt um uns herum und wir uns mit ihr verändern. Dabei gilt es, sich nicht mit sich selbst zu beschäftigen und dabei Kräfte zu verschleißen, sondern zielorientiert im Interesse des Gemeinwohls vorwärtsorientiert zu handeln. 'Wer keinen Stein ins Wasser wirft, wird keine Wellen erzeugen', ist eine persönliche Handlungsmaxime, wenn es um vorausschauendes Denken und Handeln geht. Als homo politicus der viel und oft zitierten 68er-Generation ist mein Fokus auf Gestalten, Verändern und Verantworten gerichtet. Dies ist ein Dreiklang, der auch die zentralen Lebenswerte widerspiegelt."

Erfüllung der Botschaft: Wir Menschen müssen lernen, gütlich und gerecht zu teilen. Die, die viel haben müssen abgeben an die, die wenig haben. Es sollten konkrete Abgabe- und Teilungsregeln in der noch zu gründenden „Ethikkommission" der Vereinten Völker der Welt entwickelt und von diesen verbindlich festlegt werden. Hierbei sollten besonders die Experten für eine nachhaltige Wirtschaft – wie Pavan Sukhdev – einbezogen werden.

Arnold Schwarzenegger sagt:

„Hilf anderen und gib etwas zurück. Ich garantiere dir, du wirst entdecken, dass Wohltätigkeit die Menschen und die Welt um dich herum verbessert; doch ihr größter Lohn ist die Bereicherung und Bedeutung, die sie in deinem Leben bewirken wird."

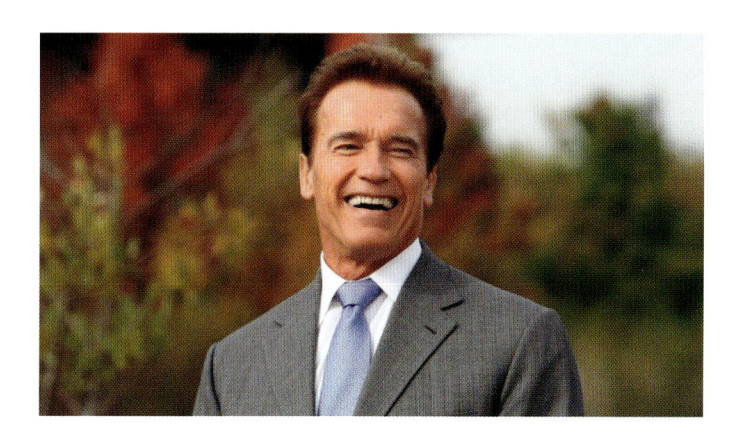

Botschafter und Vermittler: z. B. die 62 reichsten Menschen der Welt wie Warren Buffet, Bill Gates, Jack Ma und Ingvar Kamprad, ferner Uli Hoeneß, Klaus Zumwinkel, Alice Schwarzer, die Vorstandsvorsitzenden der börsennotierten Unternehmen der Welt und ihre Vorgänger u.v.a. vermögende Menschen mehr – gemeinsam mit sozial eingestellten Schauspielern wie Robert Redford, Ben Kingsley, Liam Neeson, Brad Pitt, Angelina Jolie, George Clooney, Morgan Freeman, Leonardo Di Caprio, (auch in Vertretung ihrer Berufsgruppe) und Musikern wie Bob Geldof, Bono, Bruce Springsteen, Mick Jagger, Mark Knopfler, Bob Dylan, Joan Baez (auch in Vertretung ihrer Berufsgruppe) sowie Journalisten (auch als Kriegsberichterstatter) wie Carolin Emcke und Ulrich Wickert (auch in Vertretung ihrer Berufsgruppe), Pavan Sukhdev u. v. a. m.

Pavan Sukhdev sagt:

„Die Spielregeln, nach denen wir wirtschaften, müssen dringend geändert werden. Es darf nicht länger darum gehen, wer am besten darin ist, Regierungen zu beeinflussen, Steuern zu sparen und Subventionen für fragwürdige Geschäftsmodelle einzustreichen, um damit den Profit einer einzigen Gruppe von Stakeholdern zu maximieren, nämlich den der Aktionäre. In Zukunft sollten die Unternehmen darum wetteifern, innovativer zu sein als die Konkurrenz, schonender mit Ressourcen umzugehen und den Ansprüchen ganz unterschiedlicher gesellschaftlicher Gruppen gerecht zu werden. Die Gesellschaft, auf die die Kosten bisher abgewälzt werden, soll sehen können, was Unternehmen zerstören, während sie wachsen. Wir brauchen Rahmenbedingungen für eine Unternehmenskultur, die menschliches Wohlbefinden und soziale Gleichheit wachsen lässt, während sie Umweltrisiken und ökologische Knappheiten nicht anwachsen lässt."

10. Gegen den Krieg

Seit es Menschen gibt, gibt es auch Kriege. Im Kleinen z. B. Kriege zwischen Stämmen oder Clans. Und im Großen u. a. die Religionskriege und die Weltkriege des 20. Jahrhunderts, die große Teile der Welt in den Abgrund stürzten.

Die Ursachen von großen Kriegen waren und sind meistens die Gier von Herrschern und Kriegstreibern nach ungerechtfertigtem Landgewinn, nach Ausdehnung ihrer Macht sowie nach Ressourcen aller Art. Hierzu gehört auch das Hegemonialstreben von Demagogen und Sadisten, die es verstanden haben und noch immer verstehen, Feindbilder aufzubauen, Hass zu schüren, Menschen gegeneinander aufzuhetzen, zu missbrauchen und zu verheizen.

Es ist zwar richtig, dass wir seit 70 Jahren – global betrachtet – in einer etwas friedlicheren Welt leben, mit weniger Kriegstoten als in den beiden Weltkriegen des 20. Jahrhunderts zusammen. Das liegt wohl auch daran, dass sich Kriege im Großen und Ganzen im Zeitalter der atomaren Abschreckung weniger lohnen, als die Marktbeherrschung in unserer zunehmend industrialisierten und digitalisierten kapitalistischen Welt. **Es ist jedoch ein Trugschluss zu glauben, oder sich darauf zu verlassen, dass das auch in Zukunft so bleibt.** Die sich abzeichnenden Umwälzungen infolge des Klimawandels, der einseitigen Wohlstandsvermehrung und des Wachstums der Erdbevölkerung sind alarmierend. Sie können in Verbindung mit diktatorischen Machtverhältnissen unabsehbare und unkontrollierbare Risiken verursachen, die dann weltweit unermessliches Leid auslösen könnten. Die Regierungen der Länder, die im Besitz von atomaren Waffen sind – wie China, Frankreich, Indien, Israel, Pakistan, Russland, Großbritannien und die USA – sowie Experten aus Politik, Wirtschaft und Gesellschaft – fühlen sich sicher und sprechen oft vom „Gleichgewicht des Schreckens", welches den 70-jährigen Weltfrieden bisher gewährleistet habe. Die obengenannten Umwälzungen haben jedoch in einigen Bereichen bereits zu ersten Kippelementen geführt. Wenn diese Kippelemente – wie beim Klimawandel – wirklich kippen, kommt es durch Rückkopplungseffekte zu einer sich selbst verstärkenden Dynamik.

Danach stünde auch das Gleichgewicht des Schreckens nicht mehr nur auf der Kippe, sondern drohte im atomaren Höllenfeuer zu verglühen.

Was macht der Krieg aus uns? Er macht uns zu Tätern und Opfern. Er verroht uns und stumpft uns ab. Er beraubt uns unseres menschlichen Antlitzes und macht uns zu Mördern und Bestien oder stürzt uns in ein tiefes Trauma, manchmal beides. Nicht nur die Toten haben am Ende ihr Leben verloren. Auch die Überlebenden finden oft nicht mehr in ihr Leben zurück: Viele sind verändert oder leiden für alle Zeit an den Wunden, die der Krieg in ihre Körper und Seelen geschlagen hat, und flüchten sich oft genug in Drogen.

Gewalt zeugt immer wieder neue Gewalt, Hass immer wieder neuen Hass, Krieg immer wieder neuen Krieg – **so viel sollten wir aus unserer Geschichte gelernt haben!**

In Europa wurden unzählige Kriege geführt. Jede Krieg führende Nation hat dabei den Sieg für sich herbei „*gebetet*". Was für ein Irrglaube, beten sie doch alle zu ein und demselben Gott – in diesem Fall dem Gott der Christen.

Kriege im Schatten und nicht im Licht des Kreuzes!

**Die Christen glauben, er hat sein Blut gegeben,
auch um uns abzubringen vom Krieg und von der Gewalt!**

Zu verdammen ist auch der Imperialismus der Kolonialmächte in der Kolonialzeit vor allem auf dem afrikanischen Kontinent. Es ist schon schlimm genug, dass sich die Kolonialherren fremdes Land angeeignet haben. Dass die dort lebenden Menschen aber auch noch versklavt, geschändet und oft wie Tiere behandelt wurden – schlimmer noch als zur Zeit der Leibeigenschaft in Europa – ist barbarisch. Auch wenn man bedenkt, dass die Geburtsstätte der Menschheit in Afrika liegt.

Aufgrund der Sonneneinstrahlung in Afrika hatten alle Vormenschen und frühen Menschen **natürlich** eine dunkle Haut.

Andere Hautfarben entwickelten sich erst, als unsere Vorfahren – bereits als *Homo sapiens* – vor etwa 100 000 Jahren Afrika verließen. Der erste „Weiße" war der Neandertaler, der vor rund 30 000 Jahren ausgestorben ist. **Dieses Wissen lässt der Diskriminierung aufgrund von Rasse, Hautfarbe, Abstammung, nationaler und ethnischer Herkunft keinerlei Raum.**

Muhamed Ali sagt:
„Leute aufgrund Ihrer Hautfarbe zu hassen ist falsch.
Und es ist egal welche Farbe hasst.
Es ist grundsätzlich falsch."

Nicht besser waren die Europäer in den Eroberungskriegen auf dem amerikanischen Doppelkontinent. Neben den Sklaven aus Afrika schleppten die Eroberer auch Ratten und andere Krankheitserreger in Amerika ein. Innerhalb eines Jahrhunderts wurden rund 90 % der Ureinwohner Amerikas ausgerottet. Erst am Ende des 20. Jahrhunderts erreichten ihre Nachfahren Schätzungen zufolge wieder die Zahl, die die indianische Bevölkerung Amerikas hatte, bevor Kolumbus 1492 in der Karibik landete.

Wie kann die Machtergreifung von Kriegsverbrechern und Massenmördern wie Hitler oder brutalen, menschenverachtenden Demagogen wie Stalin, Mao und Pol Pot zukünftig verhindert werden? Wie kann verhindert werden, dass es unter dem Deckmantel des Christentums wieder zu Glaubenskriegen gegen den Islam kommt?

Während des Zweiten Weltkriegs wurden über sechs Millionen Juden ermordet. Darunter befanden sich 1,5 Millionen Kinder. Seit dem wird immer wieder gesagt: So etwas darf nie wieder passieren.

Trotzdem sitzen wir heute in unserer globalisierten Welt vor den Bildschirmen und starren wie gelähmt auf Szenen, in denen Menschen im Namen einer falsch verstandenen Religion bestialisch ermordet werden – von Terrorgruppen wie Al-Kaida, Boko Haram oder dem IS. Trotz dieses menschenunwürdigen Rückfalls in archaische Zeiten erhalten diese Mörderbanden bis heute einen immer stärkeren Zulauf von verirrten und radikalisierten Menschen. **Die Saat, die am 11. September 2001 gesät wurde, geht noch immer auf.**

Auch so können wir uns an den Tag erinnern, der die Welt erschüttert hat – und nicht durch Rache und neues Blutvergießen!

Zu den Kriegstreibern und Totengräbern gehören aus unserer Sicht auch George W. Bush, Dick Cheney, Ronald Rumsfeld und Paul Wolfowitz, die uns vor und nach dem letzten Krieg gegen den Irak selbstherrlich belogen und betrogen haben. Die drei zuletzt genannten sind die Klügeren und damit die Schlimmeren.

Stellen wir uns besser nicht vor, die vier Hardliner wären 1962 – mitten im kalten Krieg – an der Macht gewesen anstelle von John F. Kennedy und seinem Stab. Kennedy und Nikita Chruschtschow haben sich in der Kuba-Krise nach mächtigem Säbelrasseln geeinigt, weil sie wussten, dass ein möglicher dritter Weltkrieg – mit dem Einsatz von Atomraketen auf beiden Seiten – alles Leben auf dem Planeten hätte auslöschen können.

Gut, dass es so gekommen ist!

Und nicht so!

Mahatma Gandhi sagte:

„Auge um Auge lässt die Welt nur erblinden."

Heinrich Böll sagte:

„Es gibt nichts, kein Recht und keine Sache in der Welt, die die Anwendung der Atombombe rechtfertigen könnte."

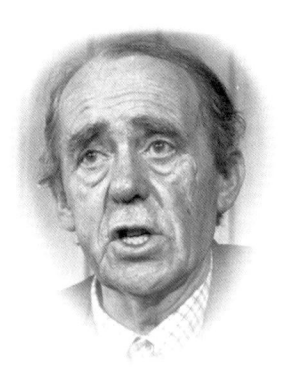

John F. Kennedy sagte:

„Unser Ziel ist nicht der Sieg der Macht, sondern die Aufrechterhaltung des Rechts – nicht Frieden auf Kosten der Freiheit, sondern beides: Frieden und Freiheit hier in unserer Hemisphäre und – wie wir hoffen – überall in der Welt. So Gott will, werden wir dieses Ziel erreichen."

Vor der George-W.-Bush-Ära hatten die USA unter Bill Clinton – bei florierender Wirtschaft – einen ausgeglichenen Haushalt. Barack Obama hat bei seinem Amtsantritt 2009 einen Schuldenberg von 11 Billionen Dollar übernommen, die ihm sein Vorgänger hinterlassen hat. Mehr noch: In den acht verschwenderischen und unheilvollen Jahren von 2000–2008 wurden die Staaten der Welt – und ihre Völker und Volksgruppen – mehr gespalten als geeint. **Statt dem Vergeltungsdrang nach dem 11. September 2001 nachzugeben, hätte die Gruppe der zwanzig wichtigsten Industrie- und Schwellenländer (G20) angerufen werden müssen, um friedliche Lösungen gegen solche Terroranschläge zu suchen und zu finden!**

George Clooney sagt:

„Hätte sich Al Gore wegen der Lewinsky-Affäre nicht von Clinton distanzieren müssen, hätte er die Präsidentschaftswahl gewonnen. Er wäre nie in den Krieg gezogen. So was Absurdes, Lewinsky bläst dem Präsidenten einen, und deshalb greifen wir den Irak an."

David Letterman sagt:

„Präsident Bush hat gesagt, er brauche die Zustimmung der UN nicht, um Krieg zu führen. Ich finde, er brauchte auch die verdammte Zustimmung der amerikanischen Wähler nicht, um Präsident zu werden."

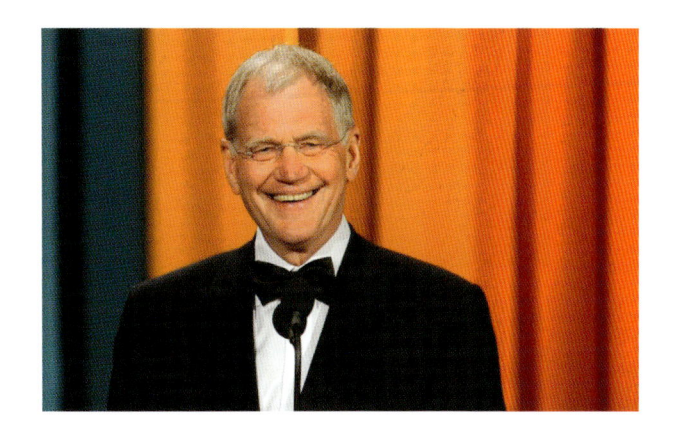

Robert Redford sagt:

„Ich mache mir Sorgen um mein Land. Die inkompetente Regierung von Präsident George W. Bush hat die Ängste der Menschen nach den Anschlägen vom 11. September ausgenutzt. In meinem ganzen Leben habe ich noch nie dunklere Zeiten erlebt."

Sean Penn sagt zur heutigen Kriegsführung:

„Wir sehen intelligente Bomben und Drohnen von oben, mehr nicht. Den Krieg so zu zeigen, wie er ist, würde ihn normalerweise stoppen. Wir müssen uns das ansehen, immer wieder, und wir müssen die Verantwortlichen zur Rechenschaft ziehen."

Der heutige Präsident der USA und Friedensnobelpreisträger Barack Obama kam leider zu spät und konnte die Erwartungen und Hoffnungen, die er geweckt hatte, bisher nicht voll erfüllen. Dies ist kein Vorwurf, sondern **das Ergebnis einer sowohl in politischer als auch religiöser Hinsicht zutiefst zerstrittenen Gesellschaft in den „Gespaltenen Staaten der Welt".**

Harry Belafonte sagt:

„Die Leute, die uns die Bürgerrechte absprechen, sind genau die gleichen Leute, die den Weltfrieden ablehnen. Aber wir werden nichts erreichen ohne Frieden. Wir müssen verstehen, dass Friede nicht irgendein fernes Ziel ist, sondern bereits mit dem Weg zum Frieden beginnt.

Robert Redford sagte während der George-W.-Bush-Ära, dass er in seinem ganzen Leben noch nie dunklere Zeiten erlebt hat. Damit es nicht noch schlimmer wird für die USA und die Welt, sind auch die amerikanischen Künstler aufgefordert, **Donald Trump als Präsident der USA durch gemeinsame Aktionen zu verhindern.**

Vertreter der amerikanischen Künstler – auf dem Weg zur Erleuchtung!

An den gemeinsamen Aktionen sollten sich alle Künstler beteiligen, die es gut meinen und machen wollen. Es muss ein Ruck durch das Land gehen, der die Spaltung der Gesellschaft auflöst - für den Frieden und die Freiheit in den USA und auf der ganzen Welt.

Heute sind über 60 Millionen Menschen auf der Flucht vor Krieg und Verfolgung, so viel wie seit dem Zweiten Weltkrieg nicht mehr. Mit unverantwortlichen Waffenexporten wurden im Jahr 2015 viele der weltweit über 400 bewaffneten Konflikte und Kriege angeheizt. Ein Beweis dafür, dass die internationale Gemeinschaft völlig versagt.

Vietnam, 8. Juni 1972 – Bitte, Bitte, Bitte – nie wieder Krieg!!!

Nick Út wurde gefragt:
„Haben Sie sich gefragt, ob Sie dieses Foto veröffentlichen dürfen?"

Nick Út antwortet auch heute:
„Ja – und die Entscheidung war richtig,
weil dieses Bild ein Antikriegsbild gegen den Vietnamkrieg geworden ist!"

Dustin Hoffman sagt:

„Der Vietnamkrieg begann mit einer Lüge. Auslöser war der angebliche Angriff der Nordvietnamesen auf ein Kriegsschiff von uns, das in der Bucht von Tonkin stationiert war. Doch den gab es nie, es war eine Lüge, eine Propagandafabrikation, um mit dem furchtbaren Krieg anzufangen. Manchmal wiederholt sich die Geschichte."

Albert Gore Sr. sagte:

„Das Land wurde unter falschen Vorwänden in einen Konflikt gezerrt, der Tausende von Leben gekostet hat und der der moralischen Position unseres Landes in der Welt massiv schadet."

Der Lügner!

Tatsächlich kamen über 5,5 Millionen Menschen im Vietnamkrieg um, davon 58 220 US-Bürger. Die am 30. November 2005 vom US-Geheimdienst NSA freigegebenen Dokumente bestätigten nochmals, dass der an US-Präsident Johnson gemeldete Angriff Nordvietnams durch einseitige Auswahl von Funkmeldungen suggeriert, also gezielt vorgetäuscht wurde.

Der Bericht des Kinderhilfswerks der Vereinten Nationen (UNICEF) 2015 „Kinder zwischen den Fronten" beschreibt in erschreckender Weise die Lage von Minderjährigen in Kriegs- und Krisengebieten. UNICEF brauchte allein im Jahr 2015 3,1 Milliarden Dollar, um seine Hilfen für Betroffene in 71 Ländern aufrechtzuerhalten. Für manche Konfliktregionen wie Syrien oder den Sudan ist erst etwa ein Drittel der Finanzmittel gesichert. Weltweit sind 230 Millionen Kinder betroffen. Diese Kinder sind entweder Flüchtlinge, Zielscheiben oder Soldaten oder alles auf einmal. Schlachtfelder sind ihr Spielplatz, auf denen Tod und Angst ihren Alltag unauslöschlich bestimmen. Rund die Hälfte der 60 Millionen Flüchtlinge weltweit sind Kinder.

Nach Angaben von UNICEF waren im März 2015 vierzehn Millionen Kinder und Jugendliche vom Krieg in Syrien betroffen. Sie kämpfen um ihr Leben.

Hanaa Singer sagt:
„Der eine Junge war sieben oder acht Jahre alt, ihm fehlte ein Auge,
mit dem anderen Auge sah er mich an, sein Blick war wie tot und voller Bitterkeit."
„Wenn wir diese jungen Menschen jetzt nicht retten, dann können sie von
verschiedenen Gruppen manipuliert und benutzt werden."

Kriege können wir nur verhindern, wenn wir das Mandat und die Kräfte der Vereinten Nationen entscheidend verändern – hin zu den „Vereinten Völkern der Welt" mit einer demokratisch gewählten Regierung. Wenn es Demagogen, Kriegsverbrechern und Kriegstreibern gelingt Millionen von Menschen zu verführen, zu missbrauchen und ins Elend zu stürzen, muss es uns dann nicht erst recht <u>gemeinsam</u> gelingen, Milliarden von Menschen zu begeistern für Frieden, Freiheit und Gerechtigkeit?

Rudolf Seiters sagt:

„Krieg verursacht unermessliches Leid. Trotzdem ist er allgegenwärtig. Die Nachrichten berichten tagtäglich über bewaffnete Auseinandersetzungen. Massengräber und Minenopfer, Vertreibungen und Vergewaltigungen gehören zu diesem Schreckensszenario. Im Jahr 2015 gibt es weltweit 60 Millionen Flüchtlinge. Der Konflikt in Syrien, der auch die Nachbarstaaten in Mitleidenschaft zieht, gilt als eine der größten humanitären Katastrophen seit Jahrzehnten. Mehr als 11,5 Millionen Menschen sind auf der Flucht. Das humanitäre Völkerrecht erscheint hier als Fremdwort. Der Schutz der Zivilisten wird mit Füßen getreten. Auch der Zugang zu den umkämpften Gebieten und zu den Gefangenen wird immer schwieriger. Was wir jetzt dringend benötigen, ist eine breite und wirksame Allianz zur Auflösung des Konflikts in Syrien, mandatiert durch die Vereinten Nationen, und eine europäische Lösung der Flüchtlingssituation."

Die 1999 in Berlin gegründete Organisation der „G20" ist aufgefordert, eine neue Weltordnung auf den Weg zu bringen und zu beschließen. Unterstützt durch die Religionsführer von Christen, Muslimen, Hindus, Buddhisten und Juden. So kann eine neue Linie der Balance im Völkerrecht gezogen werden, die wir dringend benötigen. Mit einer ausgewogenen Stimmenverteilung, bei der auch kleine Staaten mit am Tisch sitzen müssen. Hierdurch können grenzüberschreitende Konflikte und sich aufbauende Fronten vermieden und globale Ziele erreicht werden.

Stellen wir uns vor, wir erleben eine globale Bedrohung von außerhalb unserer Welt – so wie wir das aus Science Fiction Filmen kennen. Dann stehen die Völker und Religionen dieser Welt und ihre Führer zusammen, um unsere Erde zu schützen und zu verteidigen.

Wenn wir so weiter machen, wird der Klimawandel *früher oder später* **für alle zur globalen Bedrohung, die nicht von außen kommt, sondern von uns Menschen verursacht wird.** Mit diesem Wissen sollten wir schnell verbindliche globale Klimaschutzmaßnahmen vereinbaren – auch zur Verhinderung von Kriegen zur Beschaffung von Trinkwasser und Nahrungsmitteln. Der letzte Halbsatz ist auch an dieser Stelle von existentieller Bedeutung.

Wissenschaftler und Atomexperten haben die „Weltuntergangsuhr" vorgerückt von fünf auf drei Minuten vor Mitternacht.

In diesem Gremium sitzen keine versponnenen Apokalyptiker oder weichgespülte Friedensengel sondern seriöse und weltweit anerkannte Experten. Darunter befinden sich nicht weniger als 17 Nobelpreisträger.

Den verantwortlichen Politikern werden vor allem zwei Gründe vorgehalten:

Erstens: Die zunehmende Konfrontation zwischen den USA und Russland – mit modernisierten Atomraketen.

Vladimir Putin sagt:

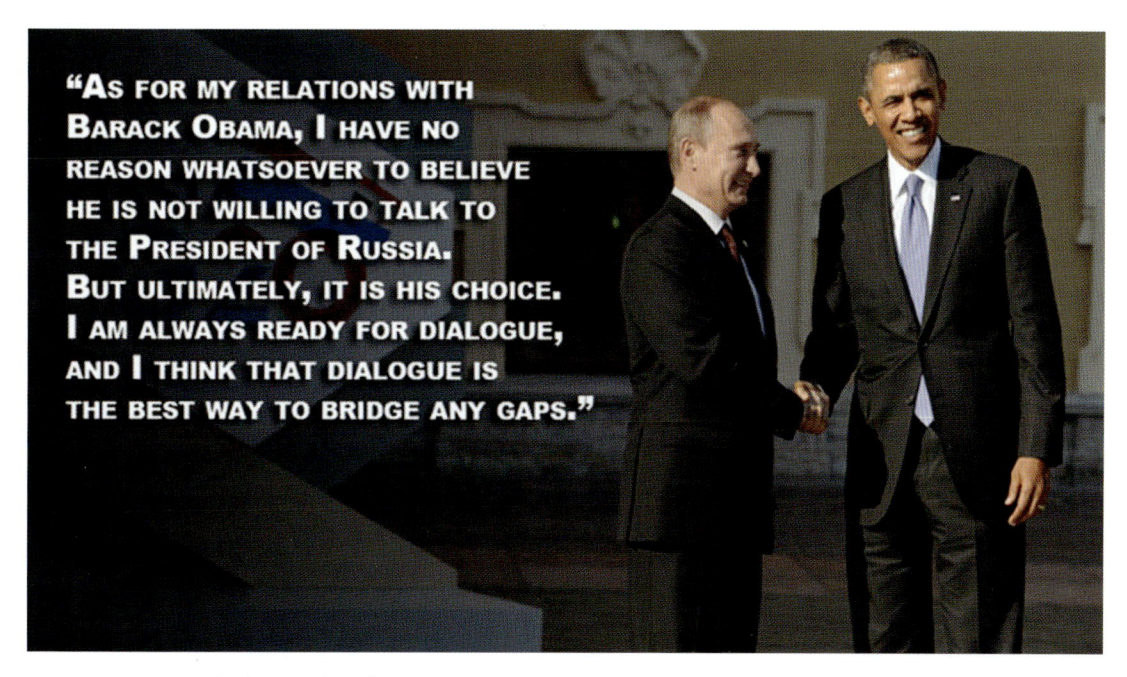

"AS FOR MY RELATIONS WITH BARACK OBAMA, I HAVE NO REASON WHATSOEVER TO BELIEVE HE IS NOT WILLING TO TALK TO THE PRESIDENT OF RUSSIA. BUT ULTIMATELY, IT IS HIS CHOICE. I AM ALWAYS READY FOR DIALOGUE, AND I THINK THAT DIALOGUE IS THE BEST WAY TO BRIDGE ANY GAPS."

Auch ihr seid gefordert, die Weltuntergangsuhr zurückzudrehen!

Zweitens: Der Klimawandel, der unkontrolliert voranschreitet.

Auch im Treibhaus benötigen wir dringend den Rückwärtsgang!

Insgesamt sehen die Experten:

*„Eine außergewöhnliche und unleugbare Belastung
für das Fortbestehen der Menschheit."*

Amnesty International fordert:

*„Die fünf ständigen Mitglieder des Weltsicherheitsrates sollen in Fällen
von Völkermord und ähnlichen schweren Verbrechen ihr Vetorecht aufgeben.
Der Weltsicherheitsrat hat in Syrien, im Irak, in Gaza, Israel und der Ukraine versagt.
Durch die Aufgabe des Vetorechtes erhält der Weltsicherheitsrat größeren
Spielraum, Zivilisten in bewaffneten Konflikten zu schützen."*

Deutschlands UN-Botschafter Harald Braun sagte zum 70. Geburtstag der Vereinten Nationen am 26. Juni 2015: *„In New York ist sehr deutlich zu spüren, dass eine immer größer werdende Zahl von Mitgliedsstaaten eine Reform des UN-Sicherheitsrates fordert. Ein Sicherheitsrat, der die Welt im Jahr 1945 abbildet, wird die Probleme des 21. Jahrhunderts nicht auf Dauer lösen können. Diese Erkenntnis wird sich letztlich durchsetzen, davon bin ich überzeugt."*

(Quelle: http://www.n-tv.de/politik/Die-UN-sind-70-und-nicht-mehr-zeitgemaess-article15377041.html).

Vergangenheitsbewältigung und Zukunftsmusik sind untrennbar miteinander verbunden. Aus unserer Geschichte können wir lernen, was wir in der Zukunft gewinnen können oder vermeiden sollten. Jeder von uns sollte im Spiegel das folgende Bild erblicken:

Dann *„wissen"* wir, dass niemand wegen seiner Hautfarbe, seines Glaubens, seines Geschlechtes, seiner Herkunft, seiner Behinderung und seiner politischen Anschauungen benachteiligt oder bevorzugt werden darf. Niemand darf verfolgt oder gar getötet werden – weder in kleinen noch in großen Kriegen.

Kriege entstehen noch immer weil sich Menschen aufgrund von erfundenen Definitionen oder Wahnvorstellungen – ob religiöser, biologischer oder ethnischer Natur – über andere erheben und sie zum Feind oder für „minderwertig" erklären. Hinzukommen werden künftig Kriege um Trinkwasser und Nahrungsmittel – bis hin zum Überlebenskampf jedes Einzelnen, **wenn wir so weitermachen!**

Hans-Dietrich Genscher sagte:
„Die Welt des 21. Jahrhunderts wird nur dann ihre Stabilität bewahren können, wenn sie von der Stärke des Rechts und nicht vom Recht des Stärkeren bestimmt wird."
„Die Welt ist eine Überlebensgemeinschaft."

Nach den Schüssen von Sarajevo am 28. Juni 1914 schossen die Nationen im Ersten Weltkrieg auf einander. Nach den Schüssen von Paris am 7. Januar 2015 marschierten ihre Führer aus aller Welt Arm in Arm für den Frieden und gegen den Terror. Das macht Mut und gibt Hoffnung.

Führer aus aller Welt – Arm in Arm für Frieden und Gerechtigkeit!

In einem gemeinsamen Manifest vom 9. Januar 2015 haben auch Vertreter der drei großen Religionen Deutschlands den Anschlag von Paris verurteilt und vor Racheakten gewarnt: *„Im Namen Gottes darf nicht getötet werden. Bibel, Tora und Koran sind Bücher der Liebe, nicht des Hasses. Jeder Christ, Jude und Moslem sollte am heutigen Freitag in der Moschee, am Sabbat in der Synagoge und am Sonntag in seiner Kirche für die Opfer von Paris beten. Für Verständigung, Frieden und Freiheit. Hass ist keine Antwort auf Hass. Und Intoleranz keine Antwort auf Intoleranz. Nur gemeinsam können wir unsere Werte und unseren Glauben gegen radikalisierte Minderheiten schützen."*

(Quelle: https://www.evangelisch.de/inhalte/112252/09-01-2015/gemeinsames-manifest-von-christen-juden-und-muslimen-gegen-gewalt).

Joan Baez, Marlene Dietrich und Pete Seeger singen noch immer:

„Sag mir, wo die Blumen sind, wo sind sie geblieben?

Sag mir, wo die Blumen sind, was ist gescheh'n?

Sag mir, wo die Blumen sind, Mädchen pflückten sie geschwind.

Wann wird man je versteh'n? Wann wird man je versteh'n?

Sag mir, wo die Mädchen sind, wo sind sie geblieben?

Sag mir wo die Mädchen sind, was ist gescheh'n?

Sag mir, wo die Mädchen sind, Männer nahmen sie geschwind.

Wann wird man je versteh'n? Wann wird man je versteh'n?

Sag mir, wo die Männer sind wo sind sie geblieben?

Sag mir wo die Männer sind, was ist gescheh'n?

Sag mir wo die Männer sind zogen fort, der Krieg beginnt!

Wann wird man je versteh'n? Wann wird man je versteh'n?

Sag, wo die Soldaten sind, wo sind sie geblieben?

Sag, wo die Soldaten sind, was ist gescheh'n?

Sag, wo die Soldaten sind, über Gräber weht der Wind.

Wann wird man je versteh'n? Wann wird man je versteh'n?

Sag mir, wo die Gräber sind, wo sind sie geblieben?

Sag mir wo die Gräber sind, was ist gescheh'n?

Sag mir wo die Gräber sind, Blumen blüh'n im Sommerwind!

Wann wird man je versteh'n? Wann wird man je versteh'n?

Sag mir, wo die Blumen sind, wo sind sie geblieben?

Sag mir, wo die Blumen sind, was ist gescheh'n?

Sag mir, wo die Blumen sind, Mädchen pflückten sie geschwind.

Wann wird man je versteh'n? Wann wird man je versteh'n?"

Yusuf Islam sagt:

„Musik kann eine Vision von einer besseren Welt zeichnen. Musik kann den Job nicht erledigen, das müssen die Menschen tun. Aber ein Song kann inspirieren, er kann einen Menschen auf den Weg bringen. An einer besseren Welt zu arbeiten, ist das beste Ziel, das man haben kann. Aber das funktioniert eben nur, wenn du an dir selbst arbeitest. Mir war nicht klar, ob es mein Schicksal sein würde, jemals wieder einen Song zu schreiben. Der 11. September. Es sah aus, als würde die Welt entzweibrechen. Da war ein Riss. Die Welt wurde wilder. „Wild World" war plötzlich auf jedermanns Türschwelle. Und ich wusste, es ist Zeit, wieder zu singen. Denn wenn meine Musik für irgendetwas stand, dann immer für den friedlichen Weg des Miteinanders. Wie man miteinander lebt, wie man einander liebt, wie man diese Welt genießt, ohne sie zu zerstören."

Kurt Masur sagte:

„Die Meisterwerke der Musik geben dem Hoffnungslosen Hoffnung, dem Traurigen Mut, dem Einsamen das Gefühl, dass er doch in einer Gemeinschaft lebt. Wenn man alle Menschen der Welt in einen Konzertsaal setzten könnte, würden sie zumindest für zwei Stunden friedvoll sein."

Dann machen wir doch aus unserem ganzen Leben ein Konzert!

Harry Belafonte sagt:

„Wie kann es sein, dass in der Welt so viel Chaos, Unordnung und Gewalt herrschen, nachdem so viele so viel investiert haben, um das zu ändern. Aber ich bleibe optimistisch. Ohne Optimismus kann man der Hoffnung keine Richtung geben. Die Welt braucht Hoffnung. Sie braucht eine Vision. Und wer von uns noch einen Funken davon hat, sollte so viel Vision vermitteln, wie nur möglich ist. In den letzten Jahren habe ich über unsere Grenzen hinausgeblickt und überall auf der Welt junge Menschen gesehen, die erkannt haben, wie sehr wir einander bei unserem Kampf brauchen. Es wird uns auf unserer Reise gewiss helfen, mehr übereinander zu wissen."

Die uns allen als Kinder- und Jugendbuchautorin bekannte Astrid Lindgren wurde im Jahr 1978 mit dem Friedenspreis des Deutschen Buchhandels geehrt. Am 22. Oktober 1978 sagte sie in ihrer Dankesrede:

„Über den Frieden sprechen heißt ja, über etwas sprechen, das es nicht gibt. Wahren Frieden gibt es nicht auf unserer Erde und hat es auch nie gegeben, es sei denn als Ziel, das wir offenbar nicht zu erreichen vermögen. Solange der Mensch auf dieser Erde lebt, hat er sich der Gewalt und dem Krieg verschrieben, und der uns vergönnte, zerbrechliche Friede ist ständig bedroht. Gerade heute lebt die ganze Welt in der Furcht vor einem neuen Krieg, der uns alle vernichten wird. Angesichts dieser Bedrohung setzen sich mehr Menschen denn je zuvor für Frieden und Abrüstung ein – das ist wahr, das könnte eine Hoffnung sein.

Doch Hoffnung hegen fällt so schwer. Die Politiker versammeln sich in großer Zahl zu immer neuen Gipfelgesprächen, und sie alle sprechen so eindringlich für Abrüstung, aber nur für die Abrüstung, die die anderen vornehmen sollen. Dein Land soll abrüsten, nicht meines! Keiner will den Anfang machen. Keiner wagt es anzufangen, weil jeder sich fürchtet und so geringes Vertrauen in den Friedenswillen des anderen setzt. Und während die eine Abrüstungskonferenz die andere ablöst, findet die irrsinnigste Aufrüstung in der Geschichte der Menschheit statt. Kein Wunder, dass wir alle Angst haben, gleichgültig, ob wir einer Großmacht angehören oder in einem kleinen neutralen Land leben. Wir alle wissen, dass ein neuer Weltkrieg keinen von uns verschonen wird, und ob ich unter einem neutralen oder nicht-neutralen Trümmerhaufen begraben liege, das dürfte kaum einen Unterschied machen.

Müssen wir uns nach diesen Jahrtausenden ständiger Kriege nicht fragen, ob der Mensch nicht vielleicht schon in seiner Anlage fehlerhaft ist? Und sind wir unserer Aggressionen wegen zum Untergang verurteilt? Wir alle wollen ja den Frieden. Gibt es denn da keine Möglichkeit, uns zu ändern, ehe es zu spät ist? Könnten wir es nicht vielleicht lernen, auf Gewalt zu verzichten? Könnten wir nicht versuchen, eine ganz neue Art Mensch zu werden? Wie aber sollte das geschehen, und wo sollte man anfangen?

Ich glaube, wir müssen von Grund auf beginnen. Bei den Kindern.

Die jetzt Kinder sind, werden ja einst die Geschäfte unserer Welt übernehmen, sofern dann noch etwas von ihr übrig ist. Sie sind es, die über Krieg und Frieden bestimmen werden und darüber, in was für einer Gesellschaft sie leben wollen. In einer, wo die Gewalt nur ständig weiter wächst, oder in einer, wo die Menschen in Frieden und Eintracht miteinander leben.

Gibt es auch nur die geringste Hoffnung darauf, dass die heutigen Kinder dereinst eine friedlichere Welt aufbauen werden, als wir es vermocht haben? Und warum ist uns dies trotz allen guten Willens so schlecht gelungen?

Ich erinnere mich noch sehr gut daran, welch ein Schock es für mich gewesen ist, als mir eines Tages – ich war damals noch sehr jung – klar wurde, dass die Männer, die die Geschichte der Völker und der Welt lenkten, keine höheren Wesen mit übernatürlichen Gaben und göttlicher Weisheit waren. Dass sie Menschen waren mit den gleichen menschlichen Schwächen wie ich. Aber sie hatten Macht und konnten jeden Augenblick schicksalsschwere Entscheidungen fällen, je nach den Antrieben und Kräften, von denen sie beherrscht wurden. So konnte es, traf es sich besonders unglücklich, zum Krieg kommen, nur weil ein einziger Mensch von Machtgier oder Rachsucht besessen war, von Eitelkeit oder Gewinnsucht, oder aber – und das scheint das häufigste zu sein – von dem blinden Glauben an die Gewalt als das wirksamste Hilfsmittel in allen Situationen. Entsprechend konnte ein einziger guter und besonnener Mensch hier und da Katastrophen verhindern, eben weil er gut und besonnen war und auf Gewalt verzichtete.

Daraus konnte ich nur das eine folgern: Es sind immer auch einzelne Menschen, die die Geschichte der Welt bestimmen. Warum aber waren denn nicht alle gut und besonnen? Warum gibt es so viele, die nur Gewalt wollten und nach Macht strebten? Waren einige von Natur aus böse? Das konnte ich damals nicht glauben, und ich glaube es auch heute nicht.

Die Intelligenz, die Gaben des Verstandes mögen zum größten Teil angeboren sein, aber in keinem neugeborenen Kind schlummert ein Samenkorn, aus dem zwangsläufig Gutes oder Böses sprießt. Ob ein Kind zu einem warmherzigen, offenen und vertrauensvollen Menschen mit Sinn für das Gemeinwohl heranwächst oder aber zu einem gefühlskalten, destruktiven, egoistischen Menschen, das entscheiden die, denen das Kind in dieser Welt anvertraut ist, je nachdem, ob sie ihm zeigen, was Liebe ist, oder aber dies nicht tun.

„Überall lernt man nur von dem, den man liebt", hat Goethe einmal gesagt, und dann muss es wohl wahr sein. Ein Kind, das von seinen Eltern liebevoll behandelt wird und das seine Eltern liebt, gewinnt dadurch ein liebevolles Verhältnis zu seiner Umwelt und bewahrt diese Grundeinstellung sein Leben lang. Und das ist auch dann gut, wenn das Kind später nicht zu denen gehört, die das Schicksal der Welt lenken. Sollte das Kind aber wider Erwarten eines Tages doch zu diesen Mächtigen gehören, dann ist es für uns alle ein Glück, wenn seine Grundhaltung durch Liebe geprägt worden ist und nicht durch Gewalt.

Jenen aber, die jetzt so vernehmlich nach härterer Zucht und strafferen Zügeln rufen, möchte ich das erzählen, was mir einmal eine alte Dame berichtet hat. Sie war eine junge Mutter zu der Zeit, als man noch an diesen Bibelspruch glaubte: „Wer die Rute schont, verdirbt den Knaben".

Im Grunde ihres Herzens glaubte sie wohl gar nicht daran, aber eines Tages hatte ihr kleiner Sohn etwas getan, wofür er ihrer Meinung nach eine Tracht Prügel verdient hatte, die erste in seinem Leben. Sie trug ihm auf, in den Garten zu gehen und selber nach einem Stock zu suchen, den er ihr dann bringen sollte. Der kleine Junge ging und blieb lange fort. Schließlich kam er weinend zurück und sagte: „Ich habe keinen Stock finden können, aber hier hast du einen Stein, den kannst du ja nach mir werfen."

Da aber fing auch die Mutter an zu weinen, denn plötzlich sah sie alles mit den Augen des Kindes. Das Kind musste gedacht haben, „Meine Mutter will mir wirklich weh tun, und das kann sie ja auch mit einem Stein."

Sie nahm ihren kleinen Sohn in die Arme, und beide weinten eine Weile gemeinsam. Dann legte sie den Stein auf ein Bord in der Küche, und dort blieb er liegen als ständige Mahnung an das Versprechen, das sie sich in dieser Stunde selber gegeben hatte: „NIEMALS GEWALT!"

Ja, aber wenn wir unsere Kinder nun ohne Gewalt und ohne irgendwelche straffen Zügel erziehen, entsteht dadurch schon ein neues Menschengeschlecht, das in ewigem Frieden lebt? Etwas so Einfältiges kann sich wohl nur ein Kinderbuchautor erhoffen! Ich weiß, dass es eine Utopie ist. Und ganz gewiss gibt es in unserer armen, kranken Welt noch sehr viel anderes, das gleichfalls geändert werden muss, soll es Frieden geben. Aber in dieser unserer Gegenwart gibt es – selbst ohne Krieg – so unfassbar viel Grausamkeit, Gewalt und Unterdrückung auf Erden, und das bleibt den Kindern keineswegs verborgen. Sie sehen und hören und lesen es täglich, und schließlich glauben sie gar, Gewalt sei ein natürlicher Zustand.

Müssen wir ihnen dann nicht wenigstens daheim durch unser Beispiel zeigen, dass es eine andere Art zu leben gibt?

Vielleicht wäre es gut, wenn wir alle einen kleinen Stein auf das Küchenbord legten als Mahnung für uns und für die Kinder: NIEMALS GEWALT!"

Die Laudatio hielt Hans-Christian Kirsch. Am Ende sagte er: *„Wir danken Astrid Lindgren, dass sie nicht nur für die Kinder da ist, sondern auch uns Erwachsene in eine heilsame Unruhe versetzt."*

Auch Astrid Lindgren fragt uns oben in ihrer Ansprache:

Könnten wir nicht versuchen, eine ganz neue Art Mensch zu werden?

Erfüllung der Botschaft: Es muss ein Ruck durch die Welt gehen zur Schaffung einer neuen Weltordnung unter dem Dach der „Vereinten Völker der Welt". Nur so können deren gewählte Entscheidungsträger mit entsprechender Entscheidungsgewalt die Kriegstreiber abschrecken oder dass Aufflammen von Kriegen im Keim ersticken und die Verursacher zur Rechenschaft ziehen – u. a. menschenverachtende religiöse Fanatiker von Al-Kaida, Boko Haram und IS etc. Demagogen und Verbrecher wie Hitler, Stalin, Mao oder Pol Pot dürfen nie wieder die Macht ergreifen können. Die Umsetzung sollte von den noch zu gründenden **sechs Kommissionen der „Vereinten Völker der Welt"** vorbereitet und von letzteren in Kraft gesetzt werden. Wir verfügen bereits über den Internationalen Gerichtshof in Den Haag, der am 18. April 2016 seinen 70. Geburtstag feierte. Vor diesem Rechtssprechungsorgan der Vereinten Nationen müssen sich in erster Linie diejenigen verantworten, die wegen Völkermordes, Verbrechen gegen die Menschlichkeit und Kriegsverbrechen angeklagt wurden. **Viel besser wäre noch, wenn die Erfahrungen und der Sachverstand dieses Internationalen Gerichts gepaart würden mit den Fähigkeiten einer Anti-Kriegskommission zur Verhinderung von Völkermord und Kriegen!**

Nelson Mandela sagte:
„Es erscheint immer unmöglich, bis man es gemacht hat."

Carl Sandburg sagte:
„Im Wachsen nach oben hat die zarte Blume schon
manchen Stein zersplittert und zerborsten."

Für den Frieden!

Botschafter und Vermittler: z.B. Friedensnobelpreisträger und US-Präsident Barack Obama (auch weil er noch etwas schuldig ist), der russische Präsident Vladimir Putin (auch um sich selbst, seinem Land und der ganzen Welt einen Gefallen zu tun) und Angela Merkel (auch um Krisen zu verhindern – und nicht nur zu bewältigen),

Geht doch – vertragt euch wieder – und nehmt euch ein Beispiel
an Nikita Chruschtschow und John F. Kennedy in Erinnerung an 1962!

Aber bitte nicht so! Der arme Hund!

Michail Gorbatchov, Bill Clinton, Colin Powell, Henry Kissinger, Valéry Giscard d'Estaing, Helmut Kohl, Frank-Walter Steinmeier, Gerhard Schröder, Joschka Fischer, John J. Mearsheimer, Kofi Annan, Desmond

Tutu, Queen Elizabeth und der britische Thronfolger (als Oberhaupt des Commonwealth), König Abdullah II. von Jordanien, Ajatollah Khamenei, Hassan Rohani, Schimon Peres, Benjamin Netanjahu, Mahmud Abbas, Baschar al-Assad, der Präsident von Südafrika (auch als Bewahrer und Fortführer des Vermächtnisses von Nelson Mandela) sowie die Staatsoberhäupter von China, Indien (auch als Bewahrer und Fortführer des Vermächtnisses von Mahatma Gandhi) sowie König Salman, Kronprinz Muqrin und Vizekronprinz Mohammed Bin Naif (auch um einen Ölkrieg zu verhindern), der UNO-Generalsekretär, der Internationale Gerichtshof, Amnesty International, Ärzte ohne Grenzen, die internationale Rotkreuz- und Rothalbmondbewegung, George W. Bush, Dick Cheney, Donald Rumsfeld, Paul Wolfowitz (weil sie schon Gutes getan haben, noch immer gutes tun und noch weiter tun können – *oder weil sie noch etwas gutzumachen haben*).

Spielbeteiligte – Vorbilder, Botschafter und Vermittler

V. Spielbeteiligte – Vorbilder, Botschafter und Vermittler sowie eine neue Verfassung und Entscheidungsträger in der Regierung der „Vereinten Völker der Welt"

Wir sollten uns als das begreifen, was wir wirklich sind: Ein winzig kleines, aber schönes Staubkorn in einem unheimlich großen Universum, auf dem es sich zu leben lohnt und dessen Bewohner ums Überleben kämpfen.

Hubble würde sagen:

„Wenn ihr Menschen sehen könntet, was ich sehe, dann wüsstet ihr, wie klein ihr seid – aber auch, wie viel Glück ihr habt auf eurem Staubkorn. Seit 25 Jahren schaue ich fasziniert in die Weiten des Weltraums und lasse euch daran teilhaben. Bei allem was ich gesehen habe, einen schöneren für euch erreichbaren Ort als Planet Erde werdet ihr nicht finden."

Mark Knopfler singt in Brothers in Arms:
"Da sind so viele verschiedene Welten.
So viele verschiedene Sonnen.
Aber wir haben nur diese eine Welt.
Doch wir leben in verschiedenen."

There's so many different worlds, so many different suns. And we have just one world, but we live in different ones.

Mark Knopfler

Sigourney Weaver sagt:

„Mal ehrlich, was kann unsere Spezies schon tatsächlich gut?
Wir sind langsam, ungeschickt, verletzlich.
Eigentlich sind wir kleine Tiere, die jederzeit aussterben oder
von stärkeren besiegt werden können."

Oskar sagt:

„Eigentlich sind wir doch alle nur kleine dumme Quälgeister,
die eigensinnig und unwissend auf einer kleinen blauen Kugel um die Sonne kreisen."

Oskar meint *Homo sapiens!*

Mit dieser Erkenntnis, unserem Bewusstsein und unseren Tugenden sowie unseren positiven Eigenschaften und Fähigkeiten sollte es uns gelingen

- mit Wissen, Phantasie, Kreativität und Neugier
- mit Vernunft, Weitsicht und Weisheit
- mit Weltoffenheit, Toleranz und Solidarität sowie
- mit Wut, Mitgefühl, Güte und Respekt

die zentrale Botschaft „Für die Liebe, die Vergebung, das Teilen, den Frieden und die Freiheit" aufzunehmen, und danach zu leben.

Cr7z und Absztrakkt sagen:

„Der Unterschied zwischen Wissen und Weisheit?
Ob man den Weg nur kennt, oder ob man ihn beschreitet."
„Der beste Zeitpunkt für Veränderungen ist immer jetzt."

Die zehn Botschaften dieser Fibel können das Grundgerüst für eine neue „Verfassung der Vereinten Völker der Welt" werden:

Für das Leben auf unserer Erde in den
Vereinten Völkern der Welt
Für die Liebe, die Vergebung, das Teilen, den Frieden und die Freiheit
Für einen Glauben
Für ein Grundrecht auf Bildung
Für erneuerbare Energie

Gegen fossile Energie
Gegen Hunger und Durst
Gegen den Missbrauch der Religionen
Gegen die Raffgier
Gegen den Krieg

Leben in Harmonie
Heraklit: Die schönste Harmonie entsteht durch Zusammenbringen der Gegensätze.

Wenn es uns gemeinsam gelingt, die guten Botschaften als Chancen zu begreifen und zu ergreifen, können wir die schlechten Seiten unseres Lebens damit ausmerzen.

In einer neuen Weltregierung sollten von den Völkern der Erde gewählte Vertreter sitzen, die als Vorbilder im globalen Sinne „dienen". Diese sollten ihre jeweiligen Nachfolger vorschlagen und zur Wahl stellen.

Die Verfassung und die Entscheidungsgewalt der „Vereinten Völker der Welt" sollten eine Mischung sein aus positiven Elementen der Regierungssysteme z. B. folgender Länder/Organisationen – unter Ausschluss ihrer Schwächen:

- China und Russland mit ihren schnellen Entscheidungsmöglichkeiten aber unzureichenden demokratischen Mitbestimmungsrechten.

- USA, Frankreich und Großbritannien mit grundsätzlich starken präsidialen Systemen aber lähmenden Institutionen (z. B. USA – Kongress und Repräsentantenhaus behindern sich gegenseitig aufgrund wechselnder und polarisierender Mehrheiten).

- Die Europäische Union als vereinte Staaten: ehemals und teilweise Kriegsgegner – heute 28 Staaten friedlich vereint mit gemeinsamen demokratischen Institutionen und einer gemeinsamen Währung. Was noch fehlt, sind einheitliche und stabile humanitäre, soziale und marktwirtschaftliche Strukturen und Regeln.

- Deutschland mit einem sich bewährten demokratischen Fundament aber zu vielen Landtagswahlen in 16 Bundesländern, die durch wechselnde Mehrheiten im Bundesrat die wirklich wichtigen – weil zustimmungspflichtigen – Entscheidungen behindern oder verhindern können.

- Die Vereinten Nationen: *„Die UNO ist das Gewissen der Welt"*, hat der frühere Generalsekretär Kofi Annan einmal gesagt. Gegründet wurde die UNO im Juni 1945 mit dem Ziel, die Menschheit „vor der Geißel des Krieges zu bewahren", wie es in der Charta heißt. Ein hehrer Anspruch, an dem die Organisation oft gescheitert ist. Der Traum vom Frieden ist heute genauso aktuell wie im Gründungsjahr der Vereinten Nationen – direkt nach Kriegsende. Die UNO sollte – bei Erhaltung ihrer positiven Werte – von einer durchsetzungsstärkeren und entscheidungsfähigeren Regierung der „Vereinten Völker der Welt" abgelöst werden.

Wenn eine Regierung der „Vereinten Völker der Welt" gewählt ist, muss sie auch konsequent und entschlossen zur Erreichung der gesteckten Ziele regieren können – unterstützt von paritätisch besetzen Expertenkommissionen. So kann die Verwässerung von sachlich richtigen Entscheidungen durch faule politische Kompromisse verhindert werden. Wenn die Wähler nicht einverstanden sind, wird eine damit erfolglose Welt-Regierung unter dem Dach der „Vereinten Völker der Welt" bei der nächsten Wahl demokratisch abgewählt.

Die weißen Tauben sind NICHT müde!

Über Deutschland und seine Rolle in der Welt

Deutschland hat zwei Weltkriege maßgeblich verursacht und konsequenter Weise verloren. Die in Deutschland lebenden Menschen sind die Bewahrer der kulturellen Schätze, die die Dichter und Denker sowie die musizierenden und bildenden Künstler in den vergangenen Jahrhunderten hervorgebracht haben. Gleichzeitig sind sie auf ewig verpflichtet, die Erinnerung an die entsetzlichen Gräueltaten in den Konzentrationslagern wach zu halten.

Paul Celan dichtete Anfang 1945 zum Holocaust die *Todesfuge:*

„… der Tod ist ein Meister aus Deutschland

dein goldenes Haar Margarete

dein aschenes Haar Sulamith."

Primo Levi sagte:
*„Es ist geschehen, und folglich kann es wieder geschehen:
Darin liegt der Kern dessen, was wir zu sagen haben."*

Primo Levi hatte Auschwitz überlebt. Sein Zitat ziert die Lobby des Holocaust-Mahnmal in Berlin. Dieses Denkmal steht für die über sechs Millionen ermordeten Juden Europas.

Der Architekt, Peter Eisenman sagte: „Das Ausmaß und der Maßstab des Holocaust machen jeden Versuch, ihn mit traditionellen Mitteln zu repräsentieren, unweigerlich zu einem aussichtslosen Unterfangen. Das Denkmal versucht, eine neue Idee der Erinnerung zu entwickeln." Die Vorsitzende des Förderkreises Denkmal für die ermordeten Juden Europas e.V.

Lea Rosh sagt:
„Wir sind tief befriedigt und glücklich, dass so viele Leute hierher kommen. Wir wollen über ein Thema informieren, wir wollen, dass die Ermordeten nicht vergessen werden. Das Holocaust-Mahnmal ist eine Art Ehren- und Andenkengrab, welches auch dringend nötig ist, da die meisten ermordeten Juden kein eigenes Grab haben".

Iris Berben sagt:
„Das Interesse an dem düsteren Kapitel unserer Geschichte lässt leider nach. Die beste Möglichkeit, den Ermordeten Respekt entgegenzubringen, ist, ihre Namen zu suchen und ihre Biografien wieder wahrnehmbar zu machen. Hierdurch wird eine Brücke geschlagen zwischen der Vergangenheit und der Zukunft. Es ist wichtig, die Vergangenheit nicht als Belastung zu sehen, sondern als Chance, wachsamer zu sein. Stark gegenüber den Rattenfängern."

Anne Will sagt:

„Wer je den Raum der Namen betreten hat, wird ihn nicht wieder vergessen. Nur wenige Worte hört man dort, und sie erzählen doch so unendlich viel. Namen, Geburtsorte, Spuren, die sich irgendwann verloren, aber immer stehen sie für ein ganzes Leben. Das ist die Idee des Raums der Namen, den Opfern des Holocausts ihre Geschichte zurückzugeben. Ich empfinde tief, dass wir es den Opfern schulden, sie nicht zu vergessen. Das Geld, das wir hier investieren, ist enorm wichtig für unsere Zukunft."

Michael Verhoeven sagt:

„Niemand kann das Schreckliche, das Unfassbare, das Deutsche den jüdischen Menschen angetan haben, ungeschehen machen. Aber jeder von uns kann ein kleines bisschen dazu beitragen, dass heute, in besseren Zeiten, den von Deutschen geschundenen und ermordeten Juden ein Zeichen unserer Wahrnehmung und Erinnerung gegeben wird. Im Raum der Namen wollen wir ihnen das Mindeste geben, das wir ihnen ganz einfach schulden: dieses Zeichen, dass sie nicht vergessen sind!"

Heute ist Deutschland das beliebteste Land auf der Erde. Mit Schuld und Sühne sowie Vergebung und großer Beliebtheit trägt auch Deutschland eine große Verantwortung für eine bessere und friedlichere Welt. So kann von Deutschland aus ein Signal gesetzt werden, damit die 10 Botschaften in dieser Fibel auf der ganzen Welt verkündet und gelebt werden!

Ein Land und eine Stadt ohne Grenze mit überwiegend
dankbaren Menschen – z. B. für die Luftbrücke und den Marshallplan!

Frank-Walter Steinmeier sagt:
„Deutschland muss mehr Verantwortung übernehmen.
Deutschland muss bereit sein, sich außen- und sicherheitspolitisch
früher, entschiedener und substanzieller einzubringen".

Joachim Gauck hat Anfang 2014 gesagt: *Dies ist ein gutes Deutschland, das Beste das wir kennen.* Und

Roger Waters fügte Ende 2015 hinzu:

"Früher wünschte man sich eine Mauer, um sicher vor den Deutschen zu sein und sie auf Abstand zu halten. Gut, der Respekt war schon lange da: die florierende Industrie, die Grünen und so weiter. Aber menschlich? Das hat sich jetzt geändert, sogar die paar irren Skinheads in Dresden stören diese Harmonie und das Ansehen der Deutschen nicht weiter, weil es solche Gestalten in jedem Land gibt."

Für das Jahr 2016 hat Deutschland den Vorsitz der Organisation für Sicherheit und Zusammenarbeit in Europa (OSZE) übernommen. Seit Unterzeichnung der Schlussakte von Helsinki am 1. August 1975 ist die OSZE eine Institution für Konfliktvermeidung und Friedenswahrung. Zu den 57 Teilnehmerstaaten gehören alle Staaten Europas sowie auch Russland und die USA. Bundesaußenminister Frank-Walter Steinmeier ist für das Jahr 2016 Vorsitzender der OSZE. Anfang Januar 2016 sagte er: *„Wir stehen vor der vielleicht ernstesten Bedrohung für Frieden und Sicherheit in Europa seit dem Ende des Kalten Krieges. Deutschland ist bereit, Verantwortung zu übernehmen. Für unseren OSZE-Vorsitz haben wir uns ehrgeizige Ziele gesetzt: Mir ist es wichtig, dass wir hart daran arbeiten, den Dialog zu erneuern und uns gleichzeitig nicht scheuen, Verletzungen der OSZE Prinzipien und des Völkerrechts beim Namen zu nennen. Wir müssen alles in unseren Kräften Stehende tun, um das verlorene Vertrauen in Europa wieder aufzubauen. Einzig auf der Grundlage von Vertrauen wird es uns möglich sein, wieder eine stabile Sicherheitsordnung in Europa zu schaffen. Als amtierender Vorsitzender werde ich mich diesem Ziel verschreiben."*

Deutschland spielt in der internationalen Politik inzwischen eine tragende Rolle. Deutschland hat durch sein gewonnenes Ansehen an Einfluss gewonnen und ist in der Lage, die Streithähne an einen Tisch zu bringen, und gemeinsam Lösungen herbeizuführen. Es geht darum, den Kontinent zusammenzuhalten und Eskalationen an den Rändern und in der Mitte zu verhindern. Ob die drei Kernziele – *Dialog erneuern, Vertrauen wieder aufbauen, Sicherheit wieder herstellen* – erreicht werden, erfahren wir, wenn die Außenminister der Teilnehmerstaaten am 8. und 9. Dezember 2016 in Hamburg zusammenkommen.

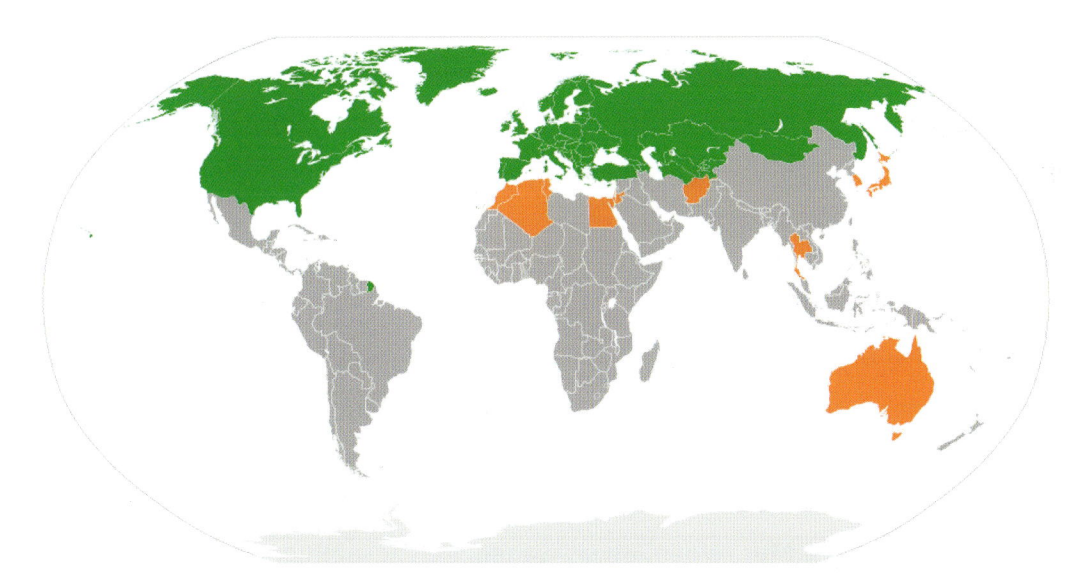

Mitglied- und Partnerstaaten der OSZE

Das Time-Magazin schreibt im Dezember 2015:

„Deutschland hat die vergangenen 70 Jahre gebraucht, Gegenmittel gegen seine giftige nationalsozialistische, militaristische, völkermordende Vergangenheit zu suchen. Merkels Deutschland stehe nun für ganz andere Werte: Menschlichkeit, Großzügigkeit, Toleranz – und zeigt, dass Deutschlands Stärke auch dafür genutzt werden kann zu retten, statt zu zerstören."

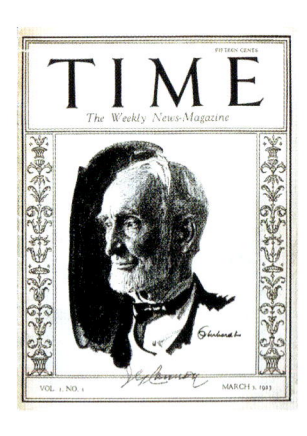

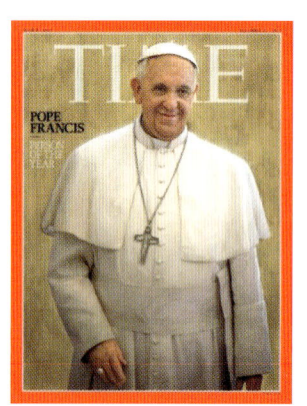

Das US-Nachrichtenmagazin Time hat die deutsche Bundeskanzlerin Angela Merkel zur Person des Jahres 2015 gewählt. Diese Würdigung wird Personen zuteil, die die Welt im zu Ende gehenden Jahr am meisten verändert oder bewegt haben – egal, ob in positiver oder negativer Hinsicht.

Die so Geehrte hätte sich über diese Auszeichnung sicher viel mehr gefreut, wenn auf den folgenden Plätzen Menschen gestanden hätten, die die Welt besser und gerechter gemacht haben. Aber wie ist es um unsere Welt bestellt, wenn auf den Plätzen zwei und drei der IS-Anführer Abu Bakr al-Baghdadi und der US-Präsidentschaftskandidat Donald Trump stehen?

Wo bitte sind z. B. die Anführer der UN-Vetomächte China, Frankreich, Großbritannien, Russland und USA? In der Begründung des Time-Magazin für die Auszeichnung der deutschen Bundeskanzlerin heißt es u. a.: Was sie tut, ist auszeichnungswürdig, weil sie mehr von ihrem Land verlangt, als es die meisten Politiker zu tun wagen, weil sie sich der Tyrannei entgegenstellt, und weil sie moralische Führung gibt – in einer Welt, in der es daran mangelt. **Gemeinsam müssen wir den politischen Entscheidungsträgern in der Welt klar machen, dass wir ihnen folgen, wenn sie Mut zeigen, etwas wagen, sich zusammenschließen mit dem Ziel, das Leben auf unserem Planeten insgesamt zu verbessern.**

Auf Initiative von Lea Rosh und André Schmitz haben mehr als 70 Persönlichkeiten aus Kunst, Kultur, Zivilgesellschaft und Politik am 19. Februar 2016 einen offenen Brief an Bundeskanzlerin Angela Merkel zur Unterstützung ihrer **Asyl- und Flüchtlingspolitik** geschickt.

Lea Rosh sagt:

„Wir müssen die Bundeskanzlerin in ihren Bemühungen für ein offenes und solidarisches Europa unterstützen, sie unserer Solidarität versichern."

André Schmitz sagt:

„Angesichts der historischen Erfahrungen in Europa kann es auch in Zukunft nicht nur darum gehen, keine neuen Grenzen zu errichten, sondern ein Europa der Vielfalt auf der Basis gemeinsamer Werte zu erhalten. Jetzt sind die Freunde Europas mehr denn je gefragt, das bisher Erreichte zu verteidigen."

Der Offene Brief im Wortlaut:

Frau Bundeskanzlerin!

Sie haben unser Land verwandelt. Man hat keine Angst mehr vor Deutschland, im Gegenteil: man will nach Deutschland. Nach den Schrecken, den Untaten, die von Deutschland ausgingen, ist das auch für uns eine neue wunderbare Erfahrung. Ruth Klüger, die den Holocaust überlebt hat, hat am 27. Januar 2016 im Deutschen Bundestag so eindrucksvoll von ihrer VERWUNDERUNG gesprochen, die in BEWUNDERUNG übergegangen ist: „Das war der Hauptgrund, warum ich mit großer Freude Ihre Einladung angenommen ... habe, ... über die früheren Untaten sprechen zu dürfen, hier, wo ein gegensätzliches Vorbild entstanden ist ... mit dem bescheiden anmutenden und dabei heroischen Wahlwort: Wir schaffen das". Frau Bundeskanzlerin, wir wünschen Ihnen Kraft und Erfolg für die kommenden Verhandlungen. Europa, dieses neue Deutschland und die Flüchtlinge brauchen Sie!

Die Wiedervereinigung Deutschlands hat von 1990 bis heute mehr als 1,5 Billionen Euro gekostet. Diese Investition hat sich gelohnt – in finanzieller, kultureller, gesellschaftlicher und auch in menschlicher Hinsicht. Das sagt auch jeder, der Deutschland aus dem Ausland qualifiziert betrachtet und bewertet. **Wie viel wertvoller könnte die ganze Welt für jeden von uns werden, wenn wir auf unserer Erde in Frieden und Freiheit nachhaltig investieren könnten.**

Gesine Schwan sagt:

„Liebes Deutschland, hab ein bisschen mehr Vertrauen zu dir selbst!"

„Für mich sind die Menschen in ihrer Würde gleich, aber nicht in ihren Lebenschancen. Da gibt es furchtbare Diskrepanzen. Die Politik ist dazu da, diese soweit es geht auszugleichen. Es geht um Chancengleichheit."

Die in dieser Fibel vorgeschlagenen Botschafter und Vermittler könnten auch als gewählte Mitglieder in den folgenden Kommissionen der „Vereinigten Völker der Welt" zusammenarbeiten:

- Anti-Kriegskommission
- Glaubenskommission
- Ernährungskommission
- Klimaschutz- und Energiekommission
- Bildungskommission
- Ethikkommission

mit Unterstützung der jeweils zugeordneten, paritätisch besetzten Expertenausschüsse.

Wo und wer sind nun die Vorbilder und Persönlichkeiten, die als Weltpolitiker gemeinsam verbindliche und gemeinwohlfördernde Verträge abschließen?

Günter Bentele sagt:

„Akteure werden dann als glaubwürdig wahrgenommen, wenn die Erwartung beziehungsweise die Erfahrung vorhanden ist, dass deren Aussagen beziehungsweise ihr gesamtes kommunikatives Handeln richtig, wahr und konsistent sind."

Blicken wir zurück auf lebende und verstorbene Vorbilder aus verschiedenen Bereichen, an denen Frau und Mann sich aus- und aufrichten können:

- *Konrad Adenauer* durch seine Westpolitik, *Willy Brandt* durch seine Ostpolitik und *Michail Gorbatchov* durch Glasnost und Perestroika waren die Wegbereiter der Deutschen Einheit, die *Helmut Kohl* nach dem Fall der Berliner Mauer durch sein beherztes Zupacken und den 10-Punkte-Plan im Jahr 1989 vorangetrieben hat.

- *Helmut Schmidt und Valéry Giscard d'Estaing* haben als glühende Verfechter der europäischen Einheit in den 1970er Jahren gemeinsam den Grundstein für die Europäische Union und eine gemeinsame Währung gelegt.

- *Nelson Mandela* hat die Apartheit in Südafrika mit seiner Politik der Aussöhnung und Vergebung sowie seiner Ausstrahlung und mit seinem entwaffnenden Lächeln auf friedliche Weise beendet. Nach seinem Tod am 5. Dezember 2013 wurde er im Rahmen der Abschiedsfeier u. a. verglichen mit Mahatma Gandhi und Abraham Lincoln.

- *Mahatma Gandhi,* der körperlich so kleine Mann aus Indien, hat dank der Wahrheitskraft und seiner Gewaltlosigkeit aber auch seiner Schlitzohrigkeit und Zähigkeit ein Riesenland mit damals 400 Millionen Menschen in die Unabhängigkeit geführt.

- ***Abraham Lincoln*** kämpfte erfolgreich für die Abschaffung der Sklaverei in den USA. Unter seiner Regierung schlug das Land den Weg zum zentral regierten, modernen Industriestaat ein und schuf so die Basis für den Aufstieg zur Weltmacht im 20. Jahrhundert.

- ***Karl Lehmann und Franziskus,*** weil sie in aller Bescheidenheit die Tür zur Versöhnung gefunden haben und öffnen können. Durch die dürfen wir dann gehen auf dem Pfad der Erleuchtung, an deren Ende ein gemeinsamer Glaube steht, den wir schon so lange suchen und den wir **freiwillig** ausüben können.

Nachbarn – nicht nur im Himmel!

- *Anja Niedringhaus* hat uns als Kriegsberichterstatterin den überzeugenden Beweis geliefert, dass Kriege todbringendes Gift sind. Ihr Mut hat der 48-Jährigen das Leben gekostet. Sie wurde am 04.04.2014 in Afghanistan von einem Polizisten erschossen. Anja Niedringhaus erhielt als erste deutsche Frau den Pulitzerpreis, und zwar für ihre Fotoberichterstattung aus dem Irak. Ihre Fotoarbeiten zeigen die unterschiedlichsten und erschreckendsten Facetten von Menschen, die in Krisengebieten leben.

- *Peter Scholl-Latour* war ein journalistisches Vorbild. Er kannte die Schurken und Rebellen der Welt und präsentierte sie uns in seiner besonderen Sprache auf der Mattscheibe in unseren Wohnzimmern. Als Deutscher wie Franzose war er immer Europäer und Weltbürger.

- ***Moritz Julius Bonn,*** weil er erkannt und gesagt hat, dass der Kapitalismus der Gesellschaft dienen muss.

- ***Albert Einstein,*** der unvergessliche Atomphysiker und Erfinder der Relativitätstheorie ($E = m \times c^2$), ist uns auch durch seine Zitate in Erinnerung geblieben. Hierzu zählen vor allem: *„Der Sinn des Lebens besteht nicht darin ein erfolgreicher Mensch zu sein, sondern ein wertvoller." „Wenn eine Idee am Anfang nicht absurd klingt, dann gibt es keine Hoffnung für sie." „Phantasie ist wichtiger als Wissen. Wissen ist begrenzt, Phantasie aber umfasst die ganze Welt." „Zwei Dinge sind unendlich: das Universum und die menschliche Dummheit; aber bei dem Universum bin ich mir noch nicht ganz sicher."*

- **Alfred Nobel,** der Erfinder des Dynamits, war schon zu Lebzeiten ein bekannter Mann. Weltberühmt aber wurde er nach seinem Tod: In seinem Testament verfügte der kinderlos gebliebene Chemiker, Erfinder und Industrielle, dass sein gesamtes Vermögen von etwa 31 Millionen schwedischen Kronen einer Stiftung zugeführt werden soll. Der Zinsertrag dieser Nobel-Stiftung solle „als Preise denen zugeteilt werden, die im verflossenen Jahr der Menschheit den größten Nutzen geleistet haben." 1901 wurde Nobels Wille erstmals umgesetzt. Seitdem gilt der Nobelpreis als renommierteste und wichtigste aller Auszeichnungen in Wissenschaft und Gesellschaft.

- **Bertha von Suttner:** 1876 lernte Alfred Nobel die österreichische Pazifistin Bertha von Suttner kennen, die kurze Zeit als Privatsekretärin für ihn arbeitete. Nobel bewunderte von Suttners Engagement als Friedenskämpferin. Sie animierte den Industriellen, einen Friedenspreis zu stiften – 1905 erhielt sie selbst als erste Frau den Friedensnobelpreis. Bertha von Suttner stirbt sieben Tage vor Ausbruch des Ersten Weltkriegs.

- *'Abdu'l-Bahá* wurde 1844 in Teheran geboren. Obwohl er nie eine Schule besucht hatte, war er sehr belesen und verfasste diverse Schriften. Er beherrschte Persisch, Arabisch und Türkisch in Wort und Schrift. Einen Großteil seines Lebens verbrachte *'Abdul-Baha'* mit seinem Vater und seiner Familie in Gefangenschaft und Verbannung. Erst im Alter von 64 Jahren soll er im Jahr 1908 die Freiheit erlangt haben. Im Jahr 1910 begann *'Abdu'l-Bahá* eine große Lehrreise, die ihn durch Ägypten, Europa und die USA führte. In Wien empfing er unter anderem die spätere Friedensnobelpreisträgerin Bertha von Suttner. Seine Anhänger beschreiben ihn als Vorkämpfer des Friedens, der religiösen Toleranz, der sozialen Gerechtigkeit, der Rechte der Frau und der Überwindung rassischer Diskriminierung. Viele seiner Ansprachen wurden aufgezeichnet und in Buchform veröffentlicht. *'Abdu'l-Bahá* wurde im Jahr 1920 in Anerkennung seiner humanitären Verdienste während des Ersten Weltkriegs zum Ritter des britischen Empire geschlagen.

- *Oskar Schindler* trug einen Ring mit der Gravierung: *„Wer auch nur ein einziges Leben rettet, rettet die ganze Welt."* Den Ring mit diesem Talmudspruch hatten ihm die Juden auf „Schindlers Liste" als Geschenk übergeben. Aus echtem Zahngold gemacht, war der Ring am 8. Mai 1945 das einzige, was sie besaßen, um Schindler für ihr Leben zu danken. Auf dieser berühmten Liste standen die Namen von 1200 Menschen, die damit die Gräueltaten der Nazis überlebt haben. *„Die Liste ist das verkörperte Gute, … ist das Leben. Jenseits … der Ränder liegt das Nichts."* (a.a.O. S.246).

- *John F. Kennedy und Nikita Chruschtschow* haben sich 1962 geeinigt, einen möglichen Dritten Weltkrieg, ausgelöst durch die drohende Stationierung von russischen Atomraketen auf Kuba, um jeden Preis zu vermeiden, da der Einsatz von Atomwaffen auf beiden Seiten verheerende Folgen für den Planeten gehabt hätte.

- **Muhammad Anwar al-Sadat** war ein ägyptischer Staatsmann. Als Präsident führte Sadat Ägypten im Jahr 1973 in den Jom-Kippur-Krieg gegen Israel. Später löste er das Land aus der engen Bindung an die damalige Sowjetunion und schloss 1979 einen Friedensvertrag mit Israel. Für seine Bemühungen im Friedensprozess mit Israel erhielt er zusammen mit Menachem Begin 1978 den Friedensnobelpreis. Sadats Versöhnungspolitik gegenüber Israel wurde ihm zum Verhängnis: 1980 fiel er einem Attentat fanatischer Gegner seiner Politik zum Opfer.

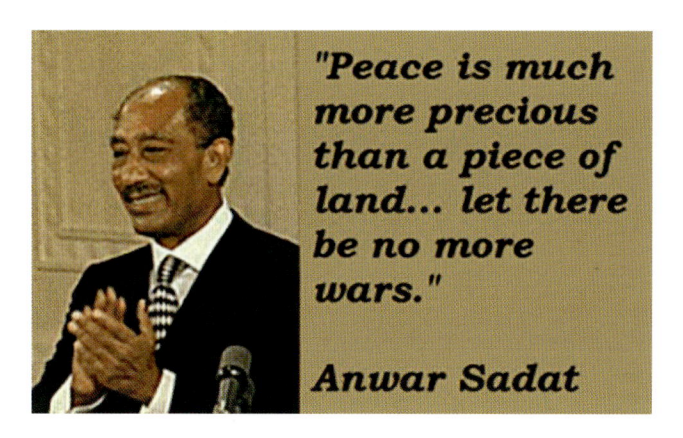

- *Martin Luther King* war ein amerikanischer Baptistenpastor und Bürgerrechtler. Er zählt zu den bedeutendsten Vertretern des Kampfes gegen soziale Unterdrückung und Rassismus. Er propagierte in den 1960er Jahren den zivilen Ungehorsam als Mittel gegen die politische Praxis der Rassentrennung in den Südstaaten der USA und nahm selbst an entsprechenden Aktionen teil. Durch seinen Einsatz und seine Wirkkraft löste er eine Massenbewegung aus, die schließlich erreichte, dass die Rassentrennung gesetzlich aufgehoben und das uneingeschränkte Wahlrecht für die schwarze Bevölkerung der Südstaaten eingeführt wurde. Wegen seines Engagements erhielt Martin Luther King 1964 den Friedensnobelpreis. Im April 1968 wurde King bei einem Attentat ermordet.

- **Albert Schweitzer** war ein deutsch-französischer Arzt, evangelischer Theologe, Organist, Philosoph und Pazifist. Albert Schweitzer gründete ein Krankenhaus in Lambaréné im zentralafrikanischen Gabun. Zu seinen zahlreichen und viel beachteten Werken zählen theologische und philosophische Schriften, Arbeiten zur Musik sowie autobiographische Schriften. 1953 wurde ihm der Friedensnobelpreis für das Jahr 1952 zuerkannt, den er 1954 entgegennahm.

- **Max Schmeling und Joe Louis:** Als sie 1936 zum ersten Mal gegeneinander antraten und Schmeling einen legendären Sieg davontrug, konnte noch niemand ahnen, dass die beiden Boxerlegenden unterschiedlicher Hautfarbe bis ans Ende ihres Lebens in Freundschaft verbunden bleiben würden.

- *Jesse Owens und Luz Long:* Ein Beispiel für Toleranz und Fairplay. In der Neuen Leipziger Zeitung vom 11. August 1936 fand sich folgender Satz: *„Der Kampf der Farben ist beendet. Schwarz war der Beste, einwandfrei der Beste, mit 19 Zentimetern vor Weiß."* Dieser Satz war außergewöhnlich, mutig und lebensgefährlich. Luz Long, der Weiße, war im Kampf der Farben der Verlierer. Jesse Owens, der Schwarze, war der Sieger. Aber wann immer er später schilderte, wie er zu einem der größten Olympioniken wurde, vergaß er nie den anderen zu erwähnen, seinen Bruder im Geiste, der ihn sozusagen auf Führerbefehl zum Überlegenheitsnachweis der arischen Rasse besiegen sollte, stattdessen aber Freundschaft mit ihm schloss, unter den Augen Adolf Hitlers. Owens sagte später: *„Selbst wenn man alle meine Medaillen und Pokale einschmelzen würde, könnten sie die 24-Karat-Freundschaft, die ich in diesem Moment für Luz Long empfand, kein bisschen goldener machen. Hitler muss wahnsinnig geworden sein, als wir uns umarmten."*

- *Die Fußballweltmeister von 1954 – Fritz Walter, Helmut Rahn & Co.* haben uns als Mannschaft im sportlichen Wettstreit mit Kampfeskraft, Leidenschaft und Siegeswillen so einen wunderbar wuchtigen Tritt verpasst auf dem Weg zum sozialen Wirtschaftswunder nach dem Zweiten Weltkrieg.

- *Udo Lattek und Johan Cruyff,* weil spätestens jetzt auch im Himmel Fußball gespielt wird.

- *Udo Jürgens,* der sein Leben geliebt und genossen hat. Er hat uns ein musikalisches Vermächtnis hinterlassen, das uns mit seinen anspruchsvollen, wegweisenden Texten und nachhallenden Melodien lange in Erinnerung bleiben wird.

- *Roger Willemsen,* weil er den Menschen auf Augenhöhe begegnet ist. Weil er im jetzt leben und den Moment genießen konnte. Weil er mit hohem Intellekt witzig, humorvoll und charmant war. Weil er sich nicht um Grenzen kümmerte, weder um politische oder geografische noch um soziale Grenzen.

- *Janis Joplin, Amy Winehouse, Jimmy Hendrix, Jim Morrison, John Lennon, Elvis Presley, Bob Marley, Joe Cocker, Freddy Mercury, Kurt Cobain, Jon Lord, Rory Galagher und Michel Jackson,* die durch ihre Musik in ihren oft so kurzen Leben nicht nur die Musikwelt revolutioniert haben.

- *Johann Sebastian Bach, Ludwig von Beethoven und Mozart* haben uns ein musikalisches Erbe für die Ewigkeit hinterlassen.

- Universalgenies wie **Kepler, Galilei und da Vinci** haben uns beigebracht: Die Erde ist keine Scheibe und auch nicht der Mittelpunkt des Universums oder unseres Sonnensystems. Sie ist für uns aber ein erträglicher Ort, den es lohnt zu erhalten – solange wie unsere Sonne scheint und uns ihre Kraft schenkt.

- *Johannes Kepler* war ein deutscher Universalgelehrter des 17. Jahrhunderts und als Mathematiker, Astronom und Astrologe u. a. Entdecker der Gesetze der Planetenbewegung. Er wurde 1571 geboren und starb 1630.

- *Galileo Galilei:* 1564 wurde ein Mann geboren, dessen Erkenntnisse die ganze Welt veränderten. 1615 gab er seine wichtigsten Forschungsergebnisse bekannt: Die Planeten kreisen um die Sonne, und die Sonne ist Mittelpunkt des Systems. Zuvor ging man davon aus, dass das Meer der Anfang vom Ende der Welt und die Erde das zentrale Element im Weltraum sei. Erst um das Jahr 1757 wurden die Erkenntnisse von Galilei von der Kirche anerkannt.

- *Leonardo da Vinci* lebte von 1452 bis 1519. Er war Maler, Bildhauer, Architekt, Musiker, Mechaniker, Ingenieur, Philosoph und Naturwissenschaftler. Das Universalgenie ist berühmt für die Mona Lisa, seine anatomischen Zeichnungen und seine Proportionsstudie „Der vitruvianische Mensch". Neben der Kunst trugen diverse Erfindungen zu seinem Ruhm bei, darunter ein Fallschirm und ein Taucheranzug. Mit vielen dieser Tüfteleien war Leonardo seiner Zeit weit voraus.

- *Matthias Claudius:* Der große deutsche Dichter „Der Mond ist aufgegangen" starb vor 200 Jahren. Eins seiner Gedichte endet so: „*Gott gebe mir nur jeden Tag so viel ich darf zum Leben. Er gibt`s dem Sperrling auf dem Dach. Wie will er's mir nicht geben?*"

- *Goethe, Schiller und Shakespeere,* weil sie noch besser geschrieben haben als *Marcel Reich-Ranicki* kritisiert hat.

- *Winston Churchill* hat als Bollwerk gegen Hitler nicht nur England im 2. Weltkrieg vom grausamen Faschismus befreit, sondern – zusammen mit den Alliierten – auch das deutsche Volk und die Welt. Er war eine schillernde, extravagante und prägende Figur des letzten Jahrhunderts – mit Höhen und Tiefen sowie depressiven Phasen in Zeiten, in denen er keine Macht besaß und Verantwortung trug. Heute würde Winston Churchill Brücken bauen – insbesondere zwischen dem Islam und dem Christentum, die er zu seinen Lebzeiten als gleichwertige Religionen betrachtete. Im Oktober 1940 billigte Churchill als Premierminister den Plan für eine Moschee im Zentrum Londons und stellte dafür 100 000 Pfund bereit.

- **Pierre Teilhard de Chardin,** französischer Jesuit und Wissenschaftler, lebte von 1881 bis 1955. Besonders hatten es ihm die Philosophie, Anthropologie, Geologie und Paläonthologie angetan. Aufgrund seiner jahrzehntelangen wissenschaftlichen Forschungen (viele Jahre lebte und forschte er in China) und seiner daraus resultierenden „unorthodoxen theologischen Auffassungen" geriet er in Konflikt mit der katholischen Kirche, die die Veröffentlichung seiner Werke verbot und sogar dafür sorgte, dass er aus Frankreich verbannt wurde. Daraufhin lebte er in den USA. Erst nach seinem Tod konnten seine Bücher gedruckt werden und erreichten in kürzester Zeit Millionenauflagen.

- *Oswald von Nell-Breuning* war Professor und Jesuitenpater und einer der führenden kritischen Kommentatoren der Wirtschafts- und Sozialpolitik der frühen Bundesrepublik sowie ein wichtiger Impulsgeber für sie. Er war ein Brückenbauer zwischen Katholizismus und Gewerkschaften sowie Sozialdemokratie und als langjähriger „Nestor" der katholischen Soziallehre auch eine kritische Stimme in den innerkirchlichen Debatten. Zugleich wurde ihm eine herausragende Bedeutung als politischer Intellektueller zugesprochen, der sowohl gesellschaftswissenschaftliche, ökonomische, juristische, philosophische wie auch theologische Kompetenzen mitbrachte. Er hatte erheblichen Einfluss auf die sozial- und wirtschaftspolitische Entwicklung der Bundesrepublik als sozial- und rechtsstaatlich organisierte Industriegesellschaft.

- **Siegfried Lenz** – gehört zu den Autoren, die die deutsche Literatur nach dem Zweiten Weltkrieg prägten und bis heute prägen. In seinen Werken *Deutschstunde*, *Heimatmuseum* und *Exerzierplatz* thematisierte Siegfried Lenz immer wieder gesellschaftliche Probleme und arbeitete die deutsche Geschichte auf. Aber auch seine Zitate bleiben uns in Erinnerung. Hierzu zählen u. a.: *„Wer zu handeln versäumt, ist noch keineswegs frei von Schuld. Niemand erhält seine Reinheit durch Teilnahmslosigkeit."* *„Die Schöpfung kann an unserer Verachtung und an unserem Egoismus zugrunde gehen."* *„Wir können den Frieden nicht gewinnen, wenn wir uns nicht des Elends der dritten Welt annehmen."*

- **Ulrich Beck** – Das Schlagwort der „Risikogesellschaft" machte ihn berühmt. Ulrich Beck starb am 1. Januar 2015 im Alter von siebzig Jahren. Sein Buch „Risikogesellschaft", wurde in 35 Sprachen übersetzt. Es handelt von den von uns selbst produzierten Gefahren, die sich den bestehenden Sicherungsmechanismen entziehen. Im Buch „Weltrisikogesellschaft" von 2007 beschrieb er sie als globale Risiken mit den vier Merkmalen Entgrenzung, Unkontrollierbarkeit, Nicht-Kompensierbarkeit und Nichtwissen.

- *Audrey Hepburn, James Dean, Marlene Dietrich, Charlie Chaplin, Marlon Brando, Lino Ventura, Greta Garbo, Paul Newman, Jean Gabin, Rock Hudson, Elisabeth Taylor, Richard Burton und Romy Schneider* – weil sie uns Vergnügen bereitet und zum Nachdenken angeregt haben.

- *Charlie Rivel,* weil er die Menschen mit Clownerie, Kunststücken und Humor zum Lachen bringen konnte, selbst wenn es ihnen nicht gut ging.

- *Alfred Hitchkock, Stanley Kubrik, Ernst Lubitsch, Billy Wilder, Ingmar Bergmann, Luchino Visconti, Sergio Leone, François Truffaut, Richard Attenborough, Elia Kazan, Federico Fellini, Howard Hawks und Sergei M. Eisenstein,* weil sie dafür gesorgt haben, dass uns die Schauspieler in allen Facetten glänzend und anspruchsvoll unterhalten haben.

- *Hoimar von Ditfurth* hat uns mit seinen Büchern die Welt auf verständliche und spannende Weise beschrieben. Mit seinen Büchern *Im Anfang war der Wasserstoff, Der Geist viel nicht vom Himmel, Kinder des Weltalls* und *Wir sind nicht nur von dieser Welt* schilderte er uns die chaotische und unglaubliche Entstehung des Universums, der Erde und des Lebens sowie die Evolution unseres Bewusstseins und ging der Frage nach, wie die Evolutionstheorie mit religiösen Auffassungen vereinbart werden kann.

- *Pythagoras* lebte 570–495 vor Christus. In seiner Naturphilosophie waren die Harmonie der Zahlen und die Ordnung das Wesen und die Struktur aller Dinge. Er erkannte, dass die Erde eine Kugelform hat. Als Mathematiker entwickelte er u. a. die geometrische Formel zur Flächenberechnung rechtwinkliger Dreiecke ($a^2 + b^2 = c^2$).

- **Konfuzius** lebte 561–479 vor Christus und lehrte fünf Tugenden (Mitmenschlichkeit, Gerechtigkeit, Aufrichtigkeit und Treue, Weisheit und Riten) und drei soziale Pflichten (Rechtschaffenheit, Sittlichkeit und Respekt).

- **Huan Kuan** lebte im 1. Jahrhundert vor Christus. Der Chinese war seiner Zeit weit voraus. Er verglich Traditionen in verschiedenen Kulturen, die für das gegenseitige Verstehen auf der Basis der Lehre von Konfuzius äußerst lehrreich sind – zu jeder Zeit.

- *Ptolemäus* lebte 87–150 nach Christus. Er war ein Skeptiker, Allround-Genie und neben Philosoph auch Mathematiker, Geograf, Astronom und Astrologe. Als solcher entwickelte er das für das Mittelalter maßgebliche geozentrische Weltbild. Außerdem verfasste Ptolemäus ein umfangreiches, 13-bändiges Werk zur Mathematik und Astronomie.

- *Martin Luther* war Reformator und Begründer des Protestantismus. In seinen 95 Thesen (die er 1517 am Portal der Schlosskirche zu Wittenberg anschlug) wandte er sich gegen Ablassbriefe, Ämterkauf, Wallfahrten und Kasteiungen. Luther übersetzte das Neue Testament in nur 11 Wochen ins Deutsche.

- **Voltaire,** französischer Schriftsteller und Aufklärer, lebte von 1694 bis 1778. Er galt als die größte geistige Autorität im Europa seiner Zeit: „Wissen statt glauben" war seine Devise, wonach Behauptungen durch Experimente überprüft werden müssten. Er kämpfte für Glaubensfreiheit, Toleranz und Menschenwürde und vertrat die Trennung von Kirche und Staat.

- **Adam Lux** – geboren 1765, kommt mit siebzehn Jahren zum Philosophie-Studium nach Mainz. 1792 geht er als Deputierter nach Paris, um im dortigen Nationalkonvent die Interessen der rheinischen Republikaner zu vertreten. Doch: Die Revolution frisst ihre Kinder. Diesen berühmten Satz der französischen Revolution sieht Adam Lux in den Straßen von Paris auf grausame Weise bestätigt. Aus Freiheit war Despotie, aus Gleichheit brutale Willkür, aus Brüderlichkeit Terror und Mordlust geworden. Lux sieht nur einen Ausweg, die humanen Grundwerte der Revolution zu reaktivieren: den Freitod auf der Guillotine. Den provoziert Lux, indem er Pamphlete gegen die Schreckensherrschaft der radikalen Jakobiner verteilt. Die makabre Rechnung geht auf, Lux wird verhaftet und wenig später hingerichtet. Schon den Zeitgenossen galt Adam Lux als „Märtyrer der Wahrheit". Stefan Zweig ist es zu verdanken, dass das tragische Leben und Scheitern dieses deutschen Demokraten der ersten Stunde der Vergessenheit entrissen wurde.

- ***Charles Darwin*** lieferte im 19. Jahrhundert die wesentlichen Beiträge zur Evolutionstheorie, die bis heute in der Naturwissenschaft als Erklärung für die Entstehung und Weiterentwicklung des Lebens gilt. Die Grundlagen der heutigen Evolutionslehre waren geboren: Lebewesen entwickeln sich weiter, in dem ihre Gene mutieren. Positive Veränderungen setzten sich durch, negative Entwicklungen werden durch den Konkurrenzkampf ausgerottet. Die Überlebenden einer Art sind diejenigen, die am besten an ihre Umwelt angepasst sind. Da sich die Umwelt allmählich ändert, ändert sich auch der Typ der Überlebenden – das führt zur Evolution. Darwin schrieb seine Erkenntnisse in dem Buch Die *Entstehung der Arten* nieder. Das Buch war am Tage seines Erscheinens im Jahr 1859 ausverkauft.

- ***Karl Valentin, Rudi Carrell, Heinz Erhard, Dieter Hildebrand und Loriot*** haben uns mit Intelligenz, Witz, Charme und Gesellschaftskritik vergnüglich unterhalten sowie nachdenklich gemacht und konnten sich auch selbst auf die Schippe nehmen.

- ***Harry Valerien und Bruno Moravetz,*** weil sie uns mit Besessenheit, Professionalität Witz und Charme sportlich in Schwung gebracht haben – und dabei auch noch Jochen Behle wiedergefunden wurde.

- ***Peter Ustinov,*** weil er uns Tränen entlockt hat, die wir gelacht und geweint haben.

- ***Audrey Hepburn*** zog sich nach vielen Erfolgsfilmen wie *Frühstück bei Tiffany* und *My Fair Lady* vom Filmgeschäft zurück und widmete sich vermehrt wohltätigen Aktionen. Sie reiste um die Welt, und setzte sich für Projekte des Kinderhilfswerks UNICEF ein. Sie besuchte Katastrophen- und Hungergebiete und betrieb viel Öffentlichkeitsarbeit für Not leidende Menschen. 1988 wurde Audrey Hepburn deshalb auch zur Sonderbotschafterin des Kinderhilfswerks ernannt.

- ***Heinz Sielmann:*** Der vielfach preisgekrönte Tierfilmer hatte von Beginn der sechziger Jahre an über drei Jahrzehnte lang den deutschen Fernsehzuschauern die Schönheit und Zerbrechlichkeit der Wildnis ins Wohnzimmer gebracht und damit entscheidend dazu beigetragen, uns alle für den Naturschutz zu sensibilisieren. Sein Wissen und Können stellte Sielmann aber auch in den Dienst der Umweltbildung. Er drehte zahlreiche Unterrichtsfilme und Dokumentationen, die für Generationen von Schülern zu den einprägsamsten Erinnerungen des Naturkunde-Unterrichts wurden.

- **Johannes Rau** liebte die Menschen und lebte nach dem Motto „Versöhnen statt spalten". Der Frieden im Nahen Osten und die Aussöhnung mit Israel lag Rau besonders am Herzen. In Israel prägte er ein neues Deutschlandbild. Seine Rede am 16. Februar 2000 als Bundespräsident in der Knesset, in der er unter Tränen um Vergebung für die Nazi-Verbrechen bat, war für Deutschland so wichtig wie der Kniefall Willy Brandts am Mahnmal im Warschauer Ghetto.

- **Richard von Weizsäcker** rief den Deutschen im Bundestag eindringlich zu, dass der Tag der deutschen Kapitulation am 8. Mai 1945 auch eine Befreiung für Deutschland war. Er rief, auch gegen Wiederstände, zur Versöhnung auf – über alle Lager hinweg. Damit hat Weizsäcker das Fundament des Vertrauens auf dem Weg zur Wiedervereinigung Deutschlands mit gegossen. Er war eine prägende Gestalt des vergangenen Jahrhunderts.

- ***Klaus Bednarz*** war ein unbeugsamer Journalist und Fürsprecher für ein humanitäres Verhalten der Menschen und für den Schutz der Umwelt. Er war ein Anker für alle, die sich für Menschenrechte, Freiheit und Gerechtigkeit einsetzen, sowie ein Pionier des gründlichen und aufdeckenden Journalismus. In seiner markanten, mutigen und oft unbequemen Art war er so glaubhaft wie kein anderer in diesem Geschäft, ob als ARD-Korrespondent in Warschau und Moskau oder als ARD-Sonderberichterstatter, der uns die Schönheit der Natur ins Wohnzimmer brachte. Als Gesicht des ARD-Politmagazins „Monitor" stand Klaus Bednarz am 9. November 1992 vor 100 000 Menschen auf dem Kölner Chlodwigplatz auf einer Bühne und rief: *„Nazis verpisst euch, niemand vermisst euch!"*

- ***Kurt Masur*** dirigierte nicht nur die großen Sinfonieorchester in New York, London, Paris, Dresden und Leipzig, sondern war auch der „Dirigent der deutschen Revolution" im Herbst 1989. Er wird uns auch als großer Humanist und Kämpfer für das Gute in Erinnerung bleiben.

- *Hans-Dietrich Genscher* war nicht nur Architekt und Baumeister der deutschen Einheit. Er war auch Europäer und Weltbürger, dem die Freiheit und die Stärke des Rechts über allem Stand. In den nachstehenden Auszügen aus seinem letzten Buch Meine Sicht der Dinge wird das eindrucksvoll bestätigt: *Die Welt ist eine Überlebensgemeinschaft. Gemeinsam ist vieles möglich. Wir brauchen uns gegenseitig. Wir haben angesichts der globalen Herausforderungen enorme Probleme zu lösen und zu bewältigen. Es geht um eine globale Friedensordnung, die sich als Weltnachbarschaftsordnung versteht und die überall in der Welt als gerecht empfunden werden kann. Diese neue Weltordnung muss gegründet sein auf Gleichberechtigung und Ebenbürtigkeit der Völker und auf den Grundregeln des Zusammenlebens, wie die UN-Charta sie vorsieht, denen zufolge es eine friedliche Welt nicht geben kann ohne globale Solidarität. Es sollte jedes Jahr einen **„Tag der globalen Solidarität"** geben, der die Überwindung von Hunger und Not, von Unbildung und Benachteiligung in den Fokus der Aufmerksamkeit rückt, der weltweites solidarisches Handeln einfordert und der Haltung befördert, die Massenfluchtbewegungen wie die aus Afrika nicht als Grenzfragen der Anliegerregionen oder als Transportprobleme behandelt, sondern als Überlebensfrage hilfloser und schutzsuchender Menschen. Für Europa, den Kontinent, von dem so viele Kriege in andere Teile der Welt getragen worden sind, wäre es eine großartige Zukunftsvision, Motor dieser globalen Friedensordnung zu sein. Die Globalisierung hat die Welt zur Überlebensgemeinschaft gemacht, eine Herausforderung, die alle angeht und die wir als Deutsche und Europäer erkennen und annehmen müssen. „Die Würde des Menschen ist unantastbar." Das heißt nicht die Würde des deutschen oder des europäischen Menschen, sondern die Würde jedes Menschen, der unsere Erde bewohnt.*

- *Berthold Beitz* – war einer der wichtigsten deutschen Industriemanager nach dem Zweiten Weltkrieg. Der Krupp-Generalbevollmächtigte diente als Wegbereiter der deutschen Ostpolitik im Kalten Krieg. Gleichzeitig war er Sportfunktionär und großzügiger Mäzen. Als verantwortungsvoller Unternehmer und Vorsitzender der Alfried Krupp von Bohlen und Halbach-Stiftung hat er die Entwicklung des Ruhrgebietes wesentlich geprägt und mitgestaltet. Bis zuletzt hat er die Gier von Managern nach immer höheren Bezügen missbilligt. Viele wissenschaftliche, soziale, kulturelle und gesellschaftliche Projekte wären ohne das große Engagement von Berthold Beitz sicher nicht realisiert worden. Beeindruckend waren auch sein Mut und seine Menschlichkeit. Unter Einsatz seines Lebens hat er im Alter von knapp dreißig Jahren Hunderte verfolgter Juden vor dem sicheren Tod bewahrt. Die wertvollste Ehrung war für ihn die Aufnahme in der israelischen Gedenkstätte Yad Vashem als „Gerechter unter den Völkern".

- *Loki & Helmut Schmidt,* die 91 bzw. 96 Jahre alt wurden und uns begleitet und Freude gemacht haben. Die beiden kannten sich 81 Jahre und waren 68 Jahre miteinander verheiratet. Man hatte immer das Gefühl, dass ihre tiefe Zuneigung zueinander sichtbar nach außen strahlte. Loki hatte an der Seite ihres Mannes auch ein eigenständiges Leben und war stets authentisch. Sie verlor nie die Bodenhaftung und Volksnähe. Helmut Schmidt zeigte mit „Schmidt Schnauze" eine klare Kante. Er packte mit unbändigem Willen zu, wenn es darauf ankam. Salus publica suprema lex – „das Gemeinwohl sei mir oberstes Gesetz". Dies galt für ihn zu allen Zeiten, ob bei der Hamburger Sturmflut, der Öl- und Weltwirtschaftskrise, dem RAF-Terrorismus oder dem Nato-Doppelbeschluss; es galt auch nach dem Ende seiner politischen Laufbahn für den Journalisten und Autor Helmut Schmidt. Er war Lokal-, Regional-, Bundes-, Europa- und Weltbürger, fühlte sich auf allen Bühnen zu Hause und war überall ein gern gesehener Gast. Gradlinigkeit, Zielstrebigkeit, Standhaftigkeit, Ehrlichkeit, die Fähigkeit und Kraft zu gestalten und zu führen sowie Scharfsinn, Willensstärke und Realitätssinn – eine solche Vielzahl von Eigenschaften vereint in einer Person ist wohl einzigartig. Nicht zuletzt hatte er es seiner hochgradigen Intelligenz zu verdanken, dass er alle Höhen und Tiefen meistern konnte, ohne dass Skandale diesen beeindruckenden Lebensweg gestört hätten. **„Krieg ist große Scheiße",** hat er gesagt und weiter: **„Man kann**

den Zweiten Weltkrieg und die deutsche Katastrophe eine Tragödie unseres Pflichtbewusstseins nennen. Wir sind größtenteils als Personen nicht schuldig, aber wir haben die politische Erbschaft der Schuldigen zu tragen." Helmut Schmidt wurde nicht Politiker, um Karriere zu machen. Aufgrund seiner Erlebnisse als Vierteljude in Deutschland und Soldat im Zweiten Weltkrieg wollte er vielmehr dazu beitragen, dass sich in Deutschland und der Welt ein solcher Abgrund nie wieder auftut. Dazu trug er seinen Teil bei. Helmut Schmidt stand Seite an Seite mit Willi Brandt. Sie haben ihre Partei, unser Land, Europa, die Welt und uns selbst in positiver Weise geprägt – gemeinsam und teilweise auch als Kontrahenten. Der eine war Realist, der andere Visionär. Wohlwissend, dass genau diese Kombination gebraucht wird, haben sie sich in tiefer Verbundenheit und Freundschaft voneinander verabschiedet – am Sterbebett von Willi Brand, der am 8. Oktober 1992 von uns ging. Helmut Schmidt sagte 1996: "**In den grundlegenden Fragen muss man naiv sein. Und ich bin der Meinung, dass die Probleme der Welt und der Menschheit ohne Idealismus nicht zu lösen sind. Gleichwohl glaube ich, dass man zugleich realistisch und pragmatisch sein sollte.**" Dieses Zitat hat die Herangehensweise an unsere Fibel geprägt und ihr seinen Stempel aufgedrückt. Der zweite Satz entspricht unserem **realistischen** Ansatz, dass ein ungebremster Klimawandel das Leben auf unserer Erde für uns Menschen unmöglich machen wird. Der erste Satz des Zitats entspricht unserem **naiven** und **idealistischen** Ansatz, dass *Homo sapiens* sich weiter entwickeln und das Schlimmste verhindern kann, wie in dieser Fibel beschrieben. Die kleine Beichte am Ende seines Lebens hat Helmut Schmidt nicht geschadet. Sie hat vielmehr gezeigt, dass auch er den menschlichen Schwächen ausgesetzt war und manchmal erlag, so wie die meisten von uns. Loki hatte ihm diesen Fehltritt ohnehin schon vor Jahrzehnten verziehen. Loki und Helmut Schmidt sind und bleiben für uns echte Vorbilder – auch als Jahrhundertliebe. Vielleicht gelingt es Helmut, auch Gott die Welt zu erklären, auf dass wir sie gemeinsam verbessern können. Loki hat daran geglaubt, dass wir zumindest in unseren Molekülen weiterleben. Darin waren sich die beiden einig. Ihre Moleküle werden, wo und in wem auch immer, einen positiven Einfluss behalten.

Schade, dass die vielen oben genannten Vorbilder meistens nicht zur gleichen Zeit gelebt haben und nicht gemeinsam so viel Positives erkennbar machen und bewirken konnten.

Stellen wir uns vor, die bereits verstorbenen Vorbilder kämen noch einmal alle zusammen auf die Erde zurück. Sie würden uns die Leviten lesen und unseren Körper und Geist vom Unrat befreien – und danach die Weltrevolution ausrufen. **Vor allem weil wir insbesondere in den letzten 100 Jahren so verschwenderisch mit den Ressourcen und so grausam mit dem Leben auf der Welt umgegangen sind.**

Da das leider nicht geschehen wird, sollten jetzt die in dieser Fibel vorgeschlagenen Botschafter und Vermittler einspringen und viele andere mehr. Beim gegenwärtigen Zustand der Welt brauchen wir jetzt **eine globale nachhaltige *Revolution 1.0*** – im Grunde noch vor dem bereits angeschobenen Zukunftsprojekt Industrie 4.0.

Die in dieser Fibel vorgeschlagenen Botschafter und Vermittler leben heute auf unserem Planeten, können gemeinsam Bedrohungen und Gefahren abwehren und zusammen gemeinwohlfördernde Lösungen finden – unterstützt von anerkannten Experten aus allen Bereichen. Aus ihren Reihen können die Vorbilder von heute und morgen hervorgehen. Sie können auch von uns allen als Entscheidungsträger demokratisch gewählt werden. **Es müssen glaubwürdige, charismatische und führungsstarke Persönlichkeiten sein, denen wir unsere Stimme leihen, denen wir vertrauen und denen wir positive Macht in die Hände legen.**

Die Macht über unseren Planeten können wir am besten gemeinsam nutzen, in dem wir uns als **ein Volk der Erde** begreifen, angeführt von Persönlichkeiten, die ihre Befugnisse als Diener der Welt einsetzen. Vor allem ohne diese verfluchte menschliche Grausamkeit, die unseren Planeten schon so lange heimsucht und beherrscht. Wir brauchen zuverlässige Politiker, Soziologen, Philosophen, Volkswirte, Idealisten und Realisten – und keine Kriegsherren oder Tyrannen. Lasst uns gegenseitig unsere Herzen erobern – anstatt unser Hab und Gut.

Alle in einem Boot – friedlich und vergnügt!

Alexander Solschenizyn sagte:

„Man kann alle wirtschaftlichen, staatlichen, physischen Katastrophen überleben, nicht aber geistige. Wenn wir uns aufgeben, wenn wir aufhören an uns, an unsere Zukunft zu glauben, dann sind wir erledigt."

Mahatma Gandhi sagte:

„Und wenn ich verzweifle, dann erinnere ich mich, dass durch alle Zeiten in der Geschichte der Menschheit die Wahrheit und die Liebe immer gesiegt haben. Es gab Tyrannen und Mörder und eine Zeit lang schienen sie unbesiegbar, doch am Ende scheiterten sie immer."

Stellen wir uns vor, die in dieser Fibel vorgeschlagenen Menschen stehen als Botschafter und Vermittler zusammen, marschieren Arm in Arm – wie die Politiker aus aller Welt nach den Schüssen von Paris am 7. Januar 2015 – und verkünden gemeinsam:

„Wir stehen für die Vereinten Völker der Welt,
vereint in einem Glauben,
in Frieden und Freiheit".

On this day we shall celebrate the Declaration of Human Rights.
„INDEPENDENCE DAY – IN THE WORLD OF HOPE AND DREAMS"
(in the style of Bruce Springsteen)
All together – all over the world – every year.

Dieses Signal, diese Botschaft, *diesen energischen Aufstand* könnte niemand überhören, und niemand käme daran vorbei, der das Wohl unserer Erde und seiner Lebewesen im Sinn hat. Die oben genannten Vorbilder würden uns hierfür auf die Schulter klopfen und uns mit ihrer Kraft nachdrücklich unterstützen.

Homo Progressivus – Der energische Aufstand!

Die Vereinten Völker der Welt!

Spiel ohne Grenzen – mit der Macht der Verbraucher

VI. Spiel ohne Grenzen – mit der Macht der Verbraucher

Die Macht der Verbraucher kann auch durch die Kanäle des World Wide Web weiter auf- und ausgebaut werden. Als Multiplikator des Guten!

Reinhold Messner sagt:

„Die Veränderung der Welt ist nur herbeizuführen, wenn sich jeder einzelne ändert."

„Der Weg entsteht im Gehen und wer nichts riskiert, kann nicht einmal scheitern."

10 Tipps zum Selber- und Mitmachen mit drei Aufrufzeichen!!!

1. Jeder hat Einfluss und Macht auch in seinem eigenen kleinen Bereich. Darum kann jeder Einzelne im Kleinen auch etwas erreichen.
   - Wenn jeder mitmacht, hat die Menge sehr viel Einfluss.

2. Jeder Kauf hat Macht. Jeder Nicht-Kauf auch. Beispiel:
   - Vermeidet Plastik, so gut es geht. Fangt mit Plastiktüten an und verzichtet auf diese beim Einkaufen.

3. Was wir nicht brauchen und auch nicht kaufen, kann Märkte ändern.
   - Der Käufer hat die Macht sich zu weigern. Wir sind nicht gezwungen, alles zu kaufen, was der Markt bietet.

4. Lasst euch keine Angst machen und einreden.
   - Egal worum es geht – habt Mut und zeigt Zivilcourage, auch wenn es mal brenzlig wird. Informiert euch selbst und lasst euch nichts von anderen vorkauen. Auch Journalisten und Politiker sind nur Menschen mit persönlichen Meinungen.

5. Bleibt neugierig auf alles.
   - So bleibt alles spannend und kann nie negativ werden. Nachfragen, wenn man etwas nicht versteht oder weiß, ist ausdrücklich erwünscht. Als Kinder haben wir das automatisch gemacht.

> DIE **NEUGIER** STEHT IMMER AN ERSTER STELLE EINES **PROBLEMS**, DAS GELÖST WERDEN **WILL**.
> GALILEO GALILEI

> »Wer nicht *neugierig* ist, erfährt nichts.«
> Johann Wolfgang v. Goethe

6. Tut so viele Dinge wie möglich bewusst und nicht gedankenlos.
   - Beginnt damit, weniger Fleisch zu essen. Es muss etwas Besonderes bleiben. Oder wärt ihr in der Lage, das Tier, das ihr gerade esst, selber zu töten? Unangenehm, aber diese Frage müssen wir uns alle stellen.

7. Wechselt zu Öko- und Bio-Anbietern, wenn möglich (Strom, Gas, Nahrungsmittel).

8. Kauft regional und saisonal und bewusst. Beispiel:
    - Brauche ich Erdbeeren aus China im Winter? Wer weiß schon, was in China beim Anbau gespritzt wird? Brauche ich wirklich das neueste Handy, oder tut es das aktuelle nicht auch? Freuen wir uns wieder auf den Kauf: Die ersten Erdbeeren im Jahr, der Zeitpunkt für den nächsten Handy-Kauf.

9. Helfen, wo es geht. Beispiel:
    - Patenschaften übernehmen, Ehrenamt ausüben oder ganz einfach der Tauschhandel mit den Freunden oder Nachbarn. Ich helfe dir beim Streichen und du mir im Garten. Das ist kostenfrei.

10. Sich immer wieder mit Anregungen und Ideen melden. Beispiel:
    - Ob bei der Kommune, der Stadt, beim Land oder beim Bund: Die einfachsten Ideen sind die Besten, weil noch niemand darauf gekommen ist. Lasst euch nicht abwimmeln, wenn ihr daran glaubt.

Spielverlauf – mit der Aussicht nach oben

VII. Spielverlauf – mit der Aussicht nach oben

Wann auch immer das Universum entstanden sein und wer oder was dies auch immer bewirkt haben mag – wir hoffen auf eine Kraft, die gestaltet, ordnet, einfühlsam und friedvoll ist.

Reinhold Niebuhr sagte:
„Gott, gib mir die Gelassenheit, Dinge hinzunehmen, die ich nicht ändern kann,
den Mut, Dinge zu ändern, die ich ändern kann,
und die Weisheit, das eine vom anderen zu unterscheiden."

Zuerst aber müssen wir an uns selbst glauben – mutig und zuversichtlich – mit Regeln, die sich zu befolgen lohnen. Dann bleiben uns viele Gebete erspart und die universelle Kraft da oben und in jedem von uns erhalten. **Unser Bewusstsein, unser Verstand sowie unser gutes und schlechtes Gewissen befähigen uns dazu.** Und am Ende steht die

ZuFRIEDENheit.

Hoimar von Ditfurth schrieb:

„Wir sind nicht nur von dieser Welt."

Der Tod ist das Ende des Lebens, so wie wir es kennen. Vielleicht – und davon gehen wir aus – werden wir daran gemessen, was wir auf dieser Erde geleistet oder angerichtet haben – als Messlatte für kommende Aufgaben oder Bußen, die – wo auch immer – auf uns warten.

Viele Menschen glauben an ein Leben nach dem Tod. Für diese Menschen ist der Tod eine Tür, hinter der sich eine andere öffnet – hier oder ganz wo anders.

Romy Schneider sagte:

„Ich habe den Vater begraben.

Ich habe den Sohn begraben.

Ich habe sie beide nie verlassen und sie mich auch nicht."

Die Spaziergängerin von Sans-Souci!

David Bowie sagte:

„Ich wollte die nachhaltige Kraft der Musik beweisen.

Ich weiß nicht, wo ich von hier aus weitermache.

Aber ich verspreche, dass es nicht langweilig wird."

Ein Wanderer zwischen den Welten!

Lasst uns gemeinsam die Pforten öffnen – im *Diesseits* und ins *Jenseits* – auf dass wir dort willkommen geheißen werden.

Heute Abend haben wir wieder die Sonne untergehen sehen in all ihren Farben. Das ist viel schöner, als wenn die Welt untergehen würde – *für uns Menschen*.

Die besondere Spielkarte

VIII. Die besondere Spielkarte – der Joker mit einem vorbildlichen Nachsatz

Mahatma Gandhi sagte:

„Du musst die Veränderung sein, die du in der Welt sehen willst."

Es ist uns ein Vergnügen, nach diesem Vorbild zu leben.

Brief von Albert Einstein an Mahatma Gandhi:

„Verehrter Herr Gandhi!
Sie haben durch Ihr Wirken gezeigt, dass man ohne Gewalt Großes selbst bei solchen durchsetzen kann, welche selbst auf die Methode der Gewalt keineswegs verzichtet haben. Wir dürfen hoffen, dass Ihr Beispiel über die Grenzen Ihres Landes hinaus wirkt und dazu beitragen wird, dass an die Stelle kriegerischer Konflikte Entscheidungen einer internationalen Instanz treten, deren Durchführung von allen garantiert wird.
Mit dem Ausdruck aufrichtiger Bewunderung
Ihr Albert Einstein."

Zur Trauerfeier von Mahatma Gandhi, der im Jahr 1948 ermordet wurde:

„Der Mann, dem hunderttausende Menschen huldigen, starb, wie er lebte: Als einfacher Mann ohne Güter, ohne Besitztümer, ohne offizielle Titel oder Ämter. Mahatma Gandhi hat keine Armeen befehligt, und Ländereien besaß er auch nicht. Wissenschaftliche Errungenschaften hat er nicht vollbracht, noch hatte er künstlerische Fähigkeiten. Aber dennoch haben sich heute Regierungsoberhäupter, Würdenträger aus aller Welt hier vereinigt, um diesen kleinen braunen Mann im Lendentuch zu ehren, der sein Land in die Freiheit geführt hat. General George C. Marshall, der amerikanische Außenminister, sagte: „Mahatma Gandhi ist zum Sprecher des Gewissens der ganzen Menschheit geworden. Er war ein Mensch, der Bescheidenheit und schlichter Wahrheit zu mehr Macht verholfen hat, als alle Imperien." Und Albert Einstein fügte hinzu: „Zukünftige Generationen werden kaum glauben können, dass ein Mensch wie er aus Fleisch und Blut jemals auf Erden gewandelt ist."

Quelle: Richard Attenborough's Film *Gandhi* aus dem Jahr 1982 mit Ben Kingsley als Gandhi.

Spielende mit Zusammenfassung, Fazit und Ausblick

IX. Spielende – mit Zusammenfassung, Fazit und Ausblick

Das Ende ist offen. Es liegt an uns, ob *Homo sapiens* verliert oder *Homo progressivus* gewinnt.

Bertold Brecht sagte:

„Verehrtes Publikum, los, such dir selbst den Schluss!
Es muss ein guter da sein, muss, muss, muss!"
„Ändere die Welt; sie braucht es."

Botschaft 1: Für das Leben auf unserer Erde in den Vereinten Völkern der Welt
Botschaft 2: Für die Liebe, die Vergebung, das Teilen, den Frieden und die Freiheit
Botschaft 3: Für einen Glauben
Botschaft 4: Für ein Grundrecht auf Bildung
Botschaft 5: Für erneuerbare Energie
Botschaft 6: Gegen fossile Energie
Botschaft 7: Gegen Hunger und Durst
Botschaft 8: Gegen den Missbrauch der Religionen
Botschaft 9: Gegen die Raffgier
Botschaft 10: Gegen den Krieg

Zusammenfassung, Fazit und Ausblick!!!

Der Anordnung des Planeten Erde in unserem Sonnensystem haben wir es zu verdanken, dass sich über Milliarden von Jahren bis heute Millionen von Arten im Wasser und an Land entwickeln konnten. In diesem für uns Menschen unvorstellbaren Zeitraum hat sich das Leben durch Evolution und Mutation sowie durch andere Einwirkungen ständig verändert und mehrfach neu *erfunden.*

Tiere, Pflanzen und Menschen, die sich ihrer Umwelt optimal angepasst haben, hatten auf dieser langen Wegstrecke die besten Überlebenschancen – bevor *Homo sapiens* sich vor etwa 70 000 Jahren kognitiv veränderte und vor 12 000 Jahren in die landwirtschaftliche Falle tappte, **deren Fesseln wir bis heute tragen.**

Zum besseren Verständnis der zeitlichen Abläufe und Meilensteine haben wir das Alter unserer Erde von 4,6 Milliarden Jahren in dieser Fibel auf ein Kalenderjahr komprimiert. Danach hat *Homo sapiens* erst am Silvestertag nach 23 Uhr das Licht der Welt erblickt. Innerhalb dieser – erdgeschichtlich betrachtet – sehr kurzen Zeit hat sich *Homo sapiens* zu einer zwiespältigen Kreatur entwickelt. Auf der einen Seite wird geliebt, vergeben und geteilt sowie in Frieden und Freiheit gelernt, geglaubt und gelebt. Auf der anderen Seite sehen wir unendliches Leid und eine verantwortungslose Verschwendung von Ressourcen aller Art – als Folge von Kriegen, Plünderung und Raffgier sowie Religionsmissbrauch, Hunger und Durst. *Homo sapiens* hat sich die Erde zum Untertan gemacht, und zwar auf eine Art und Weise, die nicht nur die Artenvielfalt bedroht, sondern das Fortbestehen der eigenen Spezies extrem gefährdet.

Die nachgewiesene Bedrohung und Gefährdung des Lebens auf unserem Planeten – in der uns bekannten Form – kommt nicht von außerhalb durch Aliens, Asteroide oder Kometen, sondern durch das unvernünftige Verhalten der Gattung *Homo sapiens.* Soweit wir wissen, ist es drei Minuten vor zwölf auf der Weltuntergangsuhr. Es ist Zeit für ein kollektives Handeln aller Menschen, die es gut meinen. **Dies ist ein Weckruf, ein Wegweiser und eine Aufforderung zum Mitmachen – damit ein Ruck durch die Welt geht – mit dem wir unsere Gleichgültigkeit besiegen und die Hölle auf Erden zufrieren lassen!**

Die zehn Botschaften dieser Fibel sind an alle Menschen und besonders an die Entscheidungsträger und Verantwortlichen in dieser Welt und deren Gipfeltreffen gerichtet. Der jeweilige Handlungsbedarf zur Erfüllung dieser Botschaften wird aufgezeigt. Parallel dazu können die in dieser Fibel zitierten Zeitgenossen **gemeinsam** voranschreiten, bevor die zahllosen hier vorgeschlagenen Botschafter und Vermittler sowie alle Menschen, die es gut meinen, sich einreihen. Jeder für sich ist klein und kann wenig ausrichten. **Gemeinsam** können wir **für das große Ganze** viel mehr erreichen – am besten **nach dem Prinzip der Schwarmintelligenz.**

Von Stefano Mancuso haben wir gelernt, dass Pflanzen ohne Organe über eine Form von Schwarmintelligenz Strategien entwickeln können, die ihr Überleben sichern. Die Überlebensfähigkeit durch Schwarmintelligenz kennen wir auch aus dem Tierreich, z. B. im Ameisenstaat und im Fischschwarm.

Schwarmintelligenz ist ein Begriff, der in der Naturwissenschaft immer mehr an Bedeutung gewinnt. Das Prinzip der Schwarmintelligenz pflanzt sich im gesamten Universum fort. Es gilt für Planeten, Sonnensysteme, Galaxien, Galaxie-Wolken sowie das gesamte sichtbare und unsichtbare Weltall. Auch die Nervenzellen in unserem Gehirn folgen dem Prinzip der Schwarmintelligenz, was uns erstaunliche Handlungs- und Wahrnehmungsfähigkeiten eröffnet. Die positive Kraft von oben ist – nach wie vor – in jedem von uns. Diese Kraft können wir verstärken, indem wir unser Bewusstsein schärfen – individuell und in unserem Wirkungskreis. Die Menschen, die durch ihr Leben die Welt ein kleines bisschen besser machen wollen, können sich verbinden und so einen Schwarm bilden. So entsteht durch das Zusammenspiel einzelner Individuen etwas Größeres und Besseres: *Homo progressivus – Der energische Aufstand.*

Die Schreie aus unzähligen Kehlen nach Frieden, Freiheit und Gerechtigkeit zeigen die Notwendigkeit neuer Werte und neuer Regeln. Sie fordern uns auf, Widerspruch zu erheben, gegen verstaubtes, engstirniges und eigennütziges Verhalten. Sie sind uns ein gewaltiger Antrieb und ein großer Ansporn für die Zukunft, die heute beginnt! Der beste Weg in die **Zukunft,** so ein bekannter Ausspruch mehrerer Futurologen, sei es, sie zu *erfinden.* Wir haben in dieser Fibel unser Bestes gegeben.

Wir benötigen einen epochalen Wandel. Hierfür müssen wahrscheinlich Millionen von Menschen zusammenschwärmen und zusammenarbeiten, um Milliarden von Menschen zu begeistern für Frieden, Freiheit und Gerechtigkeit. Das System der Gerechtigkeit, so wie wir es verstehen, sei eine Illusion, hören wir von vielen Seiten. Dazu sei die Welt der Finanzen, der Wirtschaft, der Politik und der Religion viel zu sehr miteinander verstrickt – mit kriminellen und korrupten Auswüchsen bis tief in alle Bereiche der Gesellschaft hinein.

Vor diesem Hintergrund sollten wir uns daran erinnern, dass wir Menschen diese Welt mit ihren Hierarchien und den damit verbundenen Diskriminierungen, Trennungen und sonstigen Ungerechtigkeiten selbst erfunden und gestaltet haben. Werfen wir die überflüssige Bürokratie und das Kästchendenken über Bord. Wir können und wir müssen uns neu erfinden. Freie Assoziation und ganzheitliches Denken – basierend auf ethischen Grundsätzen – werden uns dabei helfen. **Ohne ethische Prinzipien würde das Nachdenken über den Sinn unseres Lebens wertlos, und wir würden in einem noch tieferen Chaos der Unsicherheit und Gleichgültigkeit versinken!**

Die Zeit ist reif für eine neue Weltordnung, die unserer heutigen Zeit entspricht – in politischer, wirtschaftlicher, gesellschaftlicher und religiöser Hinsicht unter dem Dach der „Vereinten Völker der Welt".

Jim Dator sagt:

„Jedes brauchbare Statement über die Zukunft muss absurd klingen. Im Unbekannten steckt die wahre Innovation, nicht in trendigen Technologien, die bloß alte Geschäftsmodelle auseinander nehmen."

Wir Menschen müssen uns mit einem neuen Geschäftsmodell neu erfinden. Dieses Modell heißt *Homo progressivus*, der mit dem *Globus* einkauft und diesen beschützt!

Wenn wir von etwas überzeugt sind, dürfen wir uns nicht aufhalten oder davon abbringen lassen. Wir müssen durchhalten bis zum Ende. Wir erreichen unser Ziel, wenn wir uns gemeinsam auf den Weg machen und uns vorwärts bewegen in einem gewaltigen, aber gewaltlosen Schwarm.

Giacomo Girolamo Casanova sagte:

„Wer sich entschieden hat, etwas zu tun, und an nichts anderes denkt, überwindet alle Hindernisse."

Ulrich Beck hat „Risikogesellschaft" wie folgt definiert:

„Der Begriff der 'Risikogesellschaft' bezeichnet einen System- und Epochenwandel in drei Bereichen: Es handelt sich erstens um das Verhältnis der Industriegesellschaft zu ihren Ressourcen, die sie aufbraucht. Zweitens um das Verhältnis der Gesellschaft zu den von ihr erzeugten Gefahren, die die Grundannahmen der bisherigen Gesellschaftsordnung erschüttern. Drittens um den Prozess der Individualisierung, da alle kollektiven Sinnquellen erschöpft sind."

Es ist unsere gemeinsame Aufgabe, aus dieser so präzise beschriebenen Risikogesellschaft eine friedliche und freie Gesellschaft zu machen!

Franziskus sagt:

„Niemals haben wir unser gemeinsames Haus so schlecht behandelt und verletzt wie in den letzten beiden Jahrhunderten. Wenn jemand die Erdbewohner von außen betrachten würde, würde er sich über ein solches Verhalten wundern, das bisweilen selbstmörderisch erscheint. Die Erde scheint sich in eine 'unermessliche Müllkippe' zu verwandeln. Der Rhythmus des Konsums, der Verschwendung und der Veränderung der Umwelt hat die Kapazität des Planeten derart überschritten, dass der gegenwärtige Lebensstil nur in Katastrophen enden kann. Die Unterwerfung der Politik unter die Technologie und das Finanzwesen zeigt sich in der Erfolglosigkeit der Weltgipfel über Umweltfragen. Dabei ist der Klimawandel eine der wichtigsten aktuellen Herausforderungen an die Menschheit. Das rasante Wachstum in reichen Ländern geht vor allem auf Kosten der Armen. Dieses oft wild wuchernde Wachstum muss verlangsamt und neu geordnet werden."

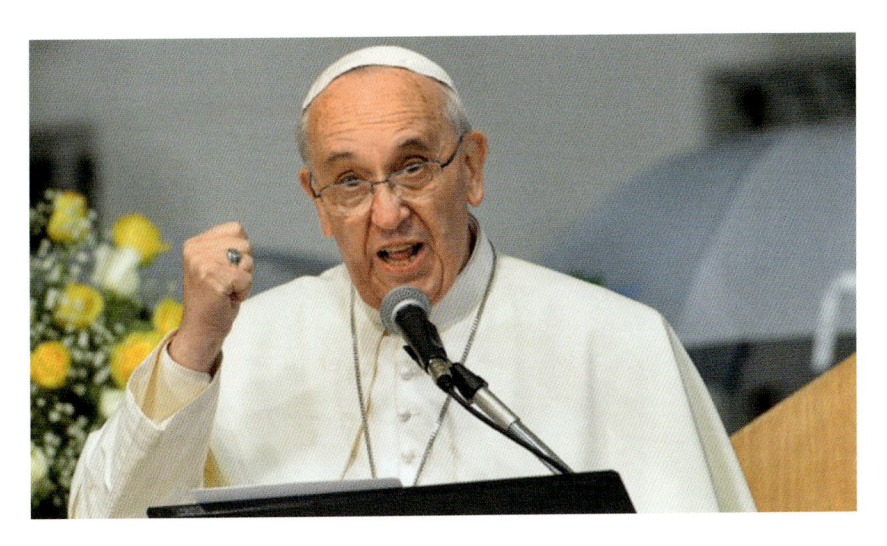

Franz-Josef Radermacher sagt:

„Soll eine globale ökosoziale Marktwirtschaft realisiert werden, müssen Umwelt- und Ressourcenschutz weltweit durchgesetzt werden: für alle Wertschöpfungsprozesse in den Bereichen Arbeit, Freizeit und Urlaub, für alle Weltgemeingüter, für die Meere ebenso wie für die Arktis und die Antarktis, für die großen Flüsse und die Wasserreservoirs, für Energie, Klima, den Landwirtschaftssektor, den Umgang mit seltenen Metallen etc. Ein nachhaltiger Umgang mit knappen Ressourcen muss gelingen, und zwar verknüpft mit konsequentem Umweltschutz, weltweit. Die Erde ist zu hüten wie ein Schatz. Die Natur hat Eigenrechte über die Nutzenerwägungen des Menschen hinaus. Die Welt muss der jeweils nächsten Generation mindestens in dem Maße intakt übergeben werden, wie sie übernommen wurde. Konsequenter Umwelt- und Ressourcenschutz steht an erster Stelle zusammen mit sozialer Balance und kulturellem Miteinander, erst danach kommt das Wachstum – aber kein Wachstum auf der Grundlage von „Plünderung", sondern von mehr Intelligenz und friedlicher Kooperation. Für all das brauchen wir eine bessere Ordnungspolitik in weltweiter Perspektive mit einer Weltinnenpolitik, mit der die Aufgaben den verschiedenen Ebenen angemessen zuzuordnen sind (weltweit, kontinental, national, regional, kommunal). Wir brauchen einen vernünftigen Gesellschaftsvertrag für diesen Globus."

Frei nach Bill Pullman im Film INDEPENDENCE DAY: Menschheit, dieses Wort sollte von heute an für uns alle eine neue Bedeutung haben. Wir können nicht mehr zulassen, dass kleinliche Konflikte uns aufzehren. Unser gemeinsames Interesse verbindet uns. Es ist an der Zeit, für unsere Freiheit zu kämpfen. Gegen Tyrannei, Verfolgung und Unterdrückung und für unsere weitere Existenz. Wenn wir unsere positiven Kräfte bündeln, werden wir überleben und feiern gemeinsam unseren INDEPENDENCE DAY überall auf der ganzen Welt.

**John Slattery sagt im Film *Der Plan* als himmlischer „Sachbearbeiter"
zu Matt Damon als Präsidentschaftskandidat:**

„Die meisten Menschen gehen den Weg, den wir für sie vorsehen. Zu ängstlich einen anderen zu erkunden. Aber von Zeit zu Zeit gibt es Menschen wie Sie. Die alle Hürden überwinden, die wir ihnen in den Weg stellen. Menschen, die erkennen, dass freier Wille eine Gabe ist, die man erst nutzen kann, wenn man dafür kämpft. Ich glaube, das ist der wahre Plan des Vorsitzenden. Dass eines Tages nicht mehr wir den Plan schreiben, sondern ihr."

Spielgewinner, Spielgewinne und Spielregeln

X. Spielgewinner, Spielgewinne und Spielregeln, die nicht immer eingehalten werden

Fügen wir einmal die Zahlen, Daten, Fakten und Empfehlungen dieser Fibel zusammen mit denen aus den Büchern von:

- Yuval Noah Harari, *Eine kurze Geschichte der Menschheit,*
- Elisabeth Kolbert, *Das sechste Sterben – wie der Mensch Naturgeschichte schreibt,*
- Franz Josef Radermacher, *Welt mit Zukunft – Überleben im 21. Jahrhundert,*
- Stephen Emmott, *Zehn Milliarden,*
- Ulrich Beck, *Weltrisikogesellschaft,*
- Michail Gorbatschow, *Mein Manifest für die Erde*
- Claus Kleber und Cleo Paskal, *Spielball Erde – Machtkämpfe im Klimawandel,*
- Iris Berben und Tom Krausz, *Jerusalem,*
- Friedrich Schorlemmer, *Die Gier und das Glück – Wir zerstören, wonach wir uns sehnen,*
- Hans-Dietrich Genscher, *Meine Sicht der Dinge* sowie
- dem Bericht, den das Gremium aus Wissenschaftlern und Atomexperten vorgelegt hat, und in dem die „Weltuntergangsuhr" vorgerückt wurde von fünf auf drei Minuten vor Mitternacht.

Wenn wir deren Bedeutung verstehen, verinnerlichen und anwenden gewinnt *Homo progressivus*. In diesem Fall wird *Homo sapiens* nicht zum Verlierer, da sich die Gattung Mensch positiv weiterentwickelt. Auch Pierre Teilhard de Chardin und die mit ihm verwandten Seelen würden sich sehr darüber freuen.

Die in dieser Fibel zitierten Zeitgenossen aus dem deutschsprachigen Raum haben uns – in unterschiedlicher Weise – ihr Einverständnis zur Veröffentlichung ihrer Zitate gegeben. Die Zitate sind im Original wiedergegeben oder sie wurden speziell für diese Fibel aktualisiert, geändert, gekürzt, ergänzt oder neu geschrieben. Wir möchten ausdrücklich darauf hinweisen, dass die zitierten Menschen für keinerlei Werbemaßnahmen bei der Vermarktung dieser Fibel ausgenutzt werden. Es geht uns vielmehr um die Unterstützung der gemeinnützigen Idee in dieser Fibel, die mit der Freigabe der Zitate verbunden ist.

Am 28. Dezember 2014 haben wir begonnen, unsere Idee zu Papier zu bringen. Den ersten Entwurf der Fibel haben wir im Januar 2015 Brigitte und Otfried Urban sowie Heike Rupprecht, Lukas Horn, Marvin Teschner, Peter-Max Harig und Thomas Kruse vorgestellt. Für die vielen Anregungen und Verbesserungsvorschläge möchten wir uns bei diesen sieben Menschen herzlich bedanken. Auch der Hinweis von Otfried Urban auf das oben genannte Buch von Yuval Noah Harari – das wir bis dahin nicht kannten – war für uns eine wertvolle Erfahrung und Aufforderung zur Fertigstellung dieser Fibel.

Wie schon am Ende von Kapitel III dieser Fibel ausgeführt, wird der komplette Netto-Verlagsgewinn aus dem Verkauf dieser Fibel in voller Höhe und im Wechsel bestehenden Stiftungen und Organisationen zugeführt, die ausschließlich wohltätigen Zwecken dienen.

Die zitierten Menschen aus dem nicht deutschsprachigen Raum werden wir persönlich um die Freigabe ihrer Zitate bitten, wenn die Fibel auch in englischer Sprache vorliegt.

Aufgrund des anspruchsvollen Zeitrahmens, den wir uns gesteckt hatten, haben wir nicht alle Bilderrechte erwerben können. Wir haben uns damit über geltende Regeln und vorherrschende Konventionen hinweggesetzt. Da wir mit der Vermarktung dieser Fibel kein Geld verdienen wollen, hoffen wir auf das Verständnis der Inhaber der Bilderrechte, dass wir ihre Ansprüche erst im Nachgang erfüllen werden. Natürlich würden wir uns sehr freuen, wenn uns diese Bilder für die einmalige Verwendung in dieser Fibel zur Verfügung gestellt werden.

Vielleicht haben wir nicht immer die geeigneten Bilder und die richtigen Worte gefunden. Wahrscheinlich haben wir in der Rechtschreibung, Grammatik und Zeichensetzung Fehler gemacht. Aber in voller Absicht haben wir uns für eine unkonventionelle Vorgehensweise entschieden – jenseits der Protokollarien. Wichtiger sind uns die Botschaften dieser Fibel und die Absicht, ein *Zeichen zu setzen*. Die Spielfelder sind aufgebaut und die Spiele sind eröffnet. Es geht um das Leben von *Homo sapiens*. Die Suppe, die wir uns selbst eingebrockt haben, ist mit reichlich Energie gewürzt. Sie wird wohl nicht allen gut schmecken, aber hoffentlich den allermeisten. Sie enthält auch giftige Zutaten, die wir nicht mit auslöffeln sollten. Schließlich geht es um unser Überleben.

John Lennon sang und singt in unseren Ohren noch immer:

„Stell dir vor, es gäbe keinen Himmel.

Es ist ganz einfach, wenn du's nur versuchst.

Keine Hölle unter uns.

Über uns nur das Firmament.

Stell dir vor, alle Menschen lebten nur für heute.

Stell dir vor, es gäbe keine Länder.

Das ist nicht so schwer.

Nichts, wofür es sich zu töten oder sterben lohnte.

Und auch keine Religion.

Stell dir vor, alle Menschen führten ihr Leben in Frieden.

Du wirst vielleicht sagen, ich sei ein Träumer.

Aber, ich bin nicht der einzige!

Und ich hoffe, eines Tages wirst auch du einer von uns sein.

Und die ganze Welt wird eins sein.

Stell dir vor, es gäbe keinen Besitz mehr.

Ich frage mich, ob du das kannst.

Keinen Grund für Habgier oder Hunger,

eine Gemeinschaft aller Menschen.

Stell dir vor, alle Menschen teilten sich die ganze Welt!

Du wirst vielleicht sagen, ich sei ein Träumer.

Aber, ich bin nicht der einzige!

Und ich hoffe, eines Tages wirst auch du einer von uns sein.

Und die ganze Welt wird eins sein."

196 Menschen und Organisationen, die die Idee dieser Fibel und die gute Absicht dahinter bisher mit ihren freigegebenen, aktualisierten, oder speziell für diese Fibel neu geschriebenen Zitaten unterstützen bzw. begleiten:

- Die Theologen Karl Kardinal Lehmann, Prof. Hans Küng, Dr. Eugen Drewermann und Pater Anselm Grün
- Bundespräsident a. D. Prof. Roman Herzog
- Bundestagspräsident Norbert Lammert
- Bundesaußenminister Dr. Frank-Walter Steinmeier
- Bundesfinanzminister Dr. Wolfgang Schäuble
- Katrin Göhring-Eckardt (Fraktionsvorsitzende von Bündnis 90/Die Grünen)
- Gregor Gysi (langjähriger Fraktionsvorsitzender der Bundestagspartei DIE LINKE)
- Prof. Gesine Schwan (Präsidentin der HUMBOLDT-VIADRINA Governance Platform)
- Jürgen Erbacher, Theologe und Politikwissenschaftler sowie Fernsehjournalist in der ZDF-Redaktion „Kirche und Leben" und Buchautor (u. a. *Ein radikaler Papst – Die franziskanische Wende*)
- Friedrich Schorlemmer, Theologe und Publizist sowie Vorstand der F. C. Flick-Stiftung gegen Fremdenfeindlichkeit, Rassismus und Intoleranz
- Schauspieler Walter Sittler, Henry Hübchen, Harald Krassnitzer und Friedrich von Thun
- Moderator Günther Jauch
- Klimaforscher Prof. Hans Joachim Schellnhuber
- Literaturkritiker Prof. Hellmuth Karasek (verstorben am 29.September 2015)
- Astronaut Dr. Thomas Reiter
- Dr. Ulf von Rauchhaupt, Wissenschaftsjournalist und Redakteur bei der Frankfurter Allgemeinen Zeitung sowie Leiter des Wissenschaftsressort der Sonntagszeitung
- Prof. Paul Crutzen, Nobelpreisträger für Chemie
- Prof. Wolf Dieter Blümel, Geograph und Geomorphologe sowie Experte in der Trockengebiets- und Polarforschung und der Paläoklimatologie
- Hilmar-Andreas Holland, Klimaschutzmanager des Landkreises Mainz-Bingen
- Heike Müller, Umweltwissenschaftlerin der VG Sprendlingen-Gensingen
- Andreas Pfaff, Klimaschutzmanager der VG Sprendlingen-Gensingen
- Manfred Scherer, Bürgermeister der VG Sprendlingen-Gensingen
- Prof. Axel Meyer, Lehrstuhl für Zoologie und Evolutionsbiologie
- Prof. Andreas Löschel, Volkswirt, Lehrstuhl für Mikroökonomik, Energie- und Ressourcenökonomik, Vorsitzender der Expertenkommission zum Monitoring-Prozess „Energie der Zukunft" der Bundesregierung
- Prof. Axel Börsch-Supan, Volkswirt und Mathematiker sowie Direktor des Munich Center for the Economics of Aging (MEA) im Max-Planck-Institut für Sozialrecht und Sozialpolitik, Experte im Bereich demographischer Wandel

- Prof. Werner Nachtigall, Pionier der Technischen Biologie und Bionik und Buchautor (u. a. *Biologisches Design* und *Bionik als Wissenschaft*)
- Prof. Franz Josef Radermacher, Wirtschaftswissenschaftler und Mathematiker sowie Globalisierungsexperte und Buchautor (u. a. *Welt mit Zukunft – Überleben im 21. Jahrhundert*)
- Dr. Reiner Klingholz, Direktor und Vorstand des „Berlin-Instituts für Bevölkerung und Entwicklung" und Buchautor (u. a. *Wir Klimamacher* und *Wahnsinn Wachstum*)
- Prof. Harald Lesch (moderiert auch im ZDF „Leschs Kosmos")
- Prof. Mojib Latif, Meteorologe und Klimaforscher
- Sven Plöger, Meteorologe und Wettermoderator
- Prof. Eicke R. Weber, Sonnenenergie- und Energiespeicherexperte
- Prof. Clemens Hoffmann, Windenergieexperte
- BAP Frontmann Wolfgang Niedecken
- Reinhard Mey
- Konstantin Wecker
- Nena
- Xavier Naidhoo und Die Söhne Mannheims
- Michael van Almsick, Geschäftsführender Inhaber der Künstleragentur van Almsick & Partner – communication & management
- DEDON-Gründer Bobby Dekeyser
- Herbert Schein, VARTA-Vorstandsvorsitzender
- Udo Möhrstedt, Vorstandsvorsitzender IBC Solar AG
- Arndt Kirchhoff, Geschäftsführender Gesellschafter und CEO der KIRCHHOFF Holding sowie Präsident des Instituts der deutschen Wirtschaft und von Metall NRW und Vizepräsident des Verbandes der Deutschen Automobilindustrie (VDA)
- Marc Zoellner, Vorstandsvorsitzender Hoppecke Batterien
- Bundesaußenminister a. D. Hans-Dietrich Genscher (verstorben am 31. März 2016)
- Dr. Wolfgang Gerhardt, Vorstandsvorsitzender der Friedrich-Naumann-Stiftung für die Freiheit und ehemaliger Bundesvorsitzender der FDP
- Bundesaußenminister a. D. Joschka Fischer
- Dr. Henning Scherf, Bürgermeister a. D. der Hansestadt Bremen
- Bergsteiger Reinhold Messner
- Prof. Dr. Michael Wolffsohn, Historiker
- Alpinski-Champions Rosi Mittermeier und Markus Wasmeier
- Künstlerin Heike Rupprecht (10 Illustrationen statt ein Zitat)
- Schauspielerinnen Senta Berger, Hannelore Elsner und Anja Kling
- Bundesfamilienministerin a. D. Renate Schmidt
- Bundesfamilienministerin a. D. Rita Süssmuth

- Bundesfinanzminister a. D. Peer Steinbrück
- Bundesumweltminister a. D. Prof. Klaus Töpfer
- Bundesentwicklungsminister a. D. Dr. Erhard Eppler
- Bundesinnenminister a. D. Gerhart Baum
- Michael Ebling, Oberbürgermeister der Landeshauptstadt Mainz
- Dr. Volker Jung, Präsident der Ev. Kirche in Hessen und Nassau
- Dr. Ulrich Oelschläger, Präses der Kirchensynode der EKHN
- Prof. Arthur Benz, Professor für Politikwissenschaft an der Technischen Universität Darmstadt
- Prof. Wielant Machleidt, (Sozial-)Psychiater, Psychotherapeut und Psychoanalytiker
- Flavia Kleiner und *Operation Libero* (Organisation für die Gestaltung einer nachhaltigen Zukunft der Schweiz – ohne Fremdenfeindlichkeit)
- Prof. Gerhard Trabert, Arzt für Notfallmedizin und Sozialpädagoge und Armut und Gesundheit e. V.
- Lars Hennemann, Chefredakteur der Echo-Mediengruppe der Verlagsgruppe Rhein Main
- Christian Matz, Mitglied der Chefredaktion Allgemeine Zeitung der Verlagsgruppe Rhein Main
- Prof. Jacob Emmanuel Mabe, Politikwissenschaftler und Philosoph sowie Präsident der Anton-Wilhelm-Amo-Gesellschaft
- Christoph Cuntz, Journalist der Verlagsgruppe Rhein Main
- Dr. Marwan Abou-Taam, Islamexperte beim LKA Rheinland-Pfalz sowie assoziiertes Mitglied des Berliner Instituts für empirische Integrations- und Migrationsforschung (BIM) an der Humboldt-Universität zu Berlin
- Julia Klöckner, Landesvorsitzende der CDU Rheinland-Pfalz
- Jürgen Todenhöfer, Journalist und Kriegsberichterstatter
- Dr. Michael Otto (Inhaber des Otto-Versandhandels)
- Martin Kneer, Hauptgeschäftsführer der WirtschaftsVereinigung Metalle (1998–2015)
- Prof. Klaus Schwab, Chef des Weltwirtschaftsforums in Davos
- Prof. Thomas Pogge, Philosoph und Direktor des *Global Justice Program* an der Yale-Universität in den USA
- Prof. Margit Osterloh, Betriebswirtin und Forschungsdirektorin von CREMA (Center for Research in Economics, Management and the Arts) in Zürich und Basel
- Prof. Bruno S. Frey, Nationalökonom und Volkswirt sowie Forschungsdirektor des CREMA und Buchautor u. a. (*Die Ökonomie des Glücks*)
- Stephan Weil, Ministerpräsident des Landes Niedersachsen und Mitglied im Aufsichtsrat der Volkswagen AG
- Bernd Osterloh, Vorsitzender des Konzernbetriebsrats der Volkswagen AG
- Oliver Blume, Vorstandsvorsitzender der Dr. Ing. h.c. F. Porsche AG
- Dr. Michael Bolle, Vorsitzender der Geschäftsleitung des Bereichs Forschung und Vorausentwicklung der Robert Bosch GmbH

- Dr. Thorsten Ochs, Leiter des Forschungsbereichs Batterietechnologie der Robert Bosch GmbH
- Dr. Karl-Thomas Neumann, Vorstandsvorsitzender der Adam Opel AG und Präsident von General Motors in Europa
- Winfried Hermann, Minister für Verkehr und Infrastruktur Baden-Württemberg
- Petra Pinzler, DIE ZEIT – Korrespondentin in Hamburg, Washington, Brüssel, Berlin
- Carl A. Fechner, Journalist, Filmemacher und Produzent (u. a. *Power To Change – Die Energierebellion*)
- Sebastian Pflugbeil, Präsident der Gesellschaft für Strahlenschutz e.V.
- Evelyne Lemke (2011–2016), stellv. Ministerpräsidentin von Rheinland-Pfalz und Staatsministerin für Wirtschaft, Klimaschutz, Energie und Landesplanung
- Garrelt Duin, Minister für Wirtschaft, Energie, Industrie, Mittelstand und Handwerk des Landes Nordrhein-Westfalen
- Dr. Jean Botti, Chief Technical Officer der Airbus Group
- Dr. Müller-Wiesner, Senior Vice President, Airbus Group
- Georg Schürmann, Geschäftsleiter der Triodos Bank N.v. Deutschland
- Werner Biberacher, Finanz- und Versicherungsdienstleister sowie Lehrbeauftragter an der Dualen Hochschule Baden-Württemberg
- Dieter Weber, Geschäftsführer nife power gmbh in Gründung
- Wolfgang Bühring, Geschäftsführer der Stadtwerke Speyer GmbH
- Prof. Günter Bentele, Kommunikationswissenschaftler und Vorsitzender des DRPR (Deutscher Rat für Public Relations)
- Prof. Heinrich August Winkler, Historiker und Buchautor
- Benjamin Zeeb, Historiker sowie Geschäftsführer des *Project for Democratic Union* und Buchautor *(Europa am Abgrund: Plädoyer für die Vereinigten Staaten von Europa)*
- Prof. Brendan Simms, Historiker und Präsident der Henry Jackson Society sowie Vorsitzender des *Project for Democratic Union* und Buchautor *(Europa am Abgrund: Plädoyer für die Vereinigten Staaten von Europa)*
- Prof. Dieter Dörr, Lehrstuhl für Öffentliches Recht, Völker- und Europarecht, Medienrecht der Johannes Gutenberg-Universität Mainz
- Helmut Markwort, Herausgeber der Zeitschrift *Focus*
- Andreas Petzold, Herausgeber der Zeitschriften *stern* und *Capital*
- Christian Krug, Chefredakteur der Zeitschrift *stern*
- Stefan Aust, Herausgeber der Tageszeitung *Die Welt*
- Dr. Werner Bartens, Mediziner, Journalist und leitender Redakteur im Wissenschaftsressort der SÜDDEUTSCHEN ZEITUNG sowie Buchautor (u. a. *Empathie: Die Macht des Mitgefühls*)
- Gründer und Autor von *Die Freiheitsliebe* Julius Jamal und *Die Freiheitsliebe* (Portal für kritischen Journalismus)

- Christoph Bautz, Mitbegründer und Geschäftsführender Vorstand von Campact e.V., der Bewegungsstiftung zur Förderung von Kampagnen und Projekten sozialer Bewegungen und Campact e.V.
- Nora Tschirner, Maren Urner und *Perspective Daily*
- Udo van Kampen, ZDF-Korrespondent in New York und Brüssel 1995–2015
- Michael Jungblut, Journalist für wirtschaftliche, soziale und politische Themen
- Kurt Sigl, Präsident des Bundesverbandes eMobilität e.V.
- Zukunftsforscher Lars Thomsen und André Uhl
- André Heller, Multimediakünstler
- Steuerberater Gerd Salomon
- Energieeffizienzexperte Renzo Sciullo
- Sonnenenergieexperte Bastian Becker
- Haussanierungsexperte Andreas Mayer,
- Sascha Maské, Geschäftsführer der Firma Wattladen
- Susanne Weiß, Gründerin und Inhaberin von womanage sowie Leiterin der Landesvertretung Hessen des Bundesverbands eMobilität e.V.
- Fußballweltmeister Mats Hummels und UNICEF
- Fußballweltmeister Mario Götze und Plan International
- Dieter Kürten, Sportmoderator (moderierte das „Aktuelle Sportstudio" 375 mal zwischen 1967 und 2000)
- Herman van Veen, Hans-Werner Neske und die Herman van Veen-Stiftung
- Dr. Peter Neher, Präsident des Deutschen Caritasverbandes und der Deutsche Caritasverband
- Dr. Rudolf Seiters, Präsident Deutsches Rotes Kreuz e.V.
- Ärzte ohne Grenzen e.V.
- German Doctors e.V.
- Abeer Pamuk und SOS-Kinderdörfer weltweit
- Marion Lieser und Oxfam Deutschland e.V.
- Lea Rosh und André Schmitz als Initiatoren des offenen Briefs vom 19. Februar 2016 an Bundeskanzlerin Angela Merkel zur Unterstützung ihrer Asyl- und Flüchtlingspolitik
- Lea Rosh, Iris Berben (auch mit „Jerusalem"), Anne Will, Michael Verhoeven und der „Förderkreis Denkmal für die ermordeten Juden Europas e.V."
- Norah Weisbrod und Aktion Tagwerk e.V.
- Carlos Benede und Weitblick Jugendhilfe e.V.
- Uschi Glas und brotZeit e.V.
- AMNESTY INTERNATIONAL – Sektion der Bundesrepublik Deutschland e.V.
- Greenpeace e.V. – Die internationale Umweltschutzorganisation in Deutschland
- Dr. Jürgen Fricke, Inhaber des Beratungsunternehmens EPS-Consultant
- Godo Röben, Geschäftsleitung Rügenwalder Mühle

- Sarah Wiener und die Sarah Wiener Stiftung
- Dr. Hans-Ulrich Grimm, Journalist und Buchautor (u.a. *Die Fleischlüge – Wie uns die Tierindustrie krank macht*)
- Karl Ludwig Schweisfurth, bis 1985 Eigentümer der Wurstfabrik „Herta" und danach Gründer der Schweisfurth-Stiftung für eine nachhaltige Landwirtschaft und Ernährungswirtschaft und die Schweisfurth-Stiftung
- Prof. Dr. Götz E. Rehn, Gründer und Geschäftsführer von Alnatura
- Valentin Thurn, Dokumentarfilmer sowie Produzent und Regisseur der Filme *Taste the Waste* und *10 Milliarden – Wie werden wir alle satt?*
- Tom Vierus, angehender Meeresökologe, Fotograf und Tierschützer
- Eberhard Brandes, Deutschland-Chef des World Wildlife Fund (WWF) und der WWF
- Dr. Peter Harry Carstensen, Vorsitzender der Gregor Mendel Stiftung und Ministerpräsident a.D. von Schleswig-Holstein und die Gregor Mendel Stiftung
- Roland Koch, Hessischer Ministerpräsident a.D.
- Leonie Rupprecht, die sich für eine lebenswürdige Tierhaltung einsetzt
- Karin Schramm und Christian Gansloweit, Hundeheim des „Tierschutz Wörrstadt"
- Markus Imhoof, Schweizer Filmregisseur und Drehbuchautor (z.B. *Das Boot ist voll* und *More than Honey*)
- Corinna Hölzer, Cornelis Hemmer und „Deutschland summt!"
- Anna Bremer, Leah Bremer und Rebecca Bremer sowie Michel Acker vom Weingut Bremer
- Dr. Thomas Kruse, Bau-Ingenieur und Bienenschützer
- Lukas Horn, der junge Fan der Elektromobilität

Berthold Brecht sagte:
„Und sie sägten an den Ästen, auf denen sie saßen, und schrien sich zu ihre Erfahrungen,
wie man besser sägen könne. Und fuhren mit Krachen in die Tiefe, und die ihnen
zusahen beim Sägen schüttelten die Köpfe und sägten kräftig weiter."

Komprimieren wir einmal das Alter unserer Erde von 4,6 Milliarden Jahren auf ein Kalenderjahr. Dann hat *Homo sapiens* erst am Silvestertag nach 23 Uhr das Licht der Welt erblickt. Unsere Welt ist wunderschön und gleichzeitig zum Haare raufen, weil *Homo sapiens* seit einer halben Stunde im Nebel der Evolution feststeckt und Gefahr läuft, in einer evolutionären Sackgasse zu verschwinden.

Stellen wir uns vor, wir erleben eine globale Bedrohung von außerhalb unserer Welt, wie wir das aus Science-Fiction-Filmen kennen. Dann stünden die Völker und Religionen dieser Welt und ihre Führer zusammen, um unsere Erde zu schützen und zu verteidigen. Wenn wir so weiter machen, wird u. a. der Klimawandel *früher oder später* für uns alle zur globalen Bedrohung, die nicht von außen kommt sondern, von uns Menschen verursacht wird. Mit diesem Wissen sollten wir schnell verbindliche globale Klimaschutzmaßnahmen vereinbaren – auch zur Verhinderung von Kriegen um Trinkwasser und Nahrungsmittel.

Albert Einstein sagte:
„Zwei Dinge sind unendlich: das Universum und die menschliche Dummheit;
aber bei dem Universum bin ich mir noch nicht ganz sicher."

Beweisen wir ihm das Gegenteil – gemeinsam, hier, jetzt und auf der ganzen Welt!

Nutzen wir unsere Intelligenz und handeln mit Vernunft, Weitsicht, Weisheit, Kreativität und Phantasie und sorgen dafür, dass *Homo sapiens* nicht nur eine kurze Episode in der Geschichte unseres Planeten ist. Die von uns bedrohten aussterbenden Arten sollen aufatmen, weil sich die Menschen endlich durch Humanität sowie Einsatz für den Artenschutz auszeichnen und nicht weil die Gattung Mensch ausstirbt.